罗一民——著

张謇三十讲

江苏人民出版社

图书在版编目（CIP）数据

张謇三十讲/罗一民著.--南京:江苏人民出版
社,2025.5.--ISBN 978-7-214-29420-3

Ⅰ.K825.38

中国国家版本馆 CIP 数据核字第 20255CC716 号

书　　　名	张謇三十讲	
著　　　者	罗一民	
责 任 编 辑	王翔宇	
责 任 监 制	王　娟	
出 版 发 行	江苏人民出版社	
地　　　址	南京市湖南路 1 号 A 楼,邮编:210009	
照　　　排	江苏凤凰制版有限公司	
印　　　刷	江苏凤凰新华印务集团有限公司	
开　　　本	718 毫米×1000 毫米　1/16	
印　　　张	24.25　插页 3	
字　　　数	342 千字	
版　　　次	2025 年 5 月第 1 版	
印　　　次	2025 年 5 月第 1 次印刷	
标 准 书 号	ISBN 978-7-214-29420-3	
定　　　价	98.00 元	

（江苏人民出版社图书凡印装错误可向承印厂调换）

序

洪银兴

《张謇三十讲》付梓在即,可喜可贺。

我与罗一民先生相识很早。在 20 世纪 80 年代初,我进南京大学读研究生的时候,他已经留校工作了。后来,他调离学校,先在政府机关工作,后又赴南通主政十年有余。这期间,听闻他在南通的诸多开拓与建树,我也曾带领学校中层干部去南通考察交流,目睹耳闻,感受尤深。

特别是在他主政南通期间,重新发掘和擦亮了张謇这张文化名片,经过科学论证赋予南通"中国近代第一城"的历史定位,提炼概括了新时代"南通精神",构建起老百姓耳熟能详的以"大桥、大学、大港"为标志的新的发展格局,使得南通这个在上世纪初名闻遐迩、一度又湮没无闻的江海边陲城市,再度进入人们的视野,"南通现象"引发各方普遍关注。

近几年,在从省政协领导岗位退下来之后,他潜心张謇研究,在张謇研究方面做了数十场演讲、报告,发表了数十篇研究论文,影响遍及江苏乃至全国。我听说,这些演讲、报告、论文都是作者在稿纸上一个字一个字写出来的,至为感佩。很多领导干部退下来之后转型搞研究,但像这样一往情深、乐此不疲,而且成果迭出、引发关注的,着实不多。后来我了解到,其实早在南通工作期间,他就开始关注张謇、研究张謇了。这种井喷式的研究成果,谓之厚积薄发、水到渠成,是再恰当不过了。

众所周知,张謇研究始于张謇在世之时,已有百余年历史,历经新中国成立前、新中国成立后、改革开放以来等阶段,取得了以两版《张謇全集》、数十部传记、专著以及数千篇论文为主要标志的研究成果。尤其是改革开放以来,广大理论和实践工作者解放思想、与时俱进,在张謇研究的诸多领域取得了许多突破性进展。但总体而言,原创性、标志性、可以传世的研究成果还不多。在新的历史时期,如何更加全面、辩证地认识张謇在中国早期现代化进程中的历史定位;如何更加深入地走进张謇的精神世界,准确把握张謇及其所体现的精神特质;如何结合中国式现代化的实践,赋予张謇研究鲜明的时代特色和历史意蕴;如何在张謇研究领域,推出更多具有原创性的重大研究成果,等等,都还有待广大理论和实践工作者的进一步努力。

陆陆续续读了一些由江苏省张謇研究会公众号《张謇与现代化》刊发的文章,我有一个感觉,就是这些成果与以往张謇研究有着诸多不同。细读书稿之后,更感到这些成果带有鲜明的"罗氏"风格,有着不同凡响的意义。

从研究内容看,主要突出了以下五个方面:

第一,关于张謇主体身份定位的研究。关于张謇,人们讲得较多的是实业家、教育家、慈善家、社会活动家。随着研究的深入,也有专家论及其政治家的身份。而在现实语境中,更多的是从"企业家"的角度和层面来定位和认识张謇的。本书以《政治家张謇与南通精神》作为开篇之作,作者富有创见地提出了"主体身份"这一概念,在其众多的身份中给定了一个具有基础性和决定性意义的身份——政治家身份,指出张謇首先或者说本质上是一位"政治家",并从状元身份就是一个政治身份、考中状元之前的参政实践、考中状元之后在全国政治舞台上大放异彩、"南通模式"是张謇地方政治治理的结晶等四个方面,做出了系统全面又耳目一新的阐述,指出"综观张謇一生,大部分时间都在从事政治活动";"中国近代史如果没有张謇,很多重大事件可能会有不同的走向、不同的结局";强调"张謇在中国近代政治上具有举足轻重的作用,在江苏乃至全国都有重大影响",从而为重新认识和定义张謇并由此展开一系列崇论闳议,提供了坚实的逻辑基础。

第二,关于张謇与中国早期现代化探索的研究。在《张謇如何开创南

张謇三十讲

通现代化》《张謇打造南通中国近代第一城》《南通早期现代化的时代意义》等文中，作者集中论述了张謇在南通所推行的早期现代化探索。与已有的研究成果相比，一是更加自觉地把对张謇推行早期现代化的研究与对中国式现代化的认识联系起来、贯通起来，从政治、经济、文化、社会、生态建设多重维度，对张謇的早期现代化实践进行再认识、再梳理、再审视，全方位、立体式地展现张謇推进早期现代化波澜壮阔的实践，并寻觅其对中国式现代化的历史启示和有益借鉴。二是突出了对作为张謇早期现代化实践的精神遗产——"南通精神"的集中性阐述。应该说，这是以往张謇研究重视不够的一个问题。作者认为，张謇的早期现代化探索与今天推进中国式现代化的南通实践、其理论与实践的关联，物质层面的东西固然重要，但更重要的，应该是精神层面的东西。从精神传承的意义上说，张謇当年所倡导的"除旧布新、变法图强，文明和谐、遵法守信，坚苦自立、奋发进取"的精神，赋予南通"变革的精神、创新的精神、创业的精神、开明的精神、包容的精神、开放的精神"等精神基因，最终凝聚成当代"包容会通、敢为人先"的新时代南通精神，使得张謇不仅成为南通的"实业之父""教育之父""城市之父"，更成为南通的"精神之父"。这些论述，显然已经远远超出一般意义上对南通精神的认识，其理论创新与实践引领价值是不言而喻的。三是在上述两点基础上，对学术界长期以来广为推崇的胡适关于张謇"在近代中国是一个很伟大的失败的英雄"的著名论断进行了理性反思，鲜明地指出："在我看来，张謇是一个成功的现代化的开拓者。他在历史给定的条件、时代给定的环境下，把该做的事情都做了，他就是成功者。"从而得出了与之截然相反的结论，不仅反映出不为世俗所左右的理论勇气，而且流露出科学严谨、实事求是的学术清醒与理论自信。

第三，关于企业家精神与通商精神、苏商精神研究。张謇的救国、兴国、强国梦想，首先是从实业救国开始的。张謇是"爱国企业家的典范"，是"中国民营企业家的先贤和楷模"。作为中国近代史上一位卓尔不群的企业家，张謇精神的核心是爱国主义。正是爱国主义，奠定了张謇精神世界的价值基石。在《张謇的爱国心和强国梦》一文中，作者以"为强国，'舍身饲虎'""为强国,百折不挠""为强国,至死不渝"为醒目标题,从"亦政亦商为中华""政商互动创大业""只手打造'第一城'"等维度,为读者展示了作为爱国企业家典范的张謇,其坚贞不渝、越挫越勇、不懈奋斗的艰辛备尝与心路历程。张謇不仅自觉践行爱国爱乡爱民情怀,而且大力倡导和塑造近代通商精神与苏商精神。在《张謇与强毅力行的通商精神》一文中,作者综观张謇一生,淋漓尽致地展示出张謇在爱国主义精神引领下,历经"苦"(勤苦一生)、"韧"(坚韧不拔)最终走向"大"(大胸怀、大格局、大事业),成就了常人难以企及的一番伟业,成为通商精神的光辉典范。在《张謇与苏商精神》一文中,作者原创性地概括了以"爱国爱乡情怀"为核心要义,以"开拓创新意识""务实低调作风""精良细致品质""崇文重德禀赋"为主要内容的苏商精神,指出张謇"身上体现的苏商精神,不仅在家乡南通熠熠生辉,也在江苏各地不断弘扬传播","代表、引领了江苏乃至全国的企业家精神",其对建设高素质企业家队伍、塑造新时代企业家精神,不仅具有重要的理论价值,而且具有广泛的实践意义。

第四,关于张謇与若干历史人物关系的研究。这部分,以张謇与翁同龢、张謇与盛宣怀、张謇与荣氏兄弟、张謇与沙元炳、张謇与韩紫石、张謇与沈寿的研究为其代表。作者的用意,显然是在一种历史的、具体的比较中,进一步深化对更为立体和丰富的张謇的认识。如:《张謇与翁同龢情深义重》一文,凸显了张謇与恩师披肝沥胆、荣辱与共的深重情谊和感恩图报、法其遗志的真挚情怀。《同为江苏人的盛宣怀与张謇》一文,不仅分析了学界一般重视的"两者之异",更特别强调了"两者之同",在分析了两者的公交私谊与纷争纠葛之后,第一次鲜明地指出:两者同为中国近代商界的巨子、同为救亡图存走上实业报国之路、同是中国现代教育事业的开创者、同是中国慈善事业转型发展的奠基人、同样注重发展家乡文化事业,这种"异中之同"的精辟分析,反映出学术眼光的独到之处。在《张謇的同科进士和事业伙伴沙元炳》中盛赞沙元炳与张謇"在现代化事业的开拓中,相互支持配合,相互影响借鉴,共同谱写了江海大地创业奇迹和时代嬗变辉煌";《江海大地两先贤:张謇与韩国钧》中赞誉韩国钧与张謇"同

张謇三十讲

是中国近代史上高悬江海平原的上空的耀眼明星",“作为济世救民的爱国主义者,他们异曲同工、殊途同归,同样谱写了报效祖国、造福桑梓的华丽篇章"。上述两篇文字涉及的内容,在张謇研究中都是鲜有论及。而《张謇沈寿共谱苏绣华章》则具有"破题"的意味,此前对张謇与沈寿关系的研究,或讳莫如深,或语焉不详,或作八卦文章,作者本着客观严谨的态度,指出:"在共同推动南通现代文教事业和苏绣艺术的发展过程中,张謇与沈寿结下了深厚友谊,十分感人。""在张謇眼中,沈寿是才女加同道,灵魂伴侣加弟子。""沈寿对张謇十分敬佩、感恩。""张謇与沈寿由衷地相互欣赏爱慕,但两人都没有跨过儿女私情的红线。"应该说,这样的结论既是符合实际也是令人信服的。

第五,关于张謇思想体系的研究。作者认为,张謇是一个百科全书式的人物,不仅是中国早期现代化实践的先行者、探路人,而且为中国早期现代化留下了弥足珍贵的思想和理论遗产。张謇在南通推行的早期现代化是系统全面、协调发展的现代化,涉及政治、经济、文化、社会、生态建设诸方面,在实践推进的同时,也凝聚了张謇思考和智慧的结晶。因此,作者对张謇现代化思想的研究始终是伴随着对其现代化实践的研究同步展开的。此外,作者还通过《简论张謇的道德与法治思想》《张謇与书院文化》《张謇与上海工商界》《张謇导淮的开创性贡献》《生态文明与工业文明相辅相成》等文,进一步丰富和拓展了张謇思想的研究视域,提出了不少真知灼见。

进一步看,作者的张謇研究,体现了五个方面的鲜明特点:

第一,关于研究的视野。把张謇研究置于中国现代化的历史长河中加以定位,这是作者张謇研究最大的特色之一。近代以来,中国的现代化是一个漫长的历史过程。以张謇为代表的无数志士仁人,对中国早期现代化的探索、奋斗,是中国现代化进程的重要篇章,为今天推进中国式现代化提供了重要的历史经验、历史借鉴和历史启示。但这种"历史联系",在过去的研究中体现得还不够充分,甚至由于种种原因,有时被有意无意间忽略了。作者的张謇研究,打开了张謇研究新的历史视野,使得张謇研究不再是一种看似与今无关的"历史研究",而是围绕和基于中国式现代化这一宏大主题,建立起了一种有机的"现实联系",从而赋予张謇研究以鲜明的时代感和生命力。

第二,关于研究的理念。作者的研究,带有较强的实证研究和应用研究的色彩。一方面,这固然与作者的经历、与其研究所关注的着眼点有关;另一方面,更与张謇研究的实际状况相关。张謇是一位实干家,经世济民、实干报国,是他一生所抱持的理想。用他自己的话来说,"愿成一分一毫有用之事,不愿居八命九命可耻之官,此謇之素志也"。所以,真正理解张謇、走进张謇,需要从理论与实践的结合上,把握其"强毅力行"的精神特质。而这一点,又恰恰是贯穿全书的又一个亮点。在作者笔下,无论是对张謇开创南通现代化、打造中国近代第一城的描述,还是对其经济思想、法治思想、生态文明思想的阐发,抑或是历史人物的风云际会、共图伟业,都能给以深入浅出、具体平实的叙述,不激不厉、娓娓道来,于平正处见不凡,于寻常处显卓见。

第三,关于研究的材料。作者对张謇研究的现有资料非常熟悉,同时,通过阅读文献、个别走访、田野调查等方法和途径,努力掌握更多最新的一手研究资料,从而为研究提供更加扎实的实证基础。在诸如《张謇与上海工商界》《张謇与书院文化》《张謇导淮的开创性贡献》等文中,可以清晰地感受到对新材料的撷取与运用。特别是有关张謇与翁同龢、张謇与盛宣怀、张謇与荣氏兄弟、张謇与沙元炳、张謇与韩紫石、张謇与沈寿等历史人物研究,为了准确把握两者之间的关系,作者深入张家港、无锡、常州、如皋、海安等地,查阅地方与人物档案,与当地文史专家座谈交流,充分汲取各方面的意见,每次演讲也因此得到当地专家学者和参会人员的共鸣和好评,实属难能可贵。

第四,关于研究的方法。作者坚持以辩证唯物主义和历史唯物主义为指导,坚持历史与逻辑相统一、历史与现实相联系、历史与未来相贯通,运用多种研究方法,呈现出研究方法的多样统一。在张謇与南通早期现代化研究部分,主要采取综合归纳的研究方法,以宏阔的理论视野,把张

张謇三十讲

謇在内忧外患、变动不居的近代中国恶劣境遇中，上下求索、舍身饲虎，竭力推进南通政治、经济、文化、社会、生态建设，全力建设心向往之的"一新新世界"的艰辛实践诉诸笔端，条理性极强地展示在读者面前。在人物研究部分，主要采取比较研究的方法，既写出同中之异，也写出异中之同，不仅进一步丰富了张謇的形象和对张謇的认识，也使得一批历史先贤的形象跃然纸上、栩栩如生，达到了相互映衬、相得益彰的效果。《一个日商华裔农民给张謇的刺激》以小见大，以一个看似不起眼的个案，折射出张謇对发展中国近代农业启迪与思考的大文章，可谓以一斑而窥全豹。而《家风家教对张謇品格的塑造》则运用文本细读法，通过对张謇两篇回忆父母文章的解读，生动具体地揭示了父母对张謇自幼的谆谆教诲和殷切期望，以及对他人生成长的长远影响。这些方法的综合运用，使得全书呈现出活泼灵动的文风和引人入胜的功效。

第五，关于研究的话语。通读《张謇三十讲》，我们不难发现，这并不是一本纯学术著作。张謇有着远大的政治抱负，但他更是务实的，既有庙堂之上的慷慨陈词，也有谋划发展的眼光胸襟，更有日常琐碎的点点滴滴。张謇的话语体系是丰富多彩的。研究张謇，话语体系也应该是丰富多彩的。作者依据不同的研究内容、受众对象，灵活运用学术话语、政策话语、大众话语，并在其间做到有机切换，在严谨规范、通俗易懂的基础上，把道理、哲理、学理讲通透、讲通畅、讲通俗，真正做到了深入浅出、雅俗共赏。

最后，不能不提的是《读懂张謇——我与张謇文化研究》一文。一定意义上，这是进入或打开本书的一把钥匙。读了这篇文章，你会发现，作者与张謇在精神上是遥相呼应的。章开沅先生曾经动情地说："在中国近代史上，我们很难发现另外一个人在另外一个县办成这么多事业，产生这么深远的影响。""南通过去曾经走在中国早期现代化的最前列，现在也依然奋进在全国各县市的先进行列之中。"历史是最好的教科书。作者主政南通十年有余，从"试打'张謇牌'"到"力推'第一城'""真心学'先贤'"，从挖掘弘扬"近代南通城市精神"到概括凝练新时期"南通精神"、推动形成新时期"南通现象"，从中我们不是可以窥见跨越百年的回眸一笑与心有灵犀吗？老领导孙家正先生这样评价该文："此篇很有特色。叙事与论述融汇，认知与行动统一，写出了对一个先贤的理解和认识过程，也写出了一个城市的历史渊源和当代变革。经历奇崛而叙事平实，可谓怀文抱质也。"堪称的评。

南京大学已经走过了 120 多年的历史。百年文脉，薪火相继。作为南京大学的杰出校友，罗一民先生秉持"诚朴雄伟，励学敦行"的校训，弘扬中国知识分子"立德、立功、立言"的传统，焚膏继晷、笔耕不辍、成果斐然，我们为此感到由衷的骄傲。衷心祝愿罗一民先生在今后的学术道路上取得新的更大的成就！

是为序。

（南京大学党委原书记，资深教授，著名经济学家，
教育部社会科学委员会副主任委员）

2024 年 9 月 16 日于南京

张謇三十讲

自序　让张謇走进时代、走进大众

罗一民

　　张謇曾是被历史尘封的人物，而且，在"以阶级斗争为纲"的年代，往往被看作是反面人物或饱受非议的人物。改革开放以来，人们对张謇这位曾在中国近代史上众多领域引领潮流的重要历史人物，越来越关注，越来越予以客观而又正面的评论。张謇作为清末民初的政治家、实业家、教育家、慈善家，他在推进中国早期现代化中的首创精神、爱国情怀、优良品德、渊博学识、辉煌业绩，得到了应有的肯定和赞扬，他所遗留的物质和精神遗产，越来越彰显出珍贵的时代价值，他的历史形象越来越高大伟岸。笔者于本世纪初在张謇的家乡南通主政时，也曾积极倡导和推动当地努力研究张謇，宣传张謇，学习张謇，并希望以此为抓手，促进南通的精神文明和物质文明建设。

　　近年来，伴随着对张謇的研究越来越全面、深入，以及对其在历史上的地位和作用的进一步肯定，人们有了进一步的期盼，越来越关注张謇能否从历史走进当下，焕发出时代的光彩。同时，张謇作为一个以往仅被学界关注的历史人物，现今能否也让普通群众了解和理解，也成了一个亟须解决的课题。有鉴于此，笔者近几年在关于张謇的研究和宣讲中，尽量挖掘提炼张謇对当下时代的价值和意义，并尽量以普通大众所能接受的方式表现，陆陆续续形成了这一类三十多篇专题性文稿。现在，终于将这些文稿汇编成册，形成了《张謇三十讲》这本书。可以说，这是一本应运而生的书。尽管书稿的内容涉及张謇研究的各个方面，写作时间和具体表述方式也各有不同，但都始终贯穿了一个主旨，那就是，尽可能让张謇走进时代、走进大众。

　　所谓让张謇走进时代、走进大众，主要包括了三个方面的含义：

　　一是让当今时代的人，包括普通群众，熟悉张謇，了解张謇。张謇毕竟是生活在一百多年前的历史人物，而且并不如历史上显赫人物出名，因而当下的人缺乏对他应有的关注和了解，相当多的人不知张謇是何人，甚至连他的名字也读不准。因此，张謇研究者、宣传者的重要责任，就是尽量让我们这个时代的社会精英和普通民众，都能了解张謇，熟悉张謇，至少要在一定程度上，去除对张謇的陌生感。要做到这一点，一方面需多角度、深层次研究张謇，在深度挖掘张謇的本质特征和精神内涵的同时，立体观察张謇；一方面要用群众喜闻乐见的方式讲述张謇，深入浅出地表述对张謇的看法，使其形象鲜活而丰满。总之，对张謇的研究，要广而深，力戒窄而浅；对研究成果的表达，要平实生动，切忌玄虚生硬。为此，我在这方面做了一些尝试，对张謇研究的内容和叙述面尽量拓宽，特别是对以往较少论述的政治作为、文化底蕴、时代价值等多加关注，且形成个性化见解。同时，其研究成果的表达方式与一般的规范性学术论文不同，不是与纯学者交流，而是迎合一般听众和读者的喜好，尽量做到平易近人、平实有趣，看上去是大白话、大实话，却可以让人从中有所启悟。或许，这就是这本书稿的一个"特色"。我希望今后能够沿着这个方向做得更好。

　　二是用新时代的眼光审视张謇，而不囿于旧时代的局限。这里所说的"新时代"，是指改革开放的时代。这个时代的最大特点，就是打破"左"的思想桎梏，革新旧观念、旧体制，全方位改革创新和对外开放，推动中国走向现代化。用这样的时代眼光看待张謇，就不会像以往那样，仅仅把张謇看作是旧时代的实业家或教育家，而且可以找到张謇与新时代的联结点、契合点，就不会感到张謇离我们很远，有隔阂。实际上，张謇是在他那个时代最早探索经济市场化、政治民主化、社会文明化，并"睁开眼看世界"、拥抱世界文明的先驱人物，更是奋力推进以富民强国为主旨的早期现代化的开路先锋。张謇当年的所作所为、所思所虑，显然与当今时代有着许多关联点。虽然时代不同，具体做法不同，但从历史大趋势来看，张

张謇三十讲

謇及与他同时代的一批走在时代前列的先进人物一样,与我们新时代所开展的改革开放和中国式现代化的大方向是一致的。张謇当年所开拓的中国早期现代化,显然与今天的中国式现代化有着一脉相承之处。若真正将张謇的历史面貌和精神实质完整展现出来,当今的人们必然会对他产生相当的认同感和亲近感。用新的时代眼光审视张謇、重读张謇,是让张謇走进时代、走进大众的必由之路,也是我们在研究、宣传张謇时必须坚持的基本途径。

三是挖掘提炼张謇精神的时代价值和现实意义。我二十多年前因在张謇家乡工作而接触到张謇事迹时,就意识到,张謇精神对于我们这个时代来说,是座挖不尽的富矿。多年来,学界和相关方面,确实对这座富矿进行了多方面的挖掘开采,形成了越来越丰厚的成果。目前,关于张謇的生平事迹、思想内涵,特别是在经济、政治、文化、教育、慈善等各领域的种种表现和突出贡献,有了多方面的评析论述,有关张謇种种事迹和思想的考证和探讨,可以说已然蔚为大观,有关发表的研究文稿,也可以说是汗牛充栋。然而,就如要用新的时代眼光审视张謇一样,深度挖掘张謇精神的时代价值和现实意义,却差强人意。有时,人们似乎为了回避争议或难点,乃至有意无意地屏蔽了张謇与新时代的关联,只是就事论事、就时论时地看待张謇,张謇似乎只是一个与当下没有多少关系的历史人物。其实,张謇的突出历史贡献和留给今天的精神财富,对于当下来说,恰恰具有最为珍贵的时代意义和现实价值。偏离了这一点,就不能真正体现张謇研究的意义,也不能真正准确、深刻地认识张謇。无论是张謇的爱国主义精神、开拓创新意识、报国利民追求,还是立足中国大地,以"世界眼光"探索早期中国式现代化的种种实践,都具有珍贵的时代意义,都值得我们在当代弘扬光大。实际上,这也是我们当下推进中国式现代化所需要的特殊营养和动力。传承先贤精神,续写时代辉煌,正是当下研究、宣传、学习张謇不可或缺的主旨。这也是在让张謇走进时代的同时,走进大众的主要路径,更是我们关注张謇、研究张謇的初衷和努力方向。

本书收录论张謇的文稿共 30 篇,按演讲或发表的时间先后排列,并加以修订。第一篇文稿《政治家张謇与南通精神》始于 2018 年 11 月 13 日在江苏国际文化交流中心举办的"文化论坛"演讲，最后一篇《张謇强国梦统领下的人才观》终于 2024 年 10 月。

作为江苏省张謇研究会名誉会长、江苏国际文化交流中心理事长、江苏紫金文创研究院学术委员会主任、张謇企业家学院特聘学术顾问，笔者在研析和成书的过程中，得到了这些相关单位和同仁（包括江苏省张謇研究会会长管向群和张謇企业家学院院长单晓鸣）的诸多帮助和支持，谨致诚挚的感谢。凤凰出版集团的王振羽、谢山青等同志精心参与了本书的策划、编审等工作，南通市委党史办张启祥和张謇企业家学院彭智诚等同志，做了大量的校核、注释等工作，在此一并表示感谢。特别令我心存感激的是，我的母校南京大学的老领导洪银兴教授欣然挥笔为拙著作序，使本书增色多多。

最后，必须对全国政协原副主席孙家正先生致以崇高的敬意和由衷的谢意，是他鼓励我将论述张謇的各篇文章汇集成书。在成书前后，他不吝赐教，提出了许多宝贵的意见，特别是在如何处理好历史与当代、传统与现代、民族与世界等关系方面，予以了精辟的指导。我将不辜负孙先生及各位同仁好友的厚爱，持续在张謇研究的百花园里精心耕耘，争取收获更多的果实。

2024 年 10 月于南京

张謇三十讲

目 录

张謇三十讲

第一讲：
政治家张謇与南通精神

（2018年11月13日笔者在江苏国际文化交流中心演讲，文章发表于2019年《同舟共济》第五期，收录于南京大学出版社2021年出版的《文化讲坛录》）

我要讲的题目是《政治家张謇和南通精神》。为什么定这个题目？有三点考虑：第一，既然是文化讲座，就要有一定的文化内涵，符合文化的主题。我觉得这个文化品位高的话题值得讲一讲。第二，张謇这个人物，在中国近代史上有举足轻重的作用。张謇不仅是南通历史上非常重要的一个人物，而且在江苏乃至全国都有着重大的影响。第三，张謇这个话题我比较熟悉。我在南通工作了十几年，张謇的影子和影响无所不在、无时不在，从我第一天到南通至最后一天离开南通，经常会有意无意地、自觉不自觉地对张謇给予一些关注和探究。

现在，研究张謇的文章很多，怎么才能在原有张謇研究的基础上有点新意和突破呢？有两点考虑：一是张謇本身的主体身份和定性到底是什么？一般人都认为他是企业家、教育家，因为他办了很多企业和学校。但我认为，他主体上、本质上是政治家，这是容易被人忽视的一个方面。二是张謇到底给我们留下了什么？我们知道，张謇留下了很多东西，包括工厂、学校、养老院、公路、港口，甚至留下了一座城市。这些东西都是有形的，看得见摸得着的，也容易被大家所关注和记住。而张謇留下的精神文化遗产却被人们忽视了，因为它看不见摸不着，不广为人了解。所以，今天我们要探讨张謇留下的精神文化遗产有哪些？这些精神文化遗产延续到当代，起了什么样的作用？又该如何去继承和发扬光大？我将分两个部分来讲述张謇的政治作为和精神遗产。

第一部分：为什么说张謇是政治家？

张謇之所以是一名政治家，主要有四个方面的理由。

（一）张謇的"状元"身份就是一个政治身份

过去，我们认为状元是文人，是儒生。实际在中国古代，从隋唐开始的科举考试，主要目的就是选拔培养各级官员，也就是选拔培养政治人物。"状元"作为最高级的"士"，实际上是最有发展潜力的政治人物。他是由最高统治者皇帝面试钦定的。特别到了明清以后，又在进士和状元之外，设了一个翰林院，是为了进一步培养高层领导干部。考中进士以后，一般的还要通过老进士、老翰林进行辅导，然后经过见习、考核合格了再送进翰林院。状元可以直接进翰林院。翰林院相当于高级官员培训班。明代就有种说法："非翰林不得入阁。"我们经常说"状元宰相"，因为大部分的宰相或高级官员都是从状元和进士中产生的。张謇中了状元以后，清廷给了他一个翰林院修撰的官衔。简单地说，就是皇帝的宫廷秘书，记录宫廷发生的事情，帮助朝廷起草一些文稿，甚至给皇帝和太子讲学，等等。这虽然没有实权，但是可以借助这个平台，眼观全局，学习朝廷的政治运作，了解政治的态势。同时，还可以直接参政议政，发表看法。举个例子，1894年甲午战争那年，当时的政局复杂，所谓的主战派和主和派争斗得很厉害。张謇刚考上状元，很快就向朝廷上奏批评李鸿章，认为李鸿章"主和"的主张耽误了国家的战备、影响了与日本人的战争，应该受到弹劾。这篇奏章当时震动朝野。满朝文武那么多有资历的、有威望的、有实权的官员都没有这个举动，而他刚刚中了状元，当了翰林，就开始崭露锋芒，拥有这样的政治眼光和政治担当，是非常了不起的。

（二）张謇中状元之前参政多年，奠定了政治家的基础和本色

一般的状元都是一直读书，从秀才到举人到进士再到状元。而张謇的经历很特别。张謇15岁考上秀才，21岁开始介入政治活动。南通知州孙云锦到江宁做发审局主事的时候，把张謇招聘为幕僚，为自己写文稿、

出谋划策。当时的发审局,是准法院机构,虽然没有审判权,但是可以就一些重要的"疑难杂症"的案子向省府主官提出处理意见。很多事情要直接向两江总督、江苏巡抚上报。在担任幕僚和机要秘书过程中,张謇得到了很多历练。例如,张謇到淮安去办理一些疑难案子的时候,深入基层和群众,了解了很多民间疾苦,从那个时候开始就萌发了"救国救民"的政治理想和政治抱负。

张謇年轻时就跟几个重要的政治人物有关系。例如,早就认识了袁世凯。张謇怎么认识袁世凯的呢?原来淮军庆军统领吴长庆和孙云锦是好朋友,吴长庆需要好的助手和幕僚,孙云锦就向他推荐了张謇。这时候,袁世凯正好在吴长庆手下做中下级的军官。吴长庆和袁世凯的养父是拜把子兄弟,有生死之交。两人曾经共同抗击和围剿捻军,结下了深厚的友情。吴长庆把袁世凯当作晚辈提携、关照,希望他顺利成长。张謇来了以后,吴长庆让他帮助袁世凯读书。所以袁世凯这时候就把张謇当作老师、长辈来看待。

那个时候,张謇觉得吴长庆文武双全,有远大的政治眼光,他一心希望吴长庆能成为像曾国藩那样的人物,成为一名中兴之臣,在中国的政治舞台上发挥重要作用。他觉得自己跟着吴长庆这么一个了不起的人物,政治上也会有发展,不会久居于人下。从张謇写的诗就可看出他希望建功立业的政治抱负:"朝鱼而暮龙,功名蜕侯伯。"吴长庆对张謇也非常信任,他担任浙江提督时去北京拜见皇帝也带着张謇。张謇跟着吴长庆在北京结交了很多政界、军界的高层人物,开阔了眼界。

1882 年,张謇近 30 岁的时候,清朝藩属国朝鲜发生动乱,清廷派吴长庆去平叛,张謇也去了。吴长庆在平叛当中几乎全部听取了张謇的计策,张謇在朝鲜平叛中起了重要作用。这个时期张謇名义上是"机要秘书",实际上他还直接处理军政事务。包括在关键时候,张謇认为袁世凯可以派上用场。为什么呢?因为他发现,他交代给袁世凯做的事情,5 天的事情 3 天就能完成,张謇觉得袁世凯这人读书不行,办事很行。张謇力荐袁世凯升官,一开始当营务处的协办,月薪三十两银子,配备两个勤务兵。

吴长庆平叛有功,朝廷给予奖励,张謇得到表彰,袁世凯则步步高升。

张謇跟着吴长庆在朝鲜待了两年后,对朝鲜的政局非常了解。回来就给清廷写了很多的奏折或者叫提案,建议清朝应该如何对待朝鲜问题,有一篇特别有名——《朝鲜善后六策》,还包括《条陈朝鲜事宜疏》等重要文稿。张謇当年就预判朝鲜问题将来可能会是中国的一大隐患,在奏折中建议一旦条件成熟就应该合并朝鲜,并提出如何通过朝鲜来制约日本、俄罗斯,等等,显示了他远大的军事、外交眼光和政治才能。他不是就外交谈外交,张謇认为,外交是内政的反映,朝鲜的问题根源在大清,因为国家不安定太平、不够强大,所以首先要固本,固国家的国本。他在《朝鲜善后六策》中已经提出,要搞好各地的经济发展和地方治理,等等。

通过在吴长庆身边做幕僚的经历,张謇的政治眼光更加开阔,政治才能得到进一步表现,实际上已经具有了政治家的才干和素质。这些都是发生在他中状元之前,前后有 10 年时间。

吴长庆去世后,张謇在朝野很有名气。他在政治上有情怀,有眼光,有才干。李鸿章、张之洞等封疆大吏都很看重他,都希望把他招到自己身边当幕僚。但是张謇不同意,决心回家准备科举考试。用他自己的话说:"南不拜张、北不投李。"很多人认为张謇在这个时期,看到朝廷政治混乱,灰心不想做官了,要回家走文人的道路,读一辈子书。在我看来,并非如此,张謇绝不是放弃了政治追求,想考个状元得个功名就满足了。我认为他是为了实现更大的政治抱负,而不是因为厌倦官场,只想回家读书。张謇一生从来没有为做官而做官,也没有绝对不当官,而是为了做事而做官,为做大事而做大官。想当更大的官、做更大的事,就必须走"状元"这条路。他是从中国传统儒生秉持的"修身、齐家、治国、平天下"的理念一路走过来的,他是要治国济民的。他认为,不管是在哪里做幕僚都发挥不了这样的作用,只有站在更大更高的政治舞台上,才能实现自己的理想。所以,张謇决定回家准备参加"高考",在 1894 年 41 岁时中了状元。

(三)张謇中状元后在全国性的政治舞台上大放异彩

过去大家只知道张謇在南通办了很多工厂,是个实业家,忽视了他在

张謇三十讲

政治上的一番作为。中国近代政治史如果没有张謇，很多重大事件可能会有不同的走向、不同的结局。他在政治上的作为，突出表现在以下几个方面：

一是在甲午战争和维新变法中参政议政。甲午战争中，张謇是一个坚定的主战派，这和当时的当朝"宰相"、光绪的老师翁同龢有关。翁同龢，常熟人，是张謇考状元时的主考官。张謇不仅文章写得好，又有十多年的入幕参政经验，包括到朝鲜的经历，翁同龢对他特别器重。所以，有一种说法称，光绪皇帝有关主战的主张来自翁同龢的建议，而翁同龢的建议来自张謇的建言献策。后来，甲午战争结束了，张謇的老父亲也去世了，张謇就回去守丧。守丧期间，他和翁同龢及其他方方面面的政治人物密切保持联系，时刻关注着中国政坛上发生的事情。他们这些"帝党"成员，包括康有为、梁启超，站在光绪一边。与此同时，他还在家乡开办实业。当时的两江总督是张之洞，他看中张謇这个状元，让他在家乡做两件事，其一，主办招商局，搞招商、搞实业，实际上是官差。其二，搞海防，在南通海门一带办海防团练。戊戌变法前，帝党一派风生水起，张謇回到北京，积极参与维新变法，但他感到尽管康有为、梁启超的理念是对的，但是在步骤和方法上太过冒进，不太适宜。这时，光绪帝已经下定决心推行激进的、"休克疗法"式的变法改革。虽然翁同龢认为改革要稳妥务实，不能简单地冒进，搞极端，但是这个时候，不仅慈禧不喜欢翁同龢，光绪帝也对他不满，嫌他太过老成持重、保守胆小。于是，在光绪和慈禧的共同作用下，翁同龢被罢官回到家乡常熟。这个时候，张謇觉得大势已去，于是辞官回到南通。很快，政坛发生巨变。维新党人被彻底镇压，"戊戌六君子"血洒菜市口。

从这个过程看，张謇既有政治抱负，又有政治智慧。他政治上睿智稳健，既要改革又很务实。当维新派做法过于冒进并不听他的劝告时，张謇果断脱身。后来有人问他和康有为、梁启超是什么关系，他说："我和康梁是群非党。"这既说明了他和康梁的关系，也反映了他在政治理念上和策略上的智慧。

二是在"东南互保"中发挥重要作用。戊戌变法以后,慈禧掌权,光绪被排挤,政局比较混乱。这时候,慈禧准备废掉光绪。废光绪,对传统的中国老百姓、对一些封疆大吏来说是不能被接受的,外国列强英、法、美也不同意。为此,慈禧太后很恼火,又没办法。这时候,正好义和团运动起来了。慈禧太后认为可以利用这股力量,于是怂恿和鼓励义和团到处作乱,结果一发不可收。义和团打着"扶清灭洋"的旗号,针对洋人的教堂、传教士、商人,甚至外交官以及中国教徒,到处杀人放火,越闹越大。清廷也借机向各国宣战。这种情况下,外国列强组织八国联军,从天津打到北京。眼看战火就要蔓延到全国,特别是长三角和珠三角等中国经济最繁荣发达的东南一带。如果战火继续烧下去,国家就垮了,清廷也就完了。这时候,东南一带的士绅形成了"东南互保"想法。意思就是说,我们东南的这些封疆大吏和各国列强签订条约,互相承诺和保证,将战火控制在北方,南方不要打,外国人在东南一带的权益,包括企业、领事馆、机构、商人、教堂,等等,中方都负责保护好。同时外国人也保证,他们管辖的租界地区,中国老百姓正常的财产、机构、企业、学校等安全也得到保护。在这种动议中,轮船招商局督办盛宣怀是起关键作用的一个人。

盛宣怀,江苏常州人,亦官亦商。他从士绅和资产阶级利益出发,主张"东南互保"。但他不是封疆大吏,只有劝说两江总督刘坤一和湖广总督张之洞乃至李鸿章等人搞"东南互保"。张謇除了积极呼应,还在关键时刻,发挥了独特的作用。他和两江总督刘坤一关系很好,在"东南互保"的最后关头,刘坤一犹豫了,认为这是一种背叛朝廷的行为。这个时候,张謇出场了,他力劝刘坤一为了东南的大局,为了清廷的大局,为了整个国家的将来,不要犹豫,赶紧下决心同意"东南互保"。最后,刘坤一被说动,到上海与几个国家的领事签订了《东南保护约款》。

"东南互保"在中国近代史上的意义很大。这实际上是中国深陷灭顶之灾时,东南各省督抚、洋务派官僚、新式绅商通力合作,智慧、务实地保家、卫国之举。而且,改变了中国的政治走向。我们可以设想,如果没有"东南互保",在清廷蛮干宣战时,八国联军把战火引到南方,中国很可能就四分五裂完全沦为殖民地,而通过"东南互保",中国最繁荣最发达的地方被保下来了,既保住了中国的半壁江山,也保住了大清王朝。所以说,"东南互保"对于清王朝来说,某种意义上是"成也萧何,败也萧何"。它一方面成全了清朝,让它苟延残喘下来,另一方面也败了清朝,因为从"东南互保"以后,中央权威急剧下滑,跌到谷底,而各地的地方权重急剧上升,形成了中央轻、地方重的政治格局,形成了市民、绅士、各级知识分子、中间阶层等都能自由发言的局面,间接促成了后面一系列的"新政",以及立宪运动和辛亥革命,等等。我认为,这是中国近代史上的一个重要转折。

三是在全国性的政治运动——立宪运动中发挥政治领袖作用。这是张謇最了不起的一件事。我们知道,八国联军侵华以后,清廷被迫跑到西安,面临着亡国的危险。朝廷的大臣、官员和知识分子纷纷上书要求变法。慈禧太后痛定思痛,还在西安时就发布圣旨宣告变法,实行新政,以刷新她的政治形象,重塑她的政治基础,重建她的政治权威。

所谓的新政,当时朝廷内部有两种意见:一是延续过去洋务运动的路子,以经济发展与经济改革为主,就经济谈经济;二是认为要想国强民富,光搞经济不行,还得搞政治体制改革,而政治体制改革的核心就是立宪,要按照宪法办事。所谓立宪是君主立宪,君虚民实,把君主王权供起来,世世代代承认他是国家元首的身份,但实际上搞的是民主政治,类似于日本或英国的内阁制。刚搞新政时,第二种意见不占上风,毕竟传统保守力量强大,加上慈禧太后内心也不支持政治体制改革,因为一旦改革,皇帝就将变成一个虚职,就会触及她的权力根基。但是后来形势发生了改变,特别是到 1905 年,日本和俄罗斯为争夺中国东北土地发动了一场战争,发生在中国土地上的战争,中国却号称中立,看着日俄打。最终,俄罗斯这个强大的沙皇大国,被弱小的弹丸小国日本给打败了。这个出乎所有人意料的结果,让全体中国人感到震惊也大受启发。朝野普遍认为,日本搞了明治维新,变封建专制为君主立宪,国力和军事也因此变强,而俄罗斯没有改革,还是专制的沙皇体制,因此败了。于是,在全国,特别是知识分子和高级官员中形成一个共识,那就是体制是最重要的,必须加快立宪步伐。国内的立宪派开始占上风,全国 8 位总督中有 5 位上书力荐君主立宪。在这种情况下,清廷无奈同意。清廷第二年就废除了科举制度,并派出五名大臣出国考察国外的立宪体系,回来后着手体制改革。1908 年 8 月,清政府颁布《九年预备立宪逐年筹备事宜谕》,宣告要有计划、有步骤地进行立宪改革,勾画出了立宪的时间表和路线图,表达了清政府立志改革的意向。可是就在宣布这个改革计划不到三个月,光绪和慈禧就相继去世了,朝廷无法把控改革的走向,社会上的立宪运动愈演愈烈。

在这件事中,张謇又起到什么样的作用呢? 可以说,立宪派的精神领袖是梁启超,但是在立宪运动实际运作中,张謇是当之无愧的政治领袖。他在立宪运动中的主要作为表现在三个方面:

第一,从事立宪考察研究和宣传鼓动。张謇对立宪不是简单地盲从或顺应潮流,而是有自己的考察和思考。他查阅大量书籍,并且借着 1903 年到日本参加大阪博览会的机会,认真探究了日本的君主立宪制度。他对日本明治维新后政治、经济、教育、社会等各方面情况进行了深入细致的考察。考察之后,他得出结论,君主立宪确实有利于强国富民,必须下决心搞立宪。回国后,他印了很多宣传材料,包括《日本宪法》《各国政制》等,发送清廷高官。据他日记记载,慈禧太后都看过他的宣传材料,并且认可君主立宪。1904 年,他上奏朝廷,要求仿照日本明治维新变法颁布天下,定国名为大清宪法帝国。在朝廷内部,袁世凯在北方呼吁搞君主立宪,张謇则在南方民间宣传呼应。这里要说明一下,当年张謇从庆军回来后就和袁世凯闹翻了,他认为袁世凯虽然有才干,但品行不好,喜欢搞政治权术,不尊重上级和长辈。为此,张謇和袁世凯绝交了 20 多年。但在搞立宪运动时,张謇主动和袁世凯通过书信恢复联系。张謇认为袁世凯在朝廷的影响很大,而自己在民间的影响很大,一个朝廷、一个民间,一个北方、一个南方,遥相呼应,可以共同为立宪运动推波助澜。

第二,成立上海立宪公会和江苏谘议局。这两件事一虚一实,在立宪运动中很重要。立宪公会是全国最大最有影响的立宪倡导组织,张謇作为主导人,担任会长。这也是中国几千年封建制度下第一次出现的合法

张謇三十讲

民间社会组织鼓动宣传政治改革。这可以看成"虚"的。而"实"的是在江苏成立了全国最早、最有影响力的谘议局。全国 20 多个省都承认江苏谘议局是头,也就间接承认了作为江苏谘议局议长的张謇的领导地位。张謇利用自己的影响力,一方面呼吁推动立宪,另一方面又在江苏做了很多政治改革的示范,以证明立宪是好的。这些行为有效推进了立宪运动的全面发展。江苏谘议局某种意义上说,是全国立宪运动的实验场和推动源,有了江苏的实验示范和大力推动,全国的立宪运动便蓬蓬勃勃地开展了起来(江苏谘议局的大楼是张謇的学生孙支厦模仿日本的帝国大厦所建,后曾是国民党中央党部,现为全国重点文物保护单位。)

第三,组织国会请愿活动。当时,各地都觉得清政府搞 9 年立宪太慢,改革和危机在赛跑,如果太慢就会发生危机了。于是,大家纷纷想加快立宪,要求早开国会。张謇作为各地谘议局的带头人,深受大家的信任,也就当仁不让,召集了各地谘议局的代表开会,给清廷写请愿书,声势浩大地递交给清廷。其中有一个插曲,当时长沙的徐特立(毛主席的老师)断指为请愿代表送行,砍下自己的小拇指写血书表决心。由此可见,这个请愿活动很有影响和群众基础,特别是在知识分子中。1909 年 10 月组织一次后,1910 年又连续组织了两次。在这种强大的压力下,清政府不得不同意加快立宪的脚步,将时间从 1916 年提前到 1913 年。

以张謇为领袖的国会请愿运动和整个立宪运动在中国近代史上具有极为重要的开创性意义。过去政治都是专制政府的事情,而这一次却是政治精英群体和人民大众第一次联合掀起的大规模的群众民主运动,打破了常规,动摇了清廷的政治基础和合法性。这是三千年来没有过的。虽然立宪有未完成的遗憾,但它却间接地促成了辛亥革命的发生,推动了中国历史的巨变。可以说,是立宪党人和革命党人联手推翻了两百多年的清王朝和两千多年的封建专制制度。很多研究者都偏向于研究张謇的实业救国和教育救国,讲他如何办工厂办学校,而张謇本人则在晚年编写自己的年谱中写道:"一生之忧患、学问、出处,亦常记其大者,而莫大于立宪之成毁。"①意思是说,他一生中所有的大事,都比不上立宪这件事的成败得失。这也说明他最看重的还是政治救国,认为自己的主要事业和成败在政治。从立宪运动可以看出张謇不同凡响的政治作为、政治才能和政治贡献。

四是转向共和与促成南北议和。中国近代史到 1910 年前后发生了翻天覆地的变化,1911 年,辛亥革命发生。张謇从最初的倡导立宪转到了共和,逐步转向支持革命。他为什么会转变呢? 实际上,张謇通过立宪运动发现,清王朝是无可救药了。清廷名义上虽然支持立宪,也宣布成立责任内阁,但是搞了半天,却是个"皇家内阁",十几个内阁成员一大半还是皇亲贵族。张謇对清廷感到非常绝望,但是他还是不断通过上书等方式向清廷提出忠告,苦苦劝说,希望清王朝顺应时代、顺应民意、顺应大局,搞真正的君主立宪或共和。他希望自己能起到朝廷和民间的桥梁作用,做政府和人民之间沟通的融合者。同时,他也把希望寄于像袁世凯这样在清廷有内部势力,又有新政经验的大臣身上,希望他们能力挽狂澜。1911 年 5 月 11 日,辛亥革命发生前几个月,张謇在武汉汉口收购几个官办的纱厂后,坐火车去北京,想拜见庆亲王和摄政王,当面进一步规劝他们。当他路过河南彰德时,特意下车找袁世凯谈了 5 个小时(当时袁世凯被罢官后隐居在此)。根据张謇的日记,他们二人一边叙旧、一边谈论当前的时势。通过这次深谈,张謇惊喜地发现,在他们 28 年没见面的这些年,袁世凯大有进步,胸襟见识比以前高多了,"远在碌碌诸公之上"。尤其是在谈到张謇十分钟情的治淮问题时,张謇问袁世凯,到底有利无利? 袁世凯回答:不管有利没利,只要对老百姓有利、对国家有利,就值得一干。张謇听了立刻觉得"心目一开",就更加认定要和袁世凯在复杂动荡的政局中联手,稳定局面。在转向共和的过程中,张謇做了许多直接影响中国政局的事情,包括和袁世凯见面出主意,去北京见庆亲王和摄政王,等等。

---

① 张謇:《啬翁自订年谱》,《张謇全集》第 8 卷,第 1001 页,上海辞书出版社,2012 年。

当他 10 月份再去武汉参加大维纱厂开工仪式时,辛亥革命爆发了。张謇开始并不支持暴力革命,他认为应该走改良主义的、循序渐进的君主立宪道路。所以 10 月 12 日,他回到南京后做的第一件事就是劝江宁将军铁良"援鄂",并迅速代铁良奏请"立行立宪"。然后,他又去苏州找巡抚程德全,代起草《奏请改组内阁宣布立宪疏》。在这个过程中,张謇希望通过急速改革化解危机、平息革命,以立宪挽救清朝。但时间来不及了,形势发展很快,上海、苏州、杭州、南通都相继起义光复。很有意思的是,当时通州(南通旧称)一开始是准备与革命军打仗的,后来转向共和,支持革命了,民军推翻狼山总兵衙门,由张謇的哥哥张詧出任新成立的军政分府的总司令长。这说明,张謇及其家人已开始支持共和。

11 月 16 日,清廷把军政大权交给了袁世凯,让他组织内阁,稳定局面。这种情况下,张謇的角色也开始发生变化,原来是"通官商之邮",在官府和商人之间当"邮差"、当沟通的桥梁;现在要"通南北之邮",南边是孙中山黄兴的革命党,北边是清廷和袁世凯。张謇实际是"一手托三家"。他首先劝清廷:革命爆发了,应该赶快顺应大势退位,革命党人和全国老百姓都会保你们世世代代在紫禁城里自享其乐,不会像法国大革命那样把国王送上断头台。其次劝革命党人:适可而止,虽然辛亥革命一呼百应,全国各地都宣布独立或认同共和,但革命党的军事力量远不如清朝的实际掌权者袁世凯,再打下去,就要生灵涂炭,且毫无胜算,还不如就此收手,让袁世凯出来掌管局面。然后再劝袁世凯:你不要死心塌地地为清廷卖命,不要真的全部剿灭革命力量,否则你就是千秋罪人,将来我们会说服革命党人把权力移交给你,由你当国家领导人,让你成为像美国的华盛顿那样的开国领袖。他从大局出发,从国家稳定、减少战乱出发,在三方中斡旋协调,且颇有成效。这正是张謇非常卓越的政治才能、政治智慧的表现。

辛亥革命给后人留下了许多研究的话题。有人说这是一场不彻底的甚至是失败的革命。实际上,在张謇等人的努力下,各方势力和利益,通过妥协与和解都得到了关照,是当时历史条件下所能达到的最好结局。

清皇室留在了紫禁城,袁世凯当了总统,革命党人革命完成,老百姓免受战乱,亚洲的第一个共和国诞生了。孙中山说革命大功告成,要继续去建20万里的铁路。从这种意义上说,革命是成功的。当然,从一开始,这个革命就带有先天不足,它是一个妥协的产物。在妥协中,张謇这样的改良派起到了极其重要的作用。若没有他们的作用,革命将付出惨重的代价,且难以成功。12月下旬,孙中山从国外回到上海,准备参加临时大总统的选举,第一天就和张謇会面,听取他的意见。张謇希望孙中山能发挥自己革命领袖和临时政府的作用,使国家安定统一。实际上,南京临时政府从成立的第一天开始就打算当作过渡,等清廷退位后,再把权力移交给袁世凯。1912年1月1日,孙中山就任临时大总统,张謇被任命为临时政府实业总长。1月3日,孙中山和张謇商议大政方针。张謇觉得孙中山治国策略有点空泛,不符合中国国情。张謇在日记中写孙"未知崖畔"(不着边际)。于是他更加坚定地认为,应该将政权交给袁世凯,并积极游说各方。1月10日,他致电袁世凯称"甲日满退,乙日拥公,东南诸方,一切通过"。意思是第一天清朝退位,第二天就拥戴你,东南各方,包括革命人、立宪派、封疆大吏、知识分子都已达成共识,所以你赶紧让清廷退位。2月12日,袁世凯逼清帝退位,诏书发布。不久,张謇辞去了孙中山临时政府的实业总长,随后临时政府也解散了。3月份,袁世凯当权,不久便请张謇当了农林工商总长兼水利局总裁。过去有研究认为,张謇实际上不赞成革命,因为临时政府请他当实业总长他不愿久干,袁世凯请他去,一干就是两年。其实,这与是否赞成革命无关。他认为哪边能干实事,他就帮哪边干。他做官的目的是实现"强国富民"的政治理想,把当官和做事连在一起。张謇在自身完成由君主立宪到民主共和蜕变的同时,也对中国从封建政治到民主政治的革命性转型中发挥了促进作用。

五是任农林工商总长时,政绩独特。其一,他在任职期间,搞了大量的立法。中国近代许多经济方面的立法,包括早期民国政府70%的立法都是张謇组织颁布的。立法涉及方方面面,有银行法、权度法、典当法、国币条例、证券交易法、中国实业公司条例,等等。他任农林工商总长后说

张謇三十讲

过一句话:"实业之命脉,无不系于政治。"所以他认为搞实业一定要有好的政治环境,而好的政治环境在于搞法治。法治使政治的规范性、稳定性、长期性有了保障,国家的经济才会持续发展、长治久安。他有句名言:"法律者,轨道也,产业入轨道则平坦正直,毕生无倾跌之虞","不入轨道,随意奔逸,则倾跌立至。"①他对经济和政治以及政治与法制的关系看法相当精辟,相当深刻,对我们现在也有启发。其二,秉持"开放主义"和"世界眼光"。他说,办县的事情,一定要有省的眼光;办省的事情,一定要有全国的眼光;办国家的事情,一定要有世界的眼光。他思想开放,视野开阔,主张通过合资、借款、代办三种方式引进外资。其三,依据现代的行政和经济管理理念行事。他搞机构改革,把农林和工商两个大部合并起来,把八个司局改成三个司局,并大量精减人员。然后要求他们不要具体地管项目、办琐事,要宏观指导全国性的经济发展和搞好查勘规划。

(四)"南通模式"是张謇地方政治的结晶

一般认为,张謇离开政治舞台回家乡所创造的"南通模式",是实业模式和城市建设模式,实际上我认为是综合性的政治模式。南通先有了大生纱厂,因为需要棉花和原料,就办了垦牧公司,后来产品需要运输,就开办了轮船公司,再后来又办厂造机器设备。实业需要金融的支撑,除了搞股份制集资,他还成立了淮海实业银行,后来还当了交通银行的总理。后来进一步发展,他不仅搞实业,还建了近 400 所学校,从幼儿园、小学到大学,从普通教育到特殊教育。张謇自己说,"父教育母实业"。经过实践,他又觉得不能光讲实业和教育,于是又搞慈善、做公益,做了很多利于民生的事。于是,"南通模式"就成了一种地方自治的形态。所谓的"地方自治",表面上看是清政府在被逼之下宣布搞新政时的一个举措,要求发动地方上的老百姓、士绅,一起管社会、办事业。张謇充分利用了这一点,回到南通搞地方自治,但又超越了地方自治。他不仅搞实业、教育、慈善、公益,还搞城市建设和市政管理,为南通留下了"中国近代第一城"的美名。

---

① 张謇:《致商会联合会函》,《张謇全集》第 2 卷,上海辞书出版社,2012 年。

更让人称奇的是，他还搞自己的警卫队，花钱改造监狱、驻军营房，建妓女改造所和戒毒所等。他破天荒地发动民众选举，成立了全国第一个省以下的"准议会"——通州议事会，并亲任议长。议事会及随后的地方自治会成立后，创办测绘局、调查户口事务所、法政讲习所、清查公款公产事务所等一系列"准政府"机构，干了许多政府应该做的事情。这些事情都是他的政治行为。"南通模式"实际上也就是地方政治的模式和结晶。

那么，张謇在"南通模式"中的政治运作有哪些呢？我概括了"四个充分运用"：一是充分运用地方自治政策。当时的清政府同意搞地方自治，他充分加以运用，并且大大加以发挥和扩展，真正做到了"用足、用活"。二是充分运用特殊政治身份。他是状元、是翰林，又是立宪派领袖，还当过中央的农林工商总长，这些身份让当地的政府大员都能支持他。三是充分运用省级官僚的授权和支持（包括张之洞、刘坤一、程德全等）。张謇和江苏历任省级领导关系处得都很好，一直得到信任和支持，可以甩开膀子干他的事业。四是充分运用当地老百姓的拥戴。张謇一辈子为南通人民做好事，并具有先进的思想和理念，深得老百姓的认可，以非官员的身份，做官员的事情，自然也就可以做得通了。

张謇回南通干事的初衷是"以成鄙人建设一新世界雏形之志，以雪中国地方不能自治之耻"。而且他还讲道："今人民痛苦极矣。求援于政府，政府顽固如此，求援于社会，社会腐败如彼。然则直接解救人民之痛苦，舍自治岂有他哉！"他在南通搞地方自治的，最终是搞政治建设，治州理政。他在南通是一位无其名有其实的"州官"。

张謇是中国现代化成功的开拓者，南通实际上是中国现代化的试验田和示范区。我在 2004 年一次张謇国际学术研讨会上就说过："张謇先生在家乡南通进行了前后长达 30 年、全方位、系统性的早期现代化实验，并相继取得了一系列令人瞩目的成就，使南通从一个封建闭塞的小城一跃成为当时著名的'模范县'，被外国友人誉为'中国的乐土''理想的文化城市'，创造了中国近代第一城的辉煌。"张謇去世后，当时一般人把张謇当作失败的英雄，最早这出处来自于胡适为张謇儿子张孝若所写张謇传记序言中,胡适说:你的老父亲二三十年做了这么多事情,但还有许多没做成,是一个伟大的失败英雄。张孝若对这个观点很认同。他们两人共同的依据是,张謇很多志愿没有得到实现和完成,所以是失败的英雄。我想,如果都按照这样的观点来看的话,几乎古今中外的历史上就没有成功的英雄了。有哪个英雄人物不留一点遗憾,不留有未竟事业,能把一生想干的事情都干成的呢?在我看来,张謇是一个成功的现代化的开拓者,他在历史给定的条件、时代所给定的环境下,把该做的都做了,他就是成功者。张謇有一句至理名言,他说人和草木是一样的,都会死去的,但人若留下了一些事业,就不会和草木同腐,就会永远存下去了。这实际上说的就是人的成功之道。孙中山在 1922 年见到张孝若时也讲:你父亲了不起,他是实干家,做了很多实事,我是空谈、空想,什么事都没干成。当时他拿了自己的一张相片和一本书,亲笔题名让张孝若带回去给张謇,现存放在张謇博物馆里。这说明,大家都认可他是个成功的人,不管是实业家,还是政治家。

总而言之,从考状元前后的经历,到历史上大事件中的表现,直到回家乡搞地方自治,张謇的主要抱负在政治,主要经历在政治,主要作为在政治,主要贡献在政治,是一个地地道道的政治家。他和其他政治家不同的是,他主要不是直接当官,而且在搞政治活动时还兼有企业家、教育家的身份。他的儿子张孝若也说过,他的父亲如果早生若干年,在贤明君主的朝廷里,可以做一个治世的能臣。如果迟生若干年,在民主政治建立以后,可以做一个成功的福国利民的政治家。纵观张謇的一生,他大部分时间都在从事政治活动。21—41 岁的二十来年,主要参与地方政治,41—61岁的二十来年,搞全国性政治,61 岁到 73 岁去世的十多年,名义上是在南通搞地方事业,实际上他是着眼全国,背倚东南,立足南通,为全国搞一个试点,搞现代化的试验区,同时也在搞政治建设。

很多资料显示,即使晚年在南通期间,张謇也并没有关起门来只搞南通这一亩三分地。1925 年上海发生五卅运动罢工事件,全国人民呼吁支持纱厂工人反对日本人的压迫和剥削,张謇带头认捐;孙中山去世时,他代表地方主持追悼大会;蔡锷灵柩路过南通,他组织全市人民举行公祭;军阀混战时,他不断为民请命,协调各方,很多全国性的政治活动,他也直接参与了。可以说张謇一直秉持了士大夫达则兼济天下,穷则独善其身的理念,他进则搞全国"大政治",顾及南通;退则搞南通地方"小政治",影响全国。不管怎样,他从未忘记救国救民和强国富民的政治理想,也从未停止过通过现代政治促进现代经济社会转型的探索和开拓。资深编导、制片人夏骏对张謇有很高的评价:"在激烈的变革乱局中,他以仁爱之心倡导和平、建设、理性过渡,始终站在民众的立场考虑问题,散发着不朽的光芒。""张謇是在中国农业文明和传统官场的套路上转圈的人,可他又成为现代化的开路先锋,是一个奇迹。"

第二部分:张謇孕育了近代南通精神

张謇给南通留下了这么多工厂、学校、市政设施,同时也孕育和塑造了南通近代的城市精神。城市精神就像人的灵魂,像我们说的核心价值一样,能反映城市的整体精神状态。一个城市发展得好与不好,要看这个城市的精神气质、发展动力。张謇在打造"中国近代第一城"的时候,也打造了近代的南通精神即精神动力。南通近代的城市精神是张謇一手孕育出来的,对南通城市的突破性发展起到了关键性作用。他是如何孕育的呢? 主要表现为以下观点:

(一)自身行为的示范引领

榜样的力量是无穷的。像张謇这样在地方起主导作用的人物,他在方方面面的一言一行都起到表率作用。

他志存高远,脚踏实地。有远大理想和抱负的人很多,但同时脚踏实地做出成效的人不多;肯干务实的人也很多,但同时拥有崇高的境界与远大志向的人不多。既有远大抱负又能求真务实脚踏实地做事,这点很难得,在张謇身上体现得十分充分。这种精神不仅在创办工厂、创办学校中体现得淋漓尽致,在政治活动过程中也是这样。他有崇高的现代民主政治理念和远大的政治变革志向,对康有为、梁启超的态度及其在南北议和

张謇三十讲

中,都体现了他不冲动冒进、稳健务实、脚踏实地,一切从实际出发的务实精神。他对李鸿章、袁世凯态度的转变也是一个例子。一开始觉得李鸿章在甲午战争中的立场不对,立即上书弹劾,后来看到李鸿章主政比较务实时又拥护他,乃至在庚子动乱时,他主张以李鸿章为首领,率各地总督捍卫朝廷;对袁世凯也是,开始觉得袁世凯品行不好与之决裂,后来看到袁世凯的能力与格局提高,又主动握手言和,都说明了他能从大局出发,是个务实的人。他儿子张孝若也说:他抱定主义,立定脚跟,要创造一个新局面和新事业。孙中山也评论他是干实事的人,笔者也一直认为他是一个有理想、有实践、有成就的人。

他开拓创新、与时俱进。张謇作为新旧时代转换中的士大夫,眼光超前,思想解放,紧跟历史潮流,站在时代前沿,在各方面奋力开拓,不断创新,创造了不朽的历史功绩,所以胡适说他"独立开辟了无数新路,做了30年的开路先锋"。我觉得,不仅仅是实业和教育,包括整个现代化的政治和经济,他都在开拓创新,与时俱进。办工厂,一开始起点就很高,搞现代公司治理,搞股份制等等。他在政治上不断地转变和跟进,往往被后人议论为"多变",实际上我觉得这个正反映了他了不起的与时俱进的品质。因为时代在变,形势在变,他也要不断调整自己的思想观念,紧跟时代的步伐。而且,他的变不是往坏处变、不是往后退,而是往好处变、往前进。不管他怎么变,始终是围绕着"强国富民"的政治抱负在变,根子上是为了国家富强,人民幸福。所以,他的变是与时俱进的,不管是维新变法、君主立宪还是共和。就像他的儿子张孝若说的,"他总是握紧了两个拳头,抱定了一个主意,认准了一个方向,直视往前走,总想打通了这条路,去造一个新世界"①。

他开放包容,兼收并蓄。他秉持"开放主义",对国外开放,对南通之外的地方也开放;对资金、科技、企业管理等生产要素开放;对外来的文化艺术、思想观念、生活方式等文化元素也开放,全面兼收并蓄;对人才也持

① 张孝若:《最艰难的创业者:状元实业家张謇传记》,新世界出版社,2016 年。

开放的态度,在当时中国那么混乱、那么落后贫穷的局面下,许多中外名人都来过南通,王国维、梁启超、竺可桢、丁文江、陶行知、梅兰芳都到南通和他见过面,探讨过问题。来自日本、荷兰、英国的 70 多名专家在他的公司工作。讲到人才,这里插一个故事。大家或多或少都知道江泽民同志的祖父江石溪和张謇家有一定的关系。江石溪是江都人,原先与张謇素不相识。张謇办了工厂后,要搞运输业,办轮船公司,从南通开到扬州,扬州人就不服气,抵制他,不让他进到扬州地盘。特别是有两部分人抵制得很厉害。一部分是码头上的混混、帮派团伙;还有一部分是当地的盐商大户。这时就有人出主意,让张謇在当地找个有名望、社会上都认可的人去协调,后来就有人推荐了江石溪。江石溪是中医,平时还讲学,参加社会活动,很有声望。果然,江石溪就帮他解决了,当地的盐商大户、小混混都不再惹是生非,他的轮船公司顺利通航了。后来,两人在交往中相互仰慕,变得很要好。张謇就让他到自己公司,做轮船公司的总经理助理,干得不错。据说江石溪有现代科技的眼光,当时运河里水草很多,他设计的除草机将草除掉后,船就能通畅航行。2008 年,中央领导同志到南通考察时,还问我能否找到当年他祖父设计除草机的图纸。这个故事,说明张謇心胸很开阔,能识别和使用各方面人才,这和他的开放主义和世界眼光是分不开的。

(二) 地方治理的教化

近代南通精神的形成,南通人思想观念的大幅提升,与地方治理和地方政治建设有很大关系。现代化市政建设和管理,必然会促进现代化观念的形成。张謇在南通搞了一批现代化的载体,奠定了现代化的物质基础。现代化的设施和功能在启迪民智的同时,必然催生民众的现代意识。他还兴建了那么多学校和公共设施,教化功能更为直接和明显。张謇一方面给予民众新知识、新思想、新观念,一方面又培养了具有新时代素养的新人。南通因此走出了一大批科学家和方方面面的杰出人才,追根溯源都和当时的基础和源头分不开。在这种情况下,南通必然在全国率先除旧布新,移风易俗,领风气之先,形成新的城市精神。所以,蔡元

张謇三十讲

培写道:"为地方兴教养诸业,继起有人,岂惟孝子慈孙,尤属望南通后进。"

(三)时代精神的倡导

张謇一方面在示范和教化,一方面又在大声疾呼倡导时代精神。概括地说,张謇主要倡导以下三种时代精神:一是除旧布新,变革图强。在新旧时代转换的时候,旧势力错综复杂,张謇能带头转型,精神难能可贵。他儿子张孝若说:"父亲的思想事业很有创立的精神,看事常看早 10 年,做事必须进一步,思想要有时代性,实业要应着世界潮流,没有顽腐的成见。"[①]二是文明和谐,遵法守信。张謇对股东、对职工都很好,他让股东得到利益、职工得到好处。他对社会上的孤寡老人、弱势群体、扶贫对象更好。他号召要以法为本,忠实不欺。他认为,大家都要自觉守法,这是社会的根本和灵魂。他的哥哥张詧在做警察局长的时候规定,晚间车辆、轿子行走时一定要点灯。有一次,张謇手下抬轿子时没点灯,被巡逻发现要罚款,张謇不但认罚还给这个巡警奖励。这说明他带头守法的意识非常强。三是艰苦自立,奋发进取。他在各种经济和政治活动当中都强调这一点,希望大家能够艰苦奋斗,各尽所能,奋发图强,不断进取。这里举一个例子。张謇邀请日本人为其学校设计平面图,中国近代著名建筑设计师孙支厦那时候还是个年轻小伙,做张謇的翻译,中途这个日本设计师抑郁症发作自杀了,设计到一半的图纸没办法接着搞下去,孙支厦就接手了,而且做得很好。张謇发现孙支厦是个人才,很是珍惜,送他到大学深造,毕业后留在公司重用。孙支厦在张謇提倡的自力更生、艰苦奋斗的时代精神的感召下,设计了很多著名建筑,被后世公认为中国近代最先进的建筑设计师。

近代南通精神是一种变革的精神、创新的精神、创业的精神、开明的精神、包容的精神、开放的精神。张謇不仅是南通实业之父、教育之父、城市之父,也是南通精神之父,是他一手孕育了近代南通精神。我们要更深

---

① 张孝若:《最艰难的创业者:状元实业家张謇传记》,新世界出版社,2016 年。

刻地理解和继承张謇先生的爱国主义思想精髓,更深刻地感悟和弘扬张謇先生身上所体现出的敢为人先的创新精神、百折不挠的坚强意志、泽被乡里的爱民情怀和脚踏实地的务实风范。

最后再说一下南通精神在当代的弘扬。

张謇孕育了南通精神,南通人一直很珍惜。21世纪初,我们经过调研思考,决定要打好张謇这张文化牌。2003年时,我们利用吴良镛评价南通是"中国近代第一城"的契机,对张謇的成就和精神文化遗产进行了深度挖掘和宣传推广。2005年,我们从年初发动和组织南通精神大讨论,呼吁全民讨论、开讲座、搞座谈、发表文章,甚至用手机收集上万条信息,持续了近一年时间。在此基础上,概括和提炼了南通城市精神。城市精神的概括和提炼遵循了三个原则:一是传承历史;二是观照现实;三是引领未来。在这三个原则的遵循下,南通精神的表述语最后被确定为八个字:"包容会通,敢为人先。"确定了这八个字以后,一切工作的开展都以之为旗帜、为引导。我们以城市精神来衡量做事的成败,做到了就给予表扬和鼓励,没做到的继续鞭策和努力。事实证明,这样做确实起到了很大的作用。精神的力量、文化的作用是无穷的。通过对南通精神的弘扬和倡导,南通人在方方面面都发生了巨大的变化,城市面貌、经济面貌、社会面貌、生活面貌、精神面貌都大为改观。其中,难能可贵的是精神面貌的变化。南通人现在更加包容、开放了,心胸和视野也更加开阔了,对外来的生产要素,包括企业、资金、技术、人才,更愿意接纳了;对外来的文化元素,包括思想观念、生活方式更加接受了,南通人更敢想敢干了,敢干别人没干过的事,敢走别人没走过的路。"敢为人先"的光大弘扬,引领南通人创造了许多争先创优的当代奇迹,圆了精彩纷呈的"南通梦"。今后南通城市有形的东西还会不断变化,但"南通精神"这个无形的东西,却会永放光芒。余秋雨来南通时曾说:张謇了不起,他用实际行动向全世界发了一个"南通宣言",宣告我们中国人能搞现代化。南通现在又进入了一个新的发展黄金期,"南通天时地利人和集于一身,百脉俱开,路路皆通"。

张謇三十讲

嘉宾交流点评：

徐仁祥（南通市政协原副秘书长）：在南通工作期间，罗书记干了很多让我们印象深刻的大事情，特别是在大桥、大港、大学、大园区建设等方面。我们虽然生在南通，也经常研究张謇这个课题，但没有像罗书记这样系统地、从政治上研究张謇，而且研究得很深，听了很受启发。胡适说张謇是"伟大的失败英雄"，我觉得他是在特定环境下说的，总体上对张謇的功绩是肯定的。

吴声和（南通人大教科文卫委员会原主任）：今天听了罗书记的讲座，感到非常精彩，从新的层面展现了张謇的另一面，让我耳目一新。南通在研究张謇工作上，做了很多资料性的工作，但开阔性地把张謇放到一个时代发展的高度上去研究，还远远不够。南通人跨越发展取得了成功，所以对张謇精神的讨论、对南通精神的讨论，就像吹奏一曲濠河水，尊重了历史，也给南通人民一个历史的光环。张謇了不起在哪里？国家层面的民族精英，在转型的时代与定型的时代，国家的责任担当是不一样的。张謇是统治集团的核心智囊、是跨朝代的德高望重的核心人物，在几千年封建制度土崩瓦解、各种势力纵横交错、各种权利与阴谋角逐的困难时代，力挽狂澜、推动社会前进、争取民族的进步。张謇有高屋建瓴的政治决策，又巧妙地斡旋于各派势力之间，与时俱进，根据当时的民情和国情传播精神、具体论证，留下了宝贵的精神财富。

蔡玉洗（译林出版社原社长、博士）：听了罗理事长的讲座，我感触很深。我原来是搞出版的，对于张謇这个历史人物、政治人物，看过很多相关资料。张謇是在封建文化影响下成长起来的。他读书很成功，读成了状元，实业救国也很成功，而且他做人也很成功，有着高尚的家国情怀。作为旧社会一个成功的读书人，却能变成一个政治家，变成一个治理国家、治理社会的志士能人，很让人吃惊。今天通过讲座，张謇这个形象原来比较模糊，现在一下子清晰起来。也解答了我的很多疑问：张謇如何从一个封建文化孕育下的士人变成一个具有现代家国情怀、现代人文精神的政治家？中国历史上出现过这么多状元，为什么只有张謇变成这样的？今天罗理事长给我们开了一个头，阐述了张謇这个人为什么能完成个人灵魂的转换与脱胎换骨，变成一个我国现代的、具有救国理念的政治家。梁启超、胡适这些人，当年提出了很多西方的思想和西方的治国理念，包括改革开放，但都局限于纸上谈兵。张謇作为一个封建士大夫，最后变成一个治理现代社会的、具有现代思想的改革家和政治家，为我们现在社会转型的走向和变迁，提供了一个非常好的借鉴。刚才好多同志都提到胡适说张謇是一个"失败的英雄"，我不赞同这个观点。一个人的成功与失败，不能看他办没办好事情，还要考虑很多其他因素。人的寿命是有限的，张謇人生的三个阶段，都在积极地进行社会实践与治理，在他去世以后，还有很多东西都来不及做、来不及实践、来不及成功，但是他的眼光和远见是经得起时间检验的。

王　湛（江苏省政府原副省长、教育部原副部长）：罗一民同志对张謇做出了富有新意的评价。一是张謇是在中国关键的历史阶段参与了重大的社会变革，是一位具有重要社会影响的政治家。二是关于张謇在南通的社会治理，是一个包含政治治理在内的全方位的鲜活的典范。三是关于张謇精神的当代价值，以及我们今天如何进一步地传承和弘扬张謇精神。张謇是一个政治家，这是历史事实，过去对张謇的这个认识不够充分，甚至被漠视被掩盖了。对张謇真正开始研究应该是在改革开放以后，过去受极"左"思潮的影响，一段时期内张謇研究被史学界视为禁区。我们这些年强调以经济建设为中心，加上史学研究中功利主义影响比较深，我们对张謇在实业和教育方面的成就关注比较多，而对张謇在近代史上其他方面的影响和研究就比较缺失。张謇既是一名中国传统的优秀知识分子，受儒家思想的影响，同时又追求和吸收西方最新资本主义的技术、文化、制度。他求新、求变，但是又遵守中国传统的中庸之道，平和而务实。张謇办实业很成功，是与他政治家的身份分不开的。如果不是他的政治背景和在政界的影响，张之洞、刘坤一是不会以官府的形式加入并提供资金和机器的。所以张謇作为一个政治家的身份,应该给予高度重视。张謇的地方治理是中国的一个典范,近代的一个典范。他治理的特点就是用现代文明理念全方位地推行社会制度。在那个时期、那个年代,他的治理体系、治理能力是一流的、是现代化的,这里面包括城市建设、文化建设、社会建设,等等。也就是我们今天讲的治理体系和治理能力的现代化。常常有人问我,南通如果没有张謇会是什么样子? 没有张謇,南通到今天也会发展起来,但是至少要迟几十年,南通的城市品格也达不到今天的高度。我认为,一民同志来讲这个主题非常合适,他不仅有深厚的学养,更重要的是他在南通的工作经历,他把自己的青春才华、政治智慧,奉献给南通这片热土、奉献给南通人民。他在市委、市政府主持工作期间,组织南通人民对"南通精神"大讨论,学习借鉴前人精神,以开阔的视野,定位南通发展格局,为老百姓办了很多实事,南通的社会经济发展也有了历史性的变化,应该予以充分肯定。我希望我们大家都来弘扬和传承以张謇为代表的南通先贤的精神,为今天南通的建设和江苏的建设做出新的贡献。

顾　浩(江苏省委原副书记):今天听了罗一民同志的讲座,我感到非常震撼。他不是南通人,只是一个在南通工作的人。而我是一个地地道道的南通人。不是南通的人对张謇的认识,比起我这个南通人来得更全面、更具体、更深刻。他的演讲对我非常有启示,我觉得今天的演讲具有标志性,标志着对张謇的研究已经上了一个新的台阶、一个新的高度、一个新的水平。今天演讲的题目很好,"政治家张謇",这个题目就是对张謇研究深入、开拓的表现。张謇作为一个政治家,最核心的就是他的家国情怀、百姓情结。他做了那么多事,都是为了国家,为了老百姓,希望国富民安。从这个新的领域研究张謇很有意义,应该进一步拓展、全面地加以研究。研究张謇的目的,是为了今天,也是为了未来。张謇是南通有史以来难得一见的了不起的人物,但他不仅是南通的,也是江苏的、全国的,甚至是全世界的。我们应该下更大的力气,去研究张謇,挖掘他的精神内涵,开拓我们的视野。一民同志到南通后，我和他有过多次接触，每次接触他都要和我谈南通的发展和变化，每次都会谈到张謇，所以他的心目中有张謇情结。他到南通后，南通的发展取得了很大的变化，取得了令人瞩目的成绩，我认为这和他不断弘扬张謇精神关系巨大。南通人正是以张謇为榜样，用张謇精神不断地鞭策自己、要求自己，整个城市面貌才会随之发生巨大变化。在此，我希望大家能够共同努力把对张謇的研究推向一个新的阶段，提到一个新的高度，这对我们事业将会产生更大的促进作用。

张謇三十讲

第二讲：
政治家张謇在江苏的政治活动

（笔者在江苏青春老年大学做《政治家张謇在江苏》主旨报告，此文发表在《钟山风雨》2019 年第 5 期）

过去在一般人印象中，清末状元张謇是一个企业家和教育家，因为他在家乡南通办了很多企业和学校。但我觉得，张謇首先是政治家，然后才是企业家、教育家。现在让我们着重考察一下张謇在江苏开展的一些政治活动。

一、张謇在江苏政治活动的三个阶段

第一阶段是从秀才到状元（大概 20 年时间）。张謇出生于 1853 年，16 岁考中秀才，22 岁开始给一些地方官员做幕僚，走上与政治有关的道路。

张謇家在南通海门常乐镇。清代有个规矩，如果一个家庭三代都没有秀才以上功名的，不能直接考秀才，必须要有三个有社会地位的人连环担保。张謇缺少这些条件，他的老师帮他找到如皋一个叫张驹的人，以其孙子"张育才"的名字冒名报考。后来，张謇如愿以偿，考上了秀才。但如皋张家不断提出各种各样的经济要求，未能满足后，便告张謇"冒籍"。张謇父子四处奔波、沟通，折腾了四、五年，最终，在南通知州孙云锦的帮助下解决了问题。孙云锦也由此对张謇的才学有了较多的了解。

后来，孙云锦调到江宁发审局任主事，聘张謇去做幕僚。江宁发审局当时是江苏的一个准法院机构，帮助巡抚处理一些疑难案件。发审局地位比较高，相当于现在的副省级。从此，张謇就进入了政治轨道。

在江宁发审局期间，张謇一方面帮助孙云锦处理很多疑难案件，一方面通过这个平台对江苏各地的社情民意，包括百姓的生活和疾苦，有了更多的了解，同时也萌发了改造社会、变革政治的理想和抱负。他曾经到淮安处理积案，看到淮安的百姓比南通的百姓还要贫苦，而且他看到更深层次的社会不公和土地制度问题。他在当时的一首诗中愤然写道："谁云江南好，但觉农妇苦，头蓬胫赤足籍苴，少者露臂长者乳，乱后田荒莽且庑，瘁人腴田田有主。"他觉得这种状况一定要改变。他决心以王安石、王船山为榜样，践行经世致用之学，为强国富民建功立业。他在诗中写道："苍生安石与同忧""船山不是一经儒"。

张謇在江宁时，还办书院、修县志，促进地方文化教育事业发展。他还遇到了对他一生政治活动产生重要影响的第二个地方官员，就是驻扎在南京浦口的"庆军"统领吴长庆。吴长庆与孙云锦都是安徽老乡，比较熟，来往多，张謇因此而与吴长庆相识。吴对张謇也很赏识，聘他到"庆军"做高级幕僚，给了丰厚的俸禄，还在他的衙门后面盖了几间房子给他。张謇也不负吴的厚望，帮他出谋划策，治事理政，做了很多事情。张希望吴能成为像曾国藩那样的中兴名臣，自己也可以"朝鱼而暮龙，功名蜕侯伯"。

后来，张謇随吴长庆到了朝鲜，在朝鲜平叛中发挥了重要作用，自己也得到了很好的锻炼，政治才能得到了很大提高。张謇起草的《朝鲜善后六策》等策论，受到朝廷官员赏识，包括太后和皇帝的关注。

张謇在"庆军"还认识了袁世凯。袁父与吴父有生死之交，在抗击"捻军"的过程中结下了友情。袁父去世后，袁世凯就投靠了吴长庆，并随同到了朝鲜。受吴长庆委托，张謇空余时间帮袁世凯读书。袁世凯既把张謇当作老师，当成上级，敬称"季直夫子大人"。后来，虽然因为张謇看不惯袁世凯的一些品行表现，而与他断绝了关系，但二十多年后，张又与袁主动复交，从而演绎出一段搅动时局的故事（1911年5月，辛亥革命爆发前夕，张与袁在河南彰德密商如何应对危局）。

从跟随孙云锦再到吴长庆，这段时间张謇初步涉足政坛，积累了政治

张謇三十讲

阅历和政治人脉,开阔了政治眼界,奠定了政治抱负和政治理想。

后来,吴长庆在朝廷内斗中受困,不久便去世了。1885 年,张謇离开"庆军"时,两江总督张之洞、北洋大臣李鸿章都想聘用他,但都被婉言谢绝,即所谓的"南不拜张,北不投李"。他要回乡备考,想考状元,从而在中国的政治舞台上有更大的作为。

张謇回到家乡后,一方面备考,一方面还是做了很多与政治有关的事。首先,他做了许多慈善,救济当地农民。同时为了防止倭寇骚扰和内乱,他还组织了地方武装—"滨海渔团"。其次,他还联合当地商人,向政府提出减低税捐的诉求。他在江苏各地,包括赣榆、太仓、东台、崇明等县创办书院,编修县志,并帮助当地政府做一些兴修水利,改善民生的事情。可以说,这时的张謇,足迹遍布苏南苏北,多方面涉足社会政治领域。

由此可见,张謇在江苏政治活动的第一阶段(22 岁到 42 岁),是在地方上参政理政的"见习期",丰富政治资源(人脉、经验、声望等)的"积累期",准备冲顶最高学位、介入全国政治的"预备期"。

第二阶段,从甲午战争到辛亥革命(大概 20 年时间)是张謇在政治方面的鼎盛时期。

1894 年,在中日甲午战争即将开打前,张謇以新科状元的身份支持老师翁同龢的主战意见,上疏痛斥李鸿章"主和误国""以庸劣而败和局",一时名震朝野、誉满天下。不久,因父去世,告假回乡丁忧守制三年。

在回乡期间,张謇受张之洞的委托,"总理通海一带商务",招商办厂,开始逐步探索实业救国的道路。同时,他还任职了"总办通海团练",兴办地方海防武装。他还趁办团练之际,为花布商人议办"认捐",经营义庄社仓,修路建桥,筹划道、海、泰、如四地合习乐舞(古典礼乐),为书院筹措经费等。在混浊的国家政治不能直接解决问题的情况下,张謇迫于无奈,选择在家乡从实业开始,兴办各项民生事业,再慢慢促进社会改造和政治改良,以推动近代化的进程。

1898 年,张謇回京销假,恰好碰上戊戌变法。张謇明确支持康有为梁启超这一派,但他又对康梁的策略和做法不太满意,认为他们过于草率冒进。而他的老师翁同龢观点与张謇相一致并采纳了他的许多意见。后来，慈禧太后和光绪皇帝对翁同龢均有不满，将翁同龢罢免。张謇见此情况，赶紧请假回家。不久便发生了"戊戌六君子"血洒菜市口的惨案。张謇见政局混乱，只得在老家继续办自己的纱厂和各项民生事业。他还在江边建了一座"望虞楼"，以表对软禁在长江南岸常熟虞山脚下的翁同龢的挂念之情。

1900 年义和团事件爆发，八国联军入侵，造成了中国严重的动荡。在这种情况下，东南一带的官吏、乡绅、企业家和一些知识分子呼吁采取东南互保的方针，张謇带头呼应。而关键性的人物，两江总督刘坤一对此事的态度一直不明确，张謇特地赶到南京劝说刘坤一去上海与外国领事签字，东南互保的局面就此形成。东南互保之后，保住了中国的半壁江山，但清朝的权威严重下降，民间团体也相继出现，呈现出地方强中央弱的局面，为后一步的辛亥革命铺了路。

后来，社会上逐渐形成一种主流的思想，认为中国要想强大，不受外辱，就必须进行政治改革，实行君主立宪制。张謇历来认为，中国的贫弱，"抉其病根，则有权位而昏惰者当之"，因此必须像日本那样搞明治维新。他在立宪运动中，一方面，进行了思想舆论的宣传鼓动，包括编印《日本宪法解义》等书分送朝野各方，在报刊上发表文章，上奏朝廷建议仿照日本明治变法，"定为大清宪法帝国"。另一方面，他创立了上海预备立宪公会和江苏谘议局。并组织了三次声势浩大的国会请愿运动，逼迫清廷宣布提前于 1913 年召开国会，并预行组织责任内阁。显然，张謇已成为全国公认的立宪运动领袖。他在晚年编写"年谱"时也认为，自己一生最重要的事，就是搞了立宪运动。

1908 年江苏谘议局成立，张謇任议长。这是全国成立最早、影响最大的省谘议局。由于张謇积极推动对江苏巡抚和两江总督的行政监督和制约，形成了较大的影响，江苏谘议局成了全国议会政治的示范引领者。张謇委托南通学生孙支厦建的省谘议局大楼（现为南京湖南路省军区司令部旧址），也是中国近代的经典性建筑，是 1912 年元月孙中山先生宣誓就任临时大总统的场所。

在辛亥革命前夕,张謇上下奔走、协调各方,在官府和民间起到了桥梁的作用,即"通官商之邮"。由于清王朝的腐败堕落,慢慢失去了民心,由孙中山为代表的革命党占了上风。1911 年 10 月 10 号,张謇正在武汉办事时,武昌起义爆发。张謇回到江苏,与江苏巡抚程德全、江宁将军铁良农等商讨办法,试图拯救局面。但很快全国各地开始宣布独立,孙中山也回国筹建民国政府。张謇便及时从立宪转向共和,促进南北议和,对辛亥革命的顺利进行做出了重要贡献。他"一手托三家":一劝袁世凯顺应潮流,包容革命,拥戴共和;二劝清廷"顺天人之归,谢帝王之位……为中国开亿万年进化之新基,为祖宗留二百载不刊之遗爱";三劝革命党人临时执政,理性妥协,和平过渡。最终,三个方面基本上采纳了张謇等人的意见,中华民国终于诞生。因此,有人称张謇是民国的"助产士"。

辛亥革命以后,张謇担任北洋政府农商总长兼全国水利总裁,任期将近两年,又做了许多利国利民的好事。他在任职宣言中明确表示:"实业之命脉,无不系于政治。"因而着力于从政治和法律的角度促进经济的发展。从 1895 到 1915 这二十年时间里,张謇围绕自身的强国富民的理想,活跃于朝野,奔波于南北,立足江苏,背依东南,搅动全国,为全国政治的正向演进和历史转折做出了不可或缺、不可替代的重大而独特的贡献。

第三阶段,是从 1915 年张謇辞官回乡,到 1926 年去世。这十多年间,张謇致力于南通地方的全面发展,形成了地方政治的南通模式。

张謇晚年在家乡,不仅把办实业挣来的钱用来兴建教育、慈善等,还着力于城市建设和政治建设,将南通打造成"中国近代第一城"。实际上,张謇搞实业,是为了给自治打基础,而搞自治,则是给政治改良打基础。诚如他自己所说,"今人民痛苦极矣,求援于政府,政府顽固如此;求援于社会,社会腐败如彼。然则直接解救人民之痛苦,舍自治岂有他哉!"在"地方自治"的旗号下,张謇在南通建立了中国第一个省以下的地方"议会"——通州县议事会,除了一般的参政议政,还负责测绘全境地图、调查统计人口、设立政法讲习所、清查公款公产等,做了许多"州官"应该做的事。当时县议事会可以推定户籍、财政、工程、警务算行政负责人,并对之进行监督、责询,已初步显露了近代民主政治的雏形。他还配合当地行政建立了许多民间组织,以完善现代治理结构。

1919 年,在"自存立、自生活、自保卫"的口号下,张謇与儿子张孝若组织了南通自治会,大权掌握在上层绅商手中,其内部机构设置、职权分工与地方政府相仿,支配了地方政局。同时,他还想把这一模式推广到江苏全省,筹办"中华模范地方自治讲习所",以实现"苏人治苏"。张謇利用了自己的特殊地位和在江苏地方官绅中的广泛影响,以及家乡民众对他的积极拥戴,以非官员的身份"主政"南通,进行政治、经济、社会、文化等各方面的变革,全方位地探索现代化的道路,为全国树立了一个样板。可以说,张謇的南通模式是地方政治的模式,是政治现代化探索的一个结晶。

从以上三个阶段可以看出,张謇一生当中主要的抱负和作为是在政治方面,在全国和地方的政治舞台上,他都力求通过政治变革,促进实业教育和民生各项事业发展。他自己最看重的,也就是"政治救国""自治兴乡"。因此,张謇从最根本上讲,首先是一个政治家,其次才是企业家和教育家。

二、张謇在江苏政治活动的三个特点

身为政治家的张謇,在江苏从事政治活动中显示出了三个明显的特点。第一,出以公心。张謇不论在政治活动哪个阶段,他总是能做到从政为民,忠心谋国。他特别强调:"一个人无论做官做事,私德第一要讲;讲私德,第一要金钱的公私界限分清。岂但不可贪得,并且不可牵混。"而且,在处理做事与做官的关系上,他从不计较个人的进退得失,一切以能否为民办实事为原则,做官只是为了做事,不能做事,宁可不做官。但不做大官,却要做大事。第二,变革求实。张謇站得高、看得远、想得深,进行政治活动能够顺新、顺变,求新、求变,顺应和引领时代潮流,不断推动变革,但同时又唯实、务实、求实。他不好高骛远、偏激盲动,注重实际,做事有板有眼,谋实招、做实事、求实效。连孙中山也称赞他是一个做实事的人，并说自己只是"空忙"。第三，全面统筹。张謇在进行政治活动时特别注意和善于各个方面的统筹。一是全国政治与地方政治的统筹。一方面关注国家政治的顶层设计和整体变革，以惠及地方；一方面注重地方的先行先试、示范引领，以带动全国。二是各种政治资源和各种政治力量的统筹。他善于利用朝廷的默许、民众的拥护、地方大员的支持做事，也善于团结协调官绅中的左、中、右势力，是一个"统战高手"。三是在地方治理中，他注重经济、文化、社会、城建等各方面的统筹运作，协调推进，全面发展。当年的南通就是全面统筹发展的一个范例，至今仍惠及当代南通和江苏。

第二讲：政治家张謇在江苏的政治活动

第三讲：
张謇的爱国心和强国梦

（2021年1月6日，张謇企业家学院在南通市委党校正式揭牌。全省民营企业家学习弘扬张謇企业家精神高级研修班同日开班。在首期高级研修班结业典礼上，笔者为学员们作了题为《张謇的爱国心和强国梦》的报告。此文亦发表在《中华工商时报》2021年7月刊和《江苏省社会主义学院学报》2021年第2期）

清末民初的动荡岁月，造就了中国民营企业家的先贤和楷模——张謇。他忧国忧民、救亡图存，是爱国企业家的典范。为实现强国梦，他选择了"舍身喂虎"的办厂之路，百折不挠，愈挫愈勇。他亦政亦商，兼具官员和经商者的双重角色，凭借对经济与政治关系的深刻理解，较好地处理了政治与经济的关系。他从事公益，发展教育，是地方治理的精英。他只手打造"中国近代第一城"，从文化建设、社会治理、生态改造等方面全方位推进南通现代化建设。

张謇身上确实有一般企业家的共同属性，包括投资创办、经营管理企业，根据市场需要生产销售各类商品；在主观上追求自身利润最大化的同时，为国家经济社会做贡献；以特定的经营管理专长和能力，自成一类社会群体——企业家。然而张謇的伟大，不在于他和一般企业家的共同点，而在于他不同凡响的与众不同之处。正是独特卓越的超越一般企业家个性所为，才成就了他人生的辉煌，创造了不朽的业绩，为后人由衷地景仰。也正因如此，习近平总书记才把他称为"爱国企业家的典范""中国民营企业家的先贤和楷模"。

张謇三十讲

一、一生痴迷强国梦

爱国之心,人皆有之。但是,像张謇那样,一切从爱国出发并将浓烈的爱国情化为对强国梦的执着追求,并坚持终身而不渝的却十分罕见。张謇自幼熟读四书五经,深受儒学"忠君爱国"传统思想影响,具有朴素的爱国主义情怀。他生长在国难深重、山河破碎的清末民初,要爱国就必须救国,而要想救国首先必须强国。只有使国家强盛起来,才能不受外强欺侮,救国家于沉沦中,自立于世界之林。由爱国而救国,由救国而强国,是那个时代包括张謇在内的爱国志士的基本心路历程和行为轨迹。张謇是其中最执着、最痴迷的一位。

(一) 为强国,"舍身喂虎"

1894年,张謇高中状元,授翰林院修撰。他本可以"天子第一门生"的身份,凭借莘莘学子梦寐以求的最高平台,博取一生的荣华富贵,甚至走向"状元宰相"的道路。但是,考取状元的当年,甲午战争中方的惨败,及随之而来难以忍受的割地赔款重负和国家从未蒙受过的奇耻大辱(与两次鸦片战争大为不同),促使满怀浓烈的爱国心、强国梦的张謇做出了不同凡响、惊世骇俗的抉择。

1894年的下半年,张謇因父去世,回乡奔丧,丁忧三年。第二年,便在家乡南通筹办纱厂,开启了他艰辛而崇高的实业报国之路。

在商人地位低下、工商业落后的国情下,以新科状元和朝廷近臣的身份,弃官经商办厂,在当时确非一般人所能理解和想象。这是要自弃仕途和尊贵社会地位,冒着巨大的风险和难言的艰辛,承受"千磨百折,忍侮蒙讥",周旋于地方官场、商界、各色人等之中,奔波于险象环生的风口浪尖之中,确如张謇自己所说,是"舍身喂虎"。

张謇之所以选择"舍身喂虎"的办厂之路,完全是为了圆他的强国梦。这颇像林则徐所言:苟利国家生死以,岂因祸福避趋之。在张謇看来,"策中国者,首曰救贫;救贫之方,首在塞漏"[1],塞漏救贫,必须兴办实业,而

---

[1] 张謇:《大生纱厂章程书后》,《张謇全集》第6卷,第279页,上海辞书出版社,2012年。

"中国须振兴实业,其责任须在士大夫"[1]。如何振兴实业,则须奉行"棉铁主义",形成棉纺和钢铁业为基础的现代国民经济体系。南通棉多质好,农村种棉纺纱成风,搞棉纺实业具有得天独厚的条件,因而,张謇首先选择开办纱厂作为他实业强国的宏伟计划起始第一步。正如他在为纱厂拟定的《厂约》中所说:在通州创办纱厂,既是为通州本地的百姓生存考虑,也是为中国的资源和利益考虑。

(二)为强国,百折不挠

张謇的创业,从一开始就充满了艰辛和磨难,并屡经挫败,但为了实现他心中的强国梦,他坚韧不拔,百折不挠,忍常人所不忍,为常人所不为。刚开始筹办纱厂时,张謇本想在民间集资,搞"商办",但通州和上海两地的商人富户,虽有资金,却不愿轻易投入,他便不得不退而求其次,改为官商合办,由官方提供搁置上海久未使用的纺纱机,作价五十万元作为官股投资,另由张謇组织绅商筹五十万元合作经营。但随后不久,发起股东和承诺入股者,纷纷反悔退出,"商股"无法凑足。张謇不得不再退一步,一面压缩总股本金为五十万元,一面改为"绅领商办",即由他自己认领官股的二十五万元,再另外筹集二十五万元,官方只收取官利,不参与工厂的经营管理。尽管如此,张謇所需股金仍无法凑齐。他只得奔波沪通两地,多方集资求助,有时不得不靠卖字来弥补旅费的短缺。面对乡党友朋的讪笑毁阻和各方敷衍作梗,他"闻谤不敢辩,受辱不敢怒"[2],仍坚韧不拔地往前走。

在苦心创办了五年后,1899年,大生纱厂终于建成投产。为了记住纱厂创办过程中的磨难和教训,张謇特意请人画了四幅"厂徽图",他亲笔题词点题,挂在工厂的公事厅。四幅画作分别讽刺抨击了集资办厂过程中洋行买办的反复无常、官僚奸商的言而无信、本地官吏的阴险阻挠、上海巨商的贪得无厌。

后来,大生纱厂虽然在开工半年后就获得了丰厚的利润,张謇的实业

---

① 张謇:《东游日记》,《张謇全集》第8卷第566页,上海辞书出版社,2012.
② 张謇:《大生纱厂第一次股东会之报告》,《张謇全集》第4卷,第125—132页,上海辞书出版社,2012年。

和教育等民生事业随之也不断拓展，但他还是不断遭遇波折和磨难。1922年以后，由于国内外经济形势及自身经营管理等方面的原因，特别是由于产品的滞销、资金链断裂、垦牧公司的灾祸，大生企业集团濒临破产。但即使在这时，张謇还是怀揣他的强国梦，以无比顽强的意志奋斗拼搏，直到临去世之前，他还抱病视察沿江水利工程。

（三）为强国，至死不渝

爱国、救国、强国，像一根光彩夺目又厚重无比的主线，贯穿了张謇的一生。为强国，他探索了一生，奋斗了一生，坚守了一生，直到垂暮之年，张謇念念不忘的还是国家强盛、天下太平。在他逝世前不久，南通南郊剑山雷神祠修建落成，他为之题一副楹联：百里蒙羞，山川大神止于此；万方多难，云雷君子意何如？在这里，他借咏雷神，表达了他天佑中华，使多难的国家走向强盛的殷切希望。

毛泽东曾说过，一个人做好事并不难，难的是一辈子做好事。同理，一个人爱国并不难，难的是一辈子爱国，一辈子将爱国之心化为强国之行。张謇就是这样一位伟大的爱国者。张謇以他一生痴迷强国梦的爱国主义壮举，践行了他的人生理念："天之生人也，与草木无异，若遗留一二有用事业与草木同生，即不与草木同腐。故踊跃从公者，做一分便是一分，做一寸便是一寸。鄙人之办事，亦本此意。"[1]

二、亦政亦商为中华

作为企业家的张謇，最大的与众不同之处，是既搞经济活动，又搞政治活动；既经商，又从政；既是企业家，又是政治家。

（一）兼具官员和经商者的双重角色

纵观张謇的一生，从21岁任江宁发审局书记，即涉足官场、政坛。23岁至31岁，任庆军首领吴长庆幕僚（29岁时曾随吴赴朝鲜平乱，结识袁世凯）。34岁为开封知府孙云锦幕僚，并受河南巡抚倪文蔚委托，主持黄河防灾抗洪工程计划，草拟疏塞大纲。随后，一面赶考，一面在江宁、崇明、赣榆等地书院任职。41岁高中状元后，任翰林院修撰（相当于朝廷中枢文秘，最高官级为三品）；42岁在家丁忧时，奉两江总督张之洞之命，总办通海团练，并主持江宁文正书院；45岁（1898年）入京销假，为翁同龢起草《京师大学堂办法》等文稿。在戊戌变法前请假回乡，任江苏商务局总理；51岁任商部头等顾问官；52岁任江苏教育会会长；53岁任苏省铁路公司协理；55岁奉旨筹备江苏谘议局，当选为议长；57岁任农工商大臣，东南宣慰使；58岁任江苏两淮盐政总理，同年11月任南京临时政府实业部总长；60岁任袁世凯政府农商部总长，全国水利局总裁（1915年辞职）；66岁任运河督办；67岁任吴淞商埠局督办。由此可见，张謇一生大部分时间都有官职，尽管有的是虚职，但他的官员身份始终存在。

在具有官员身份的同时，张謇扮演了经商者和企业家的角色。1895年，张謇正式办厂经商，从此以后，他尽管仍不断参加各种政治活动，甚至还担任各种虚虚实实的官职，但他始终没有丢弃企业，没有丢弃企业家身份。以至于在他生前身后，人们都首先把他看作是一位搞实业的企业家。

（二）在经商的同时开展政治活动

1886年，张謇33岁时，结束了幕僚生涯，回到家乡，一面备考，一面以商业眼光帮助父亲集资购买湖州桑苗，鼓动乡民赊购，推广植桑养蚕。他与家长还向乡民售发柏秧、槐秧和油桐子，发展经济林木。随后，他采用商业经营方式，集资开办公司，推销桑秧，由乡民自定购买数量，只记账不付现金，三年后乡民卖桑叶供公司养蚕，从付给乡民的现金中扣取秧苗成本和两分利息。这种具有现代气息的生产经营组织形式，今天看来仍有价值。这凸显了张謇经商创业的精明和高明。犹如兼具官员与经商者双重身份一样，张謇在开展经济活动的同时，积极投身于各种政治活动，以至于无论是在早期地方政商环境的改善中，还是在后来全国的政治舞台上，甚至包括晚年全力推行南通地方自治，他都展现了政治家的风采。

张謇早年在涉足蚕桑、林木等经商活动的同时，还积极组织和参与了各种政治社会活动：一是联合地方士绅，禀请两江总督免除十年丝绢，以

张謇三十讲

兴蚕利。二是动员地方官招商开行，收购蚕茧，发展蚕丝市场。三是牵头联络通州大布庄老板和各地花布商人，力争官府减收通海花布厘捐。四是筹办地方武装防卫组织"滨海渔团"，维护沿海地区安全。五是倡导建立社仓，备灾备荒，防止灾年发生社会动荡，恢复海门慈善堂，负责办理掩埋无主野尸等慈善事宜。

1894 年张謇大魁天下后，便积极投身于全国性的政治活动中，在中国近代政治史上留下了浓墨重彩的一笔。

中日甲午战争前夕，张謇以新科状元的身份，凭借他早年赴朝平乱积累的对朝日国情的认知，积极支持翁同龢的主战主张，并单独上疏，痛斥李鸿章不仅"主和误国"，而且"以庸劣而败和局"①。此举震惊朝野，使张謇名动一时。

甲午战争以后，张謇满怀悲愤，积极建言献策，以"救亡图存"。他在为张之洞所拟的《代鄂督条陈立国自强疏》中，提出练陆军、治海军、造铁路、分设枪炮厂、广开学堂、建讲商务、讲求工政、多派游历人员、预备巡幸之所等九条建议，在当时产生极大影响。

1898 年（戊戌）春，张謇因丁忧期满，回京到翰林院销假，参与翁同龢、康有为、梁启超主导的维新运动。但他主张稳健改良，自称与康、梁"群而不党"。在维新派惨遭镇压、戊戌"六君子"血洒菜市口前夕，他辞谢京师大学堂教习的奏派，再度向翰林院请假，匆匆离京归乡。

1900 年（庚子年），发生了震惊中外的义和团运动和"八国联军"入侵北京事件。张謇等东南绅商名流，为避免繁华的东南一带陷入战乱，在清廷已贸然对外宣战的情况下，力劝刘坤一等东南督抚与英国等列强签订"东南互保"协议。这件事，在当时保住了清朝的半壁江山，但从长远看，动摇了朝廷的权威和统治根基，助长了地方及民间力量的上扬，诱发了后来的政治改良及最终的共和革命。

---

① 张謇：《呈翰林院掌院代奏劾大学士李鸿章疏》，《张謇全集》第 1 卷，第 12 页，上海辞书出版社，2012 年。

在随后清政府推行"新政"的过程中,张謇也积极参与。他在1901年3月写的《变法评议》,系统地阐述了自己的政治主张。他强调变法必须抓住基本的三条:一是"必先更新而后旧可涤者";二是"必先除旧而后新可行者";三是"新旧相参为用者"①。实际上就是主张先立后破、先破后立、新旧融合三种方法并用。他提出了分阶段进行政治、教育、产业、民生等各方面的变革设想。在看到清政府并不真心搞"变法","新政"亦无实质性成效后,张謇毅然投身立宪运动,并成为运动的实际领袖。他在立宪运动中主要做了三件事:一是进行立宪考察研究和宣传鼓动。1903年去日本时,考察了日本的君主立宪制度,回国后便呼吁仿照日本明治维新进行政治改革,还印译了许多立宪资料给朝廷和官绅。二是成立上海立宪公会和江苏谘议局,直接组织推动立宪运动。三是发起组织了三次全国性的早开国会请愿活动,迫使清廷同意提前3年于1913年召开国会,并且预行组织责任内阁。

立宪运动是中国历史上第一次精英群体与民众互动的大规模政治运动,直接动摇了清廷的政治基础和统治合法性,间接促成了辛亥革命的发生和亚洲第一个共和国的建立。张謇晚年在为自己编写的年谱作序时写道:"一生之忧患、学问、出处,亦常记其大者,而莫大于立宪之成毁。"②

1911年辛亥革命发生后,张謇逐步由主张君主立宪转为支持革命和共和,并在"南北议和"中充当重要角色(由"通官商之邮"变为"通南北之邮")。他一手托三家:首先劝清廷顺应大势及时体面退位;其次劝革命党人适可而止,共创太平;最后再劝袁世凯逼迫清廷退位,做华盛顿那样的开国元勋。于是,清王朝在紫禁城内安享尊荣,袁世凯当了正式大总统,革命党人宣告革命成功,老百姓免受战乱,亚洲第一个共和国成立。

1913年至1915年,张謇任袁世凯政府农商部总长,兼全国水利局总裁。在此期间,他一方面抓全国经济勘察、规划,一方面大搞经济立法。

① 张謇:《变法平议》,《张謇全集》第4卷,第34—62页,上海辞书出版社,2012年。
② 张謇:《啬翁自订年谱》,《张謇全集》第8卷,第1029页,上海辞书出版社,2012年。

张謇三十讲

他认为发展实业，亟须注重四个方面：一是乞灵于法律；二是求助于金融；三是注意于税则；四是致力于奖助。他认为，"法律者，轨道也。入轨道则平坦正直，毕生无倾跌之虞"，"不入轨道，随意奔逸，则倾跌立至"[1]。1915年，张謇因不满袁世凯的内政外交举措，辞官回到家乡南通，依然没有放弃政治活动和政治追求。

1918年底，张謇为了在巴黎和会上使我国摆脱不平等条约的束缚而获得关税自主，致电政府及与会代表希望据理力争，并发起成立了"全国主张国际税法平等会"，自任会长。1919年初，巴黎和会召开时，他针对日本政府的蛮横和北洋政府的妥协，频频通电，严正指出：政府即使愿去自杀，可人民难道就不希望生存？他呼吁政府代表拒绝在丧权辱国的合约上签字。1919年五四运动爆发后，他致电徐世昌、段祺瑞，指出：民众激愤，完全是因政府把原来德国在山东侵占的权益拱手让给日本，必须从根本上解决社会动荡问题。面对1920年直皖战争、1924年直奉战争、1924年江浙战争，张謇均奔走呼吁，斡旋调停，劝阻交战各方以人民福祉为重，停战讲和。1925年"五卅"惨案发生后，南通各界组成后援会发动募捐，张謇率先捐资，以示援助。孙中山去世时，他代表地方主持追悼大会；蔡锷灵柩路过南通，他组织全市人民举行公祭。一些全国性的政治活动，依然闪现着他忙碌的身影。

更难能可贵的是，张謇晚年在家乡的十多年，表面上看是在搞实业、办教育，实际上是在全力搞地方政治——"地方自治"，并以地方政治的成功（"模范县"）做示范，引领全中国（余秋雨称之为向全世界发出了现代化的"南通宣言"）。他搞地方自治的初衷是："今人民痛苦极矣。求援于政府，政府顽固如此，求援于社会，社会腐败如彼。然则直接解救人民之痛苦，舍自治岂有他哉！"[2]张謇兴办实业、热心政治，均是为了国家的强盛、民族的兴旺、社会的进步，均出自非同一般的爱国主义情怀。只要能救国

① 张謇：《致商会联合会函》，《张謇全集》第2卷，上海辞书出版社，2012年。
② 张謇：《苏社开幕宣言》，《张謇全集》第4集，第461页，上海辞书出版社，2012年。

强国,他什么都愿意做。他既是实业救国论者,更是政治救国论者;他既是优秀的企业家,更是杰出的政治家。他进则搞全国"大政治",顾及南通;退则搞南通地方"小政治",影响全国。不管怎样,他从未忘记救国救民和强国富民的政治理想,也从未停止过以政治现代化促经济现代化的探索和开拓。

(三)政商互动创大业

张謇在办实业、搞经济的同时,积极参与政治活动,源于他对政治与经济关系的深刻认识。张謇认为,"实业之命脉无不系于政治""政治能趋于轨道,则百事可为"[①]。只有政治清明,才能使经济蓬勃发展。他在考察日本后,对比日本的富强与中国的贫弱,得出结论:"抉其病根,则有权位而昏聩者当之。"[②]因此,他主张要像日本明治维新那样进行政治改革,为经济发展创造良好的政治条件。基于对经济与政治关系的辩证理解,张謇主张除了在体制上进行政治变革,还要借助实业来变更国体,革故鼎新。张謇一生着力干了两件事,一件是推动政治变革,一件是发展实业及民生事业,在实践活动中,他也较好地处理了具体的政商关系。

一是充分利用各级政府的政策,如用足用活中央政府地方自治政策及江苏政府扶持实业政策等。二是妥善处理好与各级官员的关系,包括江苏督抚及南通州官。三是以政兴商,以商促政,以"自治"为手段,改善政治小环境,助推经济发展;以经济实力为基础促政治建设。

当今,时代不同了,我们不必要也不可能像张謇那样去搞政治和经济,但他认识和处理经济与政治关系的思想与实践,依然对我们今天的企业家有启发:一是企业家也应该关心政治,促进以民主与法治为核心的政治建设。二是在坚持正确的政治方向,执行党和国家的方针政策的同时,积极参与民主监督、民主管理,促进提高党的执政能力和治理现代化水平。三是以"亲、清"为原则,正确处理好与地方政府及官员的关系:亲而

---

① 张謇:《实业政见宣言书》,《张謇全集》第 4 卷,第 258 页,上海辞书出版社,2012 年。
② 张謇:《柳西草堂笔记》,《张謇全集》第 8 卷,第 557 页,上海辞书出版社,2012 年。

不俗（亲近友好不庸俗）；敬而不远（尊敬而不疏远）；靠而不等（不消极等、靠、要，在政策扶持、要素配置、指导服务等方面主动争取）。

三、只手打造"近代第一城"

南通被誉为"中国近代第一城"。打造"近代第一城"，全靠张謇非凡的见识和能力。遍观全中国、全世界，优秀的企业家比比皆是，但能够靠一己之力建设一座现代化城市，张謇可以说是绝无仅有。

笔者曾在 2003 年召开的"中国近代第一城"学术研讨会上，从五个方面论述了"第一城"的丰富内涵。一是从城市建设的主体来看，南通是第一座由中国人自己全面规划并实施建设的具有近代意蕴的城市；二是从城市的形态布局和功能来看，南通是一座世界近代史上开风气之先的城市；三是从城市的发展基础看，南通是一座各项事业全面推进的城市；四是从城市建设的价值取向来看，南通是一座充满人文关怀的城市；五是从城市建设与区域发展的关系来看，南通初具区域整体发展的雏形。

张謇在南通所有作为的初衷是"以成鄙人建设一新世界雏形之志，以雪中国地方不能自治之耻，虽牛马于社会而不辞也"。他要统筹各方面的现代化建设，为中国打造一个能与世界先进国家城市相媲美的现代化城市样板，以示范、引领中国走向繁荣昌盛。

在政治建设方面，张謇充分利用中央政府关于地方自治的政策，于 1908 年破天荒地发动民众选举，成立了全国第一个省以下"议会"——通州议事会，并亲任议长。他还建立了商会、农会、慈善会、南通保坍会等各种社会团体，发动各方共同参与地方治理。张謇的现代化政治建设之所以能走在全国前列，主要是因为做到了"五个充分运用"：一是充分运用地方自治政策；二是充分运用特殊的政治身份；三是充分运用省级官僚的授权和支持；四是充分运用当地老百姓的拥戴；五是充分运用自己的从政经验和聪明才智。

在经济建设方面，张謇从创办大生纱厂开始，由工业到农业（盐垦、种植），到生活服务业（商业、旅馆、房地产开发），到物流运输（大达轮船公司、汽车公司、十六铺码头），到金融保险（淮海实业银行、保险公司）及进出口贸易等。他在逐步建立起全国最大的产业资本集团的同时，全面地促进了南通经济现代化建设。当时的南通工业化、城市化水平，在中小城市中首屈一指。

当年中国海关"一把手"英国人罗伯特·赫德，每十年就出一份分析中国经济状况的《海关十年报告》，连续 3 次（30 年）仅以上海和南通两个城市为案例。其中戈登·洛德主持的 1912—1921 年的《报告》中说："通州是一个不靠外国人帮助，全靠中国人自力建设的城市，这是耐人寻味的典型。"①

在社会建设方面，张謇在加强社会管理、改善社会风气的同时，大力创办现代化的社会公共事业和社会保障体系。1911 年办大聪电话公司，建成南通市内电话网络。1913 年开始建唐家闸公园和市区东、西、南、北、中五座公园，是我国最早对公众开放的公共园林。1917 年办通明电气公司，形成从唐家闸到中心城区的供电布局。1919 年成立南通公共汽车公司，公共汽车在港闸、城区等多条公路上运行。张謇在南通创办的社会保障项目主要有：1906 年创办的新育婴堂，1913 年创办的南通医院，1912 年用他 60 岁生日所得寿礼之金创办的养老院，1914 年创办的贫民工场及济良所，1916 年创办的残废院及栖留所。

在文化建设方面，张謇一心致力于文化事业现代化。他于 1905 年创立了中国第一个博物馆——南通博物苑。1912 年建成图书馆，1913 年后创办了《通海新报》等四种报刊，并创办了翰墨林印书局。1919 年创办全国第一所戏曲学校——伶工学社，并建现代化大剧院——更俗剧场。1922 年还创办中国影戏制造有限公司，拍摄多部影片。1922 年，应张謇之邀，中国科学社第七届年会在南通召开。杨杏佛、马相伯、梁启超、丁文江、竺可桢、陶行知等知名专家学者纷纷汇聚南通。张謇在会上说道："吾人提倡科学，当注重实效，以科学方法应用实业经济之研究与社会心理之

① 南通市档案局：《西方人眼中的民国南通》，第 12—46 页，山东画报出版社，2012 年。

分析。迨成效既著,人自求之不遑。执此道以提倡科学,未有不发达者。此为吾数十年经验之结论,愿诸君由此以兴科学。"①

"文化必先教育"。张謇在教育事业上的努力和成就更为人所津津乐道。他创办了三百七十多所各类学校,从幼儿园、小学、中学到大学,从普通学校到专科学校、特种学校(聋哑人学校、职业技校、师范学校),几乎无所不包。他还规划在农村每十六方里办一所小学,并成立了教育会、劝学所等几十个现代教育研究团体和机构。他还担任江苏教育会会长。可以说,张謇是名副其实的中国教育现代化先驱和集大成者。世界闻名的美国哲学家杜威在考察南通后,由衷地赞叹道:"南通者,教育之源泉,吾尤望其成为世界教育之中心也。"②南通近百多年来,人才辈出,群星璀璨,绝非偶然。

在生态建设方面,张謇在城市总体规划设计上,就考虑到生产、生活、生态的合理布局,人与自然的和谐共生。他比世界著名的城市规划大师霍华德还早三年提出并践行了"花园城市"的理念。除了主城区,他将唐闸设定为工业区,将天生港作为港口区,狼山地区设定为风景旅游区,形成了科学合理的"一城三镇、城乡相间"的现代城市格局,既方便了人们的生产生活,又改善了自然环境。他还封山育林,保护自然生态,在街道、公路两旁栽种行道树美化自然景观。他还成立"南通保坍会"等社团,发动社会各方保护长江生态和水系。

总之,张謇秉持强烈的爱国心和执着的强国梦,以现代化的理念和标准,从政治、经济、社会、文化、生态等各个方面全方位推进南通现代化建设,精心打造出了"中国近代第一城"。张謇当年全面推行现代化建设的理念和实践,虽不能与今天同日而语,但作为宝贵的探索经验,对我们当下在全面建设社会主义现代化国家新征程中,实施"五个统筹"和"四个全面"的战略方针,仍不乏有益的启示。

---

① 张謇:《社学社年会送别演说》,《张謇全集》第 4 卷,第 513 页,上海辞书出版社,2012 年。
② 杜威:《教育者的责任》,《民主主义与教育——杜威博士在华演讲录》,安徽教育出版社,2013 年。

第四讲：

读懂张謇

——我与张謇文化研究

（2021年5月25日，笔者应邀在张謇企业家学院作《读懂张謇——我与张謇文化研究》主旨报告，此文亦发表在《江苏地方志》2021年8月刊）

　　时常有人会问我：你是何时开始研究张謇？为何你的研究成果与大家不太一样？对此，我总是笑答，我并不是专业研究张謇的人，只不过，我在张謇家乡南通工作了十几年，慢慢积累起对张謇的认知，并结合南通发展的需要，对张謇精神进行了一定的挖掘。我的一些观点，往往来自对张謇精神的独特体悟，因而有点"与众不同"。

一、试打"张謇牌"

　　1999年下半年，我受江苏省委委派，去南通任市委常委、副市长。在去南通之前，我对张謇几乎一无所知，只听说他是南通人，清末状元，如此而已。去南通不久，我住在张謇当年建的中国近代最早对公众开放的公园——南公园，并听说张謇当年创办的近代第一个博物馆——南通博物苑（当时南通市唯一一个全国重点文物保护单位），就在我的住所附近。

　　于是，在一个周日的下午，我骑着自行车，悄悄来到满心向往的博物苑。令我甚感遗憾的是，我一路打听博物苑的地址，即使快到跟前了，也很少有人知晓。到了博物苑门口，看到街道对面濠河沿岸的水泥护栏早已断裂，一端在岸上，一端挂在水里，中间裸露着生锈钢筋。沿着博物苑的围墙，违规搭建了许多小餐馆、小商店和卖柯达胶卷、简制冰棒的摊位。当我花了6元钱，买了一张油印门票入博物苑后，看到濠南别业展厅内，

张謇三十讲

灯光昏暗,地板破损,图片杂乱无章,更是大失所望。我在心里暗暗叹道:明珠暗投了! 同时,我也萌发了要将"明珠"(博物苑和张謇)擦亮的想法。

2000年下半年,我担任了南通市市长(代),开始谋划南通的整体发展。一天晚上,我约了博物苑资深研究员、张謇研究专家赵鹏,两人骑着自行车把南通老城区转了个遍。我们察看包括张謇生活时代的历史遗存和老旧民居、街道,边走边聊。我向他探询南通经济和文化的发展策略,他脱口而出:"打张謇牌!"我精神为之一振,似乎感觉找到了撬动南通发展的支点。

经过一段时间对张謇生平事迹及南通历史文脉(包括近代城市发展)的梳理,我决定从改造濠南路入手打"张謇牌",并探寻老城区建设与文旅项目相结合的突破点。

濠南路位于南通老城区和濠河风景区核心地段,虽然总长不到一公里,但却是南通近代实业、教育、城建的发祥地。这里有张謇的故居及当年创建的有斐饭店和商会大楼,更有闻名遐迩的中国近代最早的南通博物苑和南通师范学校等文化教育机构。很长一段时间内,整条路破旧狭窄,路面坑坑洼洼,每天下午五点后,"濠南夜市"开张,沿街兴起"地摊经济",一派杂乱喧闹景象,不要说汽车无法通过,连自行车也要推着走。半夜后,市场收摊,留下满地污垢,一片狼藉。正当我酝酿如何改造濠南路时,一位市政协委员周健(时任《江海晚报》编委、采访中心主任),提出了一份很有见地的提案,建议把濠南路打造成具有民国风格的文化街区。他大声疾呼张謇不能被遗忘,南通博物苑不能被遗忘,南通要大力保护和利用这些文化财富。

这份提案引起各方面的关注。2001年初,我们开始实施濠南路改造。为了充分挖掘濠南路的历史文化底蕴,展示张謇时代的特有风貌,我们邀请文化界知名人士担任顾问,并多次听取广大市民的意见。那一年的国庆假期,整修一新的濠南路及相关历史遗存,以令人耳目一新的形象展现出来,前来游览、观看的市民群众摩肩接踵,络绎不绝,亲水平台和栈道挤满了人。城建局局长既兴奋又惊慌地赶来向我报告,说人太多了,可能要出事(特别是一些老人小孩会被挤下河)。我一边叫他注意维护秩序保证安全,同时也暗自为这个改造项目能得到老百姓的真心认可而高兴。改造后的濠南路,不仅将博物苑、濠南别业等老建筑及其院落修葺得通透亮丽,而且在沿街点缀欧式铁艺栏杆、候车亭和街灯等,使老街区自然融入濠河风光带,充分体现张謇生活的那个"欧风东渐,东西交融"时代的风姿。与此同时,为了以艺术的形式,再现当年张謇生活的那个时代的追求和成就,我们还请南通画坛和文化界领军人物沈启鹏等同志主持创作了沿河岸大型浮雕《强国梦痕》,并请著名雕塑家吴为山创作《张謇和梅兰芳》《荷兰水利工程师特莱克》等雕塑精品。由此,张謇事迹、张謇精神,随着一个城建文旅项目一炮打响,得到了前所未有的关注和传播。

二、力推"第一城"

2002 年上半年,我们开始南通博物苑百年庆典筹备工作,并准备建设以南通博物苑为龙头的环濠河博物馆群,力争把南通打造成博物馆城。同年 7 月,我们邀请吴良镛先生到南通主持博物苑新馆设计,由此引出了"中国近代第一城"的话题,进一步提升和弘扬了张謇的辉煌业绩与爱国主义精神。

针对吴良镛关于南通是"中国近代第一城"的立论,我们借题发挥,乘势而上,组织了一系列关于"中国近代第一城"的研讨宣传活动。我主持召开研讨会,谈观点、出思路、作部署,并参与构思了几篇有分量的研究文章。为给北京的专家提供"子弹",南通市文化局拿出 10 个课题公开招标,"悬赏"有关张謇和"中国近代第一城"的学术成果。

2002 年 11 月下旬,吴良镛先生再次来到南通考察。他先后在南京和南通两地举办的"江苏科技论坛"上,向学术界首倡南通堪称"中国近代第一城"的论点。2003 年 1 月 13 日,我在京参会时拜访吴良镛先生,了解博物苑新馆设计情况。吴先生在展示新馆设计草案时,饶有兴致地论述了"中国近代第一城":张謇经营之南通,是中国早期现代化的产物,它不同于租界、商埠或列强占领下的城市发展,是中国人基于中国理念,比较自

张謇三十讲

觉、有一定创造性,通过较为全面的规划、建设、经营的第一个有代表性的城市。

当时南通在北京召开新闻发布会,推介"中国近代第一城",会前会后都有不少不同意见,南通负责宣传的同志自己心里都感到没底,怕说出去贻笑大方,对此我认为即使有争议也未必是件坏事,争议本身就是在提高南通的知名度。[1]

2003年年初,我从北京拜会吴良镛回来不久,就接到时任《新华日报》副总编辑周跃敏的电话。当时《新华日报》新开辟了一个"新华连线"的栏目,希望各市负责人对上一年的亮点进行盘点。我感到这是宣传南通"中国近代第一城"的一个良机,于是就把自己的想法说了出来。出乎我的意料,周跃敏非常支持。于是,2003年1月21日,一篇以《南通,让"中国近代第一城"大放异彩》为标题的文章,在《新华日报》头版头条隆重推出。这也是南通之外较有影响的媒体最早认同南通是"中国近代第一城"的文章。我在接受《新华日报》总编连线采访时,较为详细地阐述了力推这一城市品牌的三个理由:第一,"中国近代第一城"有着丰富的历史内涵和人文价值,可以得到很好的挖掘、延续。这里包括有形的,也包括无形的,有形的是张謇规划设计实施的南通城,有很多遗产可以保护下来,无论是工业的,还是文化、教育、社会事业的,都可以充分挖掘利用;无形的是张謇的规划设计理念,以及他对社会事业、文化教育的独特观念,至今对我们仍有启发、借鉴意义。第二,可以大大增强南通人的自豪感,有利于我们高起点、高标准地建设城市和发展社会事业。一百多年前,我们的先人曾开风气之先,干到第一,那么一百年后的今天,南通决不能落后。"中国近代第一城"的历史荣耀将大大激发我们对更高目标的追求,现在南通虽称不上现代第一城,至少也要跻身一流的城市行列! 我们说,一个人能否成才关键要看他有没有远大的志向,而一个城市能否跨越式发展,关键要看有没有高标准的定位和高目标的追求。第三,打出这个品牌,可以成为南

① 包永辉:《黑马南通》,浙江人民出版社,2012年。

第四讲:读懂张謇

通两个文明建设、全面建设小康社会的主要抓手和重要推动力。我和吴良镛先生交流时发现,南通之所以能被称为"中国近代第一城",首先因为它是由中国人第一次全面规划设计的,更重要的是,在当时张謇就有完整的现代化理念和措施,现在看来,很多还能承续下来、对接起来,是值得借鉴的。尤其是他的"父教育、母实业"思想,部分涵盖了物质和精神文明建设两个方面的内容,是南通推进两个文明协调发展,全面建设小康社会的最好载体。弘扬这一理念,要特别注重延续、拓展和深化,使张謇思想为现在所用,加快城市化、现代化进程,提升南通城市品位。

我的观点很快在《南通日报》上得到大张旗鼓的宣传。2003 年 2 月 11 日起,《南通日报》连续用整版的篇幅,以《让"中国近代第一城"大放异彩》的通栏标题,刊登了精心策划的一组系列报道,分文化篇、规划篇、实业篇、城建篇、教育篇等 10 余个专题,对张謇的思想、实践,以及近代南通经济社会建设的成果进行全面的推介,并发表了专家相应的研究成果和心得。

如今,称南通为"中国近代第一城"的声音越来越多,表示质疑的越来越少。来过南通的党和国家领导人,都称赞南通注重挖掘、传承和弘扬以张謇为代表的近代历史和人文精神,思路对头,方法科学,寄语南通进一步把历史文化保护好、传承好、发展好。[①] 2003 年 6 月,南通隆重举行了纪念张謇诞辰 150 周年大会,时任全国政协副主席、工商联主席黄孟复到会讲话,江苏省政协副主席、工商联主席李仁主持会议,副省长黄卫致辞,国家有关部委、省市有关领导,国内外知名专家学者,民营企业家,张謇后裔及各界人士 1000 多人参加大会。我在会上作了《弘扬先贤伟业,再创时代辉煌》的发言。由张謇嫡孙张绪武和张慎欣主持编撰的《张謇画传》在会上首发。江泽民主席专门为画传题词"发扬爱国主义精神,建设社会主义祖国"[②]。

① 包永辉:《黑马南通》,浙江人民出版社,2012 年。
② 张廷栖、孟村:《张謇画传》,重庆人民出版社,2007 年。

张謇三十讲

2005年9月25日,由文化部、国家文物局、江苏省政府主办,南通市委市政府、省文化厅承办的"南通博物苑一百年暨中国博物馆事业发展百年庆典"活动正式开幕。当时分管全国宣传文化工作的中央政治局常委李长春发来贺信。国际博物馆协会主席库敏斯携秘书长亲自到会,并发表致辞,对张謇及中国博物馆事业给予了充分肯定。时任全国政协副主席张克辉、文化部部长孙家正、国家文物局局长单霁翔、中华爱国工程联合会副主席张绪武一起参加了活动。大家对张謇作为南通博物苑的创办人和中国博物馆事业的奠基者,给予了高度评价。"百年苑庆"活动后,我们趁热打铁,不失时机地把宣传博物苑和张謇业绩,与南通申报中国历史文化名城工作紧密结合起来。2008年岁末,历史文化名城名录公布在中国政府网上,南通的名字赫然在目。①

三、真心"学先贤"

　　为了挖掘和弘扬张謇所孕育的近代南通城市精神,推动南通的跨越发展、科学发展、和谐发展,我们组织了广泛深入的城市精神大讨论活动。历经九个多月的大讨论后,2005年12月22日,在南通第四届发展论坛上,我代表南通市委、市政府宣布,将南通城市精神的核心内涵概括为"包容会通,敢为人先"八个字,号召全市人民弘扬南通精神,再创新的辉煌。我提出,城市精神是一个城市发展的灵魂,是一个城市核心竞争力的深厚支撑,大力弘扬新时期南通精神,是时代的要求。"包容会通,敢为人先"这八个字,既传承了南通优秀的历史文化,又具有鲜明的时代特征和较强的现实激励性,有着极为深厚的文化底蕴和丰富的时代内涵。"包容会通",指的是胸怀宽广,包容万物,兼收并蓄,融会贯通,这四个字体现了南通人的胸襟气度和生存发展的智慧。"敢为人先",就是敢于突破传统,超越现实,勇于走前人没有走过的道路,这四个字体现了南通人干事创业的气魄和胆略。

---

① 包永辉:《黑马南通》,浙江人民出版社,2012年。

此后，"包容会通，敢为人先"成为南通人跨越赶超的精神力量，成了南通人形象的目标定位，激励南通人民不断开拓创新，争创一流。弘扬先贤伟业，续写时代辉煌，成为江海大地上雄伟壮丽的主旋律。经过全市上下几年的共同努力，南通赢得了跨越发展、科学发展、和谐发展的大好局面，被誉为"南通现象"。在一次为全市领导干部举办的党课上，我曾这样阐述南通精神与南通现象的关系：南通之所以能够形成跨越赶超、全面协调的科学发展南通现象，很大程度上得益于我们精心提炼和深入践行这种城市精神。从某种意义上说，南通精神催生了南通现象，南通现象又印证了南通精神。

在后来的几年中，我们一方面请张謇研究专家章开沅及文化名人余秋雨等来南通宣介张謇精神，一方面在实际工作中践行张謇爱国爱乡、开拓创新的先进理念。我们开创性地连续举办了三届世界大城市带国际论坛，我们敢为人先地提出了构建沪苏通"小金三角"的战略构想，我们建成了南通人梦寐以求的"大桥、大港、大学"。南通由此迈上了速度和质量双领先的发展快车道。南通经济增长速度连续七年位列长三角 16 个城市之首，与历史上的"近代第一城"遥相辉映，一座当代长三角的明星城市，在长江北岸傲然崛起。

2009 年 12 月 26 日，文化名人余秋雨来南通考察、演讲。余秋雨在演讲中，开宗明义就说，"我在研究城市美学过程中，南通一直是我的一个范本……张謇先生用现代城市观念建设了一个新南通"，在那个年代张謇创造了南通发展"黄金期"，黄金时代的特点是"百脉俱开，路路皆通"。今天的南通，传承了张謇的精神脉络，正进入一个新的黄金发展期。

作为南通的主政者，伴随着对张謇及其不朽精神的认识深化，不仅有助于推动实际工作的开展，也使自己的精神世界得到了应有的提升。我曾在接受《黑马南通》作者采访时，坦诚地说道：

张謇首先从精神上启发了我。我心目中的张謇是一个"三有张謇"，他有理想、有实践、有成就。我希望我在南通主政的日子里，也能够有理想、有实践、有成就，缺一不可。拿理想来说，作为党政一把手，我常跟机

张謇三十讲

关干部说，一个人做成做不成事，聪明很重要，但是，最重要的是他的理想追求，有些人从小看上去好像笨笨的，但他志向远大，追求高远，最后也能成才。我们今天学张謇，最难学的，也是最该学的，是他以天下为己任的胸襟气度。这些年，我不时会问自己，我有么？我希望我有！其次，张謇从务实干事的方法上启发了我。最后连孙中山先生都讲真正做事的是张謇。余秋雨说，张謇找到了南通这个支点，撬动了中国现代文明。我没有张謇那么伟大，不能撬动中国，我只能撬动南通。我撬动南通，是因为我找到了支点，靠机制和环境的改善形成发展的制高点，我要的是四两拨千斤，而非蛮干。

四、探讨"新观点"

2011 年上半年，我离开南通，到省政协和省委统战部工作。这时我常反思我在南通工作时对张謇的认识和宣传。总觉得自己虽然对张謇由知之不多到知之较多，认识也在逐步提高、深化，并在力所能及的情况下，促进各方对张謇的学习、研究和宣传，但对张謇总体认识还不够全面深刻。在南通时的研究和宣传更多是为了打"张謇牌"，带有较多的实用主义色彩。我深感，对于张謇这位极为丰富厚重的了不起的历史人物，我们对他的了解和认知，还远远没有达到还原他历史真面貌的地步。我们应该在全面研究和评估张謇在南通乃至全国重大的历史性贡献的同时，对他深邃的思想、不朽的精神、高尚的人格，进行深度而全新的挖掘、提炼。

在我退休前后，我有了较多的时间看书学习。业余学习研究中国近代史和中共党史（包括中共领袖人物史），使我进一步开阔了历史视野，积累了历史知识和历史研究方法，从而对处于大的历史时代背景下的张謇，有了新的认识和体悟。在我担任江苏国际文化交流中心理事长时，倡导并组织了多期理事文化讲座。后来，理事们要求我这个理事长也带头讲一次。为准备这次讲座，我集中研阅了大量关于张謇的书籍、资料，对张謇重新进行了连续性、系统性的思考和探究。经过两个多月心无旁骛的学习思考，最终我对张謇形成了与大多数人常规性的认识不同的看法：他不仅是个实业家、教育家,更是一个政治家。他一生在中国近代政治方面,有着重大探索和贡献。我对张謇政治家的本色和作为,特别是他在强烈的爱国主义精神驱使下,积极投身于中国近代的重大政治活动及其成效,进行了多角度的考察和论述,形成了言之成理、持之有故的观点。

2018年11月,我在江苏国际文化交流中心的讲座上,以"政治家张謇与南通精神"为题,作了近三个小时的演讲。在讲之前,我生怕大家接受不了我的看法,心里很是忐忑。但讲完后,现场反应强烈,基本上予以认同。特别是江苏省委原副书记顾浩,教育部原副部长王湛等老领导给予了充分的肯定。他们认为我对张謇的研究独树一帜,具有一定的开拓性、突破性。随后,《同舟共济》《钟山风雨》《世纪风采》和《江苏社会主义学院学报》等多家刊物登载了我的文章,"思想潮""苏商会"等媒体公众号刊发了我的讲稿内容,点击量达数万。这次讲座的成功,激励我进一步向张謇研究的深度和广度进军。在这之后的一年多时间里,我接连以《张謇在江苏的政治活动》《近代苏商精神的代表者张謇》《张謇与通商精神》为题,多次进行讲演和撰文,在学术界和社会上产生了一定的影响。

五、学习"新精神"

2020年7月,习近平总书记在企业家座谈会上,赞扬张謇是爱国企业家的典范;同年11月习近平总书记到南通视察时,深刻指出:张謇在兴办实业的同时,积极兴办教育和社会公益事业,造福乡梓,帮助群众,影响深远,是中国民营企业家的先贤和楷模。张謇的事迹很有教育意义,要把南通博物苑和张謇故居作为爱国主义教育基地,让更多人特别是广大青少年受到教育坚定"四个自信"。习近平总书记的论述,对张謇及其爱国主义精神进行了全面、深刻的概括,对研究、宣传、学习张謇指明了正确的方向。

在习近平总书记讲话精神指引下,我以爱国主义为主线,对张謇的一生思想言行,进行了重新梳理研究,并以《张謇——与众不同的企业家》为题,从"一生痴迷强国梦""亦政亦商为中华""只手打造'第一城'""精神遗产世代传"四个方面,总结了张謇爱国主义的表现和辉煌业绩,在 2021 年 1 月张謇企业家学院首期培训班上演讲。演讲一结束,演讲内容便在"新华网""人民网""学习强国""澎湃网""新华日报网"等多家网站上发表,传播甚广。2021 年 3 月,随着学习和研究的深入,我又起草了《言商仍向儒的张謇》一文,在全国工商联组织的全国青年企业家培训班上演讲,再次引起各方面的关注。

回顾 20 多年来对张謇的认识过程,我对今后如何进一步研究、学习张謇有三点基本认知:

一是张謇是永远挖不尽的"富矿"。张謇伟大而又深邃,丰厚而又复杂。2001 年,我就曾对身边的工作人员说过,张謇是一座价值巨大的"富矿",我们应尽最大努力予以挖掘开采。今天看来,随着时代的变迁,在各方面的努力下,这座"富矿"虽然已得到相当程度的开发,但我们今天对他留下的物质和精神遗产的了解和认识还远远没有达到应有的高度和深度。对张謇精神的研究、提炼、弘扬,几乎永无止境。无论是专家学者,还是从事实际工作的,都应该再接再厉,不懈努力。

二是各行各业都应学张謇。张謇一生兼具读书人、企业家、教育家、慈善家、政治家等多种身份,一生所从事的职业和事业,横跨多个领域,他在多方面表现出的思想品德,特别是伟大的爱国主义精神,已成为各行业、各领域的坐标和典范。当今,不仅企业家要学张謇,领导干部和专业工作者,乃至广大青少年和普通民众都应该学张謇。张謇的人格、品德、思想、方法、作为,值得所有有志为中华崛起而奋斗的人学习。

三是要在新时代全面建设社会主义现代化国家新征程中发扬张謇精神。张謇是中国早期现代化的先驱和卓有成效的开拓者。他在强烈的爱国心和执着的强国梦的驱动下,在他那个时代,以现代化的思想理念,按现代化的眼光标准,奋力推进现代化的政治、经济、文化、社会、生态等各个方面的建设,取得了令人瞩目的巨大成就,同时还留下了宝贵的经验教训和不朽的精神遗产。今天,在经过一百多年的艰辛探索和不懈努力之后,实现现代化的奋斗目标依然是摆在全国人民面前的基本任务。进入现代化建设的新时代，虽然时代条件、战略方针、具体举措与张謇生活的时代已不可同日而语，但张謇早期现代化探索的实践和思想，非常值得我们今人借鉴参照。

我们今天学习张謇，最主要、最关键的，就是围绕实现现代化这个大目标，借鉴张謇当年有关现代化的实践和思想，发扬张謇以爱国主义为基础的现代化的精神，全力推进社会主义新时代现代化建设，力争取得超越前人、引领后人的光辉业绩。

张謇三十讲

第五讲：
张謇商业伦理观的五大内核

（2021年12月6日，由中央社会主义学院、江苏省委统战部、国际儒学联合会、中华职业教育社主办的"张謇论坛：新时代企业家精神建设"论坛在北京和江苏南通连线举行。笔者出席活动并发表《张謇商业伦理观的五大内核》主旨演讲。此文亦发表在《宏德学刊》2022年第9期）

近代中国著名实业家张謇"言商仍向儒"，以儒家道德为首要追求，以造福民生为最大德行，追求国家和民众的"大利"，并坚持"将信为本""勤俭为基"，形成了自己特色鲜明的商业伦理观，既显示了高超的商业智慧，更体现了优良的商业道德，在成就其创业功效的同时，也为后世留下宝贵的遗产。

作为民营企业家的先贤和楷模，张謇在多方面起着表率作用，尤其在商业伦理方面表现尤为突出，影响深远。本文拟以张謇殖产兴业的论述主张、日常言谈、道德训诫为基础，梳理其商业伦理观的五大内核，以期发挥其对中国企业家在面向新时代新征程中的可资借鉴作用。

一、"言商仍向儒"——以儒家道德为首要追求

身为状元公的张謇，无疑是传统儒家的代表性人物。他虽然由于种种原因"下海经商"办企业，却从来没有忘记儒家的使命担当和道德追求。他认为，即使经商，也要保持儒家本色，心系天下苍生，负起道义担当。即使经商，也要以儒家的道德伦理为准绳，讲公德、重品行。他一方面怀揣炽热的爱国心和执着的强国梦献身实业报国，另一方面在商海驰骋中处处以道德为先，把道德追求放在首位。因而，他已大大超出了一般经商者

"在商言商"的思想境界,成为"言商仍向儒"的一代宗师。

　　张謇是公认的一流企业家。他所创办的大生企业系统,一度跻身全中国最大的实业和资本集团。而当有人向他讨教办企业的成功之道时,他不谈一般的经营管理,却大谈商业道德。他在1911年应邀去北京商业学校演讲时,明确告诫学生:"商业无道德,则社会不能信用,虽有知识、技能,无所用之。故知识、技能与道德相辅,必技能、知识、道德三者全,而后商人之资格具。"①显然,在张謇的心目中,商业道德是"道",比作为"术"的商业技能更为重要,更起决定性作用,是企业家安身立命之本。

　　更为难能可贵的是,张謇不仅将道德看作是个人和企业的安身立命之本,而且把完善道德看作是立国育民的根本途径。他认为,"一国之立,必有其本。本何在? 在道德。"②"无人伦道德之国,未有不覆者。"③张謇对道德价值有如此高深的认识,无论是作为传统儒生,还是作为杰出的爱国主义者,都必然会以身作则,模范践行商业道德,必然会全力在商界、在全社会倡导推行道德伦理。

二、"大德曰生"——以造福民生为最大德行

　　张謇在解释"大生"二字时曾说过一段广为流传的话:"我们儒家有一句扼要而不可动摇的名言:'天地之大德曰生。'这句话的解释就是说一切政治和学问最低的期望,要使得大多数老百姓都能得到最低水平线以上的生活。"④这突出反映了儒家的民生思想。

　　孔子说"天地之大德曰生,生生之谓易",大意是指天地之最大恩德,是为宇宙和人类提供了生生不息的环境,让各类生命各得其所,繁衍生长。张謇借此所要表白的是,他创办大生纱厂的初衷,即他所追求的"大

① 张謇:《商业初等学校演说辞》,《张謇全集》第4卷,第195页,上海辞书出版社,2012年。
② 张謇:《致黎元洪函》,《张謇全集》第2卷,第595页,上海辞书出版社,2012年。
③ 张謇:《致孝若》,《张謇全集》第3卷,第1537页,上海辞书出版社,2012年。
④ 刘厚生:《张謇传记》,第251页,上海书店出版社,1985年。

张謇三十讲

德"，就是要让百姓能有基本的生存条件和生活保障，而不是自己赚钱发财。他认为："今之国计民生，以人人能自谋其衣食为先务之急。衣食之谋，在于实业。"①

另外，张謇还有两副为大生纱厂题写的对联，也反映了他的"大德"情怀。一副是"通商惠工，江海之大；长财饬力，土地所生"。大意是说，要有江海那样的大胸怀，把关系国计民生的工商业发展起来；要尽最大努力，创造土地上的各种财富，以造福人民。一副是"秋毫太行，因所大而大；乐工兴事，厚其生谓生"。大意是说，巍巍太行之所以能以秋毫积其大，是因为有大的气魄和胸襟，我们办工商、兴事业，也要从大处着眼，关爱民生，造福社会。

张謇对"大生"的三种解释，其含义虽略有不同，但都刻意把"大"和"生"二字嵌入，并从不同角度表达了他以造福民生为最大德行、最高追求的思想理念。他之所以能"舍身喂虎"办实业，竭尽全力为民众开源生利，奋不顾身地奔走在爱国、救国、强国的艰辛道路上，就是因为他能始终如一秉持这样的思想理念。也正因如此，他才能取得常人难以企及的成功和声誉，塑造了常人难以望其项背的"商海完人"的高大形象。

三、"大利不言"——以义为先，追求国家和民众的"大利"

张謇还有一副对大生纱厂的题联："大利不言，生财有道。"也是既巧妙地把"大"和"生"二字嵌入，又深刻地表达了他不同凡响的商业道德观。

在张謇看来，企业家经商办厂，赚钱生财理所当然，但要遵循基本的道义准则，讲原则，守规矩，而不能赚昧心钱，发不义财。这就是所谓的"生财有道"。在"义"和"利"的关系上，张謇主张义利兼顾，以义为先，以义为重。与张謇相识的日本著名企业家涩泽荣一，也主张"一手拿算盘，一手拿《论语》"，这与张謇的义利观异曲同工。

张謇更高于一般商人的价值追求在于，在守住一般的商业道德底线

① 张謇：《答顾昂千书》，《张謇全集》第3卷，第845页，上海辞书出版社，2012年。

"义"的基础上,要行大德,求大义,即追求国家和民众的"大利"。他认为,"利"包括企业和个人的小利与国家和民众的大利,只有追求大利,才是尽在不言中的高尚追求。这就是所谓的"大利不言"。

最能反映张謇"大利"理念的,是他的别具一格的"公仆"与"众仆"之论。由于张謇在大生纱厂中所占股份极少,他实际上是为众多股东服务的职业经理人(尽管他有着关键性的经营管理权)。他认为,他既是为众股东服务的"众仆",又是为社会大众服务的"公仆"。众仆为股东谋利益,是其基本职责,无可厚非;公仆是为公众谋福祉,更为高尚。他认为:"营一事,使入资人享优厚之利,因渐明开投资合群之风气,此公仆之说也"。也就是说,经营企业,在"使入资人享优厚之利"的同时,符合公众利益需要,"开投资合群之风气",让社会和大众得到更大的回报,这就是"公仆"所为。而"众仆"则是仅仅为股东服务,"为有限股东之牛马而悦之,而于世无预"。[1] 因此,张謇决心做一个为大众服务的"公仆","恒为人言,为公仆可,为众仆不可"。[2]

其实,企业家能够做一个为股东谋福利的"众仆",也算是基本合格了。但张謇远远不满足这一点,而是要做一个明大义、求"大利"、明大德的"公仆"。

张謇在大生纱厂渐有赢利后,便着眼于回报社会,一面大举扩张,创办了从工业到农业、到服务业的一系列利国利民的现代企业,一面动用大量企业盈利资金兴办教育、文化、慈善、市政等各项民生公益事业,造福当地民众,引领全国现代化建设。这时,张謇不仅超越了个人的一己私利,而且也超越了企业和股东的利益。当有股东对此表示不解和不满时,张謇义正词严地告诉他们,他要做大众的公仆,而不是小众的众仆,"若不为地方自治,不为教育、慈善、公益,即专制朝廷之高位重禄,且不足动我,而顾腐心下气为人牛马耶?"[3]他"为人牛马",完全是为了地方事业和公众利

① 张謇:《通州大生纱厂第八届说略》,《张謇全集》第 5 卷,第 312 页,上海辞书出版社,2012 年。
② 张謇:《通州大生纱厂第八届说略》,《张謇全集》第 5 卷,第 312 页,上海辞书出版社,2012 年。
③ 张謇:《大生纱厂股东会宣言书》,《张謇全集》第 4 卷,第 551 页,上海辞书出版社,2012 年。

益。他真正做到了"大利不言,生财有道"。

四、"将信为本"——以"诚信"为核心价值和根本遵循

"将信为本"这句话,出自张謇为上海织布交易所的题词:"抱布贸丝,交易而退,各得其所;成贾征偿,将信为本,循之以行。"这里着重表明:就如棉布与丝绸的商品交换,商业贸易的本质是以物易物,互通有无,各得其所,因而要以诚信为本,共同遵循商德准则。

张謇在这里既讲明了商业道德的核心——诚信,又道出了市场经济的真谛——公平。他倡导"将信为本",一方面是为了兴业强企,一方面也是为完善公平的市场经济。他在经商活动中,特别看重诚信准则、守约观念、法治意识这些市场经济基本的道德规范。

在大生纱厂初创时,一度流动资金几乎耗尽,但张謇还是严守契约,信守承诺,将高价棉纱低价卖出,及时付清各方借贷。张謇还把产品质量上升到诚信高度看待。为了杜绝假冒伪劣,以取信和受惠于消费者,即使在奸商搅乱市场、棉质奇劣、几无干货的情况下,大生纱厂还是坚持以高价选好棉,确保原料质量。

由于企业的信用和产品的质量集中体现在品牌信誉上,张謇因而十分注重企业和产品的品牌塑造。大生纱厂精心开发出的"魁星"系列商标,享誉国内外。张謇以"魁星"命名,一方面标志出他独特的状元身份,一方面也是表达在同业中争魁夺冠的心愿。

张謇在对外的经营贸易活动中讲诚信,在企业内部运作中也讲诚信。大生集团无论是处于顺境,还是面临困难,都能依照合同和承诺定期足额发放工资及兑现福利待遇。张謇对待股东和合作伙伴,更是以诚信为本。由于种种特殊原因,张謇几乎拥有对企业的完全掌控权,股东对他无实质性的约束,但他凭着高尚的道德自律,从不损公肥私,并按时报告重要事项,主动接受股东监督,始终兑现厚利股东的诺言。

张謇通过总结办厂经验,坚信如果世人以信用使人们乐于跟从,即使毫无资本之人,总可以吸取他人资本,成就事业。自己以一介寒儒之身集

股办厂,就是要借助股东资本之力,成其建设新世界雏形之志。

为了促使各个企业和全社会都能做到"将信为本",张謇不仅把诚信看作是道德要求,而且将其上升到信用制度及法律的层面看待。他认为,各方面的诚信关系必须以法律关系为基础,为保障。对于企业来说,必须遵守政府制定的法律法规,依法经营;对于政府来说,必须通过立法、执法,保护守信者,惩戒失信者,推动全社会的信用制度建设。

张謇始终坚信、倡导、厉行"将信为本"。他的诚信已关联到企业对消费者、企业对企业和银行、企业对内部员工和股东、企业对政府和社会等各个方面。这是他商业道德的卓越之处,也是我们今天要学习发扬的突出之处。

五、"勤俭为基"——以勤奋和节俭铸就事业成功

张謇写信教诲爱子张孝若说:"天下之美德,以勤俭为基。凡致力学问,致力公益,致力品行,皆勤之事也;省钱去侈,慎事养誉,知足惜福,皆俭之事也。"[①]在张謇看来,刻苦勤奋做事创业和在生活上节俭去侈,是"天下之美德"的基础,也是经商及各项事业获得成功的基本途径。正如他在告诫商校学生时所说:"勤勉节俭、任劳耐苦诸美德,为成功之不二法门。"[②]

张謇一生勤奋无比,刻苦无比,"为世牛马,终岁无停趾",举世罕见,举世公认。更为难能可贵的是,他在事业成功、生活富足后,依然能保持勤俭耐劳、富而不奢的状态。他的儿子张孝若动情地说道:"我父一生固然是刻苦,也十分节俭,他穿的衣衫,有几件差不多穿了三四十年之久,平常穿的大概都有十年八年。如果袜子、袄子破了,总是加补丁。每天饭菜不过一荤一素一汤,没有特客,向来不杀鸡鸭。"[③]

张謇最为反感的就是,一些企业家在事业稍有所成、生活初显富裕

① 张謇:《致孝若》,《张謇全集》第 3 卷,第 1524 页,上海辞书出版社,2012 年。
② 张謇:《北京商业学校演说》,《张謇全集》第 4 卷,第 186 页,上海辞书出版社,2012 年。
③ 张孝若:《最艰难的创业者:状元实业家张謇传》,新世界出版社,2016 年。

后,便贪图享受、骄奢淫逸。他特别提醒商校学生要接受反面教训:"而所谓实业家者,驷马高车,酒食游戏相征逐,或五六年,或三四年,所业即亏倒,而股东之本息,悉付之无何有之乡。"①这些话对今天的企业家修身养德来说,仍具有振聋发聩的警醒作用。

伴随张謇终身的勤俭耐劳、富而不奢的优秀品行,构成了他道德高地的独特风采。

综上所述,张謇的商业道德突出表现为:以儒家伦理为取向,以造福民生为"大德",以强国富民为"大利",以诚信为根本遵循,以勤俭为成功基石。就思想理念而言,其先进性、高尚性、系统性,已超越了时代和国界,在当今世界照样熠熠生辉;就其行为实践而言,其示范性、表率性、可行性,已被企业家和全社会广泛认同,依然是我们今天学习的榜样。在以逐利求富为首务的茫茫商海里,张謇始终做到家国一体,大德为先,坚持用优良道德标准衡量和引领自己的经商行为,这是他超越一般经商者的卓越之处,也是他能够青史留名、成就大业的根本原因。

---

① 张謇:《北京商业学校演说》,《张謇全集》第 4 卷,第 186 页,上海辞书出版社,2012 年。

第六讲：
言商仍向儒，舍身喂虎的张謇

（2021年3月24日，全国工商联在南通张謇企业家学院设立"全国民营经济人士理想信念教育基地"，举行年轻一代民营经济人士理想信念教育活动。笔者作了题为《言商仍向儒，舍身喂虎的张謇》的专题报告。此文亦发表在《江苏地方志》2021年第4期）

清末状元张謇，在1917年1月20日的日记中，抄录了自己为通州友人钱九皋所写的祝寿诗《寿钱翁七十》。诗云："贵重最农夫，钱翁识字殊。岁功排菽枣，家世长枌榆。训子出求学，言商仍向儒。田间无暇日，七十只须臾。"①

张謇在诗中除了称赞钱翁以农耕为重，诗书传家，受人尊崇，还借题发挥，表达了自己言商仍向儒的志向和理念。所谓"言商仍向儒"，除了表示要以儒家伦理道德指导经商行为，更主要的含义是指要保持真正儒生的本色，身在商海，心系天下，始终不忘爱国报国。

张謇是这样想的，也是这样做的。爱国之心，人皆有之。但是，作为一个企业家，像张謇那样，一切行为处事均从爱国出发、将浓烈的爱国情和炽热的爱国心化为对强国梦的不懈追求，乃至于到了痴迷的程度，实为举世罕见。也正因如此，才铸就了他辉煌的人生和不朽的事业。

一、经商的目的

张謇于1853年7月1日出生于南通地区的海门长乐镇。4岁启蒙，5

① 张謇：《柳西草堂日记》，《张謇全集》第8卷，第820页，上海辞书出版社，2012年。

岁入学塾。12 岁时,张謇已读完《论语》《孟子》《周易》等传统典籍。15 岁时,张謇参加科举考试并考取秀才。

1874 年,21 岁的张謇为江宁发审局孙云锦担任书记,开始了涉足政坛官场的游幕生涯。后由孙云锦介绍而结识了庆军统领吴长庆,并被吴聘为高级幕僚,从此进一步开阔了政治视野,增长了参政治事的能力,也进一步确立了强国富民的政治抱负。1882 年,张謇随吴长庆赴朝鲜平定"壬午兵变",期间所写的《朝鲜善后六策》等策论,既展露了他在军事外交方面的才干,又表现出深深的民族忧患意识和强烈的爱国情怀及强国梦想。1884 年,张謇离开庆军回到家乡。其间虽以读书备考为首务,但也悉心研究当年发生的中法战争、"甲申政变"、南北海疆风波等时事政治。他还秉持爱国"必自乡里始"的理念,在家乡兴蚕桑、办慈善、助文教、建自卫武装"通海滨海渔团"等,初步展露了他强国兴邦、地方自治的奋斗方向。1894 年,在家乡苦读十年,历经四次会试败北的张謇终于在当年的"恩科会试"中金榜题名,高中状元。

对张謇来说,中状元并非功成名就的终点,而是全力追逐强国梦的起点。1894 年下半年爆发的中日甲午战争,以及后来中国的战败,刺激了张謇爱国思想集中迸发和强国梦的最终确立。

在甲午战争之前,中国曾在两次鸦片战争中被打败,被迫签订了许多不平等条约。但甲午战败及大量的割地赔款,才真正刺激了所有中国人,朝野上下普遍感到受到了奇耻大辱和灭顶之灾,社会精英中的爱国志士仁人誓死要救亡图存,克服亡国亡种的危机。正是在这样的背景下,素有爱国情怀的新科状元张謇,毅然决然地走上了因爱国、救国而不顾一切去强国的艰辛奋斗之路。

1894 年 10 月,张謇因父去世回乡丁忧。次年,张謇得知《马关条约》被迫签订,十分愤懑。他在日记中摘录了条约的主要内容,愤然痛叹:"几罄中国之膏血,国体之得失无论矣。"①他还在随后为湖广总督张之洞撰写

---

① 张謇:《柳西草堂日记》,《张謇全集》第 8 卷,第 389 页,上海辞书出版社,2012 年。

的《代鄂督条陈立国自强疏》中，痛心疾首地陈述了《马关条约》对中国造成的严重危害，并提出相应对策。在当时的张謇看来，面对强敌入侵、虎狼环伺的垂危局势，爱国首在救国，而救国的当务之急则在强国。"强国富民之本实在于工"①，即办好以工业为主体的实业。他直截了当地指出："中国须振兴实业，其责任须在士大夫"②。

作为士大夫的最高代表——"状元"，是否能以身作则，带头去兴办实业呢？这对张謇来说，却是一个颇费踌躇的艰难抉择。因为，办实业固然是振兴国家所必须，但对于个人来说，无异于自弃美好仕途和已有的尊贵社会地位，铤而走险，自讨苦吃。张謇出于强烈的爱国心和执着的强国梦，最终还是选择了以身许国、"舍身喂虎"的实业报国之路。

张謇后来谈到当时的内心思虑时说道——"余自审寒士，初未敢应。既念书生为世轻久矣，病在空言，在负气，故世轻书生，书生亦轻世。今求国之强，当先教育，先养成能办适当教育之人才，而秉政者既阍蔽不足与谋，拥资者又乖隔不能与合。然固不能与政府隔，不能不与拥资者谋，纳约自牖，责在我辈，屈己下人之谓何？踌躇累日，应焉。"③

张謇的这段自白，核心要义有四：一是表明自己最终决心经商办厂，既是为了践行自己的强国梦，也是为了为读书人争口气，树立一个好的形象。二是办实业、搞教育这类事理应由官员富人承担，自己本可以不参与其中，但官员与富人都无法指望，只得自己亲力躬为了。三是明知官员与富人不足依靠，但又不得不看重他们手中所握有的政治和经济资源，只能委曲求全地与之应对周旋，明知山有虎，偏向虎山行。四是虽欲经商办厂，但自己毕竟是儒林魁首——状元，与一般商人不同，还是要保持儒生的本色，以儒家的理念经商（即后来他自己所说的"言商仍向儒"）。

① 张謇：《代鄂督条陈立国自强疏》，《张謇全集》第 1 卷，第 15—25 页，上海辞书出版社，2012 年。
② 张謇：《东游日记》，《张謇全集》第 8 卷，第 566 页，上海辞书出版社，2012 年。
③ 张謇：《啬翁自订年谱》，《张謇全集》第 8 卷，第 1011 页，上海辞书出版社，2012 年。

张謇三十讲

二、艰难的经商过程

张謇回顾办厂艰难经历时，说自己是"含垢忍尤，遭闵受侮，千磨百折，以成此区区工商之事者"[1]。1895 年冬，张謇将费尽周折"招商"来的本地和上海的六个商人（"通沪六董"），召集起来协商认股办厂。

纱厂初创时，深谙官商之道和官办之弊的张謇认为应完全商办，但民间集资较为艰难，他只得转向官方求助。此时，接替张之洞任两江总督的刘坤一，将已堆放积压三年之久的四万多锭锈烂纺机贱卖折价，作为官股五十万两股金入股大生纱厂。于是，官股、商股各占百分之五十，原先的官招商办改为官商合办。但是即便如此，办厂急需的商股资金仍迟迟不能落实。

1897 年 4 月，张謇到武昌求助张之洞，后者为张謇想了一个好办法，并商请刘坤一同意，将折价五十万两的"官机"对半平分，由张謇和盛宣怀各领二十五万两。官方对张謇这位身份特殊、名气很大的士绅相当信任，只收"官利"，不要任何经营管理职权，任凭张謇等人"绅领商办"，这对消除商股对官府的畏惧戒备之心极有好处。

然而，尽管如此，民间集资办厂之路仍很艰难。当刘坤一应张謇所求，要通州地方官适当凑钱资助大生纱厂时，地方官却别有用心放风要动用科考基金，激起众多秀才、举人闹事，甚至要揪住张謇去孔庙明伦堂"论理"。张謇钱没有筹到，却落得一身骂名。面对乡党友朋的讪笑毁阻和各方敷衍作梗，他"闻谤不敢辩，受辱不敢怒"[2]。为应对工厂开车前的紧急经费开支，张謇还曾不得不忍痛将已购进自用的价值八万两的棉花，运到上海低价出卖。

经过整整五年艰难困苦的努力，1899 年 5 月，大生纱厂终于开车出纱。那年棉纱行情恰逢好转，纱价持续看涨，纱厂卖纱所得价款日益增

---

[1] 张謇：《承办通州纱厂节略》，《张謇全集》第 4 卷，第 29 页，上海辞书出版社，2012 年。
[2] 张謇：《大生纱厂第一次股东会之报告》，《张謇全集》第 4 卷，第 125—132 页，上海辞书出版社，2012 年。

多。大生迎来了勃勃生机。当时被软禁在老家常熟的翁同龢，获闻大生开车出纱喜讯后，欣然题赠一联：枢机之发，动乎天地；衣被所及，遍我东南。张謇后来在《厂约》中，万般感慨地回顾了辛勤办厂创业的过程："南皮督部既奏以下走经理其事，不自量度，冒昧肩承。中更人情久乖，益以商市之变，千磨百折，忍侮蒙讥，首尾五载，幸未终溃。"[1]

三、强国的"功效"

张謇的宏伟强国志愿，是首先要使中国的实业自立于世界之林，并抵御外国列强的经济侵扰。正如1905年，上海海关报告所说："推张殿撰之意，凡由外洋运来各种货物，均应由中国自行创办。"张謇以大生纱厂为起点和轴心，逐步打造成当时中国最大的资本集团。他的资本一度达2400万两，为中国民营资本之最。他既增添了国家的经济实力，又示范和引领了中国民营企业的发展，并直接造福乡里，改变南通城乡面貌。随着实业越做越大，步入鼎盛，张謇的强国梦也越做越大。

他以南通师范为核心，着手打造了从幼稚园、小学、中学、职业教育、大学、专科学校、聋哑学校等多层级、多元化的教育体系。此外，还兴办了新育婴堂、贫民工场、栖流所、养老院等公益慈善机构。他兴教育，办慈善，搞自治，硬是把一个偏居一隅的贫弱小县，搞成了响当当的全国"模范自治县"。就连自视甚高的大文人胡适先生，也不得不由衷地赞叹道：他独立开辟了无数新路，做了三十年的开路先锋，养活了几百万人，造福于一方，而影响及于全国。1922年，上海的报纸举办"成功人物民意测验"，投票选举"最景仰之人物"，张謇票数最高。1936年中华书局出版的《中国百名人传》中，更是"以黄帝为起首，以张謇为压轴"。日本人驹井德三著书称赞张謇："今者于中华国家，不问朝野，为开发中华抱一志愿而始终不改者，殆无一人。惟公独居南通之地，拥江北之区域，献身于实业之振兴，

[1] 张謇：《厂约》，《张謇全集》第5卷，第6—9页，上海辞书出版社，2012年。

尽心于教育之改革,卓举效果,此世人之所以称伟也。"①张謇"舍身喂虎",
终有所成。

四、伟大的"失败英雄"

经过多年的苦心经营和积累,又遇上一战爆发,外国棉纱进口锐减,
及国内棉纱市场产销两旺,价格上涨,1912 年至 1921 年十年间,大生集团
迎来了空前绝后的黄金发展期,张謇的人生事业亦达到了鼎盛。截至
1921 年,大生一厂的资本增加到 250 万两,历年纯利总额累增到 1160 多
万两,大生二厂的资本增加到 110 多万两,历年纯利总额累增到 500 多万
两。两厂合计,资本共为 360 多万两,历年纯利累增总额达 1600 多万两。

与此同时,盐垦事业也得到了很大的发展。由于通海垦牧公司垦熟
地增多,收益增大,加之大生各厂对棉花需求量较大,张謇从 1913 年起又
掀起了新一轮的盐垦高潮。至 1920 年,先后成立了大有晋、大豫、大赉、
大丰、大祐等十几家盐垦公司,投资总额共达 2100 多万元,占地总面积共
有 450 多万亩。于是,在濒临黄海的 200 余英里沿岸的冲积平原上,包括
吕四、通州、如皋、东台、盐城、阜宁、涟水、陈家港等地,均成了新建盐垦公
司的生产建设范围,已垦土地面积达 100 多万亩。当时建成的长 300 多
公里,宽 100 多公里,总面积达 1.2 万平方公里的黄海滩涂垦殖区,至今
仍造福江苏沿海各地。

但事物往往总是盛极而衰。就像张謇于 1919 年的《告实业同仁书》
中所说:"营业之道,先求稳固,能稳固即不致失败,即失败亦有边际,企业
者不可不知也。大凡失败必在轰轰烈烈之时。"②他自己的命运,很遗憾被
他不幸而言中。1922 年后,由于国内外经济形势的变化,企业自身经营管
理不善,摊子铺得太大和社会事业花费太多等多方面的原因,再加上接连
遇到产品滞销、资金链断裂等危机,大生集团濒临破产。尽管张謇想方设

① 野泽丰:《日本文献中的张謇和南通》,《论张謇——张謇国际学术研讨会论文集》,第 152 页,江
　苏人民出版社,1993 年。
② 张謇:《与张詧告实业同仁书》,《张謇全集》第 2 卷,第 712—713 页,上海辞书出版社,2012 年。

第六讲:言商仍向儒,舍身喂虎的张謇

法予以拯救,但他创办了30多年的实业和南通地方事业,还是无可奈何地走向了衰败。胡适正是在这种意义上,称他是一个"伟大的失败的英雄"。

　　然而,张謇对他当初所选择的"舍身喂虎"的实业报国道路,始终无怨无悔。直到生命的最后一刻,他仍奋力拼搏在这条充满艰难险阻的高尚道路上。在他去世前不久(1926年5月),他还抱病视察沿江水利工程。他以全身心投入爱国主义事业的壮举,践行他卓尔不凡的人生理念——"天之生人也,与草木无异,若遗留一二有用事业与草木同生,即不与草木同腐。故踊跃从公者,做一分便是一分,做一寸便是一寸。鄙人之办事,亦本此意。"①爱国、救国、强国,像一条光彩夺目又厚重无比的主线贯穿张謇一生。为实现自己心中的强国梦,他探索了一生,奋斗了一生,坚守了一生,非常人所能做到。正是在这种意义上,习近平总书记把张謇称作是"爱国企业家的典范","民营企业家的先贤和楷模"。

① 张謇:《第三养老院开幕演说》,《张謇全集》第4卷,第508页,上海辞书出版社,2012年。

第七讲：
张謇如何开创南通现代化

（2021年11月7日下午，江苏省张謇研究会成立大会暨张謇与区域治理现代化论坛在南京举行。笔者发表题为《张謇如何开创南通现代化》的主旨演讲。此文亦发表在《江苏地方志》2022年第2期）

谈到中国早期的现代化，不能不说张謇。张謇显然是中国现代化的先行者、开拓者、引领者。张謇非凡的现代化理念和实践，集中体现在他开启和推动南通现代化的过程中。今天，认真研析张謇当年在南通所开创的现代化事业，对于已为中国的现代化艰辛奋斗了一百多年，并开启了全面建设社会主义现代化国家新征程的中国人来说，依然有着较强的现实意义。

一、以现代性为准绳

从全球历史来看，所谓现代化，就是指人类社会进入近代以来，以现代性为引领，不断进行突破性改变的历史进程。这里所说的"现代"不仅指当下，而是包括自启蒙运动和工业革命以来，一直延续至今并通向未来的社会变迁时代。现代化的最根本特征，就是具有现代性。所谓的"现代性"，就是人类社会经过种种政治、文化、经济、科技等各方面重大的变革，所形成的不同于传统社会的新型社会特性。尽管学术界迄今对现代性尚无一致认同的定义概括，但普遍认为，现代性应包含市场经济、民主政治、科学理性和历史进步主义四个基本要素。如果缺失这四个基本要素，就不是具备现代性，也就无所谓现代化了。

张謇当时尽管尚不能精准地理解现代性问题，但他充分认识到："世界的进化,国际的竞争,决不是旧理论旧法子可以办得到的,至少方法是一定要学一学欧美日本了。"①他虽然是来自传统社会的一介儒生,但是由于他能识古通今,融汇中西,特别是能立足于时代前沿,"睁大眼睛观世界""紧跟世界潮流,融入现代之时"。因而他在南通现代化事业开拓中,总能有意无意地以现代化的眼光来看待人和事,以现代性为准绳来衡量各项事业的成败得失,并以此确定南通现代化的目标定位和路径选择。正如他自己晚年总结南通事业时所说:"对于世界先进各国,或师其意,或撷其长,量力所能,审时所当,不自小而馁,不自大而夸。"②

张謇心目中的理想社会一直以现代化的文明国家为坐标。他要建立的"新新世界"就是政治、经济、文化、社会达到世界"文明村落"水准的现代化社会。他艰辛奋斗几十年,将南通精心打造成中国近代第一城,就是要将他心目中的现代化蓝图,变为现实模样,以引领全国各地区的现代化。难怪当时就有外国人惊叹:"此等事业之精彩,诚可与欧美相颉颃。若求诸纯东亚之内地,实属惊异。"(美国《亚细亚杂志》,1923 年)"如果中国有 10 个张謇,有 10 个南通,那么中国的将来就会很有希望。"(日本人鹤史祐辅考察南通专著《偶像破坏期的中国》,1922 年)③也难怪当代文化名人余秋雨由衷地赞叹道:当年张謇只是用南通现代化的实例,向全世界发布了一篇"南通宣言",宣布中国人是能够现代化的!

在"现代性"的引领下,张謇确立了南通现代化总体设想与基本目标,并在制定现代化主要路径和具体举措上,也多方面体现了现代性的要素。

市场化是突破传统封建经济的资本主义经济的典型特征,也是经济现代性的基本标志。中国自鸦片战争以后,在内外因素的逼促下,也初步滋生了市场经济的萌芽,但由于国情的特殊性,中国近代市场经济的发育缓慢,市场化的进程(实际上也是经济现代化的进程)步履蹒跚。尽管清

① 张孝若:《最艰难的创业者:状元实业家张謇传记》,新世界出版社,2016 年。
② 张謇:《为南通地方自治二十五年报告会呈政府文》,《张謇全集》第 1 卷,第 524—525 页,上海辞书出版社,2012 年。
③ 南通市档案局:《西方人眼中的民国南通》,山东画报出版社,2012 年。

张謇三十讲

末的洋务运动为古老的传统经济增添了些许现代经济色彩,注入了些许市场经济的活力,但从根本上说,洋务经济还是封建买办经济,与现代市场经济相去甚远,因而也不可能获得市场化及现代化的成功。有志于建设现代化强国的张謇等志士仁人已清楚地认识到这一点,因而开始不遗余力地倡导和推行中国的市场化。

就全国而言,张謇在民国初年农商总长任上,本着市场经济原则,制定了一系列关于市场经济的法律法规(约占早期民国政府立法的70%),包括近代中国第一部关于证券交易的法规《证券交易所法》,推动了我国第一所证券交易所——北京证券交易所的成立。同时大力培育市场经济的主要载体——私营企业,主张官办企业能退则退,形成民营经济占主导的格局。

就南通而言,在推动南通经济现代化的过程中,张謇也特别注意经济的市场化、民营化。他在创办大生纱厂时就竭力主张民间投资商办,后因筹资十分困难,不得已吸收官方闲置的纺织机器作价入股,变成官商合办。但是张謇与官方仍有约在先,官方只管入股分红,企业经营管理的所有事项一概不问。企业的所有决策指挥权及官股的运作,均授权于董事会(实际上是张謇个人)。

这样,大生纱厂就成了那个时代十分奇特的民营企业。表面上奉官命创办(有两江总督张之洞的上奏和光绪皇帝的御批),"官本居半",遇到困难时,官府还会予以资金等方面的支持,但"听商自便"。几乎没有股份的张謇(初期出资2000元大洋,占初期股本的0.45%),既作为国有资金代理人,又作为民间股本的牵头人,全权经营管理企业。由此他便可以按照他对市场经济的理解,遵循市场规律行为建立现代企业制度,把官商合办变成完全由民间经营,他也就成了中国民营企业家的先贤和楷模。

为了在南通地区逐步构建现代经济发展需要的市场体系,张謇除了兴办和促进各类实体民营企业发展外,还拓展当地原有的纱布销售网络,并创办南通联合交易所及各类内外贸易公司。他还支持地方创建行业工会、商会、农会等市场经济主体者的联合社团,以便维护各类市场主体的自身权益。

张謇曾为上海织布交易所题写一副对联："抱布贸丝，交易而退，各得其所；成贾征偿，将信为本，循之以行。"这副对联的主要含义是指棉布与丝绸的商品贸易，本质上是在市场上以物易物，互通有无，互利共益，因而要以诚信为本，遵守市场规则和商业道德。张謇在这里实际上道出了市场经济的真谛——公平与诚信。

市场经济从根本上说是"契约经济"或"信用经济"，其基本规则就是买卖公平，恪守信用，各市场主体应公平合理的追求应该得到的经济利益，而不能欺诈舞弊巧取豪夺。本着公平和诚信的原则，张謇一方面强调"各得其所"，一方面强调"将信为本"，说明他既有着较高的商业道德水准，又有着对现代市场经济较深理解。

由于发轫于西方的全球性现代化，不仅是经济模式和制度的根本变革，也是人类社会政治制度和思想文化的历史性蜕变，因此其现代性不仅表现在经济市场化上，而且也突显了民主政治、科学理性和历史进步主义等人文因素。

张謇对此亦有所认识，有所表现。他打着立宪和地方自治的旗号，兴办社会事业，建立社会组织，开展社会活动，进行社会变革，在力所能及的范围内使南通的社会城市生活比一般地方更具民主政治色彩。他在创新意识和技术理性的引领下，既开创性地从宏观上合理确定南通现代化战略目标和路径，又科学选择南通现代化的具体推进方略和城市治理方式。他遵循历史进步主义基本理念，努力在南通推进政治社会道德文明等多方面的改革和发展。

二、以现代实业为基础

众所周知，任何国家的现代化都是以经济现代化为基础，在张謇所处的那个时代，由于实业在整个经济中的至关重要的地位，中国的经济现代化显然又必须以现代实业为基础。张謇清醒地认识到，实业"是中国真正自强之基础"。正因如此，他才会以"舍身喂虎"的勇气和高度爱国情怀，投身实业报国的滚滚洪流。也正因如此,张謇才在南通现代化事业的开拓中,把实业作为现代化的重中之重,竭尽全力地予以兴办和拓展。

当然,张謇心目中的现代实业并不仅仅是工业制造业,而是包括了他所说的"大农大工大商"在内的各类现代产业。他建成了中国最早的现代纺织企业(大生纱厂)以后,随即将眼光从现代工业转向现代农业,创办了中国第一个大型现代化股份制农业开垦种植企业(通海垦牧公司),并以新兴垦区为依托,建立了城乡融合的现代生产和生活社区,形成了工农业互动、城乡一体化发展的"新世界的一角"。

顺应经济现代化的发展趋势,张謇以大生纱厂为龙头、为起点,形成了涵盖一二三产在内的各类现代企业。他通过垦牧公司为纱厂提供棉花原料,然后又利用轧花剩余的棉籽办了油厂,用油厂剩余的下角油脂办大隆皂厂。他还利用纱厂的下角飞花生产包装和印刷用纸,并利用纱厂剩余的电动力兴办电磨面粉厂。

同时,为了原材料和产品的运输需要,他还创办了大达公司等交通运输企业,修建了通州天生港码头和上海十六铺码头。为了工厂机器设备的制造和维修,他还办起了资生铁厂、资生冶厂。为了满足外来人员和厂区员工的住房需求,他还创办了懋生房地产公司。为了搞纺、织、染一条龙发展的科研和实验,他还创办了染织考工所。他还创办了颐生罐头公司和酿造公司。为了解决企业资金需求,他还发展金融业,创办了大同钱庄,淮海实业银行,并担任交通银行总理。最终大生集团成为涉及各个经济领域的全国最大实业和资本集团。南通现代实业为南通经济结构和社会结构的现代化转型,以至建成中国近代第一城,奠定了坚实的基础,提供了强大动力。

张謇利用现代实业形成的雄厚实力,全面推进南通的现代化建设。他认为"非人民有知识,必不是以自强。知识之本,基于教育,然非先兴实业,则教育无以资措手"。① 因此,他将自己和企业大部分赚来的钱都用来

---

① 张謇:《垦牧公司第一次股东会演说公司成立之历史》,《张謇全集》第 4 卷,上海辞书出版社,2012 年。

发展南通的现代教育事业。他创办了 370 多所各类学校，从幼儿园、小学、中学到大学，从普通学校到师范学校、职业学校，到特种学校（聋哑人学校等），几乎无所不包。他实际上是中国教育现代化的先驱和集大成者。连美国教育家、哲学家杜威都称南通是"教育之源泉"，并希望南通"成为世界教育之中心"[①]。

张謇在兴办实业的基础上，还致力于文化事业的现代化建设。他于1905 年创立了中国第一个民办博物馆——南通博物苑，1912 年建成南通图书馆，1913 年后创办了《通海新报》等四种报刊，并创办了翰墨林书局。1917 年在军山建气象台。1919 年创办全国第一所戏曲学校——伶工学社，并建现代化大剧场——更俗剧场。1922 年还创办中国影戏制造有限公司，拍摄多部影片，曾到美国纽约放映。1922 年应张謇之邀，中国科学社第七届全会在南通召开，梁启超、丁文江、竺可桢、陶行知等名流专家云集南通，盛况空前。

张謇还把因实业积累的大量资金用在社会建设方面，大力创办现代化的社会公共事业和社会保障体系。他建设了中国最早对公众开放的民间公园，他设立电话公司，建成南通市内电话网络，并创办电器公司，形成从唐家闸到中心城区的供电布局。他开办公共汽车公司，公共汽车在港闸城区等多条公路上运行。他还兴办了慈善社团、医院、养老院、育婴堂、残废院等一系列现代社会保障项目。

在推进南通的现代化过程中，除了张謇所创办的企业贡献，他自己也几乎倾其所有。他曾感慨地说道："二十六年以来，謇之得于实业而用于教育慈善及地方公益者，凡二百五十七八万，仍负债六十万有奇，叔兄所出亦八九十万不与焉。"[②]

在这里值得一提的是，张謇一方面自己办实业，广济民生，一方面主张让贫民也投身实业，自食其力，以解决贫困问题。他说："当为之广谈生

① 杜威：《杜威博士在演讲之三大问题》，《南通杂志》1921 年第 1 卷第 3 号。
② 张謇：《为南通地方自治二十五年报告会呈政府文》，《张謇全集》第 1 卷，上海辞书出版社，2012 年。

计,若农之类,工之类,商之类,劳心之类,劳力之类,使有耳、有目、有手、有足之人,皆有所效,以资其生。无耳、无目、无手、无足之人,亦有所要恤其苦。"他认为应该以"恤贫"代替"均贫富",以"保富"积累社会财富,避免"有资本者"与平民为敌。这对发展经济和调节社会矛盾显然都很有裨益。这些观点在今天看来,特别是在探索如何共同富裕方面,亦有一定的参考价值。

三、以治理现代化为先导

对于一个国家或一个地区来说,治理是整体性、根本性的整治和管理。从这种意义上说,治理决定一切。任何一个国家,一个地区,若要全面实现现代化,就必须以治理体系和治理能力的现代化为保障,为先导。治理现代化是具有根本性、全局性与决定性的现代化实现路径。从某种意义上说,治理现代化就是政治现代化。张謇当年在开创南通现代化事业的过程中,特别注重治理现代化。我们可以用"两个着力推进"来概括。

一是着力推进地方自治。人们谈及张謇的地方自治,往往着眼于他所从事的实业、教育、慈善公益等事业。实际上,南通地方自治的核心和要害是治理和政治现代化。张謇在经历种种追求现代化强国的探索后,充分认识到现代政治建设是国家强盛和治理现代化的根本之策。他认为"实业之命脉无不系于政治""政治能趋于轨道,则百事可为"[1]。因而他在全国积极投身政治变革和立宪运动,在南通则全力推进地方自治。

所谓地方自治,是晚清政府参照西方现代政治而推行的一种地方治理模式。从理论上说,地方自治是指一个国家在一定的行政区域内,由当地居民选举自治人员组成自治机构,制定自治法规,管理地方事务。作为实行预备立宪政治变革的配套措施,清廷就地方自治制定了一系列的规章制度和运作方案,并要求"均在省会速建设谘议局,慎选公正明达官绅

---

[1] 张謇:《实业政见宣言书》,《张謇全集》第4卷,上海辞书出版社,2012年。

创办其事。"①

20世纪初，素有地方自治思想的张謇，顺势而为，乘势而上，公开在南通亮出了地方自治的旗号。他在筹办江苏谘议局的同时，在南通通过选举，设立了全国最早的县级议会通州议事会，并亲任议长。当时南通的地方自治为全国瞩目，南通被称之为"模范县"。

张謇推行地方自治的目的就是想通过治理现代化（政治现代化），实现经济、社会、城市，包括人的全面现代化，"以一隅与海内文明同村落相见，此或不辱我中国"②。

一般来说，后发型现代化国家在现代化起步时，由于自身现代性因素积累不足，要实现现代化目标，必须运用国家机器的强大力量来突破顽固守旧力量的阻碍。因此，在后发型国家的现代化中，第一位的前提条件，几乎无例外地都是相应的政治变革，也就是以政治现代化和治理现代化开路。张謇当年在南通强调"地方自治之重，亦有行政、代议之别"③，试图把西方议会政治模式移植到基层政权架构，一方面为国家立宪奠定基础，一方面让地方士绅和民众具有更大的自主权。他虽然不能以地方执政者的身份操纵国家机器，但他巧妙而又充分地运用了中央政府的自治政策以及自身特殊的政治身份和经济实力，从而使南通的地方自治、政治变革几乎突破了清王朝所能容忍的极限，使南通的地方自治和治理现代化走在了全国的前列。南通，也因此而一跃成为响当当的全国模范县和中国近代第一城。

二是着力推进现代法治。现代化社会一定是法治社会，治理现代化的本质，实质上是依据现代法治理念治国理政。健全法制，实行法治，是实现全面现代化的根本保障，也是治理现代化的独特功效所在。用法治理念和法治方式依法治理是治理现代化的根本要求，也是现代文明国家

① 故宫博物院明清档案部：《清末筹备立宪档案史料（上册）》，中华书局，1979年。
② 张謇：《复周应时等函》，《张謇全集》第2卷，上海辞书出版社，2012年。
③ 张謇：《为南通地方自治二十五年报告会呈政府文》，《张謇全集》第1卷，上海辞书出版社，2012年。

张謇三十讲

的根本标志。

张謇所处的时代,是新旧交替,但旧势力、旧观念仍占据主导地位的时代,当时人们的现代法治观念十分淡薄,法治状态相当落后。张謇若要在南通推进治理现代化,就必须在全社会树立现代治理理念,逐步打造现代法治生态。

张謇认为将传统的"人治"变为现代的"法治",可以"以之治地,地必逞能;以之治人,人必就范;而治地治人之人亦常受治于法律"。[①] 也就是说,依照法律规范社会行为,调节社会关系,维护社会秩序,包括被治者和治人者都遵守法律,就可以达到以法治为核心的治理现代化,从而推进各方面的现代化。

从大的方面说,张謇的治国设想就是实行法治新政。因而他积极主张并大力推进立宪和地方自治,甚至于他在主抓全国经济工作(任农商总长)时,就认为经济活动应当"乞灵于法律"[②]。他把法律看作是促进经济健康发展的基础,强调"农工商部第一计划即在立法"。他的经济管理名言是:"法律者,轨道也,入轨道则平坦正直,毕生无倾跌之虞;不入轨道,随意奔逸,则倾跌立至。"[③]

就南通的区域实践而言,张謇首先以法治精神推动南通的地方自治。他依据国家授予地方自治的法律法规,就南通的地方自治机构的设立运行监督等各项事宜,制定了周详的规章条例,并着力实行。

张謇及其同仁参照天津自治章程,制订地方自治方案,呈报两江总督批准试办通州自治。至 1903 年 4 月设立调查改革局,7 月 8 日由州区议事会选出议员 30 人,张謇任议事会会长。后又选举通州知州琦珊为董事会会长,推定了户籍财政工程与警务各科工作人员。1912 年初,按照新成立的民国政府法律要求,南通成立了县议会,在第一届常会上,先由规定的议员拟定县议会议事规则及旁听规则,造具草案交由会期中开会公决。

---

① 张謇:《致商会联合会函》,《张謇全集》第 2 卷,上海辞书出版社,2012 年。
② 张謇:《实业政见宣言书》,《张謇全集》第 4 卷,上海辞书出版社,2012 年。
③ 张謇:《致商会联合会函》,《张謇全集》第 2 卷,上海辞书出版社,2012 年。

规定人民可以直接提出请愿案件，旁听议决过程，议会也可否决县知事的交议案。当时南通社会能成功转型，社会事业、社会组织、社会公益等方面的管理走在全国前列，依法推行地方治理是关键因素。

张謇还以现代法治原则管理现代企业。大生纱厂创立之初，他就借鉴中外企业的管理经验创定了"厂约"和"章程"为主体的一系列规章制度。在明确各部门、各分厂、各岗位的工作职责与管理细则的基础上，确立严格的岗位责任制与考核、奖惩等各项现代企业管理制度。

人是法治的主体，针对中国社会缺乏法治传统，民众法治观念薄弱的现实，张謇在构建法治社会时，还特别注重提升全民的法治文明素养，他在金沙第十六国民学校演讲中表达了这样的观点：受过良好教育的学生可以有效地治理地方，地方发达了，自身势必会一起发展。这样地方的风俗也会越变越好，从愚昧向文明转变。

张謇认识到"教育者，一切政治法律、事业、文学之母"[1]，因而特别注重法治教育。他积极开办法政学校，培养法律人才，传播法治思想。为了培养年轻人遵守法律的意识和习惯。他还把法治教育寓于各类学校的日常生活中，要求"自修室、寝室皆诸实践学习之地，此次散学后，留心考察，有扫除整洁而后者，即有蓬垢不洁而行者，一一属鉴起居询察，洁者记奖，不洁者记过，于修身分数上计算。夫以功过定人学格，此法律之事也"[2]。

更为难能可贵的是，为了培育法治意识，倡导文明新风，张謇以身作则，带头依法办事。他一生经历了无数的风波，开创了无穷的事业，在那混沌污浊的年代，却从来没有出现过违法乱纪及背信弃义的行为，真可谓是"出淤泥而不染"。一次，他的轿夫因抬轿子时没有点灯，违反了当地警察局的规定，被巡警发现而要罚款。张謇不仅认罚，而且还奖励了这位巡警。从这件小事上，亦可看出张謇遵纪守法的模范作为。

前事不忘，后事之师。张謇一百多年前开创南通现代化的丰富实践

---

① 张謇：《致黄炎培函》，《张謇全集》第 3 卷，上海辞书出版社，2012 年。
② 曹从坡、杨桐：《张謇全集》第 4 卷，江苏古籍出版社，1994 年。

深刻地启示我们：在推进现代化的过程中，一是必须解放思想，更新观念，以现代化的眼光和标准定位现代化的目标，衡量现代化的成效；二是必须要以经济建设为中心，大力发展先进生产力，夯实现代化经济基础；三是必须切实加强政治建设和法治建设，全面提升国家和地方的现代化治理水平，以现代化的治国理政，保障各方面的现代化的实现。

目前，我国已实现了第一个百年奋斗目标——全面小康，正在着力实现第二个百年奋斗目标——全面现代化。让我们按照以习近平总书记为核心党中央所描绘的社会主义现代化的美好蓝图，把我国全面建成富强、民主、文明、和谐、美丽的社会主义现代化强国，实现中华民族伟大复兴的中国梦。

第八讲：
张謇打造南通中国近代第一城

(2021年7月18日，上海奉贤区举办"2021贤商大会"。会议期间，笔者作了题为《张謇打造南通中国近代第一城》的专题报告。此文亦发表在《钟山风雨》2021年第10期和《世纪风采》2021年第5期)

建筑学家吴良镛先生发表于2003年第六期《清华大学学报》一篇文章中说："南通是中国早期现代化的产物，它不同于租界，商埠或列强占领下发展起来的城市，是中国人基于中国理念，比较自觉地，有一定创造性地，通过较为全面的规划、建设、经营的第一个有代表性的城市。"[1]他提出了南通堪称"中国近代第一城"的推论。

一、南通在中国近代城市中的比较优势

根据吴先生南通堪称"中国近代第一城"的这一推论，笔者认为当时南通在政治建设、经济建设、社会建设、文化建设、生态建设方面，均独有建树，走在时代前列。在政治建设方面，张謇充分利用中央政府关于地方自治的政策，遵循民主与法治原理，力促地方治理向现代化转型，取得明显成效。

在经济建设方面，张謇从创办大生纱厂开始，由工业到农业(盐垦、种植)，到生活服务业(商业、旅馆、房地产开发)，到物流运输(大达轮船公司、汽车公司、十六铺码头)，到金融保险(淮海实业银行、保险公司)等，甚

---

① 吴良镛：《张謇与南通"中国近代第一城"》，第1—7页，《清华大学学报(哲学社会科学版)》，2003年第6期。

张謇三十讲

至还与比利时合资兴办中比航业公司及专事对外贸易的新通贸易公司。他创立的南通绣品公司还在美国纽约第五大道设立分公司,经营刺绣工艺品。他在逐步建立起全国最大的产业资本集团的同时,全面地促进了南通经济现代化建设。当时的南通工业化、城市化水平,在中小城市中首屈一指。中国海关"一把手"戈登·洛德(英国人)每 10 年就出一份分析中国经济状况的《海关十年报告》,连续三次(30 年)仅举上海和南通两个城市为案例。他说:"通州是一个不靠外国人帮助,全靠中国人自力建设的城市,这是耐人寻味的典型。""所有愿对中国人民和他们的将来作公正、准确估计的外国人,理应到那里去参观游览一下。"①

在社会建设方面,张謇在加强社会管理、改善社会风气的同时,大力创办现代化的社会公共事业和社会保障体系。1911 年办大聪电话公司,建成南通市内电话网络。1913 年开始建唐闸公园和市区东、西、南、北、中五座公园,是我国最早对公众开放的公共园林。1917 年办通明电气公司,形成从唐家闸到中心城区的供电布局。1919 年成立南通公共汽车公司,公共汽车在港闸、城区等多条公路上运行。张謇在南通创办的社会保障项目主要有:1906 年创办的新育婴堂;1912 年在他 60 岁生日之际用所得寿礼贺金创办的养老院;1913 年创办的南通医院;1914 年创办的贫民工场及济良所;1916 年创办的残废院及栖流所。

在文化建设方面,张謇致力于文化事业现代化。1902 年创办了翰墨林印书局。1905 年创立了中国第一个民办博物馆——南通博物苑。1912 年建成图书馆,将自己收藏的 8 万多卷和征集采购的共 13 万卷图书置于馆内,供市民阅览。1913 年后创办了《通海新报》等四种报刊。1917 年在军山建气象台。1919 年创办全国第一所戏曲学校——伶工学社,并建现代化大剧场——更俗剧场。1922 年还创办中国影戏制造有限公司,拍摄多部影片。同年,应张謇之邀,中国科学社第七届年会在南通召开。杨杏佛、马相伯、梁启超、丁文江、竺可桢、陶行知等知名专家学者纷纷汇聚南

① 南通市档案局:《西方人眼中的民国南通》第 12—46 页,山东画报出版社,2012 年。

通。张謇在会上说道:"吾人提倡科学,当注重实效,以科学方法应用实业经济之研究,与社会心理之分析。迨成效既著,人自求之不遑。执此道以提倡科学,未有不发达者。此为吾数十年经验之结论,愿诸君由此以兴科学。"[1]科学社以新建的生物研究所作为张謇70寿辰贺礼,以答谢他对科学的倡导和支持。

"文化必先教育",张謇在教育事业上的努力和成就更为人津津乐道。他创办了370多所各类学校,从幼儿园、小学、中学到大学,从普通学校到职业学校、特种学校(聋哑人学校、技工学校、师范学校),几乎无所不包。他还规划在农村每16方里办一所小学,并成立了教育会、劝学所等几十个现代教育研究团体和机构。他还担任江苏教育会会长。可以说,张謇是名副其实的中国教育现代化先驱和集大成者。美国哲学家杜威在考察南通后,由衷地赞叹道:"南通者,教育之源泉,吾尤望其成为世界教育之中心也。"[2]南通近百多年来,人才辈出,群星璀璨,绝非偶然。

在生态建设方面,张謇在城市总体规划设计上,就考虑到生产、生活、生态的合理布局,人与自然的和谐共生。他比世界著名的城市规划大师霍华德还早三年提出并践行了"花园城市"的理念。除了主城区,他将唐闸设定为工业区,天生港设定为港口区,狼山设定为风景旅游区,形成了科学合理的"一城三镇、城乡相间"的现代城市格局,既方便了人们的生产生活,又改善了自然环境。他还对南通的"五山"封山育林,保护自然生态,在街道、公路两旁栽种行道树美化自然景观。他对植树造林极为重视,在任农商总长时,就主持制定了《森林法》《造林奖励条例》,设立奖励基金。他成立"南通保坍会"等社团,发动社会各方保护长江生态和水系。

---

① 张謇:《中国科学社第七次年会公请南通各界宴会答词》,《张謇全集》第4卷,第514页,上海辞书出版社,2012年。

② 杜威:《教育者的责任》,《民主主义与教育——杜威博士在华演讲录》,安徽教育出版社,2013年。

二、"中国近代第一城"内涵及外国人眼中的南通

把近代南通放到整个中国近代城市发展史上来看,尽管就城市建设的单项而言,南通与同时期国内城市相比较,未必都是最早的,规模未必都是最大的,但城市的一系列设施、建筑能够在不长时间内,较为集中地建设起来,将一个封建的县城比较快速地过渡到近代城市,这不能不说具有划时代的意义。南通"中国近代第一城"的内涵可以概括为五个方面:第一,从城市建设的主体来看,南通是第一座由中国人自己全面规划并实施建设的具有近代意蕴的城市。第二,从城市的形态布局和功能(城市建设理念、特征)来看,南通是一座世界近代史上开风气之先的城市。第三,从城市的发展基础(城市发展、建设内涵)来看,南通是一座各项事业全面推进的城市。第四,从城市建设的价值取向来看,南通是一座充满人文关怀的城市。第五,从城市建设与区域发展的关系来看,南通初具区域整体发展的雏形。

其实,早在张謇在世时,就有许多外国人通过拿南通同中外城市对比,得出了南通是当时中国最好的现代化城市的结论。他们的许多看法,与我们今天所说的"中国近代第一城"颇有相似之处。1919 年初,日本人上冢司在参观考察南通后,写了一篇题为《以扬子江为中心》的报告,惊叹和赞扬南通现代化机构、设施的齐备,特别是对大生纱厂所在地唐家闸工业区快速崛起,感到十分意外和惊讶。他在报告中写道:"眺望掩映在几个烟囱中的直冲云霄的大生纱厂的时钟台时,我们仿佛现在才为宏伟的四周的光景而感到震惊。沿河的一条街,车水马龙,络绎不绝,人来人往,摩肩接踵,异常热闹。河边停泊着数百艘民船装满货物。所见这般光景,一切的一切都是在活动着的,又是现代化的。"[1]

1920 年,《密勒氏评论报》(美国人在上海创办的英文周刊)主编鲍威

① 野泽丰:《日本文献中的南通和张謇》,《论张謇——张謇国际学术研讨会论文集》,第 152 页,江苏人民出版社,1993 年。

尔在考察南通后,写了一篇题为《不受日本影响的南通天堂》长篇报道。他颇为动情地写道:"从上海前往南通的旅程需要 8—10 小时,然而仍然值得亲自去看一下'中国人间天堂'的实例。"他还对南通这座"模范城"的"构成元素"进行了全面描述,令人信服地论述了一座现代化城市的惊世崛起。在鲍威尔的影响下,《密勒氏评论报》接连多次对南通进行了深入报道。例如,该报在 1921 年 3 月 26 日以大幅版面刊登了《张謇:中国城市的建造师》;1923 年 3 月 17 日发表了长篇报道《中国实业之进步观——中国模范城南通州》,这篇报道指出:"廿五年前,南通情形与其他小城无异。"而现在"变化之速,革新之进步,实堪为吾人注意也,而有中国模范城之称。观此城,亦可表率中国人建造革新之能力"。

同时,美国《亚细亚》杂志也刊文称赞南通:"此等事业之光彩,诚可与欧美相颉颃,若求诸纯东亚之内地,实可惊异。"颇有影响的美国杂志《世界召唤》(*World Call*)也对南通做了多次报道。1921 年 6 月号刊登了《聚光灯下的南通》一文,1929 年 4 月号以《中国的现代化》为题,深度介绍和分析了南通现代化的成果。该文由衷地赞美道:"南通成为中国最出色的城市之一,1911 年以来该地区也没有像中国其他地区那样陷入无序。"

1922 年 6 月,另有一位日本人鹤见祐辅到南通考察,回去后写了一本介绍南通和张謇的专著——《偶像破坏期的中国》。他在书中写道:"不能不说张謇先生的事业,是中国 400 余州县里面成绩最卓的一个。""如果中国有十个张謇,有十个南通,那么中国的将来就会很有希望。"①

三、张謇如何打造第一城

张謇苦心、精心、全心把南通打造成中国近代第一城,是为了实现他建设一个新世界雏形之志,以雪中国地方不能自治之耻,实际上也是要为中国打造一个能与世界先进国家城市相媲美的现代化城市样板,以示范引领中国走向繁荣昌盛。张謇以他所特有的炽热的爱国情怀,坚韧的意

① 南通市档案局:《西方人眼中的民国南通》,山东画报出版社,2012 年。

志品格,不凡的心胸气度,超群的学识胆略和经世才华,只手打造了令世人羡慕不已的"中国近代第一城"。可谓是匠心独运,一骑绝尘,所形成的经验也很独特,弥足珍贵。

一是充分运用雄厚的实业基础。张謇经商办厂是为了实业报国,实现他心中的强国梦。在推动家乡南通现代化的过程中,他首先是竭力把实业做大做强。有了雄厚的经济基础后,再办教育、兴文化、搞慈善、助公益,进而实施城镇建设和市政管理,乃至治州理政。他将经营实业所得的股息、红利及公费几乎全部用于公益民生事业。例如,他在 1902 年创立通州师范学校,就是将大生纱厂之公费六年本息两万元和友人资助一万元一并投入。

二是充分运用地方自治政策。地方自治是近代发端于英德等欧洲国家的地方治理的组织形态,是平衡地方与中央权力,调动地方积极性、发展地方事业的新型模式。它注重地方分权和民众的自主参与,是资产阶级民主意识提高的自然产物。地方自治思想在日本的明治维新时期得以推行,于 20 世纪初传播到中国。

1901 年,张謇在《变法评议》中,极力主张仿行日本地方自治制度,"设库县议会",实行地方自治。1903 年,张謇去日本考察后,十分推崇日本的地方自治方式,主张中国尽快模仿。在随后的立宪运动中,他痛彻地认识到,"今人民痛苦极矣!求援于政府,政府顽固如此;求援于社会,社会腐败如彼。然则直接解救人民之痛苦,舍自治,岂有他哉"。

1905 年后,随着清政府倡导地方自治政策逐渐明朗,张謇乘势而为,公开亮出了地方自治的旗号,并大张旗鼓、紧锣密鼓地正式在南通实施推行。1908 年,他在筹办江苏谘议局的同时,在南通设立了全国最早的县级"议会",并破天荒地代表士绅民众取代当地政府,直接主导了当地的行政管理和政治生活,全方位地推进当地的社会经济发展。

张謇的社会理想,是在中国建立与世界主流文明相一致的政治体制及相应的经济发展模式。而当他感到在全国实现这一理想没有可能时,便全身心地投入到南通地方自治之中。地方自治凝聚着他一生的社会理想与最终追求，是他晚年全部事业的落脚点和着力点。张謇推行南通地方自治的志愿，就如他自己所说，是"以一隅与海内文明国村落相见，此或不辱我中国"①。张謇当年在南通搞助推现代化的地方自治，巧妙而又充分地运用了中央政府的政策，使南通的地方自治，几乎突破了清王朝所能容忍的极限，因而成了全中国地方自治业绩最突出的地区。

三是充分运用特殊的政治身份和各界官员的支持。张謇以地方自治为名，全面推进现代化。不是地方官的他，无法直接操纵地方政治权力机构，只得运用自身的特殊政治身份，施加特殊的政治影响，从而获得各方面的政治资源，包括各界官员的支持。张謇的特殊政治身份，首先来自几乎伴随他一生的各种各样的官职、官衔。这些林林总总的官职、官衔，尽管大多是虚设、兼职的，却能"介官商之间，兼官商之任，通官商之邮"②，并可以大大提高他在官场、士林和地方社会上的声望。在这些官场光环的照耀下，一般的官吏和民众都会对他敬重有加。他便可借此对上争取官府资源，对下动员民间力量，创造性地开拓南通地方事业。

除了官职、官衔，张謇还有一个不容小觑的政治身份：新型士绅和新兴绅商的代表人物。"士绅"作为中国社会有文化、有财富、有名望的特殊阶层，历来是一股无可替代的政治力量。特别是在乡村基层，士绅几乎成了政府治理的代理人。同时，士绅在中国政治生活中还扮演着连接官民和沟通上下的特殊角色。对于官府，他们可以代表民间反映民情，表达诉求；对于民间，他们可以受官府委托或默许，进行基层的社会管理和民生建设。进入近代社会以后，随着时代的变迁，以传统儒生为主体的士绅已逐步成为有近代科学文化知识和政治眼光，在整个社会生活中产生广泛政治影响的新型士绅。张謇就是这方面的突出代表。正如他自己所说："謇十四年来，不履朝籍，于人民之心理，社会之情状，知之较悉，深愿居于政府与人民之间沟通而融合之。"③有了这样的特殊政治身份，就可以产生

① 张謇：《附答周应时等函》，《张謇全集》第 2 卷，第 583 页，上海辞书出版社，2012 年。
② 张謇：《请新内阁发表政见书》，《张謇全集》第 1 卷，第 225 页，上海辞书出版社，2012 年。
③ 张謇：《请新内阁发表政见书》，《张謇全集》第 1 卷，第 225 页，上海辞书出版社，2012 年。

张謇三十讲

特殊的政治影响，从而施展特殊的政治抱负。

与新型士绅相伴而生的新兴绅商，更是新兴政治力量。所谓新兴绅商，实际上就是既有士绅性质，又掌握现代工业企业的新兴资产阶级。他们在经济上有了实力和基础后，就要在政治上谋求地位和影响。在清末民初的政治生活中，他们发挥着特别重要的作用。张謇就是新兴绅商的杰出代表。与新兴绅商代表身份相吻合的，张謇还是立宪运动的领袖和各种重大政治活动中极具影响力的人物。作为势倾东南、闻名全国的"实业政治家"，张謇在中国政坛上所扮演的重要角色，朝野各方都会对之高看一眼。日本人驹井德三就说过，"中央政府及督军省长等，皆以张公声望之大，见识之高，关于重要之政务，一一征求意见，而张公不辞答复之劳"。①

正因为张謇有了这样的特殊政治身份和影响，官场上的各级官僚才会对他另眼相看，给予特殊的支持，从而使南通的地方自治取得特殊的成功。张謇与清末的朝廷权贵及民初的政坛要人都有交往，有的交情还很深。这对他"遁居江海，自营己事"很有好处。江苏省的督抚大员张之洞、刘坤一、程德全等人，更是给了他许多特别的帮助和扶持。

四是充分运用地方民众的拥戴。在享誉全国的同时，张謇在家乡南通具有极高的威望。当地民众都恭称他为"张四先生"，并以外地人称他为"张南通"而自豪。在他 70 岁生日时，尽管他事先就发表了"生日告人书"，坚辞正规祝寿，但大家还是自发地参加庆祝活动。张孝若曾言，"因为父亲能忧百姓的忧，所以百姓都能乐父亲的乐，那几年实业发展，地方繁盛，蓬蓬勃勃，治具毕张，真是南通的黄金时代"。在他去世后出葬那天，"素车白马，四方来会葬的人和地方上的人，共有万余，都步行执绋。凡枢车经过的地方，那沿途观望的乡人有数十万，都屏息嗟叹，注视作别，送父亲到他的永远睡眠之地"。

德高才能望重。张謇之所以声望日隆，正是因为他品德高尚。正如张孝若所说，"因为父亲是事业为公的信用，得到了人民牢固的敬仰，所以

---

① 驹井德三：《张謇关系事业调查报告书》，政协南通市委员会文史资料研究委员会，1963 年。

才收到非但可与乐成，并且可与虑始的功效了"①。

作为"第一城"的缔造者和南通民众的领袖，张謇正是依靠和运用了人们对他的衷心拥戴，才干成了他那个时代里一般人几乎不可能干成的事业。凭借民众的拥戴，他在实业、教育、文化、城建等各领域中开创了近代中国的诸多"第一"或"最早"。更为难能可贵的是，凭借民众的拥戴，他革故鼎新、移风易俗，借地方自治兴办社团组织，培育市民社会，提高人们遵规守法和参政维权的意识，使原本闭塞落后的南通，整个社会状况和思想风气都向现代文明大踏步跨越式推进。

五是充分运用自己的学识经验。张謇自幼聪明好学，并坚持一生勤学笃行，积累了丰厚的知识学养和治事经验，可谓是学富五车、满腹经纶。有人将张謇称为"百科全书式"的人物，确实不为过。而作为"近代第一城"的建设主导者，全面现代化的设计者、推进者，张謇个人的这些学识和经验已成为不可或缺的关键因素。张謇的学识才华，似乎是为南通的近代跨越发展应运而生。他学习了一辈子，实践了一辈子，历练了一辈子，积累了一辈子，最终全部集中运用在"第一城"的打造上，体现在南通全面现代化的成果上。

办现代化的实业、教育、文化及各种社会民生事业，固然需要丰富多样的知识储备和实施经验，现代化城市的实际建设和经营管理，更需要融合古今、学贯中西的理论和专业知识。作为以熟读四书五经为安身立命之本的传统儒生，能超越性地熔古今中外知识于一炉，并用之于建设一座现代化城市，张謇可谓是近代第一人。

张謇三十讲

① 张孝若：《最艰难的创业者：状元实业家张謇传》，第 308 页，新世界出版社，2016 年。

第九讲：
张謇与强毅力行的通商精神

（2023 年 9 月 24 日，北京通商文化促进会联谊活动举行。笔者应邀出席，并作《张謇与强毅力行的通商精神》主旨报告。此文发表在《江苏市场监管研究》2024 年第 5 期）

作为"中国近代第一城"的打造者，张謇为家乡南通不仅留下了丰富的物质遗产，还留下了宝贵的精神遗产。其中，"包容会通、敢为人先"的城市精神和"强毅力行、通达天下"的通商精神，均源自张謇精神的遗产。"问渠那得清如许，为有源头活水来。"今天，当我们为光芒四射的通商精神和不断创造非凡业绩的南通企业家而喝彩自豪时，不能不追溯通商精神的源头活水。

一、张謇竭力倡导"强毅力行"

思想是行动的指引，理念是成功的先导。张謇之所以能创造出非凡的人生伟业，就是因为他具有非凡的思想理念。1911 年 6 月，北京商业学校请他去演讲，当时他已是名满全国的成功企业家。他不讲企业经营管理知识和商业技能，却大讲商业道德和优秀的思想理念，"强毅力行"的话语就出自于此。

张謇在演讲中首先回顾了自己经商办厂的艰难困苦历程，感慨"困苦情形，不但他人未曾尝试，即鄙人回溯生平，亦有数之厄运也"。他认为自己能坚持下来，并取得一定成功，是因为："不顾牺牲目前之快乐，力与患难为敌，久且相安。视烈风雷雨与景星卿云等量齐观矣。"他由此得出结论"勤勉节俭任劳耐苦诸美德，为成功之不二法门"。所以，他谆谆告诫即将要毕业经商的商校学子，不要像一些企业家那样事业稍稍有成，便"驷马高车，酒食游戏相征逐，或五六年，或三四年，所业既亏倒，而股东之本息，悉付之无何有之乡"①。

张謇认为，一个人能否吃苦耐劳、百折不挠，在于他是否有坚定宏伟的志向。他根据自己在办大生纱厂成功后，又创办了许多事业的经历，勉励大家："一介寒儒，无所凭借如余者，所志既坚，尚勉强有所成就，天下士亦大可兴矣！"②他现身说法告诉大家：只要你们有志气，还是大有可为的！

接着，张謇又以山东乞丐武训为例，"幕天席地，四大皆空，是真丝毫无所凭借，然一意振兴教育，日积所乞之钱，竟能集成巨资，创立学塾数所"，进一步得出结论："人患无志，患不能以强毅之力行其志耳！""果能以强毅之力行其志，无论成就大小，断不能毫无所成。"③这就是"强毅力行"的最早出处，也是张謇所孕育的通商精神的精髓所在。

在阐明了人就怕没有志向，以及没有实现志向的毅力的道理之后，张謇把如何践行"强毅力行"的一段话，作为全文结语赠予商校学生："吾人之享用，不可较最普通之今人增一毫，吾人之志趋，不可较最高等之古人减一毫也。诸君既习商业，毕业后，总期无负所学，有所贡献社会，而服劳耐苦，尤为必不可缺之美德。"④在张謇看来，不贪图享受，吃苦耐劳，追求高尚志趣，一切以事业为重，是最为可贵的"美德"。这既是对强毅力行的最好阐释，也是张謇一生的品格写照。

通观张謇演讲全文，他所说的"强毅力行"，关键含义有二：一要树立远大志向，多为国家和社会做贡献；二是要在践行志向的过程中，吃苦耐劳，百折不挠。明白这关键两点也就可以理解"强毅力行"的通商精神，甚至可以理解张謇的一生。

除了以上所说的演讲，张謇还经常以多种方式阐发和弘扬"强毅力行"。比如，他在《介绍宋生报告游历欧美情形》中说道："成大事业，必从

① 张謇：《北京商业学校演说》，《张謇全集》第4卷，第185—188页，上海辞书出版社，2012年。
② 张謇：《北京商业学校演说》，《张謇全集》第4卷，第185—188页，上海辞书出版社，2012年。
③ 张謇：《北京商业学校演说》，《张謇全集》第4卷，第185—188页，上海辞书出版社，2012年。
④ 张謇：《北京商业学校演说》，《张謇全集》第4卷，第185—188页，上海辞书出版社，2012年。

艰苦得来,断非趾高气扬、大言不惭者所能为也。"[1]在《垦牧乡高等小学开校演说》中说道"则凡作一事,须专须勤,须有计画,须耐劳苦,须自强力"[2]。他在劝留打算辞职的通州师范学校教师时,以自己为例说道:"下走之为世牛马,终岁无停趾;私以为今日之人,当以劳死,不当以逸生。"[3]在他的精神感召下,三位教师收回了辞呈,继续留在劳苦教学岗位上。

他还在关系到下一代成长教育的各类学校的校训中,特别注意将强毅力行精神融入其中。他为通州师范学校所题校训是:坚苦自立,忠实不欺;为大生乙种农业学校所提校训是:勤苦敦朴,立命于学;为甘南中学堂所题校训是:苦志以求立,广学以求通。

二、张謇模范践行"强毅力行"

张謇是"知行合一"的优秀儒家代表,他不仅竭力倡导"强毅力行",而且模范践行"强毅力行"。也正因如此,才铸就了他一生的辉煌,并汇聚了通商精神的源头活水。

张謇从小就志向不凡,意志坚强。他1853年生于动乱年代海门移民家庭(祖上从常熟移居通州)。艰难困苦的生活环境和不畏艰难、开拓进取的移民基因,使他早慧早熟。他四岁学识字,五岁进私塾,六岁读四书五经,七岁学诗文,十岁便具有"我踏金鳌海上来"的不凡志向。在幼年读书时,他还经常帮大人下棉田除草捉虫、做泥瓦小工,养成了吃苦耐劳的品格。他16岁考秀才时,因头两次不中,他的老师怒斥他说:假使有一千人去考试,要取九百九十九人,只有一人不取的就是你。他深感羞愧,发奋自强,在窗户、帐顶等处,大书"九百九十九"。睡觉时他用竹板夹住发辫,身子稍动,便被牵醒,立刻起身苦读,每夜读书"必尽油二盏"。夏夜读

① 张謇:《介绍宋生报告游历欧美情形》,《张謇全集》第4卷,第575—576页,上海辞书出版社,2012年。
② 张謇:《垦牧乡高等小学校开校演说》,《张謇全集》第4卷,第500—501页,上海辞书出版社,2012年。
③ 曹从坡、杨炯:《张謇全集》第4卷,第110页,江苏古籍出版社,1994年。

书时，为防蚊虫叮咬，他将双腿没在陶罐中。后来，他虽然考中了秀才，但由于"冒籍"风波，他及全家又遭受了整整五年的磨难，倍感人生艰辛。若干年后，他还愤然写诗道："惆怅随身三尺剑，男儿今日有恩仇。"①

在考中秀才之后的二十六年岁月中，张謇在科举考试的道路上屡经挫败、深受煎熬，历经六次乡试、五次会试、十多次科考，直到42岁时，才考上因慈禧太后六十大寿而增设的恩科状元。可以想象，若没有"强毅力行"的精神，张謇在学业上是很难走到这一步的。

同样，张謇在办厂创业中的成功也完全得益于践行"强毅力行"精神。他于1895年底，在中日甲午战争战败的刺激下，在署理两江总督张之洞的鼓励下，毅然下海办厂，走上实业报国的道路。在创办大生纱厂的五年中，张謇经历千难万险，吃尽千辛万苦，受尽人间屈辱，多次濒临绝境。"千磨百折，忍侮蒙讥，首尾五载，幸未终溃。"②他将之称为"舍身喂虎"。他凭借宏伟报国志向的激励，百折不挠和坚定不移的毅力支撑，终于使得备尝艰难困苦的大生纱厂开工出纱，掘得了创办实业的第一桶金。

张謇在办厂之初，为了筹集资金，经常受人讥讽和鄙夷，正如他自己所说"官僚奚落我，商侩轻视我，而我个人一切不顾，并力开辟，经过许多困难，方得最后之稍许顺利。"在工厂建设进行一半时，所筹集资金已用完，张謇只得靠卖字筹措去上海的旅费。在上海期间，"每夕相与徘徊于大马路泥城桥电光之下，仰天伏地，一筹莫展"。③ 后来，他又写信向官府求援"心口相商，笔舌俱瘅""告急之书字字有泪"。他在回顾这一段刻骨铭心的经历时，深有感触地说道，一个人到了苦难境遇，还是要抱定拿牙齿打落在嘴里和血吞，连手都用不着去摸肚子。

为了实现宏伟的强国梦想，张謇在建成大生纱厂后，随即又启动了更为艰难困苦的垦牧工程。当时海边土地产权关系十分复杂，看似一文不

---

① 张謇：《占籍被讼将之如皋》，《张謇全集》第7卷，第12页，上海辞书出版社，2012年。
② 张謇：《厂约》，《张謇全集》第5卷，第6—9页，上海辞书出版社，2012年。
③ 张謇：《大生纱厂第一次股东会之报告》，《张謇全集》第4卷，第125—132页，上海辞书出版社，2012年。

值的茫茫荒滩,有的是原属淮南盐场供蓄草煎盐的"荡地",有的是原属苏松、狼山两镇的"兵田",有的归"坍户"(原业主田地坍入水中而仍旧纳粮者)所有,有的归"批户"(已购得土地,但仍替原业主交租纳粮的业户)所有。这些土地业主对几近荒废的土地权益本不在意,而张謇的垦牧公司一旦要用地,他们便蜂拥而上,索要高价。这时,张謇即使愿花钱买地也很难,因为"海民报地与通界之中,几无一寸无主,亦无一丝不纷"。为了把这些极为错综复杂的土地关系厘清,张謇不得不求情与官府,斡旋于民间,等到耗费无数精力和财力的地权问题基本解决后,张謇则组织指挥职员和民工在围垦筑堤的工地上日夜奋战,"地或并草不生,人亦鸡栖蜷息,种种艰苦之状,未之见也"。① 他明告股东:业垦于穷海荒凉寂寞之滨,难事也。非得有专挚坚忍之人,不能共其事。

经过五年苦战,垦牧公司终于陆续修成了七条长堤和若干水渠,开垦了 7000 多亩地。但在 1905 年夏天,突然来了一场连续五昼夜的飓风暴潮,刚建成的堤坝全被冲毁,牧场羊群几乎全部散失,公司与民工损失惨重,股东们亦畏惧退缩,不愿承担 12 万两的修复费用。面对如此情形,张謇咬紧牙关,迎难而上。他一方面想方设法争取到江宁藩库等官方筹集到的"工赈"款,一方面再度募集勤劳坚韧的通海民工 3000 余人"荷畚锸而至"、日夜劳作,用了两年时间,新修了数十公里海堤,围起了近十万亩土地,并大规模招佃开垦。到了 1910 年,经过十年的筚路蓝缕的艰苦奋斗,中国最早、最大的现代化垦牧区终于初显风貌。"各堤之内,栖人有屋,待客有堂,储物有仓,种蔬有圃,佃有庐舍,商有廛市,行有涂梁,若成一小世界矣。"②

张謇的现代化事业是多方面的,他亦在多方面践行着"强毅力行"的精神。在教育事业方面,张謇共创办了从小学到大学,从普通学校到特种

---

① 张謇:《垦牧公司第一次股东会演说公司成立之历史》,第 180—183 页,《张謇全集》第 4 卷,上海辞书出版社,2012 年。
② 张謇:《垦牧公司第一次股东会演说公司成立之历史》,《张謇全集》第 4 卷,第 180—183 页,上海辞书出版社,2012 年。

学校各种学校 370 多所。在办学过程中,遇到资金、人才、管理等各方面的困难,不胜其烦,不堪其忧,他都能逐一顽强克服。1907 年他对江苏教育会同仁说道:"鄙人执役于通州一隅之实业教育,地不相属,每一周历,辄二百余里,已不胜其劳。自前去两年,常至上海,则奔命尤苦。去年自元旦至除夕,合到家在家计之,仅三十九日,而私计之亏损及万。"①

在慈善事业方面,张謇省吃俭用,多方筹资,创办了育婴堂、养老院、残废院、栖流所、贫民工厂等十几所慈善机构。他除了将自己和哥哥张詧的生日贺礼用来办养老院外,遇到经费紧张,他还卖字筹资,资助养老院。现在的南通慈善总会负责人这样评价张謇慈善事业:张謇在建设慈善事业的奋斗过程中,遇到过少数群体的误解,遇到过慈善资金的短缺,遇到过弱势群体的庞大,遇到过救助能量的薄弱,遇到过艰苦磨难的境地。张謇坚信他的事业的正能量,为此,他用一生去奋斗,去努力,去创造,在南通这块土地上竖起慈善人格的丰碑。

在政治事业方面,为了通过政治改良救国强国,以实现爱国主义政治理想,张謇以高度的责任心和无比的韧劲反复参与国家的重大政治活动。特别是辛亥革命前夕,他组织领导了三次全国性的早开国会请愿活动,每次都遭到了清廷的阻挠和打压,但他不气馁、不退缩,斗智斗勇,终于迫使清王朝答应了立宪派的部分诉求,并宣布提前三年召开国会。1913 年至1915 年,他在担任民国政府农商总长期间,面对经济凋敝、财政拮据、百业不兴的局面,他迎难而上,知难而进,大刀阔斧地进行经济管理和部门机构改革,从制定法律、改善金融、完善税收、奖励民营等多方面入手,较好地促进了经济发展。当熊希龄内阁更替时,大部分内阁成员都选择随总理急流勇退,张謇却一反不愿当官的常态,坚持不辞。他说自己是为国家和人民当官做事的,不是为某个总统或总理当官的,当国家和人民仍然需要他当农商总长时,尽管总理变了,他还是要干下去。后来,当他在岗位

① 张謇:《辞江苏教育总会会长意见书》,《张謇全集》第 4 卷,第 138—139 页,上海辞书出版社,2012 年。

上看到难以有所作为时，便不顾袁世凯等人的再三挽留，毅然辞职回乡。他说："予为事业生，当为事业死，虽曾就农商总长一职，然此不过为完成事业之一经过耳。"①

在地方建设方面，张謇更是怀揣着"建设一新世界雏形"的宏伟志愿，殚精竭虑，任劳任怨地全面推进家乡南通的各项现代化事业。他几乎凭着一己之力，硬将偏居一隅的贫弱小县打造成举世瞩目的"中国近代第一城"。其中，可歌可泣、可圈可点的强毅力行范例不胜枚举。他在晚年总结南通试行变革和自治事业时也深有感慨地说道："欧美学说之东渐也，当请效之。稍有觉于世之，必变而为之地以自试者，南通是。顾一二人默识而躬行之。百千人訾议之、诽笑之、排沮之，年复一年，排沮之力渐退、诽笑訾议之声渐减已销。"

纵观张謇的一生，可用三个字来概括：一是"苦"，忙碌一生，劳苦一生，苦苦追求理想抱负；二是"韧"，坚韧不拔、百折不挠，经得起磨难挫败，以水滴石穿和铁棒磨成针的精神干事创业；三是"大"，大胸怀、大格局、大事业，具有宽广胸襟和眼光，在远大理想和宏伟志愿的引领下，踏踏实实干出一番常人难以干成的大事业。

三、当代通商切实传承"强毅力行"精神

精神的力量是永恒的，榜样的力量是无穷的。张謇作为中国民营企业家的先贤和典范，近代"通商"的开山鼻祖和光辉代表，他所倡导和践行的强毅力行精神，激励和造就了一代代通商群体，使生长在具有特殊的历史文化背景和区域特征的江海大地上的企业家，形成了具有特殊的精神气质和文化标识的创业者群体。他们不断为我们共和国和自己的家乡做出令人瞩目的特殊贡献。特别是当代通商切实发扬光大强毅力行的精神，奋发图强、艰苦奋斗，群星闪耀、光彩夺目，续写了时代辉煌。

新中国成立初期，南通企业家艰苦奋斗、奋发有为，为国民经济发展

---

① 张孝若：《最艰难的创业者：状元实业家张謇传》，新世界出版社，2016 年。

和社会主义改造做出了重要贡献。张謇的侄子张敬礼,在对私改造中,带领大生纱厂率先实行公私合营,受到毛泽东、刘少奇、周恩来等国家领导人的接见和肯定。

在工业学大庆的热潮中,通棉一厂和二厂、天生港电厂、南通建筑工程公司等四家企业被命名为全国"大庆式"企业,全国工业科研革新交流会推广南通经验。机械、化工、电子仪表、建筑等行业的许多企业和产品也在全省、全国名列前茅。特别是南通建筑队伍,在支援大庆油田和克拉玛依油田建设中,在冰天雪地中创造了"当年开工、当年竣工、当年交付使用"的奇迹,被誉为"南通铁军"。

改革开放初期,南通的乡镇企业异军突起,乡办、村办、联户办、户办企业"四个轮子"一齐转,践行"千山万水、千言万语、千方百计、千辛万苦"的"四千四万"创业精神,产生了一大批优秀企业和产品,也涌现出南通四建耿裕华、综艺昝圣达、中天薛济萍等一大批明星企业家。改革开放还打开了国门,促使承载张謇血脉精神的新一代通商勇敢奔向五大洲,奋力拼搏国际市场,形成人数超过十万人的新华侨,被时任国务委员杨洁篪称赞为"新侨之乡"。

进入新世纪以后,南通在争创"江苏民营经济第一大市"和培育"张謇式企业家"活动的激励下,民营经济蓬勃发展,跨越赶超。到 2008 年底,全市工商户总数 33 万家,列全省第一。私营企业数 13 万家,列全省第二。通商队伍在创业中拼搏、在市场中成长,涌现出安惠公司陈惠、通富微电子公司石明达、叠石桥国际家纺城朱仲辉、中南集团陈锦石、罗莱家纺公司薛伟成等一大批优秀企业家代表。新世纪的头十年,南通经济实现了跨越赶超,增长速度连续多年位列全省前茅,实现了崛起苏中,融入苏南的战略目标。2020 年南通 GDP 突破万亿,民营经济功不可没。

当前,在国内外经济形势严峻复杂的百年大变局背景下,南通企业家传承"强毅力行、通达天下"的通商精神和"包容会通、敢为人先"的南通精神,不畏艰难险阻,奋力开拓拼搏,促进南通经济持续好于全省、全国平均水平。2021 年经济总量在全省占比又提升一个百分点,所辖县市区均超

张謇三十讲

千亿。全市民营经济增加值占 GDP 的比重达 70%，入库税金占全部税收比重超过 80%，民营企业吸纳职工数占就业人口比重超过 90%。目前广大的通商正在按照"踔厉奋发、勇毅前行、团结奋斗"的要求，进一步弘扬通商精神，奋力前行在新时代中国特色社会主义现代化的康庄大道上。

第十讲：
张謇与苏商精神

（2020年12月6日，由苏商会主办的吾道书院一期班第六次课程在南通开课，笔者以《张謇与苏商精神》为题作主旨报告。此文亦发表在《世纪风采》2020年第12期）

苏商是全国著名的五大商帮之一，起于明清，盛于民初，特色明显，地位突出。一方水土养一方人，一方人哺育一种文化，一种文化滋润一方商人，一方商人塑造一种企业家精神。苏商就是主要在江南文化的滋润下形成的江苏企业家群体，并形成特有的苏商精神，源远流长，影响深广。被习近平总书记称为爱国企业家的典范、民营企业家的先贤和楷模的张謇，就是苏商精神最杰出的代表者。从某种意义上说，清末民初的张謇，代表、引领了江苏乃至全国的企业家精神。

一、张謇代表和展现了苏商五大精神特质

（一）爱国爱乡情怀

作为中国民营企业家爱国主义典范，张謇的爱国表现是多方面的。他实业报国、教育兴国、富民强国、政治救国、兴乡助国。

1. 实业报国

在混乱分裂的清末民初，人们往往感到报国无门，张謇则以"舍身喂虎"的勇气，义无反顾地选择了"实业报国"的道路。他奉行"棉铁主义"，创办了中国近代最早的民纺工业及相关的一系列近代化产业，力图改变中国贫穷落后的面貌。

张謇三十讲

2. 教育兴国

张謇以独到的眼光，先人一步认识到，要使国家兴旺发达，必须大兴教育，培养人才，振兴文化。他依据"父教育而母实业"的先进理念，仅在南通就兴办了三百七十多所各种各类的学校，全国第一所师范学校、盲哑人学校等，都是在他手上诞生的。

3. 富民强国

民为邦本，强国重在富民。张謇是一个把民生放在首位的民本主义者，也是一个悲天悯人的人道主义者。他重民生、广就业、倡慈善、济贫困、兴农垦、帮农户、助乡里，使地方开源生利，以造福民生、惠及百姓。他以大生纱厂为基础、为核心，创办了涵盖各类产业的数十家现代企业，不仅极大地改善了南通当地民众的生活，而且为当时的中国增添了经济实力。

4. 政治救国

从根本上说，张謇本质上是一个政治家，忽略这一点，就无法真正理解张謇的爱国主义政治理想，也无法弄懂张謇如何处理政治与经济的关系。他早就说过"实业之命脉，无不系于政治"[①]，"非改革政体不足以系人心而回天命"。他一生都在通过改良政治，推动经济、拯救国家。不同的是，前半生他直接参与政治，后半生通过搞地方自治，为全国树立榜样，追求政治理想的实现。他是包括政治现代化在内的全面现代化的先驱。

5. 兴乡助国

张謇认为："士负国家之责，必自其乡里始。"爱国必爱乡，强国必强乡。他兴办各业，造福桑梓，全力打造"中国近代第一城"，既体现了他浓郁的爱乡情怀，又反映了他通过地方发展促进国家强盛的理想追求。当时的外国人曾经感叹，中国若有十个张謇，十个南通，必然会强盛发达。

（二）开拓创新意识

较强的开拓创新意识是苏商的普遍特点，也是张謇的突出品格，主要

① 张謇：《实业政见宣言书》，《张謇全集》第 4 卷，第 257—260 页，上海辞书出版社，2012 年。

表现在两个方面。

一是做敢为人先的拓荒者。张謇的父亲是来自苏州常熟的移民,母亲是来自盐城东台的移民,他身上流淌着移民特有的拓荒基因血液。他后天所形成的学识、胆识和济世报国的伟大情怀,又促使他敢为天下先,勇于在无人问津的荒滩野岭中开拓耕耘。仅从他在民智未开、国运日衰时所开拓的诸多全国"第一",就可看出他的非比常人的开拓创新意识及不世之功。

二是善于吸纳一切合理有用的新事物、新观念,是"吸收消化型"的创新大师。

张謇是个勤奋学习的读书人,但不是一个食古不化的腐儒。他意识到要改变国家贫穷落后的状况,必须创新——"穷则变,变则通,通则久"。从"创新"的几种类型来看,可以说他是吸收消化型创新的大师。他对国内外的新事物特别敏感,特别注意学习、移植、光大。他对引领时代潮流的新理念特别推崇,非常注意汲取、运用、推广。

他在学习、借鉴、吸收、利用基础上的创新,是多领域、全方位、深层次的。他坚持理念创新、制度创新、科技创新、管理创新,就如胡适所说,他开辟了无数新路,做了几十年的开路先锋,造福于一方,影响及于全国。

他经过潜心研究,认识到外洋之强,由于学,其工业应"讲格物,通化学,用机器,精制造",才能"化粗为精,化少为多,化贱为贵";其农业则讲求土宜物性,以机器广种植、兴水利。因此,他不仅力倡新学,还积极引进欧美各国先进的科学技术和机器设备。同时,还加紧培养技术力量,进行改良和仿制,从而实现企业本土化创新。由此还革新了社会,改造了民众,推动了中国的变革转型。

(三)务实低调风格

苏商起于明清,盛于民初,偏重于在本乡本土创业经营,多为"坐地商"。受江苏风土人情、历史文化熏陶,源远流长的苏商文化注重务实低调,求实效而不图虚名,张謇就是这方面的集大成者和优秀代表。

张謇选择艰巨而又有效的"实业",作为救国、报国的重要途径,本身就是务实精神的体现。而他在创办实业的过程中,从实际出发,踏实奋进、务求实效,更是充分展现了他的务实风格。

他以状元身份回乡,经商办实业,首先选择了棉纺业,就是因为他因地制宜地考虑到了南通地区的实际情况。南通地区棉花生产条件得天独厚,"通产之棉,力韧丝长,冠绝亚洲",农户大多以纺纱织布为副业。面对洋纱、洋布的冲击,为了富裕当地人民,提高本国产品国际竞争力,张謇决定集资创办现代化的纱厂。在筹办纱厂过程中,他审时度势,因势利导,随机调整集资和经营方式,先主"商办",遇挫后改为"官商合办",最后变为"绅领商办"。在创办纱厂后,无论是在企业经营管理上,还是在产业战略发展上,张謇都体现出难能可贵的务实风格。

张謇在以务实的风格不断开创事业上辉煌的同时,却始终保持着为人处世上的低调。他不事张扬、严于律己、宽以待人,在南通人的心目中,他既不是位高权重的"正部"高官,也不是富甲一方的豪门商贾,而是彬彬有礼的"张四先生"。张謇给正在上学的儿子张孝若的家书中特别告诫:对教师须温静,对同学须谦谨。希望儿子自重自爱,养成一种高尚静远沉毅之风,不致堕入浮嚣浅薄诞妄之路。这既是他对儿子的教诲和期待,也是他自己内在品行的写照。

张謇务实低调的风格,影响了一代代苏商,特别是"通商"。在当今的许多苏商身上,我们依然可以看到张謇当年务实低调的身影。

(四)精良细致品质

苏商在管理、产品等方面都秉持做事精细、追求精致、力求精进的理念。同时,苏商强调以专促精,以他们的专长甚至专注促进企业和产品的精良。这些优良品质都在身处南北交汇的张謇身上得到了淋漓尽致的表现。在大生创办之初,他亲自执笔撰写《厂约》,对自己和几个董事做了分工,明确了每个人的工作职责,并对奖罚措施、利润分配方式等,都有具体而细致的规定,而且每天下午两点,各部门主管举行例会,及时解决日常经营管理中遇到的问题。《厂约》细到招待客人用几个小菜都有规定:平常饭菜一荤一素,休息天加四碟。《厂约》之外,还有 23 个章程,比如《银钱总账房章程》《进出货处章程》《工料总账房章程》《粗纱厂章程》《细纱厂章程》等,规矩达 200 多条。这或许是当时中国人自办企业所能达到的最精细程度。

在企业管理中,张謇还采用了一种独特的内部沟通方式——号信,又称号讯。目前南通市档案馆保存大生企业号信四百多卷,显示从 1907 年开始到 1952 年公私合营为止,号信联络制度从未中断。1899 年大生纱厂订立的《工料总账房章程》规定:"机账房设遇机器损坏补购,会同物料所查明后,应补何物,由物料所单报工料总账房核明,备函寄沪添购。俟沪办到,先由物料所照原来号讯过磅点数。相符者,加复核讫戳记,送总账房;不符者,亦于单上注明,由总账房函致沪账房查问。"从这条规定看,机器零件的采购由工料总账房通过号信向上海账房提出,上海账房根据号信购置并发往南通,南通方面收到后必须根据留底的号信内容进行符合清点。因此,号信不仅是一种通信方式,更是大生企业内部管理的手段,是对物资采购、资金往来等行为的规范和约束,并便于事后的监督和考核。

张謇的精细管理也同样体现在所办教育事业中,他到日本去考察,亲自测量幼儿园桌椅的长宽高,回通后依样制作,不留宽紧。通州师范学校开学的前一天,他亲自到校,亲手给每一间教室订上门牌;他还叮嘱后勤人员,一定要把厨房、厕所的卫生搞好。

(五)崇文重德禀赋

江苏自古文风鼎盛,士人文化、儒家传统根深蒂固。清朝状元 116 人,江苏就有 49 人,占比近 40%。苏商的儒商本色十分突出:

一是企业家文化素养较高,书生经商,状元办厂较多。清末江北南通的张謇、江南苏州陆润庠,两个状元同时办厂,空前绝后。

二是拥有浓郁的人文情结、家国情怀,具有更多的人文追求和社会担当,而不仅仅是"在商言商"。

三是在注重企业自身文化建设的同时,热心兴教助文,支持社会文化教育事业发展,也就是习近平总书记所说的"张謇在兴办实业的同时,积极兴办教育和社会公益事业,造福乡梓,帮助群众,影响深远,是中国民营企业家的先贤和楷模"。

四是重道德、讲诚信、守规矩。这些苏商的优秀禀赋在张謇身上都有着充分的表现。张謇为了践行"以文化人"和"文化必先教育"的理念,用企业赚的钱大办文化教育事业,他实际上是中国近现代文化教育事业的开拓者、引领者。当时的南通被美国著名哲学家约翰·杜威看作是中国的教育源泉,并"尤望其成为世界教育之中心"[1]。

张謇不仅"崇文"而且"重德",主要表现为:1. 坚持以德兴商,注重个人和企业的道德修养和道德的形象;2. 奉行正确的义利观,"义利兼顾,以义为先";3. 诚信守法、忠实不欺,严守契约精神和做人底线。

1911年6月20日,张謇对北京商业学校的学生演讲,不讲具体商业技能,专讲企业家的修行和品德,他以山东武训乞讨集资办学为例,论述"人患无志,患不能以强毅之力行其志耳"。同时他进一步以自身艰苦创业的经历勉励大家"一介寒儒,无所凭借如余者,所志既坚,尚勉强有所成就,天下士亦大可兴矣!"[2]由于有了切身体会,或者说是切肤之痛,张謇对"强毅力行"的阐发是:一个人到了危难的境地,还是要抱定牙齿打落在嘴里和血吞,连手都用不着去摸肚子。他对挂在家中客厅里的一副对联的解释是:"立时冷暖,人非受其寻争不可立时冷暖,人非受其蛊蛊不可,能至大冷不觉其冷,大暖不觉其暖之一境,即庄子所谓入水不濡,入火不热者,便可以处世,便可以成事。"[3]

二、张謇传播弘扬苏商精神

张謇的创业足迹遍布江苏的大江南北,他的创业伙伴活跃在苏南、苏

---

[1] 杜威:《教育者的责任》,《民主主义与教育——杜威博士在华演讲录》,安徽教育出版社,2013年。

[2] 张謇:《北京商业学校演说》,《张謇全集》第4卷,第185—188页,上海辞书出版社,2012年。

[3] 张謇:《中国科学社第七次年会公请南通宴会各界答词》,《张謇全集》第4卷,第514页,上海辞书出版社,2012年。

中、苏北，因而他身上所体现的苏商精神，不仅在家乡南通熠熠生辉，也在江苏各地不断弘扬传播：

清末连云港士绅沈云霈和许鼎霖，在张謇的感召和相助下，创办了树艺公司和海赣垦牧公司，在开发滩涂、耕种养殖、农产品加工等方面取得了巨大的成功。沈云霈在创办垦牧公司初期，专门到南通认真研究和吸取南通通海垦牧公司的经营管理经验，向张謇讨教。张謇则在沈云霈资金困难时借给他30万银两，还专门派人去连云港协办企业。他还特别交待，要择用爱国才子，警惕小小殷勤之人。

1904年张謇与宿迁企业家黄以霖和许鼎霖等人在经过认真的实地考察后，酝酿成立了中国第一家民族资本玻璃企业——宿迁耀徐玻璃有限公司，1907年生产出中国第一块平板玻璃，1910年耀徐玻璃产品获巴拿马万国博览会一等奖。耀徐玻璃公司既填补了中国制造平板玻璃的空白，又使宿迁成为中国最早的现代化日用玻璃生产基地，影响深远。张謇和他同仁们的开拓创新精神，也激励了宿迁和江苏的企业家不断奋发进取。

1904年，张謇帮助徐州制定了"煤铁兼兴""各业并举"的经济社会发展规划。随后，他还从江苏和全国的发展战略出发，建议以徐州为中心建立淮海省。这些都体现了苏商博大的家国情怀。

作为清末民初的苏商佼佼者，张謇与无锡的荣氏兄弟，也曾相助合作，推动了各自所在城市的工商业发展。1901年，张謇借鉴荣氏兄弟创办保兴面粉厂的经验，创办了通州大兴面厂。1919年，荣氏兄弟在无锡集资，兴办申新纱厂，遇到纠纷和阻碍，张謇调查研究后，致函省长，帮助解决了问题。1920年，张謇与荣氏合作在上海创办了左海实业公司和中国铁工厂。同年，荣德生等50多位无锡工商人士去南通参加张謇倡导的苏社成立大会，并参观了南通各类工厂和学校。荣氏兄弟借鉴张謇推行地方自治，兴办各项社会事业的经验，在无锡，办学兴文、修桥建路，做了许多好事实事。1921年2月17日，张謇赴无锡与荣德生泛舟太湖，共谋发展。

三、如何弘扬以张謇为代表的苏商精神

苏商精神成就了苏商的三次辉煌,一是在清末民初的产业报国、实业救国的潮流中悄然崛起、独领风骚。二是在上世纪七八十年代市场经济萌芽破土时,乡镇企业异军突起、享誉全国。三是上世纪 90 年代至今,民营经济和外向型经济比翼双飞、齐头并进、屡创佳绩。当下,苏商秉持优良传统和卓越精神踔厉奋发,必将在新时代、新征程再创辉煌。

目前关键应把握以下三个重点:

(一)敬业报国,不辱使命

要肩负起习近平总书记所说的经济、法律、社会、道德责任。一是要像张謇那样,把济民强国放首位,热爱事业、办好企业、回报社会、建设祖国。二是要在当前复杂严峻的经济形势下促发展、保稳定、保安全、保生态、保公益、保大局。三是要弘扬以爱国主义为核心的民族精神,以改革创新为核心的时代精神,传承好既有优良传统又有新时代内涵的企业家精神,在中国式社会主义现代化事业中多做贡献。

(二)立足江苏,续写辉煌

一是扎根江苏大地,依托江苏良好经济、文化、社会基础,实现既好又快发展。二是情系家乡、造福桑梓,为建设"强富美高"新江苏多做贡献。三是放眼世界、开拓务实,用世界的眼光、开放的胸襟、创新的精神、务实的举措,积极促进国内国际两个大循环、开拓两个市场、用好两个资源,做出苏商新的贡献。

(三)勇立潮头,做强做精

张謇说过:"世界经济之潮流喷薄而至,同则存,独则亡,通则胜,塞则败。"①我们要向张謇等苏商典范那样,紧跟世界潮流,勇立时代潮头,永立不败之地。我们要顺应世界经济发展趋势,把企业打造成强大的创新主体。在强、精、优、特方面赶超国际水平,力争做到生产智能化、制造精细

---

① 张謇:《致商会联合会函》,《张謇全集》第 2 卷,第 437—439 卷,上海辞书出版社,2012 年。

化、产品个性化、管理信息化、服务便利化，形成一批新型企业家、新兴产业加高新技术的领军企业。我们更要发扬苏商自强不息、扎实奋斗、精益求精的光荣传统，永当企业家的佼佼者、领跑者，再创苏商新辉煌。

曾任江苏省委书记的李强总理曾寄语苏商："要秉承苏商优良传统，坚持内外兼修，做政治上有方向、发展上有本事、责任上有担当、文化上有内涵的新一代苏商。"

习近平总书记在二十大报告中要求，"弘扬企业家精神，加快建设世界一流企业"。

我们要在实践中弘扬苏商精神，在发扬传承苏商精神中推进企业做大做强、再创时代辉煌。

张謇三十讲

第十一讲：
南通张謇和无锡荣氏兄弟

（2022 年 11 月 20 日，江南大学承办的第三届江南文脉论坛"滋养与浸润：江南水乡生活与长江文化"平行分论坛举办，笔者出席论坛，并作"南通张謇和无锡荣氏兄弟"主旨报告。此文亦发表在《钟山风雨》2023 年第 4 期）

长江最下游的江苏境内，沿江两岸矗立着两座卓尔不凡的城市，一座是江南的无锡，一座是江北的南通。100 多年前，这两座城市都是中国近代民族工业的发祥地，中国早期现代化的先驱城市。而今，这两座城市都双双跨进了全国为数不多的 GDP 过万亿的城市俱乐部。回顾这两座城市的崛起和发展，审视两地在中国早期工业化、现代化的历史进程，不得不从南通的张謇和无锡的荣氏兄弟说起。

一、志同道合

张謇和荣氏兄弟都生活在中国历史发生巨变、新旧时代艰难转换的清末民初。在共同的时代背景下，尽管他们有着不同的出身和人生轨迹，但都有着本质相同的人生志向和奋斗经历。

（一）痴心爱国，实业强国

张謇出生于 1853 年，大荣氏兄弟荣宗敬 20 岁、荣德生 22 岁。他们生长的时期正是中国外患严重、苦难深重、面临生死存亡的危难时期。救亡图存，挽救国运，是当时所有的爱国志士仁人的共同追求。张謇和荣氏兄弟一生一世均以爱国为重，痴心爱国，苦心探求救国途径，不断追求强国梦想，不约而同地走上了实业强国的道路。正因如此，习近平总书记才称他们为爱国企业家的典范。

张謇于1894年高中状元,进入翰林院,当年的中日甲午战争以及中国的战败强烈地刺痛了张謇,也促使他爱国主义精神强烈迸发。他发誓要竭尽全力雪耻救国,先奔走呼号于风险重重的政坛,成为主战派骨干,后因父丧回家乡南通丁忧三年,在两江总督张之洞劝导和支持下,创办了一座现代化纺织企业——大生纱厂,逐步成为中国近代民族工业的引领者和实业强国的开拓者。

在张謇看来,爱国首先要救国,而救国的当务之急在于强国,而强国的根本在富国,富国的基础,在以工业为主体的实业。"国非富不强,富非实业不张,强国富民之本实在于工。"①因此,他决定"为中国大计而贬"②,放弃状元身份和美好仕途,投身于不为人看好的经商办厂的风险之路,"捐弃所恃,舍身喂虎"③。

无锡的荣氏兄弟与张謇一样,也是杰出的爱国主义者,也是从爱国出发走向实业强国的道路。他们十四五岁到上海钱庄做学徒,二十二三岁时独立创办广生钱庄,开始了荣氏企业的起步。老大荣宗敬年轻时就崇拜张謇,认为只有多办工厂发展工业,才能"杜侵略""抵外货"。当时洋面粉洋纱布倾销,使他感到中国的经济和民生受到了极大的侵害,"不忍坐视国家经济沦溺绝境,应尽吾一分忠实之心,作一分忠实之事业"④。同时,他意识到衣食是人生基本需要,解决这些需要的最好办法,就是多办面粉厂、纺纱厂。于是他们兄弟俩在1900年以钱庄经营赚的钱为基础,集资购买了4台石磨和若干英国机器,创办了中国最早的面粉厂——宝兴面粉厂。1905年他们又开始创办振新、申新等纱厂、织布厂,在纺织业大显身手。

荣宗敬常说:"爱国之情,未敢后人。"他晚年在回顾自己创业经历时

① 张謇:《代鄂督条陈立国自强疏》,《张謇全集》第1卷,第15—25页,上海辞书出版社,2012年。
② 张謇:《大生纱厂股东会宣言书》,《张謇全集》第4卷,第550页,上海辞书出版社,2012年。
③ 张謇:《大生纱厂股东会宣言书》,《张謇全集》第4卷,第550页,上海辞书出版社,2012年。
④ 荣宗敬:《总经理自述》,《茂新福新申新三十周年纪念册》,新世界书局,1929年。

张謇三十讲

说道:"余不敢谓于社会国家有所裨益,惟力之所能为者,任何艰苦困难在所弗辞,亦尽国民一份子之义务而已。"[1]1931年九一八事变后,荣宗敬多次呼吁抵制日货,荣德生则在无锡联合100多名工商界人士发起成立国难自救会,进行抗日救国活动。正因如此,著名的教育家、革命家蔡元培称颂道:"无锡荣氏身为商界巨擘,非为个人谋财致富,而致力社会公益,尤其是兴办教育,称誉海内,堪称张謇第二。"[2]而著名的商业界大佬、上海总商会会长虞洽卿则由衷赞道:"吾国之以实业名家者,南通张氏外,端推无锡荣氏。"[3]

(二)立足东南,助推华夏

张謇与荣氏兄弟都是从直接关乎国计民生的轻纺工业入手,并先从家乡开始创业,然后向江苏、上海拓展,立足东南,影响全国。

张謇从创办大生纱厂开始,创办了垦牧公司、面粉厂、炼铁厂、轮船公司、酿造公司、实业银行等涉及一、二、三产的各类企业,建起了融上下游为一体的现代化产业集团,并形成拥资3400万元的当时中国最大的民族资本集团。正如翁同龢为祝贺大生纱厂开机时所题写的对联:"枢机之发动乎天地,衣被所及遍我东南。"张謇所创办的实业,直接增添了国家的经济实力,又示范引领了中国的民族产业发展。正是在这种意义上,胡适才称张謇是造福几百万人,影响全中国的开路先锋。

为了实现宏伟的实业救国志愿,张謇不仅在南通创办现代化企业,还在江苏及东南地区投资创办、合办或支持创办各类企业,其中有宿迁耀徐玻璃公司、镇江大照电灯厂、连云港海赣垦牧公司、江苏铁路公司、上海大达轮步公司、吴淞江浙渔业公司、左海实业公司、景德镇江西瓷业有限公司等等。

荣氏兄弟经过20多年的艰苦奋斗,在20世纪30年代初,已在上海、无锡、汉口和济南,拥有面粉厂和纺织厂21家,到1936年,茂新、复新12

---

① 荣宗敬:《总经理自述》,《茂新福新申新三十周年纪念册》,新世界书局,1929年。
②《茂新福新申新总公司卅周年纪念册》序十,1929年编印,上海图书馆藏本。
③《茂新福新申新总公司卅周年纪念册》序二,1929年编印,上海图书馆藏本。

个面粉厂每天可出面粉 96500 袋,占全国产量的 32.7％。当时 9 家纺织厂拥有 55 万多纱锭、6 万多线锭、5000 多台布机,纱锭总数占全国 26％。有人统计,1932 年荣家 9 个纺织厂织出来的布有 100002306 米,可以绕地球赤道 2.5 圈。因此,荣氏兄弟被世人誉为"面粉大王"和"棉纱大王"。荣宗敬自己也说,他们担起了半个中国的衣食事业。

正因如此,1957 年初毛泽东对陈毅等人说:"这荣家是我国民族资本家的首户,在国际上称得起财团的,我国恐怕也只有这么一家。"1986 年邓小平接见荣氏后人时也说:"从历史上讲,你们荣家在我国民族工业发展上是有功的,对中华民族作出了贡献。"①

(三) 深耕故里,造福桑梓

张謇与荣氏兄弟还有一个共同的特点,就是都把自己的家乡作为实现强国梦的起始点和立足点,精心耕耘,全力开拓,最终在示范引领全国的工业化、城市化、现代化的同时,极大地造福家乡,泽被后世。

张謇在成功创办以大生集团为核心的一系列现代实业的基础上,在家乡南通全力推进各方面的现代化建设。他开办了 370 多所从小学到大学、从普通教育到特殊教育的各类新式学校;他创建了南通博物苑、图书馆、更俗剧院、翰墨林印书局、伶工学社、《通海新报》、电影公司等一系列中国早期现代文化设施;他创办了南通医院、民办公园、民办体育场、育婴堂、养老院、贫民工厂、济良所、残废院、栖流所等各种现代慈善和社会保障项目。

张謇还秉持现代化的理念,在家乡全力推进城市现代化和地方治理现代化,使南通成为全国知名的"模范县""中国近代第一城"。当时的卓越爱国实业家范旭东、卢作孚、刘鸿生等人都对张謇的事业和南通的成就十分钦佩,并学习借鉴了张謇的许多思想和实践。荣德生在参观了南通以后,就由衷地说道:"南通成为模范县,就是因为有一个张謇,如果全国

① 《邓小平文选》第 3 卷,1993 年,人民出版社。

各地都有张謇这样的人,则不愁国家不兴。"①

荣德生晚年对无锡籍著名历史学家钱穆谈到,他们兄弟俩办厂的最初的动机之一,就是为无锡百姓解决就业和改善生活条件。他们认为办工厂解决社会就业是最积极的慈善,要胜于一般的善行。②

荣氏兄弟常教育子侄辈要爱国、爱乡,有力量要贡献社会。他们自己更是身体力行,热衷公益事业。他们在 1915 年就开办了苏南第一家私人设立的对社会免费开放的公共图书馆——大公图书馆。1916 年他们发起资助修建无锡最早的城市公路,组建无锡公共汽车和长途汽车公司。他们还在无锡城乡捐资修造了大大小小桥梁上百座,最著名的就是被称为"江南第一大桥"的宝界桥。他们还创办了 10 多所中小学,最为著名的就是公益工商中学,从中走出了钱伟长、孙冶芳等一大批全国闻名的科学家、经济学家、社会活动家。1947 年,在企业面临困境,国家战乱不已的时候,荣德生还筹巨资创办了闻名于世的江南大学。他们还按现代工厂和社区管理理念创立"劳工自治区",既提高了企业效率,又提升了职工的福利水平,还在工人群体中形成了"视厂如家"的良好氛围。他们为了把家乡无锡打造成全面现代化的先进城市,还精心谋划和积极推动了"大无锡规划"。有学者认为,荣氏兄弟当年在家乡的所作所为,是以工业化推动城市化的一个典型案例,是工业化时代企业家带动社会转型的体现。

二、同中有异

从大的方面看,张謇与荣氏兄弟有着大致相同的报国志向和创业经历,但具体而言,两者却有着诸多各具特色的差异,正是这些差异构成了他们对当时和后世的不同影响。研究这些差异,对于全面了解他们以及他们所代表的爱国民族企业家的人生道路和所处时代背景也有着特别的意义。

---

① 杨铨:《中国科学社第七次年会记事》,《科学》1922(7—9)。
② 无锡市史志办公室编:《荣德生文论存稿类选》,苏州古吴轩出版社,2015 年。

（一）关于如何对待政治

张謇认为政治乃立国之本，"实业之命运无不系于政治"①。因而他在创办实业的同时，积极投身当时的政治活动和政治变革。在甲午战争、戊戌变法、东南互保、立宪运动、辛亥革命、奠基民国等近代中国各种重要政治事件中，都有着张謇突出的身影。

作为一名具有强烈的爱国主义情怀的儒商，张謇亦政、亦商、亦官、亦民，驰骋商海，投身政坛。他在晚年回顾自己一生时说："一生之忧患、学问、出处，亦常记其大者，而莫大于立宪之成毁。"②在他看来，参与和领导立宪运动虽然功败垂成，却是他用力最多、最为看重的扭转乾坤式的辉煌壮举，比之兴办实业，有过之而无不及。他的儿子张孝若也在传记中说："像他对于国家建设的抱负政策，早生几十百年，在贤明君主的朝廷，可以做一个治世的能臣。如果迟生几十百年，在民主政治确立以后，他也可以做一个成功的福国利民的政治家。"③

荣氏兄弟作为精明过人、世事洞察的来自民间底层的企业家，不可能不认识到政治的重要，也不可能不认识到政治的险恶，因而他们对政治的态度基本上是顺势而为和敬而远之，力求在商言商。尽管他们也关心政治时事，并根据政治变化为企业发展制定应变策略，尽管他们也曾部分参与各种政治活动，甚至当选为国会议员和地方商会首领，但他们往往浅尝辄止，甘当配角。他们常自称是纯粹商人，并无政治野心。

荣氏兄弟虽然不愿直接介入政治，却时常被卷进政治旋涡。如果说张謇对政治是主动参与，而荣氏兄弟则是被动应对。他们经常受到各种政治力量的打压与迫害，特别是以宋子文为代表的官僚资本集团，仗着国民党政权的支持，逼迫荣氏企业让利改组，甚至对其通缉查封，并趁机侵吞其财产。1934 年，申新纱厂遇到债务危机时，国民政府实业部想借"清理"之名将之收归国有，后因与财政部意见不一才作罢。1936 年初，市场

---

① 张謇：《实业政见宣言书》，《张謇全集》第 4 卷，第 258 页，上海辞书出版社，2012 年。
② 张謇：《啬翁自订年谱》，《张謇全集》第 8 卷，第 1001 页，上海辞书出版社，2012 年。
③ 张孝若：《最艰难的创业者：状元实业家张謇传》，第 231 页，新世界出版社，2016 年。

张謇三十讲

上花贵纱贱,出纱多亏损多,申新再次陷入困境,宋子文想乘机吃掉申新,拟将之改组成有限公司,总经理人选都确定了。到了秋天,市场转好,申新才躲过一劫。荣德生的儿子荣毅仁主持茂新面粉厂,在1949年5月遭上海地方法院起诉,罪名是"倒卖公有财物"和"用霉烂面粉供应军队"等。后因上海解放在即,法院没有来得及开庭审判,以"收监"为名,罚取荣家黄金10条、美金5000元。

荣氏兄弟虽然回避政治,但并不等于他们对政治没有清醒的认识,他们对旧中国的政治颇为怨愤,对新中国的政治充满期待。新中国成立后,荣德生和荣毅仁父子毅然选择留在国内,并成为中国较早的把企业交给国家、带头参加公私合营的民族企业家,荣毅仁因而成为新中国爱国企业家的典范,后来担任了国家副主席。

(二)关于如何经营扩张

张謇和荣氏兄弟都具有宏图大志,企业稍有所成后,都会不失时机进行快速扩张,而且早期的扩张效果都很显著。但若细细分析比较两者的扩张方式和扩张方向还是可以看出一些差异。

首先,在资金来源方面,张謇偏重于集资募股。在早期的大生纱厂和后来的大生集团企业中,张謇所占股份极少(创办大生纱厂时只入股2000元)。但由于官方股东和民间股东都信任他,特别是占比50%左右的官股全权交付他经营,他在企业中具有决断地位。因而用于企业扩张的资金,除了现有企业产生的利润,主要由张謇不断招股募资,并几乎全由他决定使用方向。大生企业虽然是典型的有限责任公司制,但张謇却是一个完全具有主导权的特殊企业经营管理者。

张謇带领着大生集团在"绅领商办"股份体制下,逐渐形成较为规范的、走在民族工商业前列的公司制度,建立了包括股东会、董事局和监察人等机构在内的现代公司治理结构,并且创造性灵活运作,不断演进完善。

荣德生早年到广东的税务机关(厘金局)做帮账,他发现两百多种过境税中,只有面粉进口可以免税,再加上哥哥荣宗敬在经营钱庄时,发现上海和江南各地的汇兑业务中，面粉厂的汇款占了大半，兄弟俩便开始策划创建面粉厂。

荣氏兄弟出身于钱庄伙计和老板，后来才创办实体企业，因而他们特别注重和善于利用金融工具进行企业扩张。荣宗敬说他办企业的基本诀窍就是"以一文钱做三文钱的事"。他还积极向钱庄、银行投资持股，以便"我搭上一万股子，就可以用上他们十万、二十万的资金"[1]。他的办厂四项原则就是"建厂力求其快，设备力求其新，开工力求其足，扩展力求其多"[2]。荣德生也说自己多年用功研究西方经济学说，遵循市场竞争规律，善于运用企业自有资金和银行贷款，促使企业快速扩张。但是，很奇特的是，荣氏企业采用无限责任公司形式，公司对债务负有无限清偿责任，风险无限大（在当时的中国大型民族工业企业中独一无二）。他们对此有着不同于常人的理解，认为承担无限责任就会使银行和客户信得过，便于企业经营扩张，而且可以使荣氏家族，包括子侄辈牢牢掌握企业。客观来说，这一制度适应了荣氏集团家族企业发展的需要，避免了有限公司的多头统治和无人负责的状态，减少企业发展阻力，有利于集团内部管理。

张謇实际上也很重视金融、税务、财会的作用，他曾言："欲求实业之发达，民生之利赖，地方之进化，端自银行始。""银行者，农工商实业生计之母，而国民进化之阶梯也。"[3]由此，他先设立了大生储蓄账房，后于1920年创办了淮海实业银行，以解决资金不足、通融困难的问题，助力实业发展。

在自有资金的积累上，大生纱厂"厚利股东"，规定"余利照章按股分派"[4]，得到投资者的支持拥护，觉得入股大生有利可图，纷纷增资，令大生融资局面十分红火。与张謇"得利全分"，把大部分利润都分给股东不同，荣氏兄弟奉行"肉烂在锅里"原则，利用企业赢利"滚雪球"式的融资扩资。

① 荣宗敬：《总经理自述》，《茂新福新申新三十周年纪念册》，新世界书局出版，1929年。
② 李国伟：《荣家经营纺织和制粉企业六十年》，《工商史料》(1)，文史资料出版社，1980年。
③ 张謇：《拟组织江苏银行说》，《张謇全集》第4卷，第112—114页，上海辞书出版社，2012年。
④ "大生机器纺纱厂股票"，1897年发行。

他们曾规定福新一厂"三年不提取红利,用以扩充企业,股利存厂生息,以厚资力"。该厂从建厂之始资本 4 万元起家,五年后增加到 50 万元。1913 至 1923 十多年间,它拨付给其他厂的资金额达到 390 万元。

其次,在企业的经营扩张的具体形式和范围上,张謇偏重于不断增加与核心的棉纺业相关的自办企业。据统计,纺织产业相关投资占 81%,多集中在通海本地,包括上游原料生产、中游加工制造和下游运输销售。为了使大生纱厂原料充足,且价廉物美,张謇创办通海垦牧公司,自己生产棉花;接着又利用轧花留下的棉籽,办广生油厂;然后利用油厂剩余下脚油脂,办大隆皂厂,再利用大生纱厂的下角飞花,生产棉纱产品包装纸和翰墨林印书局印刷用纸;并利用纱厂富余的电动力,办复新电磨面粉厂;同时,为了原材料和产品运输需要,他还创办了大达轮步公司,并修建了通州天生港码头和上海十六铺码头;为了织布机、轧花机设备的生产和维修,他还办起了资生铁厂、资生冶厂;为了满足厂区员工和城市居民的住房要求,他还创办了懋生房地产公司;为解决资金问题,他还创办了大同钱庄、淮海实业银行。就这样,张謇以大生纱厂为起点、为轴心,逐步打造了一个相互关联、系统匹配的产业链,建起了融上下游为一体的现代化产业集团,并形成当时中国最大的资本集团。

荣氏兄弟的企业扩张形式,更多的是合作、并购,包括采用租办、收买其他企业方式,而且始终立足于面粉、棉纺两大类。1912 年茂新面粉厂的主要骨干浦文汀、王禹卿想跳出荣氏企业自办新厂,但苦于资金不足,荣宗敬知晓后,没有跟他们闹翻,反而出资与他们合办了上海复新面粉厂,并迅速扩张,形成了拥有 8 家大型面粉厂的复新系统。为了使申新纺织厂扩大,1917 年荣氏兄弟买下日本人经营的上海恒昌源纱厂,改为申新二厂,这是华商纱厂并购日商纱厂的唯一案例。在 1921 年,茂新、福新面粉系统共有 13 家面粉厂,其中通过收买和租办的有 4 家,占总数的 30.8%。在申新纺织系统 9 个厂中,也有 4 个是购买的,2 个是租赁新建的,占总数的 66%。荣氏企业的发展速度十分惊人,从 1903 年到 1922 年间年均增长量均在 30% 以上,其中面粉生产能力由 9 万袋增加到 249 万袋,20 年增加了 27 倍以上。

在产销方针上，张謇与荣氏兄弟各有智慧。张謇看到家乡"产棉之富为苏省冠"，品质上又"力韧丝长"，当地人也"素以纺织为生计"，于是他充分利用南通地区既有原料，又有劳动力和市场这一地域特点，采用"土产土销"的经营方针，"以纺成之纱销于本地"。这也是大生纱厂得以快速站稳脚跟、扎实根基、发展崛起的重要原因。

荣氏兄弟不拘守于本地，收购原料和销售产品都面向全国、放眼全球。荣氏兄弟为解决小麦供应不足的困难，在河南、山东、湖北等地开设小麦收购点，甚至在武汉、济南直接开办工厂。在 1939 年他们还洞察世界行情，从美、加、澳低价进购小麦组织生产，最终获利丰厚。荣氏企业的面粉也远销东南亚、欧洲，乃至被美国杂志誉称为"面粉大王"。荣氏集团从实际出发，灵活应变，采用多渠道、多方法，极大地扩展了经营空间和回旋余地，大大增强了企业活力，以致遇到危机时仍得以"众枯独荣"。

另外，在人才培养方面，张謇认为"经营事业，首在用人"，因此他唯才是举、广纳群贤。创办之初，大生纱厂面临无专业人才可用的困难局面，张謇积极聘请"异域之才"，先后从英国、德国、荷兰和瑞典等国延揽专家"优予薪金"，推动大生集团各项事业的发展。与此同时，张謇大力培养新生力量，积极兴办各类教育，从女工传习所到纺织专门学校，从甲种农业学校到初等商业学校，为大生集团输送了不少急需人才。当看到自己培养的学生替代了英国工程技师后，张謇高兴地说道："纺织学生替我省了钱，又争了气，岂非天助。"[1]他还派遣留学生出国深造，赴英、美、日等国，鼓励他们回国后为大生集团服务。后来他们也确实成为高级专业技术人才，逐渐走上各种重要岗位，成为中坚力量。

荣氏兄弟既重视人才的"引进来、走出去"，但更注重人才培养时理论联系实际，学不虚用。荣德生坚信"教育贵在实学"，"学问以实用为归"[2]。

---

[1] 大生系统企业史编写组：《大生系统企业史》，第 146 页，江苏古籍出版社，1990 年。
[2]《荣德生文集》，第 213 页，上海古籍出版社，2002 年。

他兴办大学的同时,也鼓励学生深入工厂参观实习,提高实际能力,探索产学研相结合。不拘一格,知人善任,是荣氏兄弟的另一特点。他们在兴办企业的过程中,十分注意发现和重视虽然出身低微,但有着丰富实践经验和经营头脑的人才,并对其高度信任,委以重用。浦文渭、浦文汀兄弟和王尧臣、王禹卿兄弟就是这样的例子,荣氏兄弟用其所长,令他们充分发挥,为企业集团发展立下汗马功劳。正是荣、浦、王三姓六兄弟同心协力、开拓奋进,一起把荣氏集团推向了顶峰。

最后,在企业扩张所得财富的利用上,张謇与荣氏兄弟也有所不同。张謇经商赚钱,更多是为家乡服务,他主要将财富用于办教育、搞城市建设和地方自治,实现其创建"新新世界"的理想。而荣氏虽然也热衷公益事业,但只在保证企业发展的前提下适度兴办。其资金主要是不断扩大再生产,使企业越办越大,越办越多,并延绵不断地发展下去。从经营企业的角度上说,荣氏更为成功。胡适认为,张謇虽然造福一方,影响中国,但他终因开辟的路子太多,担负的事业过于伟大,不能不抱着许多未完的志愿而死,因而是一个失败的英雄。

(三)关于如何培养子女、传承事业

张謇和荣氏兄弟都十分重视对子女的教育培养,都希望子女成为自己的接班人。有所不同的是,张謇想把自己唯一的一个儿子张孝若培养成一名在商界、政界等各界都出众的复合型人才,以便全面继承自己各方面的事业。而荣氏兄弟则侧重于对子女进行经济管理方面的培养教育,希望自己的晚辈成为优秀的企业家,以发展壮大荣氏家族企业。

在西学东渐的背景下,张謇对儿子张孝若的培养教育十分用心,且别具一格。他给儿子精心挑选刘向、诸葛亮、颜之推、朱熹等七位古贤的诫子名言集成的《家诫》,内容涉及修身、治学、做事、为人、交友等诸多方面。他聘请日本女教师来南通,为张孝若等一群孩子"教授体操、算术、音乐、图画,兼习幼稚游戏之事,延本国教习教授修身、国文之事"[①]。张謇家塾

---

① 张謇:《扶海垞家塾章程》,《张謇全集》第 5 卷,第 54 页,上海辞书出版社,2012 年。

开设的课程，不仅仅局限于传统的"蒙以养正"内容，而且吸收日本及欧美现代教育的做法，将德育、智育、体育纳入其中，兼顾传统与现代，融合东方与西方。后来，他又将张孝若送往德国人办的青岛德华大学、天主教教会办的上海震旦学院学习，还安排其留洋，"插入商业专门高等学校三年级，并日至纱厂实习管理法"①。张孝若归国后襄助张謇兴办地方事业，任淮海实业银行总经理等职务。1923年，张孝若作为北洋政府考察实业专使访问欧美十国，后被任命为中华民国驻智利首任公使（未赴任）、扬子江水道委员会会长。在此期间，他继承了张謇的地方自治事业，任南通自治会会长，并比张謇更多地吸收了西方民主政治的要素，更多地突出公民权利和宪政架构。1926年张謇去世，张孝若主持其父遗留的各项事业，继任大生纱厂董事长、南通大学校长等职，并对张謇的业绩和精神进行总结和宣扬，编著有《南通张季直先生传记》《张季子九录》等书稿。

与此相对，荣家兄弟更倾向于让后辈进入企业集团加以历练，成为经营管理长才。20世纪20年代中期以后，荣氏兄弟的子侄们开始陆续进入管理层。荣德生有六个儿子，三个专力纺织，三个悉心面粉。荣尔仁作为荣德生的二儿子，19岁便进入申新纱厂作为荣德生着重培养的对象，做了三年普通职员后升任三厂厂长助理。1935年他任申新三、五厂厂长时，正是企业举步维艰的时期，荣尔仁上任后大刀阔斧，整顿改组，制定了一系列科学化的管理措施，使企业面貌焕然一新。全面抗战爆发后，荣尔仁控制的申新二厂、九厂在租界内部获得巨额利润并还清了债务。

荣德生四子荣毅仁1937年毕业于上海圣约翰大学历史专业，所学与经营企业无甚关联，但其毕业后，即辅佐父亲经营面粉纺织和金融等庞大的家族企业。他主要在无锡茂新面粉厂恢复建设方面做了很多工作。战后荣德生把重建茂新面粉厂视为一件大事，委任荣毅仁承担此事，即是对其的充分信任，也包含着以此来锤炼提高其企业管理能力的考虑。荣毅仁就是通过两年的努力，恢复茂新面粉厂生产，成长为一个独当一面的企

①《张孝若启事》，《通海新报》1918年6月2日第1版。

业经营管理者。新中国成立后，荣毅仁撰文说："父亲希望我能成为他的衣钵继承者，管教很严。"[1]

难能可贵的是，荣氏兄弟不仅将辛苦创办的企业传承给了子女，而且在发扬爱国主义精神方面也言传身教，使荣氏后代继承了前辈的爱国爱乡情怀。在解放前夕，很多人劝荣德生远走海外，甚至荣毅仁也说自己曾左右徘徊，举棋不定。但荣德生表示绝不离开故土，他说生平未尝为非作歹，不用逃往海外。当他得知有人要把申新三厂机器拆迁到台湾，便亲自赶往码头把机器追回来。后来荣毅仁在新中国成立后，主动把企业交给国家，显示出家族爱国主义精神的传承。

张謇和荣氏兄弟在实业救国的不懈奋斗中，不仅创造了巨大的物质财富，而且为人师表，共筑商魂，遗留下了宝贵的精神财富。在他们的影响下，无锡工商界孕育了"敢创人先、坚韧刚毅、崇德厚生、实业报国"的锡商精神；而在通商群体中，形成了"强毅力行、通达天下"的通商精神。张謇和荣氏兄弟的精神传承，交织互鉴、发展融汇，铸就了苏商精神。苏商精神中的爱国爱乡情怀、开拓创新意识、务实低调风格、精良细致品质、崇文重德禀赋，均可以追溯到张謇和荣氏兄弟企业家精神的源头。

三、相互支持

张謇和荣氏兄弟同为中国近代著名的爱国实业家，这些已广为人知，但鲜为人知的是，他们还在事业上相互支持帮助，并相互学习借鉴。

荣氏兄弟作为后辈，一生都在推崇和效仿张謇先生。1913 年，张謇在北京出任农林工商总长，荣德生专门拜访。他曾回忆道："民国三年至京，见张部长。谈次，谓吾国商人多不研究法律，故与外商订立契约往往吃亏，遇到交涉时，自己立场亦多不合，以后商会应对此注意，倡导研究。当日只作平常语，时历三十余年，今日思之，实有深意。余数十年经营，未尝触犯刑章，二十余岁读刑、民法，三十岁后始有商会，遂习商法，凡事依法

---

[1] 庄寿仓《荣毅仁的传奇人生：从民族工商业巨擘到共和国副主席》，中信出版集团，2016 年。

第十一讲：南通张謇和无锡荣氏兄弟

119

而行，至违法取巧之事，万不可为也。"①两人对于法律在商业经营当中的重要性均有深刻的认识，颇有共鸣。

张謇与荣氏兄弟在实际操办企业的过程当中也互相帮助。1919年荣氏兄弟在无锡筹办申新三厂的过程当中遇到阻力，一蒋姓居民以保护五洞桥古迹为由阻挠建厂。"謇复加询访，略得真相，则保存五洞桥古迹云者，蒋所借以侵搅申新之名词。"②因此，他致函江苏省省长："拟请属现在实业厅张厅长前往调停。"③在张謇的帮助与斡旋之下，申新三厂终于成功办了起来。

清末民初的上海经济迅速发展，成了工商业聚集的大都市，张謇和荣氏兄弟也在这里展开实业上的合作。1920年11月4日，张謇接受了北京政府的委任，督办吴淞商埠事宜。由于荣氏兄弟对上海的情况比较熟悉，另外他们也能够在商界（包括自身）筹募资金，谋划筹办现代企业。张謇十分看重、依靠荣氏兄弟给予的支持。1920年8月，张謇与荣宗敬等人签订合约，以一千万元资本总额，组建左海实业公司。张謇、荣宗敬等人抱着开发大上海的豪情壮志，制定了左海实业公司的宏伟规划，包括开辟轮埠、建设工厂和经营航业等。中国铁工厂是双方合作的另一项目，是中国第一家民族纺织机器制造企业。主要股东为张謇、荣宗敬、穆藕初等，实收股金30万元，张謇任董事长。1921年在吴淞建厂，产品供应上海、汉口、天津等地纺织厂。

1921年，张謇积极推动苏社的成立以发展地方自治，其初衷是为了使江苏自治事业拥有"连合策进之机关"，以便整合全省资源，促进江苏教育、实业、交通、水利等地方自治事业系统进行。荣德生积极参与其中，5月12日，苏社在南通成立大会，张謇任主任理事，荣德生被选为苏社的理事。开会期间，与会人员参观了诸多南通地方自治成就。目睹南通的发展，荣氏兄弟决心以张謇为榜样，坚定地走"实业强国"和造福桑梓的道

① 荣德生：《乐农自订行年纪事》，上海古籍出版社，2001年。
② 张謇：《致齐耀琳函》，《张謇全集》第2卷，第742页，上海辞书出版社，2012年。
③ 张謇：《致齐耀琳函》，《张謇全集》第2卷，第742页，上海辞书出版社，2012年。

张謇三十讲

路。1921 年，张謇亲访无锡，与荣德生泛舟太湖，畅饮与谈，还考察了当地实业与教育的发展情况。之后，张謇特别做《谢荣德生书》，其中写道"名埠经营，摩击百工之肆。致钦迟于枌社，弥企慕于梅园"①，由衷表达了对于荣氏兄弟的谢意和敬意，期盼能在梅园一同举办一场苏社的盛大年会。

---

① 张謇：《谢荣德生书》，《张謇全集》第 3 卷，第 862 页，上海辞书出版社，2012 年。

第十二讲：
张謇沈寿共谱苏绣新华章

（2023 年 8 月 29 日，中国地方志与中华优秀传统文化论坛在南通市海门区举行。此次论坛以"典范的力量：新时代视域中的张謇与中国现代化"为主题，通过主旨演讲和作者交流的形式，对张謇精神的历史意义和时代价值等进行深入研讨。笔者应邀作题为《张謇沈寿共谱苏绣新华章》的主旨演讲。此文亦发表在《江苏地方志》2022 年第 10 期）

刺绣是中国独创的融艺术性与实用性为一体的工艺美术，是中华传统文化中的绮丽瑰宝。作为四大名绣之首的苏绣，是中国刺绣的佼佼者。

苏绣发源于苏州吴县，传播推广于苏南苏北。据西汉刘向《说苑》记载，早在两千多年前的春秋时期，吴国已将苏绣用于服饰。据说，由中原迁居南方的吴国君主仲雍的孙女女红，为了改变当时南方人在身上"刺绣"的风俗（文身），就发明了在衣服上绣绘图案的刺绣技艺。至今，民间仍把妇女所从事的纺织、缝纫、刺绣等活动统称为"女红"。

苏绣在清代进入鼎盛时期，以"精细雅洁"享誉全国。特别是到了清末民初，在时代变幻、西风东渐的大背景下，苏绣融合传统与现代、西方与本土文化，有了新的创造与突破。这时，以沈寿为代表的一批近现代苏绣艺术大师，便应运而生了。

一、德艺双馨的沈寿

沈寿原名沈云芝，字雪君，号雪宧，1874 年生于苏绣发源地苏州吴县。她父亲是一位古董商，酷爱文物收藏，富有文史素养。父亲的早教和家藏文物字画，为沈寿提供了难得的艺术熏陶。沈寿七岁时，就在姐姐沈立的带领下学习刺绣,十六七岁时,便成了苏州小有名气的刺绣能手。二十岁时,她与能书善画的浙江举人余觉结婚。婚后夫妻俩一个以笔代针,一个以针代笔,画绣相辅,相得益彰。三十岁时(1904年),沈寿绣了"八仙庆寿"等作品,为慈禧太后的七十岁寿辰祝寿,慈禧大加赞赏,赐赠"寿"字,因而改名沈寿。同年,沈寿受清廷委派,远赴日本考察交流刺绣和绘画艺术,回国后被任命为清宫绣工科总教习。

沈寿对苏绣所做出的创造性、突破性贡献,主要表现为:

(一)"归参画理""造化为师",独创仿真秀

传统的苏绣历来比较注重绘画与刺绣的结合,沈寿则利用自身得天独厚的绘画天赋和学养,将其发挥到极致。她首创将绘画的素描写生的技法和风格运用于刺绣之中,使刺绣推陈出新、别具一格。推崇西方画法的著名大画家刘海粟由衷说道:"中国第一个画素描的,不是我刘海粟,而是沈寿。她是用绣针画出的素描。"[①]她一方面推崇北宋大画家范宽"以造化为师",模仿自然、写生、写真、写实,一方面吸取西洋油画的用光、用色和明暗关系处理,用中国传统的刺绣针法和绣线来表现,创造了独领风骚的"仿真绣"。沈寿独创的仿真秀,又被称作"沈绣"。自古以来,以个人姓氏命名的苏绣流派,除了明代露香园的"顾绣",仅"沈绣"一家。

(二)使苏绣"声流海外"、走向世界

沈寿不仅善于"请进来",将西方绘画美术引进于苏绣之中,还能让苏绣"走出去",使苏绣在国际上大放异彩。1911年,意大利为庆祝国家统一150周年,举办万国制造工艺博览会,沈寿的作品意大利国王和王后像,备受瞩目。两幅绣像刺针特别精细,人物生动传神,俨如真人。国王和王后观看后欣喜不已,大为赞赏。经过大会评审,沈寿的作品在世界各国众多工艺美术品中,拔得头筹,荣获"卓绝奖"和"世界至大荣誉最高奖"。自此,苏绣及沈寿的艺名跨越国门,名扬四海。

《耶稣像》是沈绣参展南洋劝业会的刺绣精品,先在国内广受赞扬,后

---

① 祖洪越:《刘海粟美术教育思想研究》,上海师范大学,2020(07)。

在 1915 年旧金山博览会荣获一等大奖。1919 年,《耶稣像》与沈绣《倍克像》一起在纽约展出,引起轰动。名优倍克本人,也从数千里之外的西海岸赶来观赏,大为赞叹。从此,苏绣和沈绣,在美国广受青睐,声誉日隆,其国际贸易也日益兴隆。

(三)用现代方法传播光大传统技艺

以往,苏绣同其他地方刺绣一样,其传承都是靠师徒一对一传习及绣娘姐妹口口相传。自沈寿始,中国传统刺绣不仅融合了现代西方绘画艺术,而且其传承方法也跨进了现代门槛。沈寿开现代刺绣职业教育之先河,在南通等地创办女红传习所,按现代教育方式正规批量培育现代刺绣人才。根据不同层次的人才培养需要,女红传习所开办一年速成班、两年普通班、四年刺绣班、五年研究班,使普及与提高、传艺与研究、谋生与创作有机结合。在具体的教学方法上,沈寿注重理论与实践相结合,刺绣技艺与人文修养相结合、工匠精神与绣品绣德相结合,这在使刺绣人才不断涌现的同时,也极大地促进了刺绣艺术的传播与升华。

沈寿对中国刺绣,特别是苏绣的传承光大所做的最大贡献,就是一改"一人绝艺,死便休息,而泯无焉传者"的状况。在张謇的帮助下,她创作了中国第一部中国传统的刺绣理论专著——《雪宧绣谱》。该书分绣具、绣事、针法、绣要、绣品、绣通、绣德等八章,系统深入而又简明扼要地论述了苏绣艺术精华和沈寿的毕生技艺经验和独特见解。此书在 1919 年出版,标志着用现代方式传播光大中国传统刺绣艺术的开端。据说,直到 21世纪,《雪宧绣谱》中的"线色类目表"还在沿用。

沈寿不仅技艺高超,而且品德高尚。她的绣德、公德、妇德尤为人称道。就绣德而言,除了笃实敬业、追求卓越之外,她特别注重在刺绣工艺中要行为端庄,节俭整洁。她在《雪宧绣谱》中专辟"绣德"一节,强调"剪近身而左其向,虑缀线而不便于用也。纸隔腕而面必光,虑或生毛而不足于洁也。备线不乱序于薄(俗谓线书,亦谓线本),而类之以色,以待取用,所以别也。余线不弃,留之针,捻而结之若环,以为后用,所以节也。取浥水之津如取露,口必漱而蠲其秽也。宝习用之针如宝玉,指以娴而免于涩也,（龙辅《女工余志》：许允归阮氏有古针,一生用之不坏。）是之谓绣德"。①

在公德方面,她洁身自好、克己奉公、为人表率。1910 年 6 月,南洋劝业会在江宁举办,沈寿担任绣品审查官,"权舆审查国绣",来自全国各地的绣品都由她审查,评定,她自己也有作品展出参评,能否秉公办事,她的言行举止备受关注。工作中,她耐心细致,严正公道,以至于"为所否者亦翕然",那些即使被批评否定的匠师,也都心悦诚服。1921 年 4 月,由张謇的儿子张孝若任会长的南通县教育会,向北京政府上报"为沈寿请褒扬呈",文中称赞沈寿"幼娴家训,长擅女工。近文史而晦不自矜,一新旧而识能达礼。论艺术则古人未胜,论才行则女子能奇。"②"女子鲜公德,而寿借人之宅三年,迁之日,庭户器物完整洁好如始至。遇所在工益募捐,辄有输助。"③张謇在同年 7 月所撰的"雪宦哀辞"中则高度赞美沈寿:"好洁而能忍黯黮之诎,好高而能容异量之美,好胜而能止适当之分,为世君子可以语此者几人?"④

至于妇德,沈寿则是在彰显自立自强现代女性品行的同时,融中国妇女传统美德于一身。正如张謇所言:"若其德行,则考父母、恭兄妹,笃诚恫瘝;若将终身,以所得给夫之用,数至巨而无吝,抚所慈庶出之子,范以礼而有恩。既来南通,刻意自立,诲人不倦,期广其传。"⑤尤为难能可贵的是,状元公张謇对她一往情深、倾心相待,她对张謇亦敬慕有加,情深意笃,但在儿女私情方面,她亦发之情止乎礼,不越雷池一步。

二、重文重才的张謇

张謇在践行现代化理想的过程中,既注重经济建设,又注重政治建

---

① 张謇:《雪宦绣谱》,《张謇全集》第 6 卷,第 486 页,上海辞书出版社,2012 年。
② 张謇:《拟为沈寿请褒扬呈》,《张謇全集》第 1 卷,第 520 页,上海辞书出版社,2012 年。
③ 张謇:《拟为沈寿请褒扬呈》,《张謇全集》第 1 卷,第 521 页,上海辞书出版社,2012 年。
④ 张謇:《雪宦哀辞》,《张謇全集》第 6 卷,第 503 页,上海辞书出版社,2012 年。
⑤ 张謇:《拟为沈寿请褒扬呈》,《张謇全集》第 1 卷,第 520—521 页,上海辞书出版社,2012 年。

设;既注重社会建设,又注重文化建设。在各方面的现代化建设中,张謇特别注重对人才的培养、引进、使用。张謇的现代化事业呈现出三个明显的特点:

一是以"世界文明村落"为标准。在张謇看来,爱国必须救国,救国必须强国,强国必须以世界上强盛的先进国家为学习榜样和追赶目标。张謇认为,若把世界看作是一个大的"地球村",各个国家就是一个个村落,而村落有先进文明和落后野蛮之分,中国应向先进文明村落看齐,奋起直追。他在南通"建设新世界雏形"①,就是为了"以一隅与海内文明国村落相见,此或不辱我中国"②。因此,他主张对于"世界先进各国或师其意,或撷其长,量力所能,审时所当,不自小而馁,不自大而夸。"③

二是着力推进文化现代化建设。在张謇整个现代化的一盘棋中,文化占有特别重要的位置。他认为,只有"以文化人",用现代的思想文化改造人,引导人,才能全面推进现代化建设。因而,他除了在全国大力倡导现代文化和传统文化相融合,还在家乡南通全力推进各项现代文化事业。

除了大办教育外,张謇按照现代化文化建设要求,在1905年创立了中国第一个民办博物馆,创办了中国第一个私人投资向公众免费开放的公共图书馆。他认为,博物馆和图书馆是极具现代性的工业文化教育机构,一方面可以充实完善学校教育"以为学校之后盾,使承学之谚,有所参考,有所实验,得以综合古今,搜讨而研论之耳"。④ 一方面可以起到重要的社会教化作用,将历代典籍文物珍宝汇聚一堂,分类展示传播,即可"绍述祖训,恢弘儒术",又能与海外文明交流沟通,培养现代意识。"近数十年中,欧美各国科学日新,述作益侈,宜留余屋,以待旁搜。"⑤

---

① 张謇:《垦牧公司第一次股东会演说公司成立之历史》,《张謇全集》第4卷,第183页,上海辞书出版社,2012年。
② 张謇:《附答周应时等函》,《张謇全集》第2卷,第583页,上海辞书出版社,2012年。
③ 张謇:《为南通地方自治二十五年报告会呈政府文》,《张謇全集》第1卷,第583页,上海辞书出版社,2012年。
④ 沈云龙:《近代中国史料丛刊续编》第965册,第1582—1583页,台北:文海出版社,1983年。
⑤ 沈云龙:《近代中国史料丛刊续编》第964册,第1662页,台北:文海出版社,1983年。

张謇三十讲

张謇在文化建设中,还特别重视戏曲的推广和改革。他认为"至改良社会,文字不及戏曲之捷,提供美术工艺,不及戏曲之便。"①因此,他在1919年创办了中国第一所戏剧学院"伶工学社",并建成现代化大剧场"更俗剧场"。

张謇认为,刺绣"自《虞书》言会绣,为绣之肇始"。"今世觇国者,跷美术为国艺之楚,而绣当其一。"②因而,他把刺绣看作是必须珍惜传承的传统优秀文化艺术,并且要用现代的艺术和教育方法加以提升。这也促成了他与沈寿共促苏绣发展的一段佳话。

三是以人才立业兴业。张謇在救国强国的奋斗经历中,充分认识到,"立国由于人才""无人才不可为国",深感人才之难得和珍贵。他在谋划整个现代化事业时,始终把人才放在关键地位,唯才是举,不拘一格降人才。

首先,张謇从刚刚起步的中国早期现代化人才十分匮乏的现实出发,把眼光投向现代化文化和科技较为发达的国家,"为期先者,在借异域之才"。他不惜代价,花重金聘请了数十位水利、纺织、教育、化工、医学等方面的国外专业人才,包括英国的纺织工程师,德国的医生,荷兰的水利专家,日本的教师,朝鲜的文化学者等。这些受聘的外国人才,在南通的现代化事业中发挥了不可替代的作用。

其次,张謇注重从全国各地吸纳优秀人才来南通创业兴业。例如,他创办通州师范学堂,聘请了王国维、陈师曾等一批国内顶尖学者;他创办伶工学社,特邀著名戏剧家欧阳予倩主持戏剧教育;他创办女工传习所,特聘颇负盛名的刺绣大师沈寿担任所长和教习。这些外地来通人才,有力地助推了张謇的现代化事业。

同时,张謇也认识到"尽延非计,自力为主",最终解决人才需求还是要立足自力更生培养。因此,他兴学育才,强调"非学无以广才"。一方

① 张謇:《致梅兰芳函》,《张謇全集》第2卷,第636页,上海辞书出版社,2012年。
② 张謇:《雪宧绣谱序》,《张謇全集》第6卷,第469—470页,上海辞书出版社,2012年。

面,大办普通教育,普遍提高青少年教育文化水平,一方面,创办戏剧、刺绣、纺织等职业学校,培养随时能就业的实用专业人才。他在选派本地优秀毕业生出国留学深造的同时,还指派本地人员充当外籍专家助手,跟着见习提高。著名的建筑专家孙支厦,就是当日本专家助手,逐渐成长起来的。沈寿执掌的女工传习所,也培养了一大批优秀的刺绣人才。张謇认为,明代最为著名的露香园顾绣水平远不及沈绣弟子,"审其针法,当雪宧所授诸弟子仅四五之一"。①

三、因缘际会传佳话

由上述可见,沈寿技艺高超,品行不凡,张謇矢志报国,重文重教,两人必然会在共同的理想和事业追求中相互欣赏、敬重,绽放出生命的绚丽光彩。他们一道推动苏绣嬗变飞跃,尤为人乐道。

(一)促"沈绣"一枝独秀

自 1910 年 6 月,张謇与沈寿在南洋劝业会上相识相交后,张謇不仅极为赞赏和大力帮助提升沈寿的技艺,而且直接为沈寿的刺绣"正名"。

1918 年农历九月,张謇在其所建造的南通狼山观音院"尊藏大士像楼"落成时,他将此楼命名为"赵绘沈绣之楼",并亲自题匾。所谓"赵绘"是指宋代书画大家赵孟頫所绘作品,所谓"沈绣",就是指沈寿别具一格的绣品。在这座楼里专门珍藏赵绘和沈绣,这就将沈寿与赵孟頫并立,并第一次将沈寿所制绣品命名为"沈绣"。从此以后,一枝独秀的沈绣,远播四方,青史留名。

更为难能可贵的是,张謇有感于"伊古以来,凡能成一艺之名,孰不有其独运之深心,与不可磨之精气? 而浮沤雪电,瞬息即逝,徒留其存疑似之名,而终无以禅其深造自得之法,岂非生人之大憾"。② 在沈寿病重休养之时,由沈寿口述,张謇笔录,两人共同编著了中国第一部刺绣专著,不仅

① 张謇:《题露香园绣奎星像》,《张謇全集》第 6 卷,第 498—499 页,上海辞书出版社,2012 年。
② 张謇:《雪宧绣谱序》,《张謇全集》第 6 卷,第 471 页,上海辞书出版社,2012 年。

使沈寿一生的刺绣经验和理论总结得以传承，而且使"沈绣"在百花争艳的刺绣艺圃中，牢固确立了独特地位，并世代流传。

（二）开女子职教先河

张謇在推动南通文教事业现代化的过程中，特别重视职业教育。他认为："苟欲兴工，必先兴学。""专门教育以实践为主要。"为了帮助妇女自立自强，掌握一门谋生技能，并能以现代化方式培养刺绣人才，张謇在1914年决定创办中国第一所女子职业学校——女工传习所。他诚挚聘请"已名满国中"的沈寿担任所长和总教习。沈寿虽然同时受到了四川某地高薪聘请（月薪两百元），但由于感佩于张謇的人品、学问和南通崭露头角的现代化事业，毅然辞谢他方，来南通任职（月薪五十元）。

沈寿到任后，张謇就助其大力扩充提升女工传习所，"益谋推授于凡女子"，"移所城南，增建成科，订章加详焉"。① 几年后，看到女工传习所硕果累累，人才辈出，张謇十分高兴。他在1921年夏欣喜地说道："去年绣工本科完全毕业者九人，其甲班、乙班普通毕业者百四五十人。本科毕业试之成绩及绣品，固已突过前人，即甲乙班之出品，亦在他处之上。"②

（三）一片真情留人间

在共同推动南通现代文教事业和苏绣艺术的发展过程中，张謇与沈寿结下了深厚情谊，十分感人。

在张謇眼中，沈寿是才女加同道，灵魂伴侣加弟子。当惜才爱才的张謇想方设法将沈寿聘请到南通创业后，张謇欣喜不已，将之比喻为汉代的曹操使流落异域的蔡文姬归汉。他在《惜忆四十八截句》诗中写道："黄金谁返蔡姬身，常道曹瞒是可人；旷世东南珠玉绣，忍听焦萃北方尘。有斐馆前春水深，唐家闸外暮潮平；登楼即席殊矜重，不似惊鸿始为惊。"③张謇认为沈寿的才能和品行要远远高于一般的女子和男士，因而不仅在苏绣

---

① 张謇：《女工传习所记事序》，《张謇全集》第6卷，第428页，上海辞书出版社，2012年。
② 张謇：《追悼女工传习所佘沈所长演说》，《张謇全集》第4卷，第483页，上海辞书出版社，2012年。
③ 张謇：《惜忆四十八截句》，《张謇全集》第7卷，第271页，上海辞书出版社，2012年。

提升和女工传习所建设方面完全倚重沈寿,而且在自身事业和生活的诸多方面,也与沈寿志同道合、情投意合。

沈寿自童年时就埋头于绣房,读书不多,为了提高沈寿的文化水平和艺术修养,张謇把沈寿当作是自己的学生,认真辅导。特别是在教沈寿学习诗词方面,下了很大功夫。他亲自从《古诗源》中抄集了73首古诗词,编成《雪君诗本》专门供沈寿学习。有意思的是,张謇所选的第一首诗就是颇有爱情意味的《越谣歌》:"君乘车,我戴笠,他日相逢下车揖。君提蓥,我跨马,他日相逢为君下。"在张謇的精心辅导下,沈寿的诗词水平提高很快,不久便能写出明志表情的佳作《垂柳》:"晓风开户送春色,垂柳千条万条直;镜中落发常满梳,自怜长不上三尺。垂柳生柔荑,颜复低低,本心自有主,不随风东西。"①

张謇对竭力追求艺术极致、而在生活上清心寡欲的沈寿非常理解怜爱。沈寿的《耶稣像》在1915年旧金山世界博览会上获一等大奖,美国富商要出高价购买,张謇断然回绝:"此乃国宝,只展不卖。"沈寿动情地说道:"先生知我心。"沈寿在病危气衰之际,仍一心挂念自己心爱的刺绣事业,决定将《耶稣像》《倍克像》《三猫绣》等最佳作品献给张謇所创办的南通博物苑,令张謇感动得热泪盈眶。

张謇对病中的沈寿百般呵护,无微不至。除了重金聘请名中医、西医为其治病外,还为她亲自煎药、喂药,甚至亲自下厨为其调配食谱,调剂口味。张謇终日忙忙碌碌,事务缠身,却时刻挂念着沈寿,在家则陪伴左右,出门则书信不断。张謇在1918年农历二月十二日,东行出差至吕四时,还写诗《寄雪君》:"一旬小别宁为远,但觉君西我已东,留日闲花朝夕伴,绿梅开了碧桃红。"②据不完全统计,仅在1917年10月20日至29日,十天内张謇就致函沈寿五封,嘘寒问暖,关怀备至。张謇在沈寿生前,对其表达情感的诗作不下十二首,生后寄托深情和哀思的诗文至少八篇。张

---

① 张謇:《柳西草堂日记》,《张謇全集》第8卷,第904页,上海辞书出版社,2012年。
② 张謇:《寄雪君》,《张謇全集》第7卷,第206—207页,上海辞书出版社,2012年。

张謇三十讲

賽日记中从 1915 年就开始提及沈寿，仅 1917 年 5 月至 12 月就提及 18 次，1918 年提及 41 次。

沈寿于 1921 年农历五月三日夜晚逝世，张謇闻讯随即赶到"抚尸尚微温，创痛不可言。"①沈寿死后，张謇按照她的遗愿，将其葬于黄泥山下，与张家墓地遥遥相望。张謇亲自主持沈寿后事全过程，从安排收殓、公祭，到作哀辞、竖碑文、撰地卷、筑墓、竖碑，每一个环节，张謇都亲力亲为，令人不可思议，也令人感慨万千。沈寿一周年忌日，张謇去沈寿墓地祭奠，在由他亲笔题写的"世界美术家吴县沈雪宦之墓"墓碑前焚烧了他写给沈寿的十几首悼亡诗，其中有一首写道："誓将薄命为蚕茧，始始终终裹雪宦。"②

沈寿对张謇十分敬佩、感恩。她之所以辞谢四川高薪聘请，而来南通任职，就是因为"川人未能持久，而南通实业教育有方兴之气，先生则平日信为可持之人，故来"。③ 来到南通后，张謇看到沈寿辛苦操劳，且贡献颇多，要为她加薪，但沈寿见张謇以自身财力创办教育、文化、慈善诸多事业，有时还要鬻字筹资，既敬重又同情，绝不同意加薪，而且发奋提高传习所经济效益，以减轻张謇负担。沈寿在她病危时，用自己头发绣下了张謇手迹《谦亭》，送张謇珍藏。张謇十分感动，即赋诗一首："枉道林塘适病身，累君仍费绣精神。别裁织锦旋图字，不数回心断发人。美意直应珠论值，余光犹厌黛为尘。当中记得连环样，璧月亭前只两巡。"④

张謇与沈寿由衷地相互欣赏爱慕，但两人都没有跨过儿女私情的红线。对于张謇来说，他饱读诗书，又浸染现代文明，对女性意愿十分尊重，乃至百般迁就，他不愿勉强沈寿委身于己。对于沈寿来说，她认为自己是有夫之妇，而且慈禧太后赐丈夫余觉福字，赐自己寿字，广为人知。自己

<hr>

① 张謇：《柳西草堂日记》，《张謇全集》第 8 卷，第 901 页，上海辞书出版社，2012 年。
② 张謇：《惜忆四十八截句》，《张謇全集》第 7 卷，第 274 页，上海辞书出版社，2012 年。
③ 张謇：《追悼女工传习所余沈所长演说》，《张謇全集》第 4 卷，第 483 页，上海辞书出版社，2012 年。
④ 张謇：《雪君发绣谦亭字为借亭养疴之报赋长律酬之》，《张謇全集》第 7 卷，第 201—202 页，上海辞书出版社，2012 年。

又是出身于书香门第的刺绣名家，一举一动均被世人瞩目。她无法下决心与丈夫离婚，也无法让张謇明媒正娶，再加上她与张謇相处的最后几年，已是疾病缠身，生活都难以自理，因而只能"发乎情，止乎礼"。

张謇三十讲

第十三讲：
张謇民营经济思想

（2023 年 3 月 23 日，江苏省哲学社会科学界第十六届学术大会学术聚焦专场在张謇企业家学院召开，会议围绕"弘扬张謇企业家精神，推动江苏民营经济高质量发展"这一主题展开。笔者受邀出席，作《张謇民营经济思想》主旨报告。此文亦发表在《江苏市场监管研究》2023 年第 2 期，并被评为该刊 2023 年度"优秀文章奖"一等奖）

张謇是爱国企业家的典范，也是民营企业家的先贤和楷模。作为中国近代民营经济的倡导者和开创者，张謇对民营经济有着一系列深刻而独到的认知，结合着他自身的宝贵实践，他形成了系统而超前的民营经济思想。今天，在大力发展民营经济、全力推进中国式现代化的新时代，认真审视和剖析张謇的民营经济思想，有着极为重要的现实意义。

一、民营经济有何作用

在张謇那个年代，所谓的民营经济主要指由民间投资、民间经营的"民办"经济，与由官方投资、官方经营的"官办"经济相对应。在那时，经过几十年由朝廷竭力倡导的"洋务运动"，官办经济相对于民办经济来说，已取得了主导性地位，但也充分暴露了各种显而易见的弊端。正如张謇所言："然排调恢张，员司充斥，视为大众分利之薮，全无专勤负责之人，率之糜费不赀，考成不及，于财政上有徒然增豫计溢出之嫌，于实业上不能收商贾同等之利，名为提倡，实则沮之。"[①] 而充满了生机和活力的民营经

---

① 二档馆、沈家五：《张謇农商总长任期经济资料选编》，第 8 页，南京大学出版社，1987 年。

济,在时代内外动因的激发下,开始萌动发生,渐露头角。这是新旧两个时代的博弈,亦是新旧两种经济模式转换的开端。张謇,作为超越旧时代、紧跟新时代的开拓创新者,必然会对新旧时代交替期间的新型经济——民营经济情有独钟,大力倡导,并身体力行。张謇对民营经济的积极倡导和主动践行,首先缘自他对民营经济作用的充分认识。他认为民营经济至少有以下几个方面的重要作用。

(一)富国

张謇是杰出的爱国主义者。针对当时列强侵蚀、元气耗竭的国家状况,他的爱国逻辑是:爱国必须救国,救国必须强国,强国必须富国,富国必须大办实业("国非富不强""富非实业不张")。而如何大办实业呢？关键是要大力发展民营经济。

张謇早在1895年就提出"合众商之力以厚其本,合国与民之力以济其穷"。[①] 他建议政府应于各省设商务局,"专取便商利民之举",以促进民营经济发展。他在晚年回顾自己一生创业经历时说道:自己三十多岁后,"即愤中国之不振"。四十岁后,恰逢甲午战败,"益愤而叹国人之无常识也",为发奋报国,决心"当自兴实业始"。但兴实业需要筹集民间资金,只得与平常不太喜欢的富人为伍,委曲求全,冒险办厂。这就是所谓的"捐弃所恃,舍身喂虎"。张謇说他这样做,是为了中国大计而贬,不为个人私利而贬。所谓"中国大计",就是为了富国而兴实业、办教育,首先要全力投身和促进民营经济发展。

在张謇看来:"策中国者,首曰救贫;救贫之方,首在塞漏。"[②]而当时的棉织品是中国最主要的日常消费品和进口商品,为了堵塞这一"至大之漏厄",他在"通州之设纱厂,为通州民生计,亦即为中国利源计"。这也是在践行"以商界保国界,以商权张国权"的一贯主张。

张謇根据"外洋富民强国之本实在于工"[③]的经验,提出要全民办工

---

① 张謇:《代鄂督条陈立国自强疏》,《张謇全集》第1卷,第15—25页,上海辞书出版社,2012年。
② 张謇:《大生纱厂章程书后》,《张謇全集》第6卷,第279页,上海辞书出版社,2012年。
③ 张謇:《代鄂督条陈立国自强疏》,《张謇全集》第1卷,第15—25页,上海辞书出版社,2012年。

业。"中国人数之多,甲于亚洲,但能于工艺一端,蒸蒸日上,何至有忧贫之事哉! 此则善民之大经,富国之妙术。"张謇及同时代的民营企业家,都把工业作为整个实业的重中之重而全力以赴,体现了他们的先见之明和过人魄力。

施行"富国之妙术",以工业为核心的各类民办实业的逐步兴起,确实在种种艰难曲折中,为贫弱不堪的晚清帝国和初生民国,带来了较为明显的"富国"效应。据《中国近代经济史》统计,在 1895 年之前,民办企业的投资在全国企业总投资额中,仅占 22.4%;到 1913 年,则占到 76.3%,正好与官办的份额倒了个。民营经济的壮大带动了举国工商业快速发展。这一时期,全国新增工厂 650 家,自办航运总吨位达 9000 吨,外贸出口增长了 6 倍,人均国民收入增长 20%。[1] 可以说,正是民营经济的崛起,助推了 20 世纪初中国综合国力的增长。

早在 1896 年,张謇就明确指出:"听民自便,官为持护,则无论开矿也、兴垦也、机器制造业也,凡与商务为表里,无一而不兴也。"[2]从强国、富国根本战略出发,着眼于国家经济发展全局和历史发展趋势,充分认识民营经济的极端重要性,正是张謇不同于常人的卓越之处。

(二) 利民

张謇是一个把民生放在首位的民本主义者,也是一个悲天悯人的人道主义者。作为信奉中国传统民本思想又吸纳了世界先进文明思想的"儒商",他之所以高度重视并全力投入民营经济,就是因为他认识到,民营经济可以最大程度地利民、惠民。他认为,民营经济的利民功效主要表现在两个方面。一是解决人民生活所需。张謇历来主张,人的根本需要就是能够生存和生活,人世间最大的德行,就是满足人的生存和生活需要,即造福民生。因此,根据"天地之大德曰生"的含义,他把自己首创的现代化纱厂命名为"大生"。他坚信:"今之国计民生,以人人能自谋其衣

① 汪静虞:《中国近代经济史 1895—1927》,人民出版社,2000 年。
② 曹从坡、杨桐:《张謇全集》第 2 卷,第 15 页,江苏古籍出版社,1994 年。

食为先务之急。衣食之谋,在于实业。"①而只有"排除工商业之阻碍","使商民之经营""放手进行",才能"振兴中国实业"。

张謇自己不计个人的利害得失,带头"舍身喂虎"创办民营企业,就是为了能使地方开源生利,以造福民生、惠及百姓。他以大生纱厂为基础、为核心,创办了涵盖各类产业的数十家现代企业,不仅为当时的中国增添了实力,而且极大地改善了南通当地民众的生活。张謇创办通海垦牧公司的目的,除了为大生纱厂提供原棉外,主要是为了使处于社会最困难境地的海滩灶民和贫苦农民脱贫脱困,并建立一种具有现代生活水准的城乡一体的新社区。从上世纪初开始至 20 年代,张謇开办的 49 家盐垦公司已开垦沿海土地 400 多万亩,不仅使垦区民众收入成倍增加,而且建设了大量的学校、医院、商店等现代化公共服务设施,极大地推进了城乡一体化进程,开辟了崭新的生活方式。可以说,新垦后民众的生活水平和社会地位整整跨越了一个时代。

安乐祥和的小康社会,一直是中国人梦寐以求的理想追求。在张謇看来,"利民"的民营经济,既可以使民众脱贫致富,又可以缓解社会矛盾,促进社会安宁。他针对当时社会动荡不安、阶级冲突激化的状况提出的应对之策,就是在大力发展民营经济的基础上,"振穷""恤贫""安富"。

张謇信奉古代儒家的"执中"理念和现代政治的渐进改良主义,因而主张用平和的方式调节社会矛盾,减缓贫富对立。他反对用激进的暴力革命杀富济贫"均贫富"。他认为,兴办实业、发展民营经济,可以使富人越来越多,整个社会也越来越富。因此,要"安富",使富人安心赚钱,随后便可以"振穷",让穷人有活干、有饭吃,贫困地区也可以振兴。而对于无能力工作挣钱的贫民,可以用民间慈善和国家抚恤的办法,使他们过上正常的生活,这就是所谓的"恤贫"。他主张以发展民营经济为基础,对正常人"广设生计","皆有所效以资其生";对残疾人"亦有所安以恤其苦"②。

---

① 张謇:《答顾昂千书》,《张謇全集》第 3 卷,第 845 页,上海辞书出版社,2012 年。
② 张謇《太虚以佛法批评社会主义录答问》,《张謇全集》第 4 卷,第 619—625 页,上海辞书出版社,2012 年。

张謇三十讲

这里还涉及张謇的"平等观"。他反对绝对、抽象的"平等",认为人的先天禀赋和后天努力及所处环境均不同,最终不可能在待遇上人人平等,因而孙中山所说的"平等在起点不在终点,极是。人只须受平等教育而尽量发展,欲一切待遇皆平等,必无是事"[①]。由这样的"平等观"出发,他必然会正视贫富差距和矛盾,主张用发展民营经济的方式"调剂贫富","根除社会上之不平等"。他衷心希望并大声呼吁"将来国家苟能明定法令,使富人帮助穷人,则尽善矣"[②]。

联想到我们今天所说的"共同富裕",这本来就是社会主义的题中之义,毋庸置疑。但共同富裕并不等于同时富裕、同等富裕。可以让一部分人先富起来,再带动其他人富裕,但不可能使所有人同时富裕;可以使大多数人都进入富裕状态,但不可能实现无差别的同等富裕。就如张謇所说:"富者补助贫者则可,欲化贫富为一律则难。"另外,在实现共同富裕的方法上,决不能搞平均主义的"大锅饭",更不能搞削富就贫的"穷过渡"。否则,以市场经济为依归的民营经济就无法立足,所谓的"利民",也就无从谈起。

(三)兴业

张謇所处的时代,百业凋敝,民不聊生,他认为,无论是富国,还是利民,首先要在经济领域振兴实业,实现"大工大农大商"齐头并进的良好局面。其次是要在振兴实业的基础上,振兴文化、教育、医疗卫生等各项社会事业。而各行各业的振兴,都离不开民营经济的长足发展。

张謇谈他之所以"绝意仕途"经商办厂,就是因为"深信非振兴实业,不足以利用厚生而正民德"。早在 1898 年戊戌变法维新期间,他带头图谋振兴实业,在上奏朝廷的《农工商标本急策》中,提出"商务亟宜实办""工务亟宜开导""农务亟宜振兴"[③]三大振兴实业计策。随后,他便一面对如何在实业振兴的基础上搞好文化建设、社会建设、政治建设,发表了很

---

① 张謇:《暑期讲习会第二次演说》,《张謇全集》第 4 卷,第 626 页,上海辞书出版社,2012 年。
② 张謇:《暑期讲习会第二次演说》,《张謇全集》第 4 卷,第 626 页,上海辞书出版社,2012 年。
③ 张謇:《农工商标本急策》,《张謇全集》第 4 卷,第 24—25 页,上海辞书出版社,2012 年。

多深刻见解，一面在家乡南通开展了依托实业、促进百业兴旺的地方建设和治理。

张謇以自己作为民营企业家办实业、助社会现身说法，表明民营经济的重要作用。他在晚年回顾一生创业经历时，深有感慨地说："自营纺厂资教育，粗有成效。嗣营农垦，得十万亩斥卤之滩于海上。颠顿数年，渐几稳固，始敢冀以资本劳力相济之征，小试井田学校并进之志。"①

张謇认为，若无民营企业家的作为和贡献，地方上的各项事业将难以开展。民营企业家除了依靠办实业，为保民生、兴百业发挥不可替代的作用之外，还会直接拿出自己的钱财兴办社会事业。他说自己二十六年以来，自费"用于教育、慈善及地方公益者，凡有二百五十七八万，仍负债六十万有余"②。由此他得出结论：若没有民营企业家的"辅助"，"则二三十年来无一事可成，安有地方教育、慈善可说？"就劳资关系而言，他认为："无资本家则劳力且无可谋生，无劳力人资本家亦无可得利。"③因此，他衷心希望，全国各地都能像南通那样，以民营经济促各业兴旺，"贫富相资，治安相共"。

二、政府应如何对待民营经济

既然民营经济对国计民生如此重要，作为主宰国家事务的政府，在态度上和措施上应如何对待民营经济呢？对此，张謇有着不同于一般人的思考。他一直站在国家全局和时代前沿思虑民营经济问题，而且自身也躬耕于民营实业领域，有着诸多辛酸体悟，再加上他亦官亦商"通官商之邮"的特殊身份，他对政府关于民营经济方针政策的看法，要比一般人全面深刻得多。概括起来说，张謇认为政府对民营经济应着重抓好以下三

① 张謇《啬翁自订年谱》，《张謇全集》第 8 卷，第 987—1049 页，上海辞书出版社，2012 年。
② 张謇《太虚以佛法批评社会主义录答问》，《张謇全集》第 4 卷，第 619—625 页，上海辞书出版社，2012 年。
③ 张謇《太虚以佛法批评社会主义录答问》，《张謇全集》第 4 卷，第 619—625 页，上海辞书出版社，2012 年。

张謇三十讲

个方面：

（一）保护

张謇深知，在传统旧经济向市场新经济转换过程中，民营经济稚嫩而脆弱，民营企业家"非得在上之保护提倡"，即使侥幸成功，也是事倍功半，一般人则心怀戒惧，不敢去创业。因此，民营经济必须得到政权机关多方面的保护。

首先在政治上，要保障民营经济的正常生长，而不能压制歧视。张謇认识到"实业之命脉，无不系于政治"[①]，中国民营经济问题的根子仍在于政治不清明，政府不尽职。因而要从改良政治入手，切实改变"但有征商之政，少有护商之法"的状况，消除"商之视官、政猛于虎"的现象。他在1903年考察日本后，认为日本的经济自明治维新后快速崛起，就是因为日本的政府积极有为，措施得当。比如，日本的开垦业成就突出，比自己所从事的垦牧业要顺利得多，就是因为"国家以全力图之，何施不可？"而日本的玻璃制造等行业先进发达，不仅仅是技术问题，而是因为"日本凡工业制造品运往各国出口时，海关率不征税，转运则以铁道就工厂，又不给则补助之"。正因国家从政治上"劝工之勤如是"，才能使经济繁荣，乃至于在"与世界争文明"中不断进取。

日本北海道的一位来自中国山东的移民事例，给张謇以强烈的刺激。这位农民老实木讷，"状朴拙，口讷讷"，却在垦荒种粮方面取得骄人业绩，受到政府的嘉奖和天皇的认可。张謇觉得这样的农民在中国何止千千万万，但大多默默无闻、贫困终身。如果中国政治改良、政府有为，以中国的地大物博和人口众多，"使尽如此经营，于富强乎何有。祛其病根，则有权位而昏惰者当之矣"。说到底，还是政治不行。"政治能趋于轨道，则百事可为；步入正轨，则自今以后，可忧方大。"[②]

张謇对中国的政商关系、官商关系，有着极为深刻的认识。他认为，

① 张謇：《实业政见宣言书》，《张謇全集》第4卷，第257—260页，上海辞书出版社，2012年。
② 张謇：《柳西草堂笔记》，《张謇全集》第8卷，第557页，上海辞书出版社，2012年。

政府和官员对民营企业保护太少，妨碍太多，商民"视政府若九天九渊之隔绝"。但官方掌握着权力和资源，民营企业又不得不千方百计乃至不择手段去寻求官方的庇护和帮助，这就形成了不正常的官商关系。"中国官与商不合，故商尤不得不倚官。"这与国外民营企业在官商和合的情况下，正常依靠官方保护不一样。"各国官与商合，故商依官。"如何在"官与商合"的前提下，民营经济在官方的合法有效保护下顺利发展，是张謇一直追求的目标。为了促使中国民营经济能具有良好的政治环境，张謇一方面积极参与君主立宪等政治活动，以求政治变革，一方面努力促进政府制订和实施保护民营经济发展的大政方针（张謇在担任农商总长等中央政府官职时，以及能对地方政府发挥影响时，更是如此）。

其次在法律上，要对民营经济施行根本性的保护。张謇认为，法律是治国之本，兴国之要，也是民营经济安全稳定发展的根本保障。他确信"法律者，轨道也。入轨道则平坦正直，毕生无倾跌之虞"，"不入轨道，随意奔逸，则倾跌立至"①。他认为，"国家日日言保护工商，而商民终不肯信，一切营业不敢放平进行"，就是因为缺乏法律保障。而许多企业失败，也是在于在成立和运行时，"无法律指导"；"将败之际，无法以纠正之；既败之后，又无以制裁之。"因此，必须"速订商法"。"无《公司法》，则尤以集厚资，而巨业为之不举；无《破产法》，则无以维信用，而私权于以重危。"②

张謇在1914年第一次与江苏的另一位著名企业家荣德生相会时，就从各自的创业经历中，探讨了法律对民营企业成败的关键性作用。据荣德生晚年回顾："忆民国三年与蔡兼三至京，同见张部长。谈次，谓吾国商人多不研究法律，故与外商订立契约往往吃亏，遇到交涉时，自己立场亦多不合，以后商会应对此注意，倡导研究。当日只作平常语，时历三十余年，今日思之，实有深意。余数十年经营，未尝触犯刑章，二十余岁读刑、民法，三十岁后始有商会，遂习商法，凡事依法而行，至违法取巧之事，万

① 张謇：《致袁世凯电》，《张謇全集》第2卷，第287页，上海辞书出版社，2012年。
② 张謇：《实业政见宣言书》，《张謇全集》第4卷，第257—260页，上海辞书出版社，2012年。

不可为也。"①

张謇意识到,要真正保护民营,就必须制定政府和官员也必须执行的以商法为主体的经济法律法规。因此,他在担任民国政府农商总长伊始,就庄严宣告:"农林工商部第一计划,即在立法。"在不到两年的任期内,他一口气主持制定了30多部法律法规(约占民国早期的百分之七十以上),涉及工矿业、商业、银行金融、农村牧副渔等各个经济领域,关联到公司成立、商务运行、税收政策、国币规范、矿业开发、商会组织等各个方面。这就不仅为中国市场经济走向法治化提供了良好基础,也为保护民营经济顺利发展提供了法律保障。

最后从行政举措上,张謇力主政府应秉公执法、认真履职、排忧解难,切实保护民营企业权益。张謇深切意识到:"中国自尊士卑商重义轻利之说赜乎人心,千百年来,凡自营业,听其自生自灭,从未有提倡而保全之者。"往往"官享其成利,商困于积弊"。这"在闭关之世犹可言也,处廿世纪商战激烈时代,必在天演淘汰之列"②。要改变这种状况,除了民间自立自强(包括地方自治和成立商会等社团组织),就是促使官府履职尽责。

张謇认为立法可以使市场有法可依,但还不够,还需从严执法,才能真正形成法治社会和市场经济。在这里,政府依法行政的职责极为重要。翻阅数百万字的《张謇全集》,可以看出,有大量的篇幅是呼吁、建议、督促各级政府,采取具体有效的行政措施保护各种民营企业(包括南通和自己企业在内)正常发展。为此,他起草了大量的呈文、通告、法案、说明书、公示、咨文、密呈、办法、训会、意见、提案、理由书等各种文稿。他在1898年的《农工商标本急策》中,就建议政府商务局:"每日定三个时辰,接见商民,许其申说利弊,条陈办法……酌其可兴、可除、可行者,随时闻之。南洋大臣,分别准驳咨奏,按季以所兴几事、所除几事,报部查核。"③这里颇有点我们今天"抓落实"的味道:听取群众意见,采取兴利除弊措施,接受

① 荣德生:《乐农自订行年纪事》,上海古籍出版社,2001年。
② 张謇:《实业政见宣言书》,《张謇全集》第4卷,第257—260页,上海辞书出版社,2012年。
③ 张謇:《农工商标本急策》,《张謇全集》第4卷,第24—25页,上海辞书出版社,2012年。

上级检查考核。政府若能真的这样办,行政执法便可到位,各项促进民营发展的保护措施就能落到实处了。

在系统反映治国理政思想的《变法平议》中,张謇竭力主张"增现行章程",以利执法。比如在涉外商务方面,要改变"彼律常轻,我律常重;彼律有专条,我律多比用"的状况,使规章条文细化可行,"增科条以自庇吾民"①。

张謇不仅尽力催促各级政府为民营经济办实事,自己还以身作则,认真履职。他在1913年9月即将去北京赴任农商总长时,南通各界为他举行公践会,他郑重宣告:"至所以求发达之方法,则保护也,奖励也,补助也,改良恶税也,皆当逐一施行。"②他在近两年的农商总长任上,主要做了五件大事:一是确定中国经济发展总体指导思想;二是大力立法、依法保护产业发展;三是倡导市场经济,鼓励民办私营;四是秉持"开放主义",积极引进外资;五是切实推进机构改革,优化政府职能。这五件大事对于当时的整个国计民生,特别是民营经济的发展,起到了重要促进作用,对于今天来说,依然十分可取。

张謇既希望政府在宏观上从政治、法律、行政入手,为民营经济保驾护航,又力争各级政府在微观上帮助民营企业排难解忧,解决具体问题。他认为这也是官府的应尽之责。对于兴办公司的企业家,"必应许其随时自陈利病,为之提倡保护"。作为一名直接办厂创业的民营企业家,他也是千方百计争取官府的支持。坦率地说,他无论是创办大生纱厂,还是兴办垦牧等实业,以及举办各种民营社会事业项目,若完全没有政府哪怕是被动的认可和资助,还是难以成功的。与此同时,张謇还利用自己的特殊身份,在力所能及的范围内影响政府,帮助许多企业家解决具体难题。无锡的荣氏兄弟在创办申新三厂的过程中,受土地拆迁纠纷所困,一筹莫展,最终还是靠张謇向江苏省省长说情解决了问题。

---

① 张謇:《变法平议》,《张謇全集》第4卷,第34—62页,上海辞书出版社,2012年。
② 张謇:《实业政见宣言书》,《张謇全集》第4卷,第257—260页,上海辞书出版社,2012年。

（二）扶助

在张謇看来，民营经济既然是富国利民的关键所在，政府就应该在尽心保护的同时，大力扶助。他在《实业政见宣言书》中明确表示，"至扩张民业之方针，则当此各业幼稚之时，舍助长外，别无他策"[1]。他说自己朝思暮想的，就是对民营经济"求所以扶之、植之、防维之，又涵濡而发育之"[2]。他所谓的扶助主要包括三个方面。

一是奖励。在民营经济艰难举步、缩手缩脚之际，政府的奖励十分重要。正如张謇所说："各国皆有奖励补助之法。盖诱掖之，使之发展，即所以为国家扩生计、增国力者也。"[3]

在政府奖励方面，张謇主张从物质和精神上同时进行。他在任职农商总长期间，制定了各种各样的奖励政策和法律条款。其中有《植棉制糖牧羊奖励条款》《边荒开垦条例》《公海渔业奖励条例》等。他对自己情有独钟的纺织行业的奖励尤为看重，提出纺织厂"能扩充增加纺织机者，一律得受奖金。若织厂能兼漂白、提花、染色之工作，则奖金倍之"。至于精神褒奖，张謇认为可以分门别类：对于"成效卓著之厂，有大总统特给匾额，以示优异"；其次由农商部"酌给褒状"；对于"在外侨商有热心倡办工厂者，由领事查明，汇报核奖，俾资鼓励"；对于发明、改良工艺品的，授予奖章，"予以特许之权，借以督促国民技术之增进"[4]。

另外，张謇认为实行"保息法"，也是一种奖励，甚至于在各种奖励方法之中，"为中央政府财力所能及者，莫如保息"。所谓"保息"，就是由政府拨存公债等作为保息金，用其利息资助民营企业开办，在企业投产六年内，企业可无偿享受这种利息，六年后才按每年保息金的二十四分之一逐年偿还。这是企业能直接从政府那里得到实惠的最好奖励。由张謇提出并由政府通过的"保息案"，是民国初年具有首创性的鼓励实业发展重要

① 张謇：《实业政见宣言书》，《张謇全集》第 4 卷，第 257—260 页，上海辞书出版社，2012 年。
② 张謇：《实业政见宣言书》，《张謇全集》第 4 卷，第 257—260 页，上海辞书出版社，2012 年。
③ 张謇：《实业政见宣言书》，《张謇全集》第 4 卷，第 257—260 页，上海辞书出版社，2012 年。
④ 张謇：《实业政见宣言书》，《张謇全集》第 4 卷，第 257—260 页，上海辞书出版社，2012 年。

方案。

二是扶持。张謇力主政府应对民营企业在各个方面予以扶持。比如，在企业创办前，鼓励支持民间集资、筹资，甚至于可以让官员出面动员或协调各方；在企业设立时，依据合理的企业登记注册法规，尽可能提供方便；在企业运行过程中，尽可能给予必要的政策指导、法律保护、行政支持；在企业经营时，遇到诉讼纠纷和侵权事件，包括进出口贸易中涉及的不平等待遇，应依法依规合理解决；在企业因负债破产等原因退出市场时，应依据《破产法》等法律妥善处理，防止自身和其他关联企业权益受损。

张謇认为政府扶持民营经济的最好经济手段是金融。因此，"求助于金融"，就成了他就任农商总长"施政纲领"的重要一条。他根据自身创业亲历，深刻认识到：没有良好的金融机构，"无以供市场之流转，遂至利率腾贵，企业者望而束手。于是而欲求工商业之发展，虽有智者，无能为役"①。他将新成立的劝业银行设计为国家直属的以股份公司为经营形式、专门发放农工商贷款的专业银行，在《劝业银行条例》中规定了劝业银行"以放款于农、林、牧、垦、水利、矿产、工厂等事业为目的"。这就将银行扶持农工商企业发展的功能以及国家利用金融手段调控宏观经济，开创性地开辟了一个新途径。在张謇的倡导下，中国的金融业有了长足的发展，从而在一定程度上改变了"农工贷借，尤苦无从，遂使地利未尽辟，富源不克大兴，国计民生胥受其困"的状况。

三是减负。张謇认识到，对民营企业奖掖帮扶做加法是扶助，在多方面、特别是赋税方面，减轻其负担做减法，也是扶助。早在1894年中状元之前，张謇在家乡读书备考和尝试"经营乡里"时，就对阻挠商品流通、抑制工商业发展且助长官吏中饱私囊的厘金制度（通过税）十分不满，竭力为花布商和手工业者请命，与地方官府抗争，力争"裁厘认捐"（根据一定的比例规定对捐税"自行包认"）。中了状元后，他有了较强的话语权，更

① 张謇：《实业政见宣言书》，《张謇全集》第4卷，第257—260页，上海辞书出版社，2012年。

是不遗余力地呼吁、督促政府努力减免有关厘税（自己在创办大兴磨面公司时，也申请宽免五年税厘）。当了农工商总长后，张謇更是把"注意于税则"——改革税收制度、以财税手段促进工商业发展，作为一项突出的大政方针加以推行。他明确表示："农工商之政策，惟借税法为操纵，或轻减以奖励之，或重征以抑制之。盖未有不顾农工商之痛苦，而纯然以收入之目的，为征税之标准。"到了晚年，他仍向财政总长建议："产销进出口，只捐一次。酌十年半歉之中，定各县之额，而由各业董事调查货数，承认包缴。"他为请减矿税、请免土布税厘、请减茶叶税率、请减免多种自制工业品关税，多次书呈大总统，并多方协调。

四是放活。政府应遵循市场经济规律，拓展民营经济空间，释放其应有活力，是张謇的另一重要主张。放活民营的一个重要途径，就是尽量压缩官营范围，最大限度拓宽民营空间。他一担任农商总长就宣布：除了一二大宗实业"为一私人或以公司不能举办，而又确有关于社会农工商之进退者，酌量财力，规画经营，以引起人民之兴趣，余悉听之民办。"①

这话说白了，就是除了关系国民经济命脉而民营又难以承办的少数行业仍由官营外，一概可由民营承办。为了践行"官退民进"主张，张謇还带头在自己所管辖的领域"自我革命"。当时属于农商部系统的官营矿业共有 12 家，张謇停办了 7 家，改为商办 5 家。

为了"民进"，除了"官退"以外，张謇还力争与外商合理竞争。他希望从外国进口的产品，中国都能自行生产。就如上海海关 1905 年报告所说："推张殿之意，凡由外洋运来各种货物，均应由中国自行创办。"而要做到这一点，就必须对中外企业一视同仁。比如，"吾国大利在棉、铁、丝、茶，以上四项在外国市场最有价值。今此等货物之运送于外国市场者，全在洋商之手，以后当自运出洋，挽回权利"。要"自运出洋"，必须发展民营运输业，而要使民营运输业发达起来，就必须改变"民畏官，官虐船户""关卡官吏，慑而媚外"，对民船"不能挂洋旗者，则尤专以需索刁难为事"的

---

① 张謇：《实业政见宣言书》，《张謇全集》第 4 卷，第 257—260 页，上海辞书出版社，2012 年。

状况。

为了"放活",还必须"松绑"。除了尽可能减除对民营经济的各种限制和约束,张謇认为,政府一方面应把职能重点放在宏观指导和勘察规划方面,为民营企业提供各种资料信息和政策指引;一方面应精简机构,缩减对企业的审批事项和程序。他一上任,便将农林、工商两个部合并为一个农商部,把原来的八个司减为三司一局,并要求有关经济管理机构提高工作效率,尽可能为民营经济发展提供方便。

（三）监管

在张謇看来,市场经济实际上是法治经济,民营企业必须依法经营,规范运行。因此,政府对民营经济既要保护、扶持、放活,也要有效进行监督管理。正如他所说:"扩张民业之方针,仍不外余向所主张之提倡、保护、奖励、补助,以生共利;监督制限,以防共害而已。"为防"共害",政府应切实担负起监督管理的职责。

一是监督市场运行,打击非法经营。市场如赛场,比赛竞争中必须守规矩、不犯规。政府的职责就是当好市场竞争的"裁判员",保护合规守法者,惩处违规非法者。在这方面,张謇有许多真知灼见及身体力行。早在1895年,张謇尚未经商办厂时,就在《代鄂督条陈立国自强疏》中指出:"西人常论中国商人最工贸易,惜国不为保护,任其群起逐利,私作奸之法。"[1]也就是说,在西方人眼中最善于经商的中国人,却搞不好工商业,就是因为政府不得力,不能依法履行保护和监管职责。因此,政府一定要承担起维护市场经济秩序的责任,"勿使倾轧坏业,勿使作伪败名"。1914年,他在农商总长任上,针对矿业监管提出:"实业行政,矿物特重,非有完全之法令,则事业无资以保障;非有监督之机关,则法令无由以行使。"因而"拟于中央矿政局外,酌设矿务监督署于外省",以改变监管不力、有关案件"往复行查时日迁延,坐视弊窦之丛生"[2]的现象。

① 张謇:《代鄂督条陈立国自强疏》,《张謇全集》第 1 卷,第 15—25 页,上海辞书出版社,2012 年。
② 张謇:《实业政见宣言书》,《张謇全集》第 4 卷,第 257—260 页,上海辞书出版社,2012 年。

张謇三十讲

为了扩展自身事业和活跃地方经济,张謇曾发起南通联合交易所。在交易所成立的当天,张謇就强调:要遵守有关监管条例,对于违背法令、妨害公益、扰乱公安的,应依法予以惩处。但由于法律不完备、监管不到位,投机活动盛行,扰乱正常的市场经营,交易所若继续运行,会给众多中小投资者和入市交易者带来亏损风险,张謇便毅然申请政府批准,关闭了交易所。事后,他还作了深刻的反省:"该所苟深鉴前车,力避危道,而一般社会亦知行险侥幸之不可屡尝,前迷后复之犹非自绝。反躬可省,大觉非遥。"

二是为企业立规定制,规范经营主体行为。张謇认为,政府一方面要通过经济立法和行政引导,促使企业守法经营、依规行事、照章纳税;一方面要督导企业建立现代企业制度,制定合理的治理结构和各项规章制度。张謇在农商总长任上,急切地制定《公司条例》《商人通例》等法律文件,就是为了使企业明确自身的应有权利和相应义务,规范其经营行为,从而消弭"游行于无法律之中,愚者盲昧依然,黠者奸欺如故"的现象。而在自身的企业管理方面,张謇则依据现代企业原则,亲自制定十分完备周详的规章制度,以防对外不法,对内惰腐。

三是加强信用建设,护卫市场秩序。市场经济的本质要求是公平,而要做到公平,就必须使各市场主体恪守诚信,正当合理地交换商品、追求利益,而不能违约失信、欺诈舞弊。从这种意义上说,市场经济也就是所谓的"契约经济"或"信用经济"。正因如此,张謇才把"将信为本"和"忠实不欺"作为商道之本竭力倡导和带头践行,并要求政府全力督导施行。他将违反诚信原则的商业欺诈斥之为"鬼蜮伎俩"和"下等市侩"行径,是"以不规则之自由,妨碍有规则之自由"。政府对于做这种事的害群之马必须予以清除。

张謇不仅将诚信看作道德要求,而且将其上升到国家信用制度和法制建设高度看待。他认为各方面的诚信关系必须建立在法律关系的基础之上。对于企业来说,必须遵守法律,依法经营。对于政府来说,必须通过立法和执法,保护守信者,惩戒失信者,从而推动全社会的信用制度建设。他在致函商会联合会时指出,政府在促进经济发展方面,能够有所作为的是法制建设。只有通过法制建设,才能培养社会信用,树立商业道德,"而后可与外人共同营业,而后可与世界之商立于同等之地位"。如果政府不能以健全的法律保信用而使商业受损,"不独失大信于人民,尤增外人朝令夕改之讥"①。

三、民营企业家应如何"强毅力行"

张謇对民营经济的看法很全面,他既呼吁政府和全社会重视、助推民营经济的发展,又希望民营企业家自身努力奋斗,内外兼修,有所作为。他对民营企业家的期望和要求,集中体现在弘扬"强毅力行"精神方面。

"强毅力行"精神的系统表述,最早见于张謇 1911 年 6 月在北京商业学校的演讲中。他在回顾自己经商办厂的艰难困苦历程的同时,列举山东武训以乞讨集资艰苦办义学的事例,得出结论:"果能以强毅之力行其志,无论成就大小,断不能毫无所成。"他认为,一个人的事业成功主要不是外部条件和个人禀赋,关键是在于能否树立远大志向并在追求远大志向的过程中吃苦耐劳,百折不挠。"人患无志,患不能以强毅之力行其志耳!"②

概括起来说,张謇希望民营企业家着重在三个方面践行强毅力行的精神。一是要有责任担当和远大志向。责任心和雄心壮志是一个人干事创业并取得成功的强大动力。不负责任的人,胸无大志的人,是不会努力奋斗的,也是不可能获得成功的。张謇自己就是肩负救国济民责任、怀揣强国富民理想,才创办了一系列实业和社会事业,取得了骄人的业绩。所以他勉励即将走上经商创业道路的商校学生:"一介寒儒,无所凭借如余者,所志既坚,尚勉强有所成就,天下士亦大可兴矣!"③他告诫与他合作办纱厂的民营企业家也应树立远大志向:"不特望各股东于此厂将来发达无穷,并望各股

① 张謇:《致商会联合会函》,《张謇全集》第 2 卷,第 437—439 卷,上海辞书出版社,2012 年。
② 张謇:《北京商业学校演说》,《张謇全集》第 4 卷,第 185—188 页,上海辞书出版社,2012 年。
③ 张謇:《北京商业学校演说》,《张謇全集》第 4 卷,第 185—188 页,上海辞书出版社,2012 年。

张謇三十讲

东扩充他业亦发达无穷"。他在南通各业已兴旺发达，"外人日月来观，许为中国自治模范"时，仍说自己"绸缪缔造之志愿尚未达也"。自己的最终志愿就是"欲尽我余年，以一隅与海内文明国村落相见。此或不辱我中国"①。他在对友人表达自己的人生观时也说过："既生今世，既有是生人之知识与志气，则千磨百折，亦惟有坚苦忍受，以成事为职志，他非所恤。"②正是有着这样的使命感和事业心，张謇才创造了常人难以企及的不朽业绩。

二是要迎难而上，百折不挠。在张謇看来，在人生创业过程中，艰难险阻及随之而来的种种挫败无处不在，无时不在，只有凭着坚强的意志和持久的毅力，不断挑战和克服前进道路上的艰难险阻，在种种的挫败中持续奋力拼搏，才能创业有成。特别是在中国民营经济步履艰难的早期阶段，更是如此。张謇认为自己在创办大生纱厂和后来的各项事业中，遇到了常人难以想象的困难，经历了诸多几乎致命的风险和挫败，但最终还是挺了过来，取得成就，其主要原因有两个方面。一方面是不怕困难，迎难而上，"力与患难为敌，久且相安。视烈风雷雨与景星卿云等量齐观矣"。另一方面是砥砺奋发，坚韧不拔，"锲而不舍，再接再厉，停辛贮苦，愈遭挫折愈求猛进"③。

三是要吃苦耐劳，行稳致远。张謇认为，吃苦耐劳是企业家创业、守业的基本途径。他特别强调："凡作一事，须专须勤，须有计画，须耐劳苦，须自强力。"④他特别反感一些企业家创业稍有所成，便贪逸恶劳，追求享受，"驷马商车，酒食游戏相征逐，或五六年，或三四年，所业既亏倒，而股东之本息，悉付之无何有之乡"。他主张，无论成功与否，"吾人之享用，不可较最普通之今人增一毫；吾人之志趋，不可较最高等古人减一毫也"。他谆谆告诫未来的企业家们："诸君既习商业，毕业后，总期无负所学，有

① 张謇：《附答周应时等函》，《张謇全集》第 2 卷，第 583 页，上海辞书出版社，2012 年。
② 张謇：《复江知源函》，《张謇全集》第 2 卷，第 447—449 页，上海辞书出版社，2012 年。
③ 张謇：《北京商业学校演说》，《张謇全集》第 4 卷，第 185—188 页，上海辞书出版社，2012 年。
④ 张謇：《垦牧乡高等小学校开校演说》，《张謇全集》第 4 卷，第 500—501 页，上海辞书出版社，2012 年。

所贡献社会,而服劳耐苦,尤为必不可缺之美德。"①

　　为了确保企业经久不衰,张謇还在晚年依据自己的经验,提醒企业同仁:"营业之道,先求稳固,能稳固即不致失败,即失败亦有边际,企业者不可不知也。大凡失败必在轰轰烈烈之时。"在自己的企业鼎盛时期(1920年),能提出这样的居安思危、永续奋斗的见解,充分体现了他一贯倡导和身体力行的强毅力行精神。

　　张謇当年倡导的强毅力行精神,对于今天的民营企业来说,仍然有着积极的激励引导作用。特别是当前面临着复杂严峻的经济形势,民营企业普遍遇到了多年未遇的困难和挑战,我们更应该弘扬强毅力行的精神,胸怀大志、坚定信心;砥砺奋发、迎难而上;艰苦奋斗、再创辉煌。

　　同时,各级政府和有关方面,要按照习近平总书记在2003年3月召开的全国两会上对民建、工商联政协委员的讲话要求,既要继续坚持"两个毫不动摇""两个健康"的方针政策,又要实施"两个给予",即"在民营企业遇到困难的时候给予支持,在民营企业遇到困惑的时候给予指导",共同创造民营经济蓬勃发展的美好春天。

张謇三十讲

　　① 张謇:《北京商业学校演说》,《张謇全集》第4卷,第185—188页,上海辞书出版社,2012年。

第十四讲：
一个日本华裔农民给张謇的刺激

（2023 年 7 月 29 日，由南通大学主办、南通大学张謇研究院承办的"张謇癸卯东游 120 周年国际学术研讨会"在江苏省南通市举行。笔者应邀作题为《一个日本华裔农民给张謇的刺激》主题演讲。此文亦发表在《现代经济观察》2024 年第 1 期）

1903 年，张謇怀抱着如何使中国繁荣富强的夙愿去日本考察。七十天的考察期间，他对日本的各行各业细心观察，认真研析，并对比中国及自身创业的情况举一反三，深入思考。一些看上去不经意的小事，也往往使他感慨不已，思悟良久。例如，当他偶然接触到一个叫许士泰的山东日照农民在日本北海道开垦有成，便深有感触，引发出许多思考。

一、中日农垦的差距

据张謇日记所载，他在 1903 年阴历五月十日，到了北海道的札幌。在他的眼中，札幌"濒海皆砂碛，地颇劣。入内山，平原豁然，极望无际，土尽黄壤，形势远在东西京之上"①。当时本地居民"不过百万，不足垦此土"，需要再增加三百万人，开垦二十年，方能基本完成建设。这与张謇身处的沿海南通及其正在开展的垦牧事业，有许多相似之处，因而引起了张謇极大的关注。

张謇在考察札幌农垦业时，了解到中国山东农民许士泰及其事迹。许于 1875 年（光绪元年）被日本开拓史招到札幌丘珠村落户开垦。他在

那里娶妻生子，雇佣四名福建人，开荒耕种八十多倾土地。"励精农业，十余年如一日"，成果显著，被"奏达天皇，明治三十五年，由兴农产会会长、总裁先后赏银杯及白桃绶名誉章，以旌异之"。显然，他似乎成了一位国家级"劳模"。但据张謇观察，此人并无过人之处，只是一个老实巴交的农民。"状朴拙，口呐呐，操日本语而山东音。自言山东语不尽能记忆，来时家有父母，有兄弟五人，近十五年不通音问矣。"①

这样一个木讷本分的农民，在中国何止"十百千万倍"，但大多勤苦贫困一生，为何在日本却能功成名就，尽享尊荣？许士泰的案例和日本垦区的状况，使张謇看到了中日两国农垦业的差距。仅从当时张謇访日日记所言，日本的领先，至少表现出以下几个方面。

一是垦区税赋轻，发展快。据陪同张謇考察的当地农学校校长佐藤介绍，当时日本北海道未开垦土地还有百分之九十，仅以已开垦的百分之十统计，当年渔业、农业、林业、矿业等产值已达四千万圆。而国家规定垦熟之地，超过二十年才征税，目前仅征收少量的地方税（即郡税町村税），而且全用于当地的警察、学校等公共服务方面，国家一分不取。张謇对此十分感叹："合我二十二行省计之，如北海道者何止百倍，人民之可募而移者何止千倍，使尽如此经营，于富强乎何有。"②显然，张謇认为，若能借鉴日本的做法，中国一点不会比日本差。

二是畜牧业向欧美看齐。张謇在真驹内种育场看到：该场自明治十年仿美国方法建设，三面环山，引泉水筑渠，"柴落井然，望之如画。牧草种类最繁盛。马最良，皆美产"。"观刈牧草刈具，亦美制。"有乳制场，专制新鲜生奶。该校校长专门赴美国选购良种牛马，每头价格最高达二千圆，最便宜的也要五百圆。日本人深知，高成本投入，才能取得高品质产品；对外开放，引进先进的东西，才能进步发达。张謇在农学校及农园试验场，看到了同样的一幕："果园、牧场，农具、牧具一切维备，农具、牛种、

① 张謇：《柳西草堂日记》，《张謇全集》第 8 卷，第 531—571 页，上海辞书出版社，2012 年。
② 张謇：《柳西草堂日记》，《张謇全集》第 8 卷，第 531—571 页，上海辞书出版社，2012 年。

张謇三十讲

果品用美洲者多。黄牛有大于华产小种一倍者,乳房尤宽,闻有百头。杂黄白色者,每头值一二百圆;黑白色者,每头值四百圆。"①

三是与垦牧业相匹配的工业发达。张謇较为细致地观察和记述了札幌两家工场的情况。一家是制麻株式会社工场。该场有六千五百纺锭,五百马力引擎,一千多名工人。日用原料麻八千磅,织精、粗帆布三千尺。每尺精布售价二圆五十钱,粗布售价七分。帆布供全国海陆军及商船用。麻籽供榨油,剩余产品还可做涂料。总资本共八十万圆。这样的规模和效益,对于一个刚开发不久的濒海边陲小城来说,是相当可观的。另一家是重谷木拭工场。其木材切割加工机械均为欧洲进口,所生产的木材加工品标准和质量很高。工场用两台功率为一百马力的引擎,燃料用木材加工剩下的木屑碎片,以节约煤炭和成本。工场建在铁路旁,交通方便,所生产的铁道枕木可从当地发往中国的山东、河北等地。这类工场建立在当地的农垦业基础之上,反过来又有力地促进了当地农垦业的发展。

四是具有垦区特色的学校教育卓有成效。张謇在平岸参观一所公立单级小学校,感到虽然校园不大,校舍不多,但教育有方。"课程有文部颁行之令,教科有地方自编之书(地理、历史皆就札幌言之),报告有式,稽查有法,町村有税,补助有官,其教育之广被宜矣。"②第二天,张謇在参观一牧牛场的归途中,随机顺道看了一所寻常小学,看到教员敬业有道,学生勤学有礼,而学校经费来自基层地方税,费用相当节俭,学生每年仅缴学费三百圆,农村子弟可半年上学,半年农耕。这些因地制宜的办学风貌,使张謇赞不绝口。当地的农学校亦很有特点。学校设有博物馆,馆内陈列当地土著器具、服物和丧葬、兵甲等器物,还有北海道的黑熊和大鹏等动物。另外还设有农园试验场。学校左边为理化学教室和农科经济学教室,右边为动植物学教室和农学行政教室,学科齐全,布局合理。除农学校以外,当地还办了官立商业学校等职业性学校。这对农垦业培养优秀

① 张謇:《柳西草堂日记》,《张謇全集》第 8 卷,第 531—571 页,上海辞书出版社,2012 年。
② 张謇:《柳西草堂日记》,《张謇全集》第 8 卷,第 531—571 页,上海辞书出版社,2012 年。

实用人才很有帮助。这也很符合张謇办好实业振兴教育、振兴教育助推实业的理念。

五是垦区的交通等公共设施建设较为完备。除了铁路和乡村公路众多外,河运亦较为便捷。张謇去距海十八里的石狩川参观,川河较窄,长几百里,有小汽船行驶。归途中,经过创成河侧,看到欧洲式的木闸,呈现出当代先进水平。"闸道两旁植大木为垛,闸为大门二扇,门之下有小门二,有旋螺柱以升降其门,有二大横木以启闭其大门。"对比自己的家乡通州及扬子江流域内河,其自然条件很好,却未得到有效开发,他甚为感慨:"唯有之而不自殖,殊不可解耳。"①

从五月九日至十五日,一周的北海道札幌之行,给张謇留下了深刻印象。对比中日两国各方面,特别是农垦方面的发展情况,张謇感慨颇多。他在离开札幌那一天,挥笔写下一首题为《札幌》的七言诗,表达了自己的万千思绪和复杂情感:"四远山围札幌皋,荒荒草木万重毛。轩眉未觉东邻富,举首还看北斗高。郑罕榱崩终惧厌,幼安庐在未容逃。生平倒海倾河意,说向中原换结髦。"②张謇的意思是说,中国未必就不如日本,关键是要积极有为,发奋图强。他由此更坚定了振兴中国与日本一比高低的志愿。

二、差距背后的原因

中日两国在农垦业及相关方面的差距是明显的。对于张謇来说,他把日本不仅看作是参照学习的对象,也看作是对标赶超的对象,因而他不仅要看到差距,更要探究产生差距的原因,从而明确借鉴超越的途径。联系自身从事农垦业的坎坷经历,对比日本的现实情况,张謇看到了中日差距产生的若干原因。

一是在垦荒土地的处置方面。以中国移民许士泰为例,当时日本北

---

① 张謇:《柳西草堂日记》,《张謇全集》第 8 卷,第 531—571 页,上海辞书出版社,2012 年。
② 张謇:《札幌》,《张謇全集》第 7 卷,第 126 页,上海辞书出版社,2012 年。

张謇三十讲

海道为鼓励外来者垦荒,由垦荒者自认领土地数量和开垦年限,每年由官府督察,到了年限后,根据开垦成效,将垦民认领的土地全部分给当事人,二十年内,不收取任何税费。而在中国,张謇开垦沿海的荒滩荡地,除了上缴税费外,还要花费大量金钱用于回购兵营、盐场废弃的荒地,以及补偿各类灶户和荡民等。而且要花费大量的时间和精力,周旋于官府和本地民众之间。他的通海垦牧公司的土地使用手续,一直费尽八年周折才最终办成。他的东北锦州朋友孙德全,为了办牧场养马,花了三十万元购买家乡土地开垦,还是一事无成。土地是垦牧业的根本性资源,获取土地如此之难,代价如此之高,垦牧业怎能搞好?

二是在经商环境方面。据张謇抵达札幌第一天日记所载:当天下午,在考察官立商业学校之后,张謇与当地海运华侨商人餐叙,他知道海货运到中国运费很高,劝华商合办汽船公司自运货物到中国。华商们心有余悸地谢绝了他的好意,认为中国官员不会允许这样做,即使允许了,也不会给予保护。对比日本政府对航运一直予以扶持和保护,张謇大为感慨:"畏虎者谈虎而色变,孰使海外之民变色至于此?"[1]转念一想,自己在家乡创办扬通内河小轮运输,也受到多方阻碍,吃尽千辛万苦,难怪这些在日本的华商心寒胆怯。他在参观博览会农村馆时,对比日本农垦发展环境,也深有感触地说:"宁若我垦牧公司之初建也,有排抑之人,有玩弄之人,有疑谤之人,有抵拒扰乱之人,消弭捍围,艰苦尤甚。是则伊达邦成、黑田清隆(笔者注:北海道开垦创始人)之福命为不可及矣。"[2]张謇明显意识到,经营环境的不同,是造成中日两国包括农垦在内的各行各业具有明显落差的重要原因。张謇特别羡慕日本"工商之业,官为民倡,有利则付之商,不止不夺也,而维护之。以是知其官智之程度高矣"[3]。

三是在各方配套方面。张謇看到,日本政府对垦区的布局规划很科学,发展计划很合理,且教育为垦区培养人才、增添后劲,交通有力服务垦

<hr />

① 张謇:《柳西草堂日记》,《张謇全集》第8卷,第531—571页,上海辞书出版社,2012年。
② 张謇:《柳西草堂日记》,《张謇全集》第8卷,第531—571页,上海辞书出版社,2012年。
③ 张謇:《柳西草堂日记》,《张謇全集》第8卷,第531—571页,上海辞书出版社,2012年。

区的生产、生活，秉持明智的开放理念，国内外贸易畅通无阻（在向外销售本地垦牧产品的同时，购用欧美先进产品），从而使垦区呈现出欣欣向荣、百业兴旺的景象。由此张謇得出结论："与世界竞争文明，不进则退，更无中立，日人知之矣。"[1]联想到自己在家乡刚起步不久的垦牧事业举步维艰，无人相助，无以配套。张謇感到自己虽然立志要把通海垦区办成"新新世界雏形"，但道路十分漫长而艰难。

四是在政治生态方面。张謇通过考察和思考，认为中日农垦等业的差距，是由多方面原因造成的，但根本原因还是在政治方面。显然，无论是土地和税收政策及整个营商环境，还是垦区的各方配套和规划指导，都与政府的所作所为有关，说到底还是政治生态的问题。通过许士泰的个案分析，张謇意识到，许士泰这样的本分农民之所以不会在中国有所成就，就是因为民众"视政府若九天九渊之隔绝"。以中国的地大物博和人民的勤劳智慧，却远远不如客观条件差于中国的日本，张謇尖锐而又痛心地认识到："抉其病根，则有权位而昏庸者当之矣。"[2]也就是说，中国的病根，在于官员昏庸，政治腐败。张謇看到了日本明治维新的政治变革，对经济社会发展的巨大推动作用。

1868年，日本明治天皇即位，随即开展了变革日本社会的明治维新运动。1871年废藩置县，建立中央统一集权政府。1872年解除土地买卖禁令。1873年实行地税改革。1874年兴起自由民权运动。1881年将官办企业廉价出售给特权商人，并加大对外开放步伐，全力扶植资本主义工商业发展。1885年在政治上实行根本性变革，建立内阁制。1889年颁布《帝国宪法》，确立完全不同于以往的君主立宪近代天皇制。

明治维新期间，日本在"富国强兵、殖产兴业、文明开化"的口号下，全面推进政治、经济、文化、军事、社会等各方面的变革，使国家迅速繁荣富强起来。特别是在1894年甲午战争中打败中国后，一跃成为亚洲第一强

---

① 张謇：《柳西草堂日记》，《张謇全集》第8卷，第531—571页，上海辞书出版社，2012年。
② 张謇：《柳西草堂日记》，《张謇全集》第8卷，第531—571页，上海辞书出版社，2012年。

国。到了 20 世纪初,也就是张謇访日前后,日本已建立起了较为完备的与经济基础相匹配的资本主义上层建筑,特别是有效的政治制度和治国方略,极大地促进了日本的经济社会发展。这使一向对日本怀有戒心和愤懑的张謇这一类的中国士大夫,也不得不感佩羡慕。他对日本政府的治理能力和成效由衷地发出赞叹:"治国若治圃,又若点缀盆供,寸石点苔,皆有布置。老子言'治大国若烹小鲜',日人知烹小鲜之精意矣。"[①]

而中国经历两次鸦片战争,其国门几乎与日本同时被西方列强的坚船利炮打开,虽然也施行过洋务运动、戊戌变法等救亡图存、革新求强的举措,但由于清朝统治者的自私保守、昏庸无能,一些治标不治本的修修补补,也未能坚持下来以取得成效。特别是在政治上,统治者死抱着僵化的封建体制不放,严重地阻碍了新型经济和新型社会的变革发展。这使得像张謇这样的资产阶级改良派和君主立宪派,甚感不满和痛惜。可以说,张謇访日七十天,表面上看,他的大部分时间都用于考察学校、工厂、农村等具体单位和行业。实际上,他最为关注、思考最多的是政治问题。包括他了解到与他在同一期间访日的商部尚书载振,在日本花天酒地、丑态百出,也促使他从政治的角度反思中日两国的差距。他在六月初四的日记中写道:就政、学、业三者而言,"政者,君相之事;学者,士大夫之事;业者,农工商之事。政虚而业实,政因而业果,学兼虚实为用,而通因果为权"[②]。这三者中,政虽然"虚",却是主因,有什么样的因,就结什么样的果。对比日本的情况,他看到了中国贫穷落后的总病根在于政治不行。

三、缩小差距的努力

张謇是一位务实的理想主义者,他深信"坐而言,不如起而行"。他既然看到了中日之间的差距,以及差距产生的原因,为了实现强国梦,他必然会将对日本考察的思考所得付诸奋力赶超的实际行动。综观张謇从日

---

① 张謇:《柳西草堂日记》,《张謇全集》第 8 卷,第 531—571 页,上海辞书出版社,2012 年。
② 张謇:《柳西草堂日记》,《张謇全集》第 8 卷,第 565—567 页,上海辞书出版社,2012 年。

本回国后的思想言行,可以看出,他着力从两个方面加快了追赶的步伐。

第一,在自身事业方面,张謇一回国,便利用在日本所学,取长补短,加快推进两年前启动的垦牧事业。他在 1903 年六月十一日回到南通,二十一日便"乘小车至公司",筹划垦牧事宜。当天决定快速修建垦区的第一堤东钝角。以后几天,连续在垦区各堤工地上视察。随后便"试仿日本盐田",拟定整顿盐业章程,与若干股东订立盐业公司合同。由于垦牧公司开发的荒地过去大部分属于淮南盐场,当地盐运司等传统守旧势力,站在自己的利益角度,对垦牧公司的发展百般阻挠,刻意刁难。张謇一方面积极向政府呼吁和建议进行盐法改革,一面于 1903 年秋,与罗振玉等人另行建立同仁泰盐业公司,接办吕四等盐场,改革用工和计酬制度,实行修整盐场、浚塘疏港等一系列整顿,并进行"板晒"等生产技术改良。

与此同时,张謇借鉴日本北海道农垦经验,对垦区进行全面规划,一面尝试"大农法",大力提高垦牧业发展水平,一面完善交通、教育等公共实施,建设新型生活区。到了 1910 年(张謇访日归来七年),北至通州的吕四丁荡,南至海门川洪港,垦区可垦地十一万多亩,可耕地三万多亩,佃农五千多户,垦区棉产品在南洋劝业会上获优等奖。这时,垦区呈现出可与日本比肩的现代模样,"各堤之内,栖人有屋,待客有堂,储物有仓,种蔬有圃,佃有庐社,商有廛市,行有涂梁,若一小世界矣"①。随后,张謇乘势而上,以该垦区为样板,与相关合作伙伴一道,一口气开垦了包括大丰等地在内的苏北地区两百多万亩滩涂。

比照日本的经验,张謇更加深信,实业是各行各业发展的基础,而工业则是各类实业的重心。因此,他从日本归来,便争分夺秒地加强大生纱厂的经营和拓展。据日记所载,张謇到家的第二天,便与实际主管纱厂事务的三哥张詧深入商讨纱厂管理经营问题。张詧原在外地做官,经张謇

---

① 张謇:《垦牧公司第一次股东会演说公司成立之历史》,《张謇全集》第 4 卷,第 180—183 页,上海辞书出版社,2012 年。

请托两江总督等做协调,才使他辞官回乡协助张謇办厂。张詧对张謇谈到办厂体会时说,"容人易,调人难;受言易,择言难"。张謇对张詧十分认可,"三兄处置木造事极缜密有条理,此亦得力于吏治之历练"①。这时,当初的办厂元老沈敬夫等人已"老而衰","幸三兄归,能耐心处之"。这兄弟俩都很有才干,又关系融洽,积极谋划、推进了大生纱厂的大发展。1903年,大生纱厂顶住国外洋纱倾销的压力,在国内一般纱厂均不景气的情况下,依然获纯利34万两,还扩充纱锭两万多枚。1904年,张謇募集资金60多万两,在崇明外沙(今启东久隆)购地165亩,新建大生分厂,1907年建成投产,此时,"大生纺织股份有限公司"成立。几年后,随着大生关联企业的相继诞生,大生企业集团和资本集团也应运而生。

1903年秋天后,以大生纱厂为核心,形成了一大批与之相配套的关联企业。利用大生纱厂轧花的棉籽创办广生油厂,利用油厂的下脚料制皂烛创办大隆皂厂;利用大生纱厂剩余劳力和电力创办大兴面厂。同时,为大生纱厂修理机件而办资生铁厂,为大生纱厂运输原料和产品而办大达内河小轮等航运公司;为企业职工及部分居民解决住房问题而办懋生房地产公司;为储存棉花而办大储堆栈;为与上海联结,而办大达轮步公司并建天生港码头。当时,大生系统的一系列现代企业的兴起,及大生纱厂所在地唐家闸的快速崛起,令国内外瞩目。就连造访的日本人上冢司也惊叹,"所见这般光景,一切的一切都是在活动着的,又是现代化的"。而另一名日本人士鹤见祐辅则说:"如果中国有十个张謇,有十个南通,那么,中国的将来就会很有希望。"②

以日本为对标赶超对象的张謇,不仅要拓展实业,而且要兴办教育文化事业。他在去日本前的1902年,就与如皋籍同科进士沙元炳一起商议,由沙在如皋创办了中国第一所公立师范学校,由自己在通州创办了中

① 张謇:《柳西草堂日记》,《张謇全集》第8卷,第531—571页,上海辞书出版社,2012年。
② 野泽丰:《日本文献中的南通和张謇》,《论张謇——张謇国际学术研讨会论文集》,第152页,江苏人民出版社,1993年。

第十四讲:一个日本华裔农民给张謇的刺激

国第一所私立师范学校。而且，"建师范学校，采日本学校建筑法，自绘图度工为之"。1903 年访日归来后，他借鉴日本师范办学经验，进一步完善了师范学校的教学和管理，还聘请了三名日本教员。同时，"延日女教员兼保姆森田政子开塾于家，课怡儿及邻童十人"。当年，还开工筹办县立第一高等小学校。1904 年在海门常乐镇创办国民初等小学。1905 年创立通州女子师范学校。1906 年创办唐闸实业公立艺徒预教学校，及通州师范附属小学等。1906 年筹办农业学校。1909 年创办了南通中学的前身——通海五属公立学校。在文化事业方面，张謇还在 1902 年创办了中国早期出版印刷机构——翰墨林书局。在 1905 年创办了全国最早的博物苑。

本着"大农大工大商"的理念，张謇深知，现代大农业必然依托于现代大工业，而工业化必然既促进城市化，又依靠城市化。因此，他从日本回来后，大大加快了南通城市建设和治理的步伐。他在完善整个城市规划的基础上，全面推进城市建设。他以通海地区及两淮盐垦区构建了一个完整的产业体系；然后，根据产业区域配置和进一步发展的需要，将原有城镇和新兴盐垦区城镇联结整合，共同构成了较为发达的城镇体系。同时，他依据"城乡相间"的"花园城市"模式，以道路交通为线索，构筑了"一城三镇"的空间和功能布局。"一城"为中心城区，延伸了旧城商业和文化的功能，扩展为新型工商业和金融中心，及现代服务和教育中心。"三镇"即工业镇唐闸，航运港口镇天生港，风光旅游镇狼山。"一城三镇"的格局，显现了当时中国人自我主导的区域规划的最高水平，也或多或少地闪现出日本札幌等城市的身影。

城市化的提升，既需要建设，又需要治理。张謇先后成立了水利会、保坍会、测绘局和路工处等机构，代行市政管理的部分职能。同时，以地方自治名义，成立了南通自治会、商会、行会、教育会、农会等一系列模仿日本和西方的社团组织，发挥社会治理的重要"中间组织"作用。最终，南通成了著名的"模范县"和"中国近代第一城"。

第二，在政治变革方面，张謇素来认为，政治是一个国家能否兴旺发

张謇三十讲

达的根本性问题。"实业之命脉无不系于政治"①。而就当时的中国情况看,政治体制改革对中国的发展起决定性作用。"非改革改体,不足以系人心而回天命。"而如何改良政治、改革政体?张謇心目中的理想模板就是明治维新后的日本。他在访日前的 1901 年,就比照借鉴日本的政治社会制度,帮助两江总督刘坤一起草了上奏朝廷的政治改革纲领——《变法平议》。1903 年访日回来后,更是看到了政治对于日本经济社会发展的巨大推动作用,以及中国贫穷落后的"病根"则在于政治腐朽。因此,他除了在家乡以地方自治为名,全力推进各项政治社会变革以外,几乎全身心地投入全国性的政治体制改革"立宪"运动中。

所谓"立宪",说到底就是通过宪法和法律来限制和规范政府的权力运作,保障公民应有的基本权利。这对于既想国泰民安、又想改善自身生存条件的新兴士绅(资产阶级)来说,至关重要,甚至可以说是其安身立命的根本途径。因此,他们对立宪最为积极。当时,世界上的立宪,主要是指君主立宪。而同样是君主立宪,又分为两种同中有异的模式。一种是以英国为代表的"协定立宪",偏重于协商、制衡、分权;一种是以日本、德国为代表的"钦定立宪",偏重于权力向君主倾斜,而责任向内阁和公民倾斜。张謇等中国主流立宪派,主张重点学日本,兼采各国之长。"中日较近,宜法日;日师于德而参英,宜兼取德英;法美不同,略观其意而已。"

蔚为壮观的立宪运动,在晚清历史上产生了极其重要的影响。张謇则在访日归来后,在这场运动中,表现出惊人的热情和才干,发挥了极其重要的作用。概括起来说,张謇在立宪运动中,主要做了五件大事。

一是介绍、普及立宪的知识和理论。张謇知道,要想推行立宪,必须让全国上下,特别是当权者,了解立宪的内容和意义。因此,他一回国便组织编辑出版了《日本宪法义解》《日本议会史》等书稿,并以"序言"等形式,对所译编的书籍进行深入浅出的评介。他在《日本议会史》序言中,一方面精辟阐明立宪的意义及政治权利与政治组织的配套建设问题,一方

---

① 张謇:《实业政见宣言书》,《张謇全集》第 4 卷,第 257—260 页,上海辞书出版社,2012 年。

面详细叙述了日本立宪改革从大定国是政分三部，到设议院、开府县会议，直到召开国会、改行内阁制的整个过程。张謇对这类书籍的编印发行非常看重。他曾致函密友赵凤昌表示："印书必望速成、速布、速进，并望以百本即见寄。"①同时，他将书送给兵部侍郎铁良等王公大臣，还让赵凤昌设法送入内宫十余本，连慈禧太后也看到了，并表示"日本有宪法，于国家甚好"。于是，军机大臣瞿鸿禨等纷纷设法选购宪法各书研读。

二是建言献策，鼓动立宪。1904年三月，张謇应两广总督张之洞和两江总督魏光焘之邀，去江宁专门商讨立宪事宜。经过与汤寿潜、赵凤昌等人半个多月的反复修改，七易其稿，终于为两督写成"请立宪奏稿"。其核心内容是请求"仿照日本明治变法之誓，先行颁布天下，定为大清宪法帝国，一面派亲信有声望之大臣游历各国，考察宪法"。与此同时，他还主动与绝交二十多年的袁世凯恢复联系，建议在政坛上举足轻重的袁世凯，效法日本明治维新时的重臣伊藤博文、板垣退助等人，主持立宪，"成尊主庇民之大绩"。此举虽然没有得到袁的明确响应，但对袁本人以及其他权臣都产生了积极影响。1905年八月，当"五大臣考察欧洲各国宪法，临行炸弹发于车站，伤毙送行者十余人"时，张謇著文论革命与立宪问题，认为与其暴力革命，不如温和改良，"不若立宪，可以安上全下，国犹可国"②。

三是成立宪法会和预备立宪公会。1906年9月，清廷宣布预备立宪。为了有组织地宣传和推动立宪，张謇先是游说端方、戴鸿慈等重臣，成立"宪法会"，从理论学术上鼓吹立宪。随后便与郑孝胥等人谋划成立了国内第一个具有政治结社性质的立宪政团——"预备立宪公会"。张謇先是任副会长，后被选为会长。该会会员共有270多人，主要是来自江浙等临海省份的上层绅商、文士名流。公会成立后，主要进行了出版报刊、宣传宪政和开办法政讲习所、训练立宪人才等工作。同时，还编撰商法，完成公司法及总则两部草案。预备立宪公会最具历史开拓意义的工作，是领

① 张謇：《致赵凤昌函》，《张謇全集》第2卷，第132—134页，上海辞书出版社，2012年。
② 张謇：《啬翁自订年谱》，《张謇全集》第8卷，第987—1049页，上海辞书出版社，2012年。

张謇三十讲

导各政团请愿速开国会。

四是成立江苏谘议局,示范引领各省"议会"。1907年,迫于各方面的压力,朝廷宣布九年预备立宪期限,并同意各省设立谘议局。预备立宪公会随即与11个相关团体在上海集议筹办谘议局事项。1908年六月,张謇开始筹建江苏谘议局,于1909年三月正式成立,由他担任议长。谘议局虽然还只是一个不具立法权的"准议会"机构,仅以"钦遵谕旨,为各省争取舆论之地,以指陈通省利病,筹计地方治安为宗旨"。却使社会各界,特别是立宪派获得了前所未有的参政议政机会。正如张謇在江苏首届谘议局闭幕式上所言:"举数千年未有之创局,竟能和平正大,卓然成一届议会,官长与人民毫无龃龉痕迹,上下交尽,谁谓吾国人程度不及,此为各省所略同。"①由于张謇的声望和才干,江苏谘议局不仅成立早,而且成效显著,在履行职责、发挥功能方面,特别是在反映民意、维护民权、监督政府方面,对全国各省谘议局发挥了重要的示范引领作用,从而为整个立宪运动做出了独特贡献。

五是组织国会请愿活动,推进立宪加快步伐。由于国会和与之相对应的责任内阁是立宪政体中的基础性架构,因而争取早开国会和成立责任内阁就成了立宪运动的主要追求目标。张謇因势利导,打着预备立宪公会旗帜以江苏谘议局为龙头,发起组织了三次声势浩大的国会请愿运动。1909年八月,张謇利用江苏谘议局开会时期,与江苏政要和社会名流商议,决定联合各省督抚及谘议局,共同要求早开国会和组织责任内阁。经过张謇和汤寿潜等江浙立宪派紧张协调运作,十六省谘议局代表于当年十一月齐聚上海,决定以谘议局请愿联合会名义组成代表团赴京请愿。代表出发时,张謇设宴饯行并作《送十六省议员诣阙上书序》,还连夜改定了请愿活动的纲领性文件《请速开国会建设责任内阁以图补救的意见书》。后来,清廷以"筹备即未完全,国民知识程度又未统画一"为由,婉拒

---

① 张謇:《江苏谘议局首届议会闭会演说》,《张謇全集》第4卷,第159—160页,上海辞书出版社,2012年。

了代表们早开国会的请愿。对此，张謇有针对性地指出："夫有国会然后可以举行宪政，无国会则所谓筹备皆空言。"所以，"吾国惟其欲筹备宪政，亦当速开国会也"。针对国民程度不一的借口，张謇直言："中国亟宜择民间之优秀者，许其参政。其多数之国民，一面普及之以教育，一面陶镕之以政治，庶几并行而不悖。若坐待人民程度之划一，而始开国会，是无其时。"①

　　1910年二月，江苏谘议局再次决议呼吁速开国会，各地纷纷响应，共同开展了声势更大的第二次早开国会请愿运动。全国十个团体和一百五十多个入京请愿代表向督察院呈递了请愿书。据说，在请愿书上签名的有30多万人。面对这种情况，清廷仍一意孤行，严厉训诫请愿代表："惟兹事体大，宜有秩序，宣谕甚明，毋得再行渎请。"

　　对此，张謇等立宪派不屈不挠，又在当年九月组织了力度更大的第三次早开国会请愿运动。他们利用国家资政院举行开院典礼的机会，一面与国家资政院内的部分议员里应外合，一面向摄政王载沣上书并四处游说王公大臣。最终，国家资政院居然一致通过了关于早开国会的议案，社会舆论几乎一边倒地支持早开国会。清廷十分无奈，不得不在当年十月三日宣布，提前三年于1913年召开国会，并允诺先行组织内阁。面对深得民心的立宪派的逼促和孙中山革命派的暴动威胁，清王朝不得不选择了以立宪政改来消弭革命危机的道路。它尽管满肚子不情愿，但还是硬着头皮走下去，否则就会给执意要推翻它的革命党以可乘之机。

　　国会请愿运动尽管未能完全达到目的，但无疑取得了历史性的成果。专制统治者竟然破天荒地在社会各界的压力下收回成命，发布新令，表明其统治权威已根本动摇。像张謇这样的社会精英（包括知名士绅和开明官僚）与社会民间力量联手，成功地组织政治抗争活动，这在中国历史上还是第一次。这也标志着中国政治正在向现代转型。

---

① 张謇：《请速开国会建设责任内阁以图补救的意见书》，《张謇全集》第1卷，第187—190页，上海辞书出版社，2012年。

张謇三十讲

在张謇看来,中国若能像日本那样沿着立宪变革的道路走下去,就能以和平改良的方式,消除种种"病根",使中国变成像日本那样的现代强国。遗憾的是,历史并没有完全按照张謇们的意愿运行。辛亥年武昌城头的一声炮响,轰垮了不可救药的清王朝,也粉碎了张謇们的君主立宪之梦。但是,辛亥革命的成功,离不开立宪运动有意无意为革命创造的思想和社会条件。从这种意义上说,清王朝是被革命派和立宪派联手推翻的。因此,张謇在革命发生不久,便由君主立宪转为民主共和,并对自己所从事的立宪运动,既感到遗憾,又为之自豪。

正因如此,张謇才在晚年为《自编年谱》作序时动情地说:"一生之忧患、学问、出处,亦常记其大者,而莫大于立宪之成毁。"[1]在他看来,立宪运动是近乎扭转乾坤的大事,虽然功败垂成,但却是他一生用力最多、最为辉煌的壮举,也是最有可能实现他强国富民理想及赶超日本目标的最佳路径。

---

① 张謇:《啬翁自订年谱》,《张謇全集》第 8 卷,第 987—1049 页,上海辞书出版社,2012 年。

第十五讲：
南通早期现代化的时代意义

（2023 年 11 月 4 日，由江苏省委统战部主办，中共南通市委、南通市人民政府承办的纪念张謇先生诞辰 170 周年座谈会及由南京大学、江苏省张謇研究会主办的第七届张謇国际学术研讨会召开。笔者作题为《张謇早期现代化的时代意义》的主旨演讲。此文亦发表在《江苏文史研究》2023 年第 4 期）

张謇是中国早期现代化的开拓者、引领者。他在家乡南通所开创的现代化事业，无论对南通，还是对全国；无论是对当时，还是对当下乃至将来，都有着极为珍贵的时代意义。梳理总结百年前张謇现代化的实践和思想以及后续传承，对于搞好今后的中国式现代化，有着独特价值。

一、对当时中国现代化的示范意义

张謇在南通的现代化事业，起始于 1895 年创建现代化工业企业——大生纱厂，拓展于后来的实业、教育、文化、公益、城建等各项现代化事业蓬勃兴起，集大成于 1921 年前后全国"模范县"和"中国近代第一城"最终形成。当时南通对中国早期现代化的示范引领作用十分明显，主要表现为：

（一）"模范县"的成效和影响

张謇所开创的南通早期现代化是全方位的。在经济建设上，张謇本着"大工大农大商"的现代化产业思想，用现代企业制度、现代科学技术、现代融资手段、现代经营贸易方式，创办了一系列以大生纱厂和通海垦牧公司为主干的、涵盖一二三产的各类经济实体，形成了中国当时最大的民族产业和资本集团。这不仅促使偏于江海一隅的落后县域快速腾飞崛起,使南通一跃成为工业化、城市化水平最高的中小城市,而且直接助推引领了全国的现代经济发展。

在文化建设上,张謇一手兴办现代文化事业,一手构建现代教育体系。1903 年,中国第一所民办师范学校"通州民立师范学校"开学;1905 年,中国第一个民办博物馆"南通博物苑"诞生;1912 年,中国最早的私人设立的对公众开放的图书馆"南通图书馆"建成;1913 年,创办《通海新报》等现代新闻报纸;1916 年,建成全国第一座民办农用气象台"军山气象台";1919 年,创办全国第一所现代戏曲学校"伶工学社",并建成现代化大剧院"更俗剧场";1922 年创建了中国最早的"中国影戏制造有限公司",并将所拍摄的艺术片《四杰村》等送往美国纽约放映。张謇是中国教育早期现代化的先驱和集大成者。他一生创办了近 400 所学校,从幼儿园、小学、中学到大学,从普通学校到职业教育、特种教育,几乎无所不包。他还成立了教育会、劝学所等几十个现代教育研究团体和机构。著名的美国教育家、哲学家杜威在考察南通后,由衷地赞叹道:"南通者,教育之源泉,吾尤望其成为世界教育之中心也。"①

在社会建设上,与当时南通城市现代化建设走在全国前列同步,张謇在大力加强社会管理、改善社会风气的同时,大力创办现代化的社会公共事业和社会保障体系。1911 年,创办大聪电话公司,建成南通市区电话网络;1917 年,建设唐家闸公园和市区东、西、南、北、中五座中国最早对公众开放的园林;1917 年,创办通明电气公司,形成从唐家闸到中心城区的供电系统;1919 年,成立南通公共汽车公司,开辟港闸、城区等多条公共汽车线路。与此同时,南通也初步形成了现代化的医疗养老、慈善扶贫等社会保障系统。

在生态建设上,张謇追求工业文明以强国富民的过程中,就高度重视生

---

① 杜威:《教育者的责任》,周宏宇、陈竞蓉《民主主义与教育——杜威博士在华演讲录》,安徽教育出版社,2013 年。

态文明,正确处理生产发展和生态保护的关系,在城市的总体规划建设时,就考虑到生产、生活、生态的合理布局,缔造了人与自然和谐共生的中国近代生态城市雏形,构建了"一城三镇、城乡相间"的现代生态城市格局。

在政治建设上,张謇紧跟政治文明时代潮流,以政治建设促进和保障经济社会发展。他用足用活中央政府关于地方自治的方针政策,成立商会、农会、慈善会、教育会等各种社会团体,充分动员以地方士绅为骨干的各种民间力量参与地方治理。他于1908年破天荒地发动民众选举,成立了全国第一个省以下"议会"——通州议事会,并亲任议长。议事会及随后成立的自治会,设立了一系列"准政府"机构,发挥了地方政府的部分职能作用。

南通早期现代化的各方面业绩,引起了广泛的关注和仿效。在工商界,无锡的荣德生、上海的穆藕初、天津的范旭东、四川的卢作孚(被誉为"四川张謇")等著名实业界人士,纷纷学习借鉴张謇的经验,在办好实业的基础之上,推进本地的文化教育公益事业和城市建设朝着现代化的方向发展。在教育文化界,文化名人蔡元培、黄炎培、梁启超、陶行知等,要么对张謇的文化事业倍加赞赏,广为宣传,要么与他联手合作开展现代文化事业。

在城市建设和治理现代化方面,南通成了各地的"示范生",引领了当时的区域发展。1923年3月17日的《密勒氏评论报》评论道:"南通为扬子江北岸之商埠,⋯⋯以其为中国人所经营之商埠,故年来变化之速,革新之进步,实堪为吾人注意也,而有中国模范城之称。观此城,亦可表率中国人建造革新之能力。"主管中国海关的英国人赫德在其《海关十年》报告中,也称赞南通"是一个不靠外国人资助,全靠中国人自力建设的城市,这是耐人寻味的典型"。日本人鹤见祐辅则由衷赞叹:"不能不说张謇先生的事业,是中国400余州县里面成绩最卓的一个。""如果中国有十个张謇,有十个南通,那么中国的将来就会很有希望。"①

张謇是一个伟大的爱国主义者,他的爱国主义精神集中体现在他对

① 南通市档案局:《西方人眼中的民国南通》,第12—46页,山东画报出版社,2012年。

现代化强国理想的追求之中。他的理想就是使中国早日实现现代化,让中国成为"世界文明村落"的重要一员。他在尝试了全国性的政治、经济现代化的推进途径后,深感"中国政界亦无有为我发展之地者,为志在求一县之治"。于是,在1915年秋,他毅然辞去农商总长,回到家乡,全身心地投入南通的现代化事业之中,一直到1926年去世。在人生的最后十多年,他几乎全都在南通的土地上辛勤耕耘,并育出了地方现代化的累累硕果。但是,张謇全心全意投身于南通的现代化建设,并不仅仅是为了南通,也是为了推动全中国的现代化建设,为全国打造一个可资学习效仿的"示范区"和"样板田"。正因如此,与他同时代的大学者胡适才说:张謇当了几十年的开路先锋,造福一方,而影响遍及全国。而当代的文化名人余秋雨则赞叹:张謇当年用南通现代化的案例,向全世界发表了一篇"南通宣言",宣告中国人是能够搞现代化的。建筑学界泰斗吴良镛院士则将南通称之为"中国近代第一城"。

(二)思想理念的超越和领先

榜样的作用是无穷的,精神的力量是永恒的。张謇的现代化思想理念,与他的现代化实践成效,同样具有突出的示范引领意义。遍观古今中外,卓有成效的优秀企业家数不胜数,腰缠万贯甚至富可敌国的企业家也为数不少,但几乎仅凭一己之力,将一个不起眼的闭塞小县,打造成为举世瞩目的具有一流现代化水准的明星城市,恐怕唯有张謇一人。这种超凡的业绩,来自不同凡响的精神力量和思想理念的推动和引领。张謇关于现代化的思想理念,显然已大大领先于同时代一般中国人的认知。

首先是宏阔的世界眼光。张謇虽然只是来自传统社会的一介儒生,但是由于他能识古通今、融汇中西,特别是能立足于时代前沿睁大眼睛观世界,紧跟世界潮流,融入现代之时,因而他具有极为宽广的世界眼光。他历来认为"一个人办一县事,要有一省之眼光;办一省事,要有一国之眼光;办一国事,要有世界之眼光"[1]。为了践行他的爱国精神和强国理想,

---

① 张孝若编:《张季子九录·实业录卷一》,中华书局,1932年。

办好中国的事情,他不仅练就了世界眼光,而且将世界眼光用来审视和指引自身的现代化事业。他的世界眼光主要表现为:一是以全球的视野观察变化着的世界经济社会局势,为贫弱的中国、偏狭的南通寻找可能的发展机会。他深知,"今日我国处列强竞争之时代,无论何种政策皆须由观察世界之眼光,旗鼓相当之手段,然后得于竞争之会"。① 他创办大生纱厂的目的,既是为了顺应现代化工业潮流,以现代化的手段解决国计民生问题,又是为了与日本等列强争夺纺织市场以"堵塞漏卮",均是着眼于世界形势。张謇甚至于对某一项具体纺织业务的定夺,也要考虑世界局势。他曾在 1916 年 5 月致信自己的同科进士和合作伙伴、如皋实业家沙元炳:"欧战不停,正我国行兴染料之机。"要沙利用当地"靛业有名"的条件,抓紧谋划纺织染料的开发生产。二是虚心向世界先进发达国家学习。张謇晚年在回顾总结他在南通的现代化事业时,表示自己能取得一定的成功,主要是"对于世界先进各国,或师其意,或撷其长,量力所能,审时所当,不自小而馁,不自大而夸"②。也就是说,从自身的实际情况出发,尽力而为,对先进国家的好东西尽量学习,看到差距不气馁,取得成绩不自高自大。他在 1903 年去日本考察七十天,利用一生中唯一一次的出国考察机会,全面细致地研析和借鉴了日本及西方强国的政治、经济、教育等各方面的现代化经验。回国后,便在更高的起点上加快了自身的现代化事业,在许多方面取得了突破性的成就。三是开放包容的胸襟。有了"世界眼光",不仅能看懂世界,也能容纳世界。与封闭保守的传统官僚和士大夫不同,张謇对外部世界持十分开放包容的态度。他力主和践行"请进来"和"走出去",把现代化国家的先进科学技术、机器设备、人才专家乃至文化理念等请进来,并在自己亲自走出去的同时,把自产商品、社会信息、城市形象、优良传统等传送出去,实现与世界的对接与融合。南通是当时对外来的生产要素、文化元素吸纳最多的中小城市,也是最早把城市故

① 张謇:《中央教育会开会词》,《张謇全集》第 4 卷,第 188—190 页,上海辞书出版社 2012 年。
② 张謇:《为南通地方自治二十五年报告会呈政府文》,《张謇全集》第 1 卷,第 523—524 页,上海辞书出版社 2012 年。

事、英文广告、精良绣品、电影作品等推送到西方国家的"模范县"。

其次是先进的文明标准。正因为张謇以宽广的视野观察世界,因而才能以世界上的先进文明为标准来看待中国的现代化。他认为,用科学的"观察世界之眼光"来看,追求先进文明是人类社会发展的不可逆转的必然趋势,"世界经济之潮流喷涌而至,同则存,独则亡,通则胜,塞则败"[1]。中国要富强,要实现现代化,必须顺应时代潮流,向世界先进文明看齐。他认为"世界的进化,国际的竞争,绝不是旧理论旧法子可以办得到的,至少方法是一定要学习欧美日本了"[2]。他把世界各国看作是由各个村落(国家)所组成的,而"文明村落"则是代表先进文明的现代化国家,他建立一个"新新世界"的理想,就是"以一隅与海内文明国村落相见,此或不辱我中国"[3]。所以,他在推进南通现代化的过程中,处处以先进文明为标准,竭尽全力提高城市文明水平。他经过潜心研究,认识到外洋之强在于"学",其工业因"讲格致,通化学,用机器,精制造",才得以"化粗为精,化少为多,化贱为贵";其农业则讲求土宜物性,以机器广种植、兴水利。因此,他不遗余力地倡导通过学习世界先进的物质文明,把中国建设为富强繁荣的现代化国家。

难能可贵的是,作为一代"大儒",张謇没有仅仅把学习现代文明局限在"师夷长技"的"器物"层面,而是在精神文明方面,也提倡与先进国家同步。他主张学习吸纳西方的人文精神、科学理性主义、重商思想、法治意识等,并与中华优秀传统文化相结合,打造"一等文明国"。为推进中国的政治文明建设和政治体制变革,他还主张仿效日本等国的"立宪",主张"中日较近,宜法日;日师于德而参英,宜兼取德英;法美不同,略观其意而已"。

在追求先进文明(也就是现代化)的过程中,张謇认为必须坚定不移,勇往直前,不能含糊,不能妥协,不能半途而废。他在 1903 年考察日本

① 张謇:《致商会联合会函》,《张謇全集》第 2 卷,第 437—439 卷,上海辞书出版社,2012 年。
② 张孝若:《最艰难的创业者:状元实业家张謇传》,新世界出版社。
③ 张謇:《附答周应时等函》,《张謇全集》第 2 卷,第 583 页,上海辞书出版社,2012 年。

时，就从日本的经历中得出结论，"与世界竞争文明，不进则退，更无中立，日人知之矣"①。因此，他在开创现代化的过程中，一方面始终以先进文明为标准，高标准、高起点推进，一方面不管遇到什么艰难困苦或挫折阻碍，总是坚韧不拔地朝着心中的理想目标努力。正如他的儿子张孝若所说："他总是握紧了两个拳头，抱定了一个主意，认准了一个方向，直视和往前走，总想打通了这条路，去造一个新世界。"②

最后是超前的现代意识。思想意识是行为实践的先导。可以说，张謇的事业跨越了一个时代，他的意识也超越了一个时代。他之所以能创造中国近代史上的诸多"第一"，就是因为他有着不同寻常的超前意识。他的现代意识是极为深刻而超前的。当大多数人还在旧时代中浑浑噩噩、抱残守缺时，他已具有了市场经济、民主政治、技术理性等现代性理念。"现代性"是人类经过种种重大变革而形成的现代新型社会的基本特质，即"现代化"的本质属性。所谓现代化，实际上就是指人类社会进入近代以来，以现代性为引领，不断进行突破性改变的历史进程。它是发端于启蒙运动和工业革命，延续至今并连接未来的时代变迁。张謇在南通早期现代化事业开拓中，总能有意无意地以现代化的眼光来待人和事，以现代性为准绳来衡量各项事业的成败得失，并以此确定南通早期现代化的目标定位和路径选择。张謇早在 1886 年推动家乡发展桑蚕时就有"议仿西法，集资为公司"的尝试。1895 年后，更是形成了经济、政治、文化、社会乃至人的现代化的系统思想。正如他的儿子张孝若所说："父亲的思想事业很有创立的精神，看事常看早十年，做事必须进一步，思想要有时代性，实业要应着世界潮流，没有顽腐的成见。"③

（三）地方治理的创新和保障

南通早期现代化的示范引领作用，最重要而又最容易被忽视的，是治理现代化对各项现代化事业的保障。

---

① 张謇：《柳西草堂日记》，《张謇全集》第 8 卷，第 531—571 页，上海辞书出版社，2012 年。
② 张孝若：《最艰难的创业者：状元实业家张謇传》，1929 年，新世界出版社。
③ 张孝若：《最艰难的创业者：状元实业家张謇传》，1929 年，新世界出版社。

张謇三十讲

所谓治理现代化,就是用现代的治理方式、治理能力、治理体系,去整治和管理国家。对于其他各项现代化而言,治理现代化起着根本性的保障作用。如果没有治理现代化,经济、社会、文化等方面的现代化就无从说起。张謇在南通的早期现代化之所以能获得一定的成功,最关键的就是发挥了地方治理现代化的先导和保障作用。

治理现代化是对传统、陈旧的治理方式的突破和革新,从一定意义上说,也就是政治变革。现代化后发型国家和地区,由于经济、社会等方面的"现代性"积累不足,难以自发地走上现代化道路,需要以强劲的政治力量来突破顽固守旧势力的阻碍。因而,通过政治变革推行政治或治理的现代化,几乎是后发型现代化的第一位前提条件。

张謇当年在南通并不是官方委任的主政者,他不能直接操纵政府机构开展地方治理现代化。他的关键之举和核心路径,就是凭借自身特有身份和资源,打着"地方自治"的旗号,推进地方治理现代化。张謇在早期创业过程中,经历了许多磨难,也遇到了主要来自政治方面的种种阻力,他痛切地认识到,中国的现代化难以展开,"抉其病根,则有权位而昏庸者当之矣。"①为此,他一方面积极投身全国性的政治活动,以变革政治;一方面在家乡开展地方自治,以推进地方治理现代化。他在 1903 年去日本考察后,就清晰而尖锐地认识到:"今人民痛苦极矣!求援于政府,政府顽固如此;求援于社会,社会腐败如彼。然则直接解救人民之痛苦,舍自治,岂有他哉。"②

所谓地方自治,是近代以来出现的一种新型治理模式,主要用于平衡地方与中央权力、调动地方积极性发展地方事业。地方自治思想发端于英德等国,盛行于日本明治维新时期,于 20 世纪初传播到中国。1907 年 9 月,清廷谕令民政部"妥拟自治章程,请旨饬下各省督抚择地依次试办"③。张謇本就有感于"官之贼民""暗弊而不足与谋"④,一旦看到朝廷

---

① 张謇:《柳西草堂日记》,《张謇全集》第 8 卷,第 531—571 页,上海辞书出版社,2012 年。
② 张謇:《苏社开幕宣言》,《张謇全集》第 4 卷,第 461 页,上海辞书出版社,2012 年。
③ 吴桂龙:《晚清地方自治思想的输入及思潮的形成》,载《史林》2000 年第 4 期。
④ 张謇:《复汪康年函》,《张謇全集》第 2 卷,第 91 页,上海辞书出版社,2012 年。

名义上倡导试行地方自治，便只争朝夕地认真干了起来。他的自治蓝图是："内而耕凿食衣技工商贾行旅负贩，男男女女，幼幼老老，抉翼教诲，治疗存向，济助救恤；外而水陆津梁车船庐馆及于纳税当兵，所为自存立、自生活、自保卫，以成自治之事，罔勿及者。"①

1908 年，张謇在筹办江苏谘议局的同时，在南通成立了全国最早的县级"议会"——通州议事会，并亲任会长。通州议事会及随后成立的地方自治会，破天荒地以士绅和民众的力量，取代了地方政府的许多职能，主导了当地的政治生活，全方位地推动了经济社会发展。他在创办现代化的社会公共事业和社会保障体系的同时，成立现代社会组织，培养现代社会意识，进行现代社会变革，使南通逐步形成了新的社会生态。张謇巧妙而又充分地运用了地方自治政策和自身的特殊身份和经济实力，使南通的地方自治和政治变革几乎突破了清王朝所能容忍的极限，从而使南通的地方治理现代化走在全国前列，并保障南通的整个现代化走在全国前列。南通因此也一跃成为全国响当当的"模范县"和"中国近代第一城"。

二、对当代南通现代化的奠基意义

历史是不能割断的，后人的成功离不开前人的业绩。张謇当年在南通开创的现代化事业，为后来南通的经济社会发展奠定了扎实的基础。特别是进入新世纪以来，南通市委、市政府率领七百多万江海儿女，立足早期现代化雄厚的物质和精神文明基础，本着"传承先贤伟业，续写时代辉煌"精神，瞄准"两个率先"（率先全面建成小康社会，率先基本实现现代化）和"强、富、美、高"（经济强、百姓富、环境美、文明程度高）的目标，守正创新，接续奋斗，开创了当代现代化的新局面。

新中国成立以后，南通依托张謇时期的丰厚基础，在许多领域走在全国前列，成为著名的"纺织之乡""建筑之乡""教育之乡""体育之乡""长寿之乡"。本世纪初，南通立足改革开放以来的丰富成果，从挖掘保护张謇

① 张謇:《自治会报告书序》,《张謇全集》第 6 卷,第 496 页,上海辞书出版社,2012 年。

历史文化遗存入手，打"张謇牌"，弘扬张謇精神，光大"中国近代第一城"，提出了"五个新南通"（经济发达、文化繁荣、政治清明、社会和谐、人民安康）的现代化建设目标。依据"依托江海、崛起苏中、融入苏南、接轨上海、走向世界、全面小康"的发展思路，南通先是在小康社会建设方面取得了领先性成果。江苏省委、省政府于 2003 年制定了全面小康指标体系，2009 年，南通市比省定要求提前三年达标。2010 年，南通所辖县（市）全部达标，成为全省江北首个县（市）小康群，形成了"经济满堂红、生态满眼绿、精神文明满堂彩"的"南通现象"。

在全面建设小康社会达标后，南通不失时机地向基本现代化目标迈进。2009 年 11 月，中共南通市委召开六次全会，以"乘势而上，加快转型，奋力开启基本现代化建设新征程"为主题，对基本现代化建设进行了系统部署，制定了一系列政策举措，形成了具体指标体系，统筹推进经济、社会、城市等各个领域的现代化建设。

在推进经济现代化方面，依托"中国民族工业发祥地"基础，以工业化为主体，以民营经济和开放型经济为"双引擎"，激活创新创业城市基因，为经济现代化注入强劲动力。本着打造"江苏民营经济第一大市"的奋斗目标，多年来南通民营经济发展始终走在全省前列。在对外开放方面，传承张謇"观察世界之眼光、旗鼓相当之手段"精神，面向全球吸纳发展资源，开创性的举办多届"世界大城市带发展高层论坛"等国际交流活动，促进利用外资连续多年实现"撑竿跳"，外经、外贸在全省领先。

在推进城市现代化方面，传续张謇"一城三镇、城乡相间"城市空间布局理念，促成"一主三副两轴"城市总体格局。以濠南路片区整治提升为突破口，使整个老城区呈现出现代城市的新模样。濠南路是张謇时期实业、教育、文博、城建发祥地，改造后的濠南路，成为展示南通近代风貌、延续城市文脉的窗口，并使老城区与快速崛起的新城区交相辉映。同时，苏通大桥、洋口港等重大基础设施相继建成，张謇所开创的港航事业实现了新的飞跃。

在推进社会、文化现代化方面，秉承张謇崇文重教和统筹协调理念，一方面持续推进教育优质均衡发展，在全省率先完成省定教育现代化任务；一方面加强精神文明建设，开展"五城同创"，连续多次被评为"全国文明城市"。同时，注重先进文化对人和社会的教化作用，积极开展"中国近代第一城"研讨宣传和城市精神大讨论活动，提炼出"包容会通、敢为人先"的南通精神，打通传统与现代化的连接通道，形成市民的新时代精神风貌。

党的十八大以来，南通以习近平新时代中国特色社会主义思想为指导，以高质量发展为主线，高水平全面建成小康社会，奋力开启现代化建设新征程。在战略层面上，丰富拓展新世纪初南通市委关于构建"小金三角"的战略构想，进一步提出发挥战略叠加优势，打造重要战略支点。在工作举措上，聚焦实业强市，把 1899 年张謇创办的大生纱厂开工投产的 5 月 23 日设立为南通企业家日，以实体经济为支撑，交出了一份充分展现"强、富、美、高"鲜明特质的答卷。一是"经济强"的实力更加彰显。2020 年地区生产总值跨过万亿元台阶，成为全省第四座万亿之城，列全国第二十三位。二是"百姓富"的成果更加丰硕。人均地区生产总值 2.2 万美元，达到高收入经济体水平。居民人均可支配收入 4.9 万元，城乡居民收入倍差收窄到 1.93，是全国第五个存贷款余额均超万亿的地级市，居民人均存款余额位居全省第二。三是"环境美"的底色更加鲜明。五山地区生态修复成为全国样板，长江禁捕退捕工作走在全省前列，去年 PM2.5 平均浓度、国省考断面水质优Ⅲ比例均为全省第一，获得全国生态文明建设示范区等称号。四是"社会文明程度高"的标识更加凸显。实现全国文明城市"五连冠"，"一枚印章管到底""一支队伍管执法"成为全国典型，公众安全感满意度保持全省前列。总书记指出，党的十八大以来，我们党在已有基础上继续前进，推进一系列变革性实践、实现一系列突破性进展、取得一系列标志性成果，推动党和国家事业取得历史性成就、发生历史性变革，为中国式现代化提供了更为完善的制度保证、更为坚实的物质基础、更为主动的精神力量。南通正是全国的生动写照和典型案例。

回顾百年来的南通现代化进程，我们十分欣喜地看到，张謇当年"建

张謇三十讲

设一新世界雏形"的志愿,正转变为更加可感、更为丰富、更高水平的现实模样。我们正阔步前行在中国式现代化大道上,依稀可见先生当年的足迹,张謇早期现代化的丰硕成果,依然为我们今天所用。

三、对当下地方现代化的启迪意义

党的二十大报告指出:"从现在起,中国共产党的中心任务就是团结带领全国各族人民建成社会主义现代化强国、实现第二个百年奋斗目标,以中国式现代化全面推进中华民族伟大复兴。"张謇所开创的南通早期现代化事业及后来的接续传承,对于当下正在开展的中国式的地方现代化,有着重要的启发借鉴意义。

(一)以实体经济为重心

实体经济是整个经济大厦的基础,也是经济现代化的立足点。对于一个地方来说,没有实体经济,就没有建立在经济现代化基础之上的教育、文化、社会、城市等各方面的现代化。张謇当年本着"国非富不强"和"富非实业不张"[①]的理念,兴办各种实业,大力发展以"大工大农大商"为主干的现代实体经济,成就了南通早期现代化的辉煌。今天,我们在地方上推进中国式现代化,依然需要大力发展实体经济。

经济学理论和经济发展实践表明,任何一个地方的经济都会表现出丰富性和多元化,不可能是单一的,但必须以实体经济为重心。目前,我们在推动地方经济现代化的过程中,要按照二十大报告要求,坚持把发展经济着力点放在实体经济上,推进新型工业化,加快建设制造强国、质量强国,同时,要对传统实体经济改造升级,使之具有更多的现代化特点,特别是要支持专精特新企业发展,推动制造业高端化、智能化、绿色化发展。

(二)以本地特色禀赋为依托

一切从实际出发,是马克思主义的基本原理。中国式现代化立足于

---

① 张謇:《劝通州商业合营储蓄兼普通商业银行说帖》,《张謇全集》第 4 卷,第 67 页,上海辞书出版社,2012 年。

中国国情特点,地方上的现代化应以本地禀赋特色为依托。所谓地方禀赋,包括两个方面的特有资源:一是指地理、气候、环境、物产等自然资源条件;一是指历史传承、文化积淀、城市风貌等人文资源状态。当年张謇开创南通早期现代化,就是立足于特殊市情,充分利用了本地适宜种棉纺纱、围海开垦等独特的自然条件,以及江海民众(移民)开拓进取、坚毅勤劳等人文品格,从创办大生纱厂和通海垦牧公司着手,在发展中国最早、最具规模的现代实业基础上,全面推进了南通各方面的现代化建设。进入新世纪以来,南通也充分利用"有江、有海、靠上海"等自然条件,以及"中国近代第一城"的物质和精神文明传承,创造了新时代经济社会发展的新成就。事实表明,用好本地的禀赋资源,也就是发挥本地优势,利用"你无我有,你有我优"的条件,在差别化竞争中取胜。充分利用本地特有的禀赋资源,推进具有本地特色的现代化,是地方加快实现现代化的必由之路。

(三)以城市现代化为龙头

城市是人口、产业、市场资源和生活实施的集中地,是一个地区政治、经济、文化中心。城市现代化必然代表和带动整个地区的现代化水平。城市现代化具有三大基础特征:一是现代化的动力特征,表现为用什么样的手段、方法、技术路线和产业层次来获得发展;二是现代化的公正特征,表现为城市共同富裕的水平及其对于贫富差异和城乡差异的克服程度;三是现代化的质量特征,表现为城市"文明程度"和"生活质量"及其对于物质和精神需求的相对差距,其中包括物质支配水平、环境支持水平、精神愉悦水平和文明创造水平的综合度量。张謇所推动的南通早期现代化,之所以能获得一定的成功,就是因为依据吴良镛称赞的"整体社会改良"的城建思想,精心打造了"中国近代第一城",以城市现代化影响和拉动了整个地区的现代化。

依据历史的经验,我们今天在开展地方现代化的过程中,也应发挥城市现代化的主导带动作用。一是要使城市现代化具有高水准、高质量,示范引领整个地方的现代化;二是发挥城市现代市场资源配置中心和生产

张謇三十讲

力要素辐射交融作用,拉动和促进区域经济现代化水平提升;三是以城市物质文明和精神文明建设的先进成果,引领和促进地方现代化的整体跨越。

（四）以地方治理现代化为保障

治理现代化对国家和地方的现代化建设起着根本性的保障作用,这是毋庸置疑的。南通早期现代化的经验,也充分证明了这一点。党的十八届三中全会指出:全面深化改革的总目标就是完善和发展中国特色社会主义制度,推进国家治理体系和治理能力现代化。党的十九届四中全会就"坚持和完善中国特色社会主义制度,推进国家治理体系和治理能力现代化若干重大问题"作出决定,具体部署推进治理现代化。党的二十大,围绕现代化的总目标,再次强调了治理现代化的问题。治理现代化属于政治建设,实质上就是依据现代政治文明和法治理念治国理政。任何一个国家、一个地区,若要全面实现现代化,就必须以治理现代化为保障、为先导。南通早期现代化能走在全国前列,就是因为张謇打着"地方自治"的旗号,全面提升了地方治理现代化水平。

地方治理现代化涉及许多内容和任务,但最核心的就是治理的法治化。法治是治理现代化的基本原则和重要标志,依法治理是现代文明国家的根本性要求。离开法治,所谓的治理体系和治理能力的现代化,就是一句空话。善于运用法治理念、法治思维和法治方式治理国家和地方,是中国式现代化的必然要求。对此,张謇当年也有着深刻的认识。张謇认为,将传统的"人治"变为现代的"法治",可以"以之治地,地必逞能;以之治人,人必就范;而治地治人之人亦常受治于法律"[1]。也就是说,依法治地,地可结出硕果;依法治人,人和社会就会规范有序;依法治官("治地治人之人"),官就会在法律的框架内律己奉公。说到底,就是依照法律管理社会生活,规范被治者和治人者社会行为,调节社会关系,维护社会秩序,促进社会发展,就能以治理现代化保障和引导各个方面实现现代化。

---

[1] 张謇:《致商会联合会函》,《张謇全集》2卷,上海辞书出版社,2012年。

（五）以协调发展和共同富裕为取向

地方现代化说到底，就是惠及整个地区和全体民众的现代新型生活和生产形态。因此，它的全面性、均衡性、普惠性的特征十分突出。首先，他必须协调发展，包括城乡之间、区域之间、产业之间乃至两个文明之间等。其次，它必须追求共同富裕，普遍提高生活水准，使人民群众公正地共同享受现代化发展成果。协调发展和共同富裕，也是二十大报告所指出的中国式现代化的基本特点。

张謇在推进南通早期现代化过程中，特别注重统筹协调。在产业发展方面，他以大生纱厂为基点、为主轴，按照"大工大农大商"的发展理念，创办了一系列工业、农业、服务业企业，形成了门类齐全、相互配套的产业链。在城乡发展方面，依据"一城三镇、城乡相间"的规划布局，一面以中心城市的现代化带动乡村的发展（包括建立现代化的垦牧区），一面以发展起来的乡村，为城市发展提供优质的原材料和劳动力及广阔的市场空间。在区域协同上，他先是以唐家闸、天生港等工业、港口为重镇，并以沿海垦牧产业的布局，形成新的交通线和乡镇连接点，带动通海地区的发展；再以南部地区（俗称南三县），与北部地区（俗称北三县）互动共促，最终形成区域发展较为平衡的态势。在两个文明建设方面，他以实业和城建等物质文明为基础，大力兴办教育文化事业，大力树立现代文明风尚，使南通的精神文明建设亦领先全国，被外国人称之为"理想的文化城市"和"中国教育之源泉"。

张謇在"共同富裕"的问题上，也有着深刻的见解和独到的做法："贫富相资，治安相共"，使人民共同过上富裕安康的生活，是张謇的一生追求。但他认为平等在起点，不在终点。由于人的先天禀赋后天努力及所处环境不同，最终不可能在生活待遇上人人相同。他主张先"安富"，让富人安心办实业，既自己赚钱致富，又回报社会；再"振穷"，让穷人和贫困地区振兴起来，走上富裕道路；最后是"恤贫"，用民间慈善和国家抚恤的办法，使没有生存能力的贫弱者也能过上正常人的生活。由此可见，共同富裕并不等同于同时富裕、同等富裕。可以让一部分人先富起来，再带动其

张謇三十讲

他人富裕,可以使大多数人都进入富裕状态,但不能追求无差别的同等富裕。

得益于张謇实践和精神的传承,南通在进入新世纪后,在协调发展和共同富裕方面也取得了可喜的业绩。我在第四届张謇国际学术研讨会上曾对此论述到:大力弘扬包容会通、敢为人先的新时期南通精神,奋力推进跨越发展、科学发展、和谐发展,开创出速度效益双双领先、外资民资比翼跃升、江海开发联动突破、城乡县域整体跨越、三个文明协调推进、农民市民共同富裕、人与自然和谐相处的既快又好发展局面,南通成为长三角发展最快、活力最足、潜力最大的城市之一。

我们今天正在按照党中央的要求,依据经济建设、政治建设、文化建设、社会建设和生态文明建设五位一体的建设总体布局,整体推进中国式现代化;正在以提高国家治理体系和治理能力现代化,来保障和促进整个现代化建设;正在弘扬社会主义核心价值,着力提升现代化文明水平,促进社会和人的现代化。在这个伟大的历史进程中,我们依然可以从张謇当年的开拓性、创造性的现代化探索中,获取宝贵的经验和灵感。

第十六讲：
张謇与上海工商界

（2023 年 3 月 29 日，上海民营经济发展论坛（奉贤）暨"贤商中心"启用仪式在奉贤举办。上海市委统战部副部长、市工商联党组书记王霄汉，奉贤区委副书记、区长袁泉出席并讲话。笔者作《张謇与上海工商界》主旨演讲。此文亦发表在《中国工商》2023 年第 7 期）

除了家乡南通，上海是张謇一生中最魂牵梦绕的地方。从某种意义上说，上海成就了张謇，张謇助推了上海。上海是中国近现代历史上最早开风气之先的城市，张謇作为中国早期工业化的探索者，离不开上海的引领和支撑，也必然会在与上海千丝万缕的联系中，有意无意地对上海的经济社会发展发挥助推作用。

根据《张謇与上海》一书的统计，张謇从 1876 年第一次到上海，至 1924 年最后一次到上海，48 年间共有 177 次上海之行及多达约 1119 天的沪上岁月。[1] 张謇从 1895 年底创办大生纱厂开始，就与上海各类工商业人士广泛联系合作。张謇与同时代全国知名的沪上企业家，如荣氏兄弟、穆藕初、陈光甫、盛宣怀等人，均有着不同寻常的交往与互动，成为近代中国工商界历史上的佳话。张謇在上海投资各类实业，涉及航运业、金融业、新闻出版业、现代渔业、进出口贸易等多个经济领域。在助推上海发展的同时，促进了近代南通与上海的连接，包括长三角区域的经济融合。

张謇三十讲

---

[1] 季真：《张謇与上海》，江苏人民出版社，2022 年。

一、上海成就张謇事业

在张謇看来，上海的重要性主要有三点。

其一，上海是对外开放的经济重镇。

张謇时代的上海，是中国的经济中心，也是远东最大的国际都市。张謇认为沪地为万国竞争之场、商战之冲，居世界商业重要地位者近百年。要使国家富强，民族兴旺，就不得不与西方交流、学习，效仿其先进之处，决不能以天朝上国自居，更不能闭关锁国。这就必须发挥上海对外开放的独特作用。在其实业、教育事业中，张謇博采外域知识，引进西方人才、技术、资金等，积极聘请外国专家为其企业指导技术，也派遣过很多人员出国留学、考察。张謇这些对外开放的思想实践，主要是通过上海来实现的。

其二，上海是中外贸易的商业重镇。

甲午战后，张謇的人生志趣开始转向实业，此时张謇已有对世界贸易的初步认识。他在 1895 年《代鄂督条陈立国自强疏》中就提出："大约土货出口者多，又能运货之外洋销售，不受外洋挟持，则通商之国愈多而愈富。"[1]张謇试图以进出口贸易的方式，提高中国在国际上的竞争力和地位，达到强国目的。上海作为中外贸易的商业重镇，自然就会进入张謇的视野。20 世纪初，张謇洞悉时局，更是提出"自欧战停后，世界商战，将在中国，中国形便，必在上海"[2]。1920 年后，他通过上海为大生集团拓展海外市场，在沪成立南通绣品公司，并在美国纽约第五大街设立分公司，经营刺绣工艺品，1921 年在上海成立的新海贸易公司，从事进口业务。同时，他从国外进口的机器设备，大多是从上海口岸进入。

其三，上海是市场经济的资源重镇。

上海开埠后，逐渐发展成为资金、技术和人才等市场资源集聚的重

---

[1] 张謇：《代鄂督条陈立国自强疏》，《张謇全集》第 1 卷，第 15—25 页，上海辞书出版社，2012 年。
[2] 张謇：《督办吴淞商埠就职宣言》，《张謇全集》第 4 卷，第 477—478 页，上海辞书出版社，2012 年。

镇,具有中国其他城市所无法比拟的市场化优势,这一切皆为张謇深刻洞察,"沪之地,人聚、财聚而恶聚之海也"①。大生纱厂所需原材料一些是从上海购买,所产的棉布等产成品再销往上海出售。《大生企业系统档案选编》中数据表明:"纱销通居百分之四十九,沪居百分之五十一,布销通百分之十八,沪居百分之八十二。"②上海发达的经济体为南通兴办近代化机器纺织工厂提供了广阔的市场,为张謇输送了急需的资金、技术和人才,促进了南通与上海两地经济的融合发展。

上海的工商界在张謇创业过程中起到了重要的示范和奠基作用。张謇曾言:"大生一厂之设,在前清未有商部之前,一切章程皆采诸上海各厂,而加以斟酌。"③在张謇的创业道路上,上海工商界始终是其学习与效仿的对象。中国最早的股份制企业是1872年在上海设立的轮船招商局,张謇后来创办的大生纱厂也采用了类似的股份制形式。盛宣怀创办的华盛纺织总厂是大生纱厂初创时的主要学习对象。1895年,为解决大生纱厂的筹办资金问题,张謇特地邀请上海广丰洋行买办潘华茂、郭勋、绅商樊芬等为沪股董事,与沈燮均、刘桂馨、陈维镛等通股董事一起,集股办厂,史称"通沪六董",相约如"通股不足",则"沪股补认",并由潘、郭等在沪上专事招集沪股。

张謇在上海停留与筹资两个多月,有时生活困顿不得不以卖字为生。但是他并未因此而终止与上海金融机构的合作,经过不懈的努力,终于从上海中国通商银行取得了大生纱厂急需的贷款。后来,纱厂开工一年后即盈利,发展势头甚好,原先退股的"沪董"又重新要求入股。沪上官僚、钱庄、布商等与一些慈善团体,也积极入股,上海的资金源源不断地流向大生集团企业。

上海的市场化促成张謇在上海形成总部经济。1896年3月,筹建中

① 张謇《拟淮海沪行训词》,《张謇全集》第4卷,第463页,上海辞书出版社,2012年。
② 南通市档案馆等编:《大生企业系统档案选编》,南京大学出版社,1987年。
③ 张謇:《大生纱厂股东会建议书》,《张謇全集》第4卷,第571—574页,上海辞书出版社,2012年。

的大生纱厂就设立"大生上海公所",暂寓上海福州路广丰洋行内,料理货物资金的往来,1897年秋搬入天主堂街31号,改称"大生沪账房"。1907年,账房改称"大生驻沪事务所",几乎囊括了大生集团各家企业所有的物资机件采购、产品运送销售款往来、进出口、投融资等事务。1913年后大生集团各纺织厂连年盈余,业务项目不断扩大,大生上海事务所又承担了置办布机、批售布匹、付货收款等业务。当时,沪上的一些银行、钱庄纷纷向大生上海事务所提供信贷。为此,张謇将大生上海事务所改组为外汇调剂、融资与投资中心,出口产品的运销、报关、结汇以及银根调度等,均由大生上海事务所办理,初步形成企业发展的总部经济模式。

"一个人办一县事,要有一省之眼光;办一省事,要有一国之眼光;办一国事,要有世界之眼光。"[①]正是在上海这个中西文明交汇的地方,张謇才能真正地"开眼看世界",敢于革故鼎新,不仅形成与众不同的创新思想,更是独具过人的胆识与魄力,志在引领潮流,正如他所言"世界的进化,国际的竞争,决不是旧理论、旧法子可以办得到的。"[②]

从一定意义上说,是上海塑造了张謇,成就了张謇。没有上海,也就没有我们后来看到的张謇及其宏伟事业。

二、张謇助推上海发展

张謇经营的大生集团,是当时中国最大的民营资本集团。他对上海发展的助推作用是多方面的,既有创办实业,又有主持吴淞开埠与规划新城建设,还投身上海教育文化、新闻出版、交通运输、金融、进出口贸易等多种活动。他在上海的政治活动,更是对20世纪初期中国的历史进程影响深远。张謇被誉为是20世纪初期"上海滩上的七张面孔"之一,这七张面孔是指张謇和当时沪上工商界的盛宣怀、郑观应、荣氏兄弟、虞洽卿、陈

---

① 张孝若编:《张季子九录·实业录卷一》,中华书局,1932年。
② 张孝若:《最艰难的创业者:状元实业家张謇传》,1929年,新世界出版社。

光甫、宋子文等人。

（一）科学规划吴淞商埠新城，推动上海城市建设现代化

1921年初，北洋政府任命张謇担任吴淞商埠督办（市长）。商埠规划地区包括今天上海宝山区大部、虹口区、静安区与杨浦区北部区域。北洋政府同意在商埠规划区内实行高度自治，这为张謇实现自己的建设目标提供了平台。张謇受命后，以68岁的高龄，怀抱雄心壮志，赶到上海吴淞，发表《吴淞商埠督办就职宣言》，承诺用两年时间完成新城建设的城市规划。

1923年元旦，张謇正式发表《吴淞开埠计划概略》，概述吴淞商埠新城建设"三步走"的规划。第一步为地形测绘，将全部道路、河渠位置精准定位；第二步考察各国建设商埠的规章制度，拟定分区建设规划；第三步就所拟的分区规划，征求公众意见，认为妥善后实行。规划中的吴淞商埠新城面积430平方公里，与当时的闸北、宝山县接壤，形成一个东临浦江，北至马路塘，范围包括原吴淞的殷行、江湾全乡及杨行、大场、刘行、彭浦等乡的一部分。

在新城道路规划设计上，张謇将城市街道定为长方格形，南北长而东西短。就中分为六区，各区立一中点，各中点以斜路互联。将斜路分为三种，凡各中点互联之斜路及电车经由之道，宽各十丈，市区工业区为六七丈，住宅区宽四五丈，全部干道四百四十余华里，支路六百二十余里。道路规划以各区中点连线为主干道，构筑网状道路系统，并以道路用途不同而对其具体宽度加以界定。

在新城港口建设设计上，张謇很早就认识到吴淞港口的地理优势性，"上海距江浦交错之处四十余里，轮船驶入，多费周折。吴淞接壤上海，濒临浦江，为国内外货物运输之门户。欧战以后，贸易发达，海泊吨数亦日渐增加。为改良商港容纳大舰舶计，因势利便，吴淞较优于上海。"[1]在开

---

[1] 张謇：《督办吴淞商埠就职宣言》，《张謇全集》第4卷，第477—478页，上海辞书出版社，2012年。

埠计划中,吴淞口谈家浜向西至剪淞桥为海轮码头,剪淞桥以西为江轮码头,附近设立仓库。

在新城交通运输设计上,规划中的内河航运,拟开浚吴淞江故道蕴藻浜及其上游顾冈泾,然后开通与太湖的水上航运线路。铁路运输方面,以张华浜为总站,建筑环绕整个吴淞商埠的铁路,与工厂运输,码头起卸衔接。电车与铁路同向,环绕各区中心,并与租界平凉路、北四川路电车尽头衔接。

在新城公共事业设计上,公共事业位于各区中心,如市政、司法、警察、消防、税务等机关。学校、医院、图书馆等设于住宅区僻静之处。公园、菜市设于斜直两路交叉之地。电厂、自来水厂都于相宜之处而设。他还从居民便利与生活舒适的角度出发,对于公用事业的分布也作了安排,将学校、医院、图书馆等设于住宅区域,并在各区中点、主干道交叉之三角地带都分置公园、菜市等,使各区居民十分钟内可以到达。

吴淞商埠的新城规划,是张謇根据建设南通模范县的实践经验,参考了英国伦敦、法国巴黎、美国华盛顿等国外城市规划的成功方案,规划起点很高,倾注了张謇整整两年的心血,尽情演绎了他振兴国家和民族的抱负与情怀。他说:"沿铺马路内外的商场、轮埠同时并举,合计东西南北周围二三十里,以与英法美之租界比较大小,不相上下,且扼淞口之咽喉,出入商业操吾华人之手。成为东方绝大市场,挽回主权,在此一举。"①

两院院士、中国著名建筑学家吴良镛先生,在画传《张謇》的序言中说:张謇晚年城市规划思想更趋成熟。《吴淞开埠计划概略》是他主持埠局两年后对工作的回顾与前瞻。他以犀利的眼光看到吴淞开埠的区位优势,明确无论选址、筑港与沪淞关系等均需有"全盘计划",并论述"入手方针",需要"循序以近"测绘地图、规划道路;拟定"分区建设"制度,明确区域之计划需要兼顾新城建设与旧城保护;同时对道路之开辟、土地之利用、建筑之布局,以至建设这经营等,均做了较深入的思考,并且还要另具

---

① 张謇:《开辟衣周塘计划书》,南通市档案馆馆藏档案(G02-111-238)。

计划书,商告国人,广求教益。他在 20 世纪初叶的这些理念,即与今日之"公众参与""沟通式规划"等主张颇有近似。因此,可以认为这是在南通建设实践的基础上,对规划思想的理论总结和运用。

张謇在进行城市规划的同时,已经开始着手建设活动。在就任督办后,就派专业技术人员前往吴淞进行实地勘测,规划工厂区的选址。同时与荣宗敬、金其堡等人组织左海公司,荣德生是这样记录的:"余兄弟合买三分之一,分得三百九十亩,有图、有部照。张君(张謇)出面,金君之力为多,余条陈最先,主动也。该处地位亦宜设工厂,今后必见。"① 根据左海公司的规划,该公司有三个建设目标,包括建设码头、开办工厂、经营航业。虽然最后计划未能实现,但是反映出张謇实干家的鲜明本色。吴淞商埠启动规划建设不久,就有不少工厂新设、投产,南北杂货店、洋广货铺、米店、戏院等新增了百余家,新建了石库门建筑数百幢,商埠规划建设由此带来了新气象。

由于种种原因,张謇的城市规划并没有能完全付之实现,但其先进性和可行性,在以后的实践中得到了验证。1929 年,上海特别市政府制定了"大上海计划",江湾地区划为市中心区域,建筑道路、市政府大楼和其他公共设施,以五角场为中心形成干支道路系统。市中心区域划定后,再把全市分为行政区、工业区、商港区、商业区、住宅区 5 大区域,这种规划与张謇当年设想极其相似。张謇提出以中国自己的力量建设吴淞国际大港和"东方的绝大市场"的愿望,充分表明他是上海建设"东方大港"与国际化大都市的先行者与探索者。

今天位于上海市宝山区淞兴路、同泰路交叉口有个吴淞开埠纪念广场,上海市宝山区人民政府设立了一个开埠广场纪念碑,纪念铭文简述了吴淞开埠的历程。纪念铭文曰:二十世纪初叶,南通巨子张謇再行开埠,以明华夏勤谨之心。于是机械、纺织,初露端倪。铁工、电力,渐透声光。学堂星罗而棋布,巨轮横海而溯江。鹏程发轫,格局甫成。

---

① 荣德生:《乐农自订行年纪事》,上海古籍出版社,2001 年。

（二）积极投身教育文化实践，推动上海城市文化现代化

张謇在上海的教育文化实践活动，值得大书特书。他创办江苏学务总会（江苏省教育会）、吴淞商船专科学校、江苏省立水产学校（吴淞水产专科学校），参建复旦公学（复旦大学前身），支持中国公学、同济医工学堂复学，设立上海商科大学等。张謇在上海的一系列办学、助学举措，使其声望无人能及，以致当时的江苏省教育会会长非张謇莫属，张謇数次恳辞亦不得公允，时人称有公具名，无事不成。

吴淞商船专科学校建成后，张謇聘请萨镇冰为校长。吴淞商船专科学校素有"中国航海家摇篮"的美称，虽然创办过程历经磨难，但造就了一批优秀的航海人才，在千余名的毕业生中，大都卓有建树。这所学校是今天上海海事大学和大连海事大学的前身。江苏省立水产学校于1912年在老西门江苏省教育会三楼开学，1913年全校迁到吴淞，改称吴淞水产专科学校，该学校是现在上海海洋大学的前身，中共领导人张闻天曾求学于吴淞水产专科学校。

张謇还是复旦大学前身复旦公学的校董之一。1903年马相伯在上海创办震旦学院。两年后，震旦学院因校务管理问题引发学生风潮，许多学生脱离震旦公学，拥戴马相伯在吴淞创办复旦公学，马相伯邀请张謇、严复、熊希龄等28人为校董，筹集复旦建校资金，并借用吴淞衙门为临时校舍。1905年9月，民办官助的复旦公学正式开学。

1920年，张謇、蔡元培、江谦、黄炎培等人发起创立国立东南大学。第二年，东南大学的商科专业迁至上海，组建上海商科大学。新中国成立后，该校先后更名为上海财经学院、上海财经大学。

另外，上海东华大学是由南通大学纺织科和私立上海纺织工学院等7所学校合并而成的。南通大学纺织科的前身是南通纺织专门学校，是张謇1912年创办的国内最早的纺织专门学校。此外，张謇还支持同济医工学堂（同济大学前身）复学。同济医工学堂原为德国人在上海办的学校，1917年第一次世界大战时被法租界当局关闭，后由张謇借用中国公学和海军学校的校舍复学。

张謇百年以前预言，今后之时代，一大学教育发达之时代也。在百年以前的现代高等教育起始年代，上海最早的高等学府很多集中在吴淞镇与炮台湾之间，其中知名的大学有：中国公学、复旦公学、同济医工学堂、吴淞商船专科学校、吴淞水产专科学校、国立上海医学院、国立政治大学等。这座近代大学城的形成，倾注了张謇太多的心血。张謇与同时代的精英们开创的上海大学教育事业，为上海的腾飞注入了无比强劲的文化与人才动力。

在教育组织机构建设方面，1905 年 10 月，张謇在上海创办了江苏学务总会，筹集独立经费，组织人员编制教材、设置各种专业教育研究会等。总会成立之时拥有会员 175 人，至辛亥革命前夕发展到 600 多人，1912 年改称为江苏省教育会，这是全国第一个最早在上海成立的省级教育会，直至 1927 年被国民党当局解散。1917 年 5 月，张謇与蔡元培、宋汉章等人一起，支持黄炎培在上海成立了中华职业教育社。从此，职业教育在中华大地上蓬勃发展起来。张謇的教育观念和教育实践对上海与中国教育现代化的发展起到了重要的促进作用。

1906 年 4 月张謇提议在上海建立图书公司。4 月 25 日他与其他著名人士联名在《申报》《时报》上刊登《中国图书有限公司缘起》，并附有招股章程，宣告公司成立。1906 年 10 月他在上海参加了中国图书公司的股东大会。1907 年 10 月继任中国图书公司总理，1908 年 2 月该公司总发行部在上海开业，出版有中小学教材、学术著作等，是沪上知名的出版机构。

《申报》是近代中国发行时间最久、传播范围最广的报纸，这份报纸同样与张謇关系密切。1912 年张謇同史量才、赵凤昌、应德闳等人合股收购《申报》，并使《申报》成为这一时期中国发行量最大、读者群最广、影响力最大的报纸，他本人还亲自为该报题写报名。此外，张謇作为商务印书馆的董事，长期支持张元济的出版事业。

（三）投资各类现代实业活动，推动上海城市经济现代化

1904 年 7 月，张謇秉持以商界保国界，以商权张国权的爱国理念，开始筹设上海大达轮步公司。他在《请设上海大达轮步公司公呈》中说,黄浦江畔,北自外虹口,南抵十六铺,"每见汽船、帆船往来如织,而本国徽帜反寥落可数,用为愤叹。"①当时在十六铺以南有 10 多座码头,仅适宜于停靠沙船、小轮,无法停靠大轮船。张謇下决心拆除了旧码头,建造了 7 座新码头,统称为大达码头。在得到清政府批准后,张謇与浙江商人李厚佑等人联合筹建上海大达轮步公司,先后招集华商股本一百万两。

外滩十六铺码头和上海大达轮步公司成立后,张謇任经理,李厚佑任副经理,继而购进数十艘江轮投入行营。为了扩大运力,张謇又于 1904 年在南通天生港建造码头,成立天生港轮步公司,开辟从上海至天生港的轮船航班。1910 年,大生轮船公司并入上海大达轮步公司。此时公司已拥有轮船 4 艘,载重量为 1630 余吨,资本为 39.7 万元。1922 年,张謇一口气又从国外进口了 19 艘轮船,一时实力大增,打破了外轮公司在中国航运的垄断地位,使上海成为中外百货的集散地,也使南通土布等物资改从上海运往全国各地。上海大达轮步公司与大达内河航运相互衔接,相互依傍,形成了上海与江北腹地交通运输的大动脉,《上海地方志》记载:"第一家民营轮船公司,即大达轮步公司,1905 年张謇创办,经营上海至泰州、扬州、盐城之间的航线。"②

1906 年 5 月,商办苏省铁路公司在上海成立,张謇就任该公司协理(副总经理)。江苏全省铁路计划分南北两线进行,北线由南通经清江浦(今淮阴)、徐州至开封;南线由上海至嘉兴、苏州至嘉兴组成,与浙江的杭嘉铁路连接,建成沪杭甬铁路。当年夏天,张謇带领工程技术人员实地考察苏(州)嘉(兴)线地形,并与汉阳铁厂督办盛宣怀签订合同,购买钢轨、垫板、螺钉等工程材料。1907 年 3 月,沪杭甬铁路江苏段正式开工,由苏省铁路公司负责建设。1908 年 11 月,江苏段全线通车,自上海南站至枫泾,全长 61.2 公里,由苏省铁路公司负责运营。沪杭甬铁路是当时建筑与经营最好的一条铁路。

成立于 1908 年的交通银行是我国历史上最悠久的银行之一，也是中国早期的发钞行，国民政府时期的四大银行之一。1921 年，交通银行再度停兑，陷入了前所未有的困境之中。经过董事会决议，聘请张謇任交通银行总理。张謇在主政交通银行期间，逐步改变交通银行过分依赖政府、听命于行政指挥的状况，完善了银行放款制度，积极清理旧欠。张謇在交通银行任职近三年，使交通银行基本走出困境，经营状况大为改善。

在此期间，大生集团的淮海实业银行在南通成立。1920 年 9 月大生集团购买上海九江路 22 号四层大楼一幢，命名为"南通大厦"。楼上为大生公司驻沪办事处，底层用作淮海实业银行上海分行营业大厅。上海分行开业时，上海银行界及工商界知名人士纷至沓来，一些外国驻沪使节也来庆贺。张謇谆谆训导全行职员："齐乃力，以义制事，以礼制心，念古之明训哉！"①

1905 年 4 月，清政府令准张謇的陈条，在上海吴淞口开办了江浙渔业股份有限公司，从青岛德商处购进"万格罗"号拖网渔轮，更名为"福海"轮。从此，吴淞有了中国历史上第一个采用机器捕捞的海洋渔业公司。《上海渔业志》记载："张謇办渔业公司的宗旨是把当地的渔民和渔商团结起来，改良他们的渔具和渔法，把旧渔船组织起来，予以保护，以保全中国海权，张謇创办的江浙渔业公司，是中国第一个拥有新式渔轮的渔业公司，'福海'号是中国第一艘引进的新式渔轮。"②江浙渔业公司创办的意义，在于"伸海权，保渔界"，开创了上海海洋捕捞的基业，保护了渔民的安全和利益。

最后值得一提的是，上海还是张謇作为全国性政治家重要的活动舞台。1906 年 12 月，中国第一个具有政党雏形、并在立宪运动中发挥重大作用的社团组织——预备立宪公会，在上海正式成立，先是郑孝胥当选会

---

① 张謇：《拟淮海沪行训词》，《张謇全集》第 4 卷，第 463 页，上海辞书出版社，2012 年。
② 顾惠庭、薛尧舜、郑良：《上海渔业志》，上海社会科学出版社，1998 年。

张謇三十讲

长,张謇当选副会长,后来,张謇担任了会长。无论是清末领导立宪运动,还是辛亥革命后推动南北和谈,最后完成国家统一与共和肇基,张謇参与的许多重大政治运作和协调活动都是在上海进行的。

三、张謇与沪上知名企业家的合作

长期以来,张謇与上海工商界,特别是众多知名企业家有着长期合作关系。他们在实业报国的事业中,相互借鉴、学习与支持,表现出良好的事业型企业家关系。

荣氏兄弟与张謇创业起步,都与上海有着不解的渊源。他们在事业发展过程中,相互有所启迪和帮助。张謇重视立法对于经济的保障作用对荣氏兄弟影响较大,在农商总长任内,完成了 20 多项法律法规的制定,在中国经济法制史上具有开创性意义。对此,荣德生深有体会,他在晚年回顾人生时,感触"我国工商界深明法理者不多,忆民国三年与蔡兼三至京,同见张部长(张謇),谈次,谓吾国商人多不研究法律,故与外商订立契约往往吃亏,遇到交涉时,自己立场亦多不合,以后商会应对此注意,倡导研究。当日只作平常语,时历三十余年,今日思之,实有深意。余数十年经营,未尝触犯刑章,二十余岁读刑、民法,三十岁后始有商会,遂习商法,凡事依法而行,至违法取巧之事,万不可为也"[1]。他们都在商海里摸爬滚打过,对于经济立法的重要性都有切身体会。

荣氏兄弟与张謇在实业上的最大合作在吴淞地区。当时除左海公司的筹划外,中国铁工厂是中国第一家民族纺织机器企业,主要股东为张謇、荣宗敬、徐静仁、穆藕初等,实收股金 30 万元。张謇任董事长,聂云台为总经理。1921 年在吴淞建厂,有木模、锻铁、翻砂、机器等车间,机床200 台,是当时中国唯一设备先进、齐全的纺织机器制造厂。工厂最初仿制日本丰田式自动织布机,同时兼造纺织机主要零部件,产品供应上海、汉口、天津等地纺织厂。

---

① 荣德生:《乐农自订行年纪事》,上海古籍出版社,2001 年。

受张謇的影响,荣氏企业在垦殖方面亦有所表现。曾担任荣德生私人秘书的朱复康1958年12月回忆道,荣德生先生生平最推崇南通张謇。他在1928年间,会同有关士绅,仿照张謇在江苏海门的垦殖办法,在江阴、常熟沿江一带修筑堤岸,形成田地,叫作沙田,土质肥沃,宜于种植棉花等农作物。

张謇和"棉纱大王"穆藕初同为近代实业界和经济思想领域的名人,有着较为相近的价值取向追求。在张謇、黄炎培等人的推举下,穆藕初于1907年出任江苏省铁路公司警察长,时年32岁。1909年穆藕初赴美留学,1914年7月,穆藕初回到阔别数年的上海。当月,应张謇、黄炎培等人之邀,赴江苏省教育会演讲。他根据自己的留美心得,提出必须改变中国作为工业原料供应地和产品倾销地的现状,当务之急是提高农业生产力以壮大民族实业。与会者被其热情和抱负深深打动。张謇也对其赞誉有加,称他"以硕士而不求得官,有学识而不思厚值"①,还亲自为其译作《科学管理法》作序。

从1914年开始,在短短五六年的时间内,穆藕初就已创办了三家纱厂、一家纱布交易所、一家银行,还参股多家纱厂。这些成绩,充分展示出他在实业方面的非凡才能,时人将他与张謇、聂云台、荣宗敬并列为"四大棉纱大王"。他对国内经济需求和国际经济竞争形势综合考察得出了与张謇相同的结论:急需振兴棉业。他的经济思想以振兴棉业为中心,虽然不及张謇的经济主张全面,但是仍然具有时代进步性。

张謇与"中国摩根"陈光甫关系密切。陈光甫曾经留学美国,归国后成为张謇眼中的新一代金融家。辛亥革命后,陈光甫经张謇推荐,被任命为江苏省财政司副司长,不久又出任新成立的江苏银行总经理。1915年6月,陈光甫开始个人的创业生涯,创办上海商业储蓄银行(简称上海银行),得到张謇的大力支持。时人回忆称"上海银行创办时资金周转是比

① 夏如兵,由毅. 科学与企业的耦合:穆藕初与中国近代植棉业改良[J]. 中国农史,2021,40(03):
  37—43+83.

张謇三十讲

较困难的,大生不仅在投资方面帮助过,而且常在往来户上存款维持,所以后来大生碰到资金周转困难时,上海银行也予以帮助"①。大生企业与上海银行有着牢固的合作关系,张謇也是上海银行最早的股东之一。1919年5月,张謇、张詧当选为上海银行董事。

清末红顶商人盛宣怀在兴办洋务的道路上风生水起,参与创办轮船招商局、中国通商银行,筹办电报局、督办铁路总公司,总理汉冶萍公司,并创建北洋大学堂和南洋公学。张謇与盛宣怀亦有交集。1897年,盛宣怀曾受政坛大佬张之洞、刘坤一之托,与张謇合作。起初大生商股的25万两明确由盛氏帮助筹集。"大生机器纺纱厂股票"开始发行,署名是"经理通州纱厂张季直",因为盛宣怀承诺帮助筹资,所以票面上还印有他的姓氏头衔。虽然张謇和盛宣怀的合作开局不顺,但是两人在东南互保、赈灾和导淮等方面仍然密切互动互助。盛、张都生活在清末民初社会动荡、政治腐败、自然灾害频繁的时代,他们两人都热心于赈灾慈善事业,都是"绅商"阶层关注国计民生的典型代表。

四、张謇与沪通连接

张謇认为,上海战略地位极其重要,而南通"距沪一水","折苇可渡"。因此,加强沪通的连接,对于两地的经济社会发展,特别是南通接受上海的辐射,有着非常重要的意义。张謇关于沪通连接的战略性构想无疑开历史之先河,有力地推动了近代长三角区域经济一体化进程。

在产业连接上,大生上海事务所是张謇设在上海的市场总部,负责融资、投资、进出口贸易、设备采购等事务。张謇还在上海开办物流企业,上海大储堆栈股份有限公司,在上海九江路设立南通绣品公司,在上海还设有新通贸易股份有限公司、中华国民制糖公司、中国影戏制造有限公司、苏省铁路公司、上海南通房产公司等多家企业。受上海开办交易所的影响,南通于1921年设立"南通联合交易所",其中花纱交易以产地与上海

---

① 徐昂.《陈光甫与民国政府关系研究(1911—1937)》[J]. 近代史研究,2020,(06):150.

大市行情为基础,与上海之间建立了更为紧密的联动关系。上海还是南通进口先进技术装备的口岸城市,发挥了技术引进的重要作用。

在市场连接上,南通等地的工业原料、农产品也经由现代航运流入上海,促进了上海工业的发展,丰富了上海市民的日常生活。例如,南通榨油股份有限公司等企业所产的棉籽油,销于本地者仅十之二,余皆运销上海等处,有时由沪上各洋商购销欧美。油饼除通海两境尽销外,余数尽由沪上日商购运东洋各埠行销。上海则为南通的发展提供了各类优质的市场资源,在南通的早期现代化进程中发挥了不可替代的作用。

在资金连接上,张謇发展金融业,创办了大同钱庄,淮海实业银行,并担任交通银行总理。张謇所办的企业多数采用股份制形式在上海集资,上海的股东占大生轮船公司的股份为 62.5%,占上海大达轮步公司的股份为 70%。张謇在上海集股融资为其成功创办企业与发展事业奠定了良好的基础,最终大生集团成为涉及各个经济领域的全国最大实业和资本集团。

在人力连接上,上海现代化发展进程中的劳动力需求非常迫切,上海人口迅速从 1895 年的 50 万增长到 300 万,其中就包括南通等地劳动力的流入,为上海提供了大量的产业工人。而大生集团除了吸纳了众多上海专业人才时,还在上海先后聘请了多位外国技术人才,如机器安装专家英国人汤姆斯、武纳、冯特,水利专家荷兰人特来克、奈格,瑞典人施美德,勘探专家法国人梭尔格、瑞典人安特森等。

在交通连接上,1921 年,上海大达轮步公司已拥有轮船 11 艘,总吨位为 4555 吨,年载货量至少为 81 万吨,以南通为集聚区,天生港码头为中转枢纽,航线覆盖苏中、苏北与淮北地区,与大达内河航运相互衔接,相互依傍,形成了上海与江北腹地交通运输的大动脉。

在文化连接上,南通与上海同受江南文化、海派文化的影响,两地之间文化交流非常密切。张謇兴建的南通更俗剧场,综合上海、北京、日本等地剧场的特点,舞台面积大,设备好,在当时的中国是数一数二的。一时间,包括上海在内的国内著名艺术家几乎都来南通演出,如梅兰芳、欧阳予倩、程砚秋、王凤卿等都曾在南通更俗剧场登台献艺。为发展女子教育、提倡工艺美术,张謇于1914年成立刺绣学校女工传习所,6年后创建南通绣织局,后来在上海及纽约设分局。

1918年,曾有日本经济学者上冢司来南通考察,将参观考察结果写成了一篇题为《以扬子江为中心》的报告,特别指出:"张謇事业发展与上海存在至为密切之关系,发展路线体现出立足南通,依托上海的显著特点。"①

英国人戈登·洛德在向英国政府提交的《海关十年报告》(1912—1921年)中,最后一章以"通州"为标题,介绍了南通的经济、社会情况。报告中指出"张謇是使通州发展成为一座中国模范城市的主要人物",在报告的结论中指出"通州(南通)是一个不靠外国人帮助、全靠中国人自力建设的城市,这是耐人寻味的典型。所有愿对中国人民和他们的将来作公正、准确估计的外国人,理应到那里去参观游览一下……现为上海附属口岸的通州,早在1895年就开始了建设"。②

五、历史经验与启示

上海是张謇创办各项事业资金的主要募集地、技术和人才的核心来源地、设备和燃料的集中采购地,同时也是张謇早期现代化思想的孵化地和催生地。张謇选择上海,是张謇的事业所为;而上海接纳了张謇,又使张謇的事业有为,并对上海的发展有所贡献。张謇重视地缘、业缘,对上海有深刻认识,在上海有成功实践,对于今天长三角区域一体化与上海大都市圈空间协同发展,具有重要的借鉴意义。

首先,早期现代化经验表明,城市互动有力推动了区域发展一体化。近代以来,上海作为"门类齐全、体系完整,既同内地,特别是长江三角洲和长江流域的联系十分密切,又直接同国际接轨"的国际化大都市,对包

---

① 野泽丰:《日本文献中的南通和张謇》,《论张謇——张謇国际学术研讨会论文集》,第152页,江苏人民出版社,1993年。
② 南通市档案局:《西方人眼中的民国南通》,第12—46页,山东画报出版社,2012年。

括南通在内的周边城市产生了强烈的辐射作用。南通之所以成长为长三角新的区域中心城市，无疑是受到上海强烈辐射并与之发生经济互动关系的直接结果。在 20 世纪初期，实现沪通城市互动的主导人物即是张謇。

在当时内忧外患的形势下，张謇积极引进先进技术和经营理念，在上海工业实业、航运交通、高等教育等领域投资发展，兴办事业，着力推动沪通两地的全面合作与交流，为上海与南通的现代化作出了卓越的贡献。张謇还是近代上海新城建设的设计师，1921 年初受命出任上海吴淞商埠督办，从全球海运业和港口发展态势，敏锐抓住上海的独特城市定位与商业布局，科学规划吴淞商埠港区建设，与现在上海的"五个中心"建设以及长三角一体化的发展战略不谋而合。正是在张謇的努力下，上海通过经济辐射，向南通工业输出技术、设备、资金及人才，使得南通工业无论在发展的深度、广度方面都超过长三角其他一些经济城市。

2017 年《国务院关于上海城市总体规划的批复》首次提出，充分发挥上海中心城市作用，加强与周边城市的分工协作，构建上海大都市圈；2019 年国务院《长江三角洲区域一体化发展规划纲要》也明确提出，推动上海与近沪区域及苏锡常都市圈联动发展，构建上海大都市圈。2022 年9 月，上海、江苏、浙江三省市联合发布《上海大都市圈空间协同规划》，范围包括上海、无锡、常州、苏州、南通、宁波、湖州、嘉兴、舟山在内的"1＋8"市域行政区域，占长三角约 1/6 的陆域面积，承载了长三角 1/3 的人口和约 1/2 的经济总量。张謇时代早期现代化经验表明，沪通城市互动有力推动了区域发展一体化，对于今天长三角区域一体化与上海大都市圈协同发展也是富有启发的。

其次，近代企业家的合作经历表明，苏商与沪商精神是同质共生的。张謇是近代苏商与沪商的领军人物。张謇创办实业、发展教育、兴办社会公益事业在沪苏通地区留下深深的足迹，成为近代苏商与沪商的楷模与典范。张謇的历史经历充分表明，近代苏商与沪商都有共同的一些历史人文的传承，都有共同的一些精神素质。

张謇三十讲

苏商起于明清，盛于民初，苏商文化源远流长，苏商精神可以概括出五点核心特征：一是爱国情怀。把实业救国、产业报国、企业兴国，作为企业的基本宗旨和最终追求，发挥企业家的特有功能，促进祖国繁荣昌盛。在2020年7月召开的企业家座谈会上，习近平总书记提到了五位爱国企业家的典范，其中就有两位是江苏的，即清末民初的张謇和新中国以后的荣毅仁。二是创新意识。张謇与江苏的企业家们坚持理念创新、制度创新、科技创新、管理创新，开辟了无数新路，做了几十年的开路先锋，创立了多个全国第一。三是务实风格。从历史上看，苏商主要是"坐地商"，多在本地扎根经营，形成了踏实进取、扎实做事的历史传统。进入近现代，苏商大多以办实业、制造业为主，在他们身上，明显地表现出低调务实的作风，不图虚名、追求实效。四是精细品质。苏商企业在管理、产品等方面都秉持"做事精细，追求精致，力求精进，精益求精"的企业理念。同时，苏商强调以专促精，以专促精，以精保优。五是崇文禀赋。江苏自古文风鼎盛，士人文化、儒家文化传统根深蒂固。苏商拥有人文情怀，具有儒商气质，注重个人文化修养和企业文化建设，并注重兴教助文，热衷支持社会教育事业发展。

上海自近代开埠以来，历经近两个世纪的现代化发展，经过一代代沪商的接续奋斗和努力拼搏，同样形成了以"爱国、敬业、诚信、进取"为内核的沪商精神，爱国就是富有家国情怀、无私奉献、敢于担当作为；敬业就是秉持工匠精神、聪明精干、做深做实主业；诚信就是遵守契约精神、守信务实经营；进取就是坚持开拓创新、开放包容、不断追求卓越。

不难看出，苏商与沪商精神在内核特征上有很多共同性，特别是在"民营企业家的先贤和楷模"张謇身上得到了集中体现。今天我们应该共同发扬我们的沪商苏商的共同的优秀精神品质，文化传承，为我们的国家和民族，为我们长三角区域一体化与中国式现代化事业，做出更大的贡献。

第十七讲：
张謇与书院文化

（2023年5月30日，笔者应邀在江西鹅湖书院作《张謇与书院文化》学术报告。此文亦发表在《三江高教》2024年第1期）

中国的书院作为一种教育和文化传播模式，起源于唐，兴于宋，延续于元，全面普及于明清。而书院文化的发端，则可追溯到先秦时期。从春秋战国时代的孔子家塾私学，到诸子百家的聚徒讲学，百家争鸣，到汉代的今古文之争，盐铁之辩，董仲舒的罢黜百家独尊儒术，再到魏晋南北朝时期出现的"精庐、精舍"的讲学争鸣，都有明显的书院会讲论辩风貌。中国的书院文化由来已久，源远流长，对中国古代的教育文化发展，起着重要作用。

张謇，作为中国近代爱国的实业家、教育家、政治家，作为中国最后一代按传统教育培养出的科举状元，与书院教育和书院文化有着千丝万缕的不解之缘。梳理分析张謇与书院文化的特殊关系，对于了解张謇，了解书院文化，了解书院文化在当下的传承，有着特别的意义。

一、书院培育造就张謇

作为传统社会的读书人，张謇一生与书院渊源颇深。他求学问道在书院，拜师交友在书院，科举备考在书院；学业功名稍有所成后，他热衷于在书院任教办学，助推了多个书院的建设繁荣。从一定意义上说，张謇的一生，得益于书院，又有功于书院。

张謇生于1853年，幼年入私塾，16岁考中秀才。为进一步在考场和学问上攀登，18岁时入家乡海门师山书院，拜海门学署训导赵菊泉为师。

赵是道光年间无锡县试第一名秀才（后为举人），在江南文坛颇具盛名，也是林则徐在江苏的三个得意门生之一。他要张謇"尽弃向所读之文"，重新研读桐城派大家所推崇的古文精品，摆脱私塾俗儒制艺文章的不良影响，走向"清真雅正"轨道。本着书院"正谊明道"校训，张謇跟着赵先生苦读了三年，终于使道德文章有了质的飞跃，奠定了后来学业和功业的厚实基础。张謇一生的老师很多，独对赵菊泉最为尊崇和感恩。赵去世后，他数次去无锡祭拜，并在海门中学设"赵亭"，题对联："人通利则思其师，几席三年，慢落何堪离策列；公魂魄犹乐兹土，衙斋咫尺，风流散告后贤知。"

后来，在依托书院求学问师的道路上，张謇从小地方的书院走向大城市的书院，学问和眼界均与时俱进。他借着为江宁发审局主事（前南通知州）孙云锦做幕僚的机会，在南京钟山书院和惜阴书院求学，拜江南著名儒学大师李联琇山长和薛时雨山长为师，并与一批名流士子交流切磋，学业更加精深，为后来考举人、取"南元"，乃至高中状元，打下了扎实基础。

钟山书院建于 1723 年，是清朝江南第一书院。李联琇曾任福建和江苏学政，后应曾国藩之聘主讲和执掌钟山书院，士人云集，名噪一时。惜阴书院由两江总督陶澍倡建于 1838 年。薛时雨山长为张謇出生那年的进士，当过嘉兴知县、杭州知府，著作等身，门生众多，深得士林敬佩和曾国藩、左宗棠等人的倚重。李联琇和薛时雨都是亦学亦仕的文坛领袖和政界精英。他们的学问既是饱读诗书的厚积，又是人生历练和仕途经济的结晶。张謇向他们求学问道，不仅在学业上大有长进，在洞察世事、经世致用方面，更是获益匪浅。

据张謇日记记载，他报考钟山和惜阴书院时，还颇费周折。他于 1874 年三月初一"投考中山书院"，被主考老师"摈不录"，他不服气，便"负气投书，求示疵坏"。半个月后，他借他人名义再试被李联琇取为第一。同时，他报考惜阴书院，亦被薛时雨取为第一。后来，大家知道了他第一次未被录取并投书主考老师的事，薛时雨便批评了主考老师，并将此事告诉了孙云锦。孙便要来张謇的书信阅看，然后告诫张謇："少年使气，更事少耳，须善养。"张謇很惭愧地称谢。这对他的品行修养很有帮助。孙还带张拜见凤池书院院长张裕钊，"叩古文法，先生命读韩昌黎须先读王半山"①。

二、张謇回报助推书院

由于张謇从亲身经历中，感受到了书院对于一个读书人的重要意义，因而他后来对书院的建设和书院文化传播，十分看重。张謇在学业和事业略有成就后，便对书院的创设和发展十分热衷，特别是中了状元后，对文正书院等大牌书院的建设更是不遗余力。

1888年三月，张謇刚中举人不久，便被延聘为赣榆选青书院院长。他为书院题的楹联为："地临齐鲁大区，愿诸生绍述儒林，广为上都培杞梓；客是江淮男子，笑十载驰骋幕府，又来东海看涛山。"②此联表达了他作为一名当幕僚多年的江苏士子，要为江北的人才培养和教育文化建设做一番贡献的雄心壮志。与此同时，张謇还主持修撰了赣榆县志，并结交了当地著名士绅许鼎霖和沈云沛，他们后来成为经商从政志同道合的好朋友。

1893年，经翁同龢推荐，张謇任崇明瀛洲书院院长。张謇不计较报酬较低（辞年薪600两的国子监南学学正，就年薪300两书院院长），"尽寸之智以附学究之本"。第二年，他高中状元，任翰林院修撰，仍对书院的事兢兢业业，对学生作业和试卷批改极为认真，"生平校阅之苦无过于此"。他的得意门生中，有后来曾任江苏教育司司长江谦（通州师范学校和南京高等师范学校首任校长，南京大学和东南大学创始人），也有为他的垦牧事业作出重要贡献的江导岷。

1893年，张謇的三兄张詧任江西贵溪知县时，张謇积极建议他修缮、扩建象山书院（与鹅湖书院并列四大书院），并为书院作《移建象山书院记》。张詧在重修象山书院时，还新设了陆九渊、谢叠山祠堂。贵溪人谢叠山与文天祥是同科进士，与陆九渊同被誉为江西"二山"。

特别值得一提的是，张謇对南京文正书院的用心和贡献尤为突出。

---

① 张謇：《柳西草堂日记》，《张謇全集》第8卷，第11—40页，上海辞书出版社，2012年。
② 张謇：《题青口选青书院》，《张謇全集》第7卷，第433页，上海辞书出版社，2012年。

张謇三十讲

文正书院于 1890 年由江宁布政使许振炜倡立,"文正"是曾国藩谥号,取名文正书院,是为了纪念文正公"再造江南"。后来,署理两江总督的张之洞,为了在甲午战败后重振强国事业,决定以文正书院为重要平台,网罗和培育优秀人才。张謇于 1895 年在张之洞力荐下执掌书院后,便全身心地投入书院的建设和改革之中。他一面发挥好书院的科举应试辅导功能,"制艺、策论、诗赋不必不得入",一面强调要回归经史,夯实基础,学以致用,避免急功近利单纯为了科考。1897 年,在书院新设西学堂,增设英文、翻译、算学等课程,后来拓宽"至每次课题,分时务、算学、兵、农、矿、化各学"。最终,文正书院于 1901 年转为现代教育的学堂。文正书院成了那个时代教育、社会变迁转换的缩影。

张謇在文正书院培养了一大批各类人才,他的学生除了从瀛州书院跟进的江谦、江导岷,还有陆宗舆(北洋政府驻日公使),郭鸿治(电学专家,中国最早民办镇江电力公司创始人)等。

张謇是中国早期现代化全方位的探索者、引领者,在推进教育现代化方面尤为显著。他在举国废科举时,充分认识到,曾在历史上发挥过多方作用的书院,已无可奈何走向衰落,与延续千年的科举制度一样,必然被现代新式教育所取代。他于 1906 年 4 月致一友人信函时说道:"科举时代,其城乡书院遍设,而课士较勤者,则科第必盛。其仅读高头讲章,除时文八股外,一无所课者,则获隽者且阒如焉。况学堂性质,与书院全然不同:书院则人人意中皆功名利禄之思想,学校则人人意中有生存竞争之思想;书院则人人意中有服从依赖之思想,学校则人人意中有奋起独立之思想。"[①]正因如此,张謇一口气在家乡南通创办了近四百所各式各样的新式学校,包括中国第一所私立师范学校和聋哑人学校,南通因此而被世界著名教育家美国人杜威称为"教育之源泉"。南通因此也成了全国闻名的"教育之乡"。除之而外,张謇还在外地办了许多学校。景德镇陶瓷大学前身中国陶业学堂,就是张謇创办的。当今许多著名大学,包括河海大

---

① 张謇《复宁学务处沈观察函》,《张謇全集》第 2 卷,第 162—164 页,上海辞书出版社,2012 年。

学、复旦大学、东华大学、上海海事大学、上海海洋大学等，都有着张謇创办、联办、助办的身影。

总之，张謇与传统书院的深厚渊源，促使他对书院文化有着深刻而全面的认识。他一方面认可书院在教书育人、学术研讨和文化传播等方面所发挥的重要作用，一方面清醒看到书院与现代教育相比所暴露出的种种弊端，因而，他对书院文化总体上是持"扬弃"的态度。他主张在传承中革新，在革新中升华。他倡导和力推书院在新时代里彻底转型蜕变，但他对书院文化中的精华却始终没有抛弃，甚至于在兴办新式教育时，还在有意无意地传承融合。例如，他在创办通州师范学校时就指出："既须适应世界大势之潮流，必须顾及本国之情势，而复斟酌损益，乃不凿圆而纳方。"他甚至认为，《礼记》中关于诗书礼乐射御教授课程，"其理论合于师范养成教员之用"。

三、今天如何传承书院文化

当下，在古代书院销声匿迹了一百多年后，全国各地又出现了许多"书院"，包括我和蔡玉洗先生等人在海南也建立了一个"白鹭湖书院"。但是，这些"书院"，已远远不是古代和张謇时代的书院，更多的只是借"书院"的名义，做一些文化建设方面的工作。通过对书院文化（包括张謇与书院渊源关系）的梳理，我们希望古代书院中的优秀精神能与现代文明有机融合，共同促进中国式现代化文化建设走向新境界。

（一）为求知而读书，为学问而研讨

中国传统书院几乎是和科举考试的官学教育同时出现的，而真正的读书人和社会群体的文化需求、精神生活，又是传统的科举考试不能满足的。他们要自由地读书，独立地思想，各抒己见地问难质疑。书院的主线条还是自由学习，自主讨论。后来新型的学校出现了，自由学习，独立讨论思想文化问题的空间胜过传统书院，所以书院就被新型的学校代替了。

但历史的吊诡之处在于，学校的教育模式发展到今天，变成了新科举考试，学为了考，考为了一纸文凭。在这种情况下，大家对中国的传统书

院又怀恋起来。书院的重新出现，不是发思古之幽情，而是有识之士要在学校之外寻求文化生活的满足和精神的自由。因此，现在的书院，要倡导为追求知识而读书，为丰富学问而研讨。

（二）努力使传统文化与现代文明相结合

五四新文化运动已经一百多年，中国的文化发展到今天，已经是世界文化的一部分，不是孤立于中华一隅的儒家文化。我们作为中华民族的子孙，要承继祖先的优秀文化遗产，让它焕发青春，来丰富壮大我们的中国文化，不至于封闭自己，孤立自己，被世界上的先进文化挤出文明竞争的舞台。有了这样的认识，我们来办今天的书院，就不是读几本传统经典，教孩子诵读《三字经》《弟子规》和《千家诗》那么简单了。

（三）要有高水平的学术带头人

一个书院要办得好，就如当年梅贻琦办清华大学时所说，大学不光要高楼大厦，更要大师。张謇当年读书进修的几个书院都在这方面堪称一流。姚鼐、章学诚、张裕钊、薛时雨和吴汝纶，包括张謇本人，都是国学大师级的人物。远点说，朱熹、陆九渊、程颢、程颐、王阳明，也是书院泰斗。正是这些著名的大师成就了中华的传统书院文化，形成了中国文化在当时世界文化上的新高地。我们今天办书院，同样离不开优秀的学术带头人和实力雄厚的人才队伍。

（四）要依托地方特色传统文化

发掘、发扬地方文化特有优势，是办好书院的重要途径。我们今天在江西举办"江南里书院文化"活动，就是一个良好的尝试。江西在历史上人文荟萃，群星璀璨，特别是两宋时期，江西创下中国书院之最，形成独特无二的书院文化特色，聚集了当时全国顶尖的文化人才。唐宋八大家中，江西就占三位：欧阳修、王安石、曾巩。辛弃疾虽不是江西人，但他42岁就归隐上饶，最后终老铅山。他的"明月别枝惊鹊"和"醉里挑灯看剑"等著名诗词都写于上饶。他和南宋主战派陈亮的会面，史称第二次鹅湖之会。

我们今天开会的鹅湖书院，作为江西的四大书院之一，地位也相当特殊。南宋淳熙二年（1175 年），当时的文化大家吕祖谦，邀约朱熹、陆九渊来到鹅湖书院，举行了一场高规格的学术论坛会，这就是中国文化史、哲学史上被隆重记载的鹅湖之会。上饶地区的范围内，不止鹅湖书院一家，离它不远的弋阳有叠山书院，贵溪有象山书院，一条信江连着三家书院。将来是否可以在挖掘江西书院文化上三家联手，为弘扬中国的书院文化作出贡献。

总之，传统书院中重求真务实、重学以致用、重刻苦打基础、重"百家争鸣"、重"师友交流传承"、重国学传播、重不拘一格育才、选才，等等，永远都需要我们发扬光大。

张謇三十讲

第十八讲：
家风家教对张謇品格的塑造
——读张謇怀念母亲、父亲的两篇文章

（2023年7月1日，由江苏国际文化交流中心、江苏省张謇研究会、中共秦淮区委宣传部、秦淮区社科联、何勇国际交流工作室、南京中国科举博物馆共同举办的"纪念张謇诞辰170周年"主题活动在中国科举博物馆举办。期间，邀请笔者作有关张謇家风家教的主题演讲。此文亦发表在《祝您健康·心理成长》（中学版）2024年第4期）

家风、家教对人的成长至关重要。张謇之所以能成为一代品学兼优、功德卓著的人中龙凤，其特殊的家风熏陶和家长的言传身教厥功至伟。现仅就张謇怀念母亲和父亲的两篇文章——《金太夫人行述》①和《述训》，探讨家风、家教对张謇一生的巨大影响。

（一）《金太夫人行述》

这篇文章作于清光绪五年十一月，是张謇在母亲刚去世时所撰写的悼文。他的母亲金氏生于1818年，卒于1879年。旧时尊称自己的先母为"太夫人"。所谓"行述"，是指一个人的人生行状、生平概述。《金太夫人行述》就是张謇对自己母亲一生的行为品格的基本描述，其重点是母亲对自己人生影响较为重要的优良品行。

张謇的母亲金氏，是在张家家道中落时，与张謇的父亲张彭年结婚的。婚后，她勤俭持家，刻苦耐劳，帮助丈夫务农兼做瓷货生意，逐渐使家业兴旺起来，不仅买地建房，还可以请塾师教张謇兄弟读书。而且，张彭

---

① 张謇：《金太夫人行述》，《张謇全集》第6卷，第29—30页。上海辞书出版社，2012年。

年还花钱(大约八十八两银子)捐了一个"监生"。张家的经济实力和社会地位由此明显提高,其子弟的生活和教育条件也要优于一般的农民家庭。

对于这样一位对张家、对张謇兄弟均有功、有恩的贤妻良母式的家长,张謇显然会格外敬爱和感恩,对她的离世显然会痛心无比。因此,文章一开头,张謇便表达了难以言状的丧母之痛:"乌乎!张詧、张謇今为无母之人矣。……今已矣,吾母之色笑不可复得,而吾父之戚且未有穷矣。乌乎痛哉!"随后,便对母亲在世时的行为品行及对自己的哺育影响一一道来。概括起来看,主要讲了以下五点:

一是吃苦耐劳,撑起家庭"半边天"。母亲嫁到张家时,生活清贫,人口众多,关系复杂,但她任劳任怨,苦己帮人,赢得了大家庭的敬重。"接嫂妇,抚从子女,浣濯炊汲,以针绣佐不给。天严寒,着单裤,手皲足瘃而不言劳。"她自己吃糠咽菜,把好吃的省给嫂子家人吃,感动得嫂子痛哭流涕。后来,外祖父去世,外祖母眼盲,"舅氏辈出营生计,左右唯吾母是赖"。

好一个"唯吾母是赖"!母亲作为一名出身贫寒的家庭主妇,以自己的吃苦耐劳和勇于负责,形成了在家庭中的受尊敬地位。这对张謇坚毅品格和社会责任心的养成,颇有影响。张謇作为一介寒儒,怀抱浓烈的家国情怀,"为世牛马,终岁无停趾",最终在创立了不朽的业绩的同时,受到世人的敬仰。

二是自强自立,自尊自重。母亲虽家贫身穷,但颇有骨气。当全家缺衣少吃,又遇灾年,亲友大多不来相助,偶然有亲戚恩馈两斗米,但趾高气扬,"矜矜有德色"。母亲感到大伤自尊心,哭着对父亲说:"贫富有命,勤苦所自能者,何至仰人鼻息延残喘邪!"作为一个妇道人家,这种不食"嗟来之食"的骨气和勤苦自立的志气,十分难能可贵。这既感染了父亲,也影响了张謇。后来,张謇攻学业、办实业、干事业,遇到许多磨难和困顿,遭受很多白眼和冷落,但他不气馁、不退让、不卑躬屈膝,始终傲然自立,强毅力行,堂堂正正做人,兢兢业业干事,时时闪现出母亲身上所具有的优良品格。

三是识大体、顾大局,贤惠宽仁,促家庭和睦。母亲生活在传统的农村大家庭中,除了相夫教子,还要处理好婆媳、姑嫂、妯娌等方面的关系,经常处在矛盾是非之中。但也正因如此,才显示了母亲不同凡响的道德修养。当有人向性急偏信的祖母说母亲的坏话时,母亲不是针锋相对,而是"无嗛词,奉侍益修谨",并坦言"吾诚无失德,姑终当怜我"。路遥知马力,日久见人心。后来真相大白,祖母表示悔悟,并把说坏话的人告诉了母亲。母亲被感动地哭了,但佯装不知,始终不愿与说坏话的人计较。

　　由于母亲律己厚人,因而在家庭中协调关系、管理家务很有成效。父亲一年中有半年在外做事,家务由母亲主持。"家人四十余口,耕田纺布,人无废惰"。在这样的一个大家庭里,人人各尽其力,勤奋敬业,实属不易。母亲既宽厚又精干的种种品行,使张謇耳濡目染,潜移默化。张謇后来在人生奋斗的过程中,既仁善,又精明;既宽厚圆通,又不向困难屈服,不向坏人低头,显示了大气度、大格局和娴熟的协调管理才能,不能不说在一定程度上传承了母亲的禀赋(这与周恩来有点相似)。

　　四是对子女重教育、善培养。张詧、张謇四五岁时,母亲就在家教他们识字,不久便送他们上私塾读书。母亲对兄弟俩"责课尤严,夜必命诵说日所受者"。若贪玩误学,母亲必责打,并动之以情、晓之以理地说道:我一生艰难困苦,就是希望你们成才有为,以实现我的志愿。现在你们如此不争气,真是让我伤心失望啊!"由是詧、謇不敢自荒废。"

　　除了学业,母亲对兄弟俩的交友也十分关注,对与之交往的人"必问其行与习"。而且,她善于识别人的好坏。她看到有些人轻薄不正,将来会败事,就告诫张謇兄弟不要与之来往,"后悉如母言"。张謇后来不仅学业精进,而且品行优良,且善于识友交友,均与母亲的教诲有关。

　　更为难能可贵的是,母亲能够对儿子因材酌情栽培。她认为张謇弟兄五个,只有老三张詧和老四张謇可以读书求功名,其他人只能务农度日。后来,她又发现,张詧的长处不在读书,而是精明能办事,只有张謇更适合读书,便让张謇继续读书科考,让张詧"治生产""废举业"。果然,张謇日后科考高居榜首,张詧则治产做事卓有成效。张謇后来对培养教育自己的子女和学生，也有意无意地借鉴了母亲的经验。

五是在为人处世方面言传身教。张謇16岁考中秀才，母亲不像常人那样夸奖，而是以更高的标准激励要求张謇："从此勉为好人，秀才不易做也。"后来，张謇先后做了孙云锦和吴长庆的幕僚，获得了不菲的酬金。母亲不是单纯的欣喜，而是告诫张謇：你何德于人而受此优待？要知道"君子不轻受人恩"，以后一定要好好报答。张謇外出谋生，母亲总是殷切交代：你性格刚直，世上并非都是正人君子，一定要谦虚谨慎，善于处事，以防得祸。

张謇的父亲脾气比较急躁，常训斥做错事的佣人，母亲总是劝道：他们也是家人的孩子，你的孩子也不是会做错事吗？当张謇考举人失败、全家都为之叹息时，母亲却颇含哲理地说道："物太盛不详，享虚名者折福。汝曹田家子，不更修德，何以堪是？"母亲病危时还谆谆教诲张謇：我平时的所言所为，你们都知道，"谨记之，一生学不尽也。……有钱，以偿夙负，振贫乏"。

从《金太夫人行述》的表述中，我们可以看出，张謇母亲是一个什么样的人，也可以看出，张謇在母亲的影响下，成为一个什么样的人。

（二）《述训》①

张謇的父亲张彭年，字润之，生于清嘉庆二十三年（1818），卒于光绪二十年（1894）（张謇中状元那一年）。他少年酷爱读书，是张家世世代代中第一个能识文断字的人。成人后，家道败落，他结婚生子，重振家业，对张謇影响甚巨。

张謇的《述训》作于1900年后，主要叙述其父亲张彭年一生的言行品德，及教子持家的事迹。这时，张謇已年近半百，且功成名就，他既要怀念父亲，又要总结自己的人生体悟。文中张謇并没有对父亲直接加以褒扬，但字里行间却处处流露出他对父亲的道德肯定及自身的价值取向。我们从中可以看到一个平凡中见高尚的父亲，亦可看到张謇为人处世特色之

① 张謇：《述训》，《张謇全集》第6卷，第284—288页，上海辞书出版社，2012年。

由来。欲了解张謇家庭，了解张謇后来的人格特征和事业成就，此文不可不细细品读。

《述训》先从张彭年的父亲(张謇的祖父)"西亭公"说起。张謇没有避讳祖父早年的浮浪——被亲友子弟诱赌，"每赌辄负，货产以偿，不两岁而产尽"。但是，"浪子回头金不换"，张謇随后便用了较多笔墨描写祖父成年后的"改邪归正"，意欲表明父亲的许多优良品行，来自祖父的影响和传承。

祖父在通州金沙的老宅出卖后，瞿姓买主在老宅的灶房地下，发现了张家先人窖藏的两坛银圆，"顿富"。后来有人将此事告诉了已迁往西亭的祖父，他没有去论理追讨，只是说：人各有命，银圆上并没有写是我张家的，我就认我的穷命了。

张謇又写道："先祖性介，虽贫不受人馈遗。"刚来西亭时，子女多，生活困难。一次，邻居李老太看到祖父母亲淘米很少，便赠送了一斗米。祖父知道后，省吃俭用了两个月，将米还了，并告诫父亲不要忘了李老太的恩德。后来，父亲在李老太儿子去世后，对其"饷斗米终其身"。这反映了祖父和父亲两代人的特点：一是不轻易受人馈赠，二是知恩图报。

张謇十四岁至十八岁在西亭读书时，曾向当地老人打听祖父的事迹，大多说不具体，但都说他是"真好人，不欠租，不宿债，受人欺侮不计较，则无异词"。

说完祖父作铺垫，张謇便进入正题，对父亲张彭年大书特书：

1. 父亲刚到海门长乐镇的岳父母家时，遇荒年歉收缺粮，瞿氏长姑赠米二斗，父亲认为不该轻易受赠，第二年便加倍偿还。这种不欠人情、有恩必报的品行，既传承于祖父，又影响了张謇。在后来的人生征途上，张謇无论是与人相处，还是办厂创业，都能做到不欠情、不欠债，给予别人的大大多于别人给自己的。对于家长、老师、朋友、同道的恩惠，则念念不忘，尽力报答。

2. 父亲小时聪慧，喜爱读书，深受塾师丁先生器重。但祖父却希望他多务农，少读书。有时看他读书误农活，就会怒斥：家贫人口多，不耕种哪有饭吃？为父的在烈日下辛苦劳作，做儿子的怎可"坐清凉之屋"？后来，在丁先生的劝解协调下，父亲"半日读书，半日耕田，读竟《诗经》、能属七言对即止"。父亲一直对自己未能完整读书，从而未能在科场上出人头地，耿耿于怀。在这里，张謇既记述了父亲酷爱读书，又表露了农家子弟读书之不易，也揭示了自己后来珍惜读书机会、发愤苦读并学有所成的一个重要缘由。

3. 在一个灾荒年，父亲经商乘船经上海去宁波。船出吴淞时，他见一操家乡海门口音的妇女，在船尾伤心哭泣，询问后方知是被人拐卖的有夫之妇。父亲便给了人贩子"二十余金"，将其赎回，并安顿好食宿。等到去宁波办完事后，父亲携该女返回海门，交还其丈夫。该丈夫对父亲开始还有误解，认为是父亲拐走了他的老婆。真相大白后，该男子及亲友凑足了钱，要还给父亲。但父亲坚决不受，还说："若此非吾志。"这个故事反映了张彭年富有同情心、怜悯心，且做事坦荡，助人为乐。这显然深深影响到了后来张謇的所作所为。例如，张謇本着"为通州民生计，亦即为中国利源计"宗旨，创办大生纱厂，但开始时地方官吏和民众都不理解，不支持，张謇不予计较，委曲求全，忍辱负重。企业建成盈利后，他"厚利股东"、厚待员工和民众，并支持乃至代替地方政府兴办了许多公益事业，甚至拿出自己的几百万元为地方办好事。

4. 咸丰三年(1853)海门大旱且有蝗灾，稻米奇缺、奇贵，家人"剥蚕豆和麦屑而食"。家门面临大路，常有人来讨饭。父亲和母亲只吃半饱，以省下食物救济他人，希望"救一人是一人，救一刻是一刻"。父亲还训导张謇兄弟：你们知道挨饿的滋味吗？我半饱时还要把饭给别人吃，子孙但有饭吃，不可吝啬。张謇一生热衷扶贫济困，大办慈善公益事业，显然受到父亲言传身教的影响。

5. 祖父在世时，欠了同乡李氏的债。去世后，李氏仗着宗族强势，对张家"恶声勒偿"。父亲愤然说："子应还父债，然不能受轻蔑。"他向亲友借贷还债，并当众指责李氏，显示了做人的尊严。后来，张家雇请塾师来家教学，李氏托人表示自家的孩子想跟学，父亲不计前嫌，同意免费跟学。

张謇三十讲

张謇对父亲受屈辱而有志气,并宽容别人,以德报怨,很认同。他后来的许多作为,都与父亲相似(包括与盛宣怀等人的相处)。

6. 张家因负债缺钱,将老宅转卖多次,家业兴旺后,终将老宅赎回。父亲借此教育张謇兄弟:凡事成败,凡物去来,皆若有命。把事情做安妥,终能保持不败。有志气的人,只是尽努力以图成功。张謇的一生,既豁达,又较真;既"顺天命",又"尽人事",与父亲的现身说法是分不开的。

7. 父亲重金("佣金视他儿逾倍")聘塾师邱先生教张謇兄弟,并答应孩子十岁后,再考虑是否另选老师。邱先生很看重丰厚的待遇,但教学质量不行。张謇十一岁时,读完《诗经》,但"尚不晓平仄"。父亲只得延请水平更高的宋先生来教学,同时"礼厚邱先生",大家皆大欢喜。父亲对邱先生讲信用、重情义,即使替换了老师,又让他没有意见。这种既做成事,又不得罪人的处事风格,无形中影响了张謇。张謇后来无论是经商还是从政,都能长袖善舞,广结良缘(我将他称之为"统战高手"),均与此有关。

8. 张謇兄弟十二三岁时,在夏季的一天里趁老师不在,偷偷去玩耍。父亲知道后,罚他们在烈日下锄草,背如火烤,脸"赤而痛"。晚上回家后,父亲问他们读书、锄草,哪个苦,并训责道:老子农耕劳苦,为了儿子的幸福。你们却"惰而嬉",如何像个儿子!从此,张謇再也不敢贪玩废学。父亲既严苛,又深入浅出地讲道理,是促使张謇勤奋苦读的重要动因,也是张謇后来对子女、对员工从严教育管理的经验来源。

9. 父亲种田,麦苗豆珠必整齐成行,四周杂草必除,种树也是如此。如树苗排列不正,必改种排正,反复多次,不厌其烦。乡邻们都说:张家种树,一次是种不好的。父亲听了也觉好笑,但本性难移,依然故我。这使人联想到,张謇从读书到做事,也是中规中矩,井井有条,且有始有终,与父亲秉性相同。

10. 父亲原有瓦屋五间、草屋三间,无论是居室还是杂物间和厨房、洗澡间,每天都打扫得干干净净。后来扩建房子,所用木石砖瓦,事先都计算好长短厚薄,没有丝毫差错。他还让张謇兄弟做杂活小工,教他们如何将砖墙砌整齐合规,并传授经验:一切都要事先安排妥当。不然,做工时手忙脚乱找砖头，"或断砖不合，则耗时而费料"。在他的训练和辅导下，"謇兄弟于土木建作计划，稍稍有知识"。这使张謇终身受益：一方面使他养成了细致严谨的作风，一方面使他热爱和精通建筑工程（张謇主导下建设的濠南别业、商会大楼、江苏谘议局大楼等，现在被列入中国近代建筑经典，都是全国重点文物保护单位）。

11. 江南各州县被太平军攻陷时，来海门避难的人很多，父亲对有求者"必周恤之"。江宁难民葛某与几个子女相继去世，仅留下一个最小的儿子，"其妻痛不欲生"。父亲想抚养他们，但又怕名不正，言不顺，便以葛氏死去的女儿婚配自己已故二哥的形式，使二哥的儿子成了葛家的晚辈，名正言顺地供养葛氏的妻子和小儿子。父亲既乐善好施，又注意方式方法，使人便于接受。这种既慈且仁的品行，深深影响了张謇后来的为人处事。

12. 父亲乘人推小轮车赶路，过桥必下，"行数十步然后坐"。他告诉张謇兄弟：这不仅是为了防摔倒，而是为了减轻车夫的负担，"使不疲苦"。对劳作者的怜悯体恤，是张謇父子两代人的共同品行。

13. 父亲对可利用的废铜旧铁、竹梢木段，根据其长短、方圆、厚薄分类储放，大一点的便在本子上记下尺寸，"遇有造作，按簿取资，无枉费，亦无寻觅之劳"。这反映了父亲勤俭节约和细致有条理的风格。张謇一生俭朴，连用过的废纸也要在反面写字。他在创办大生纱厂时，从厂规厂约，到工艺流程和材料储存，均细致周密地予以考虑，不能不说有着父亲的身影。

14. 父亲特别喜爱书籍，在张謇年少时就购置藏书，并对缺页少字的书进行修缮整补。"平日见盈尺之线，成寸之纸，辄储之以待用。"六十岁后，几乎以修补书籍度日。他终日埋头修补书籍，除一日三餐和大小便，几乎不离座位。有客人来时，他也不出迎，只是口头打个招呼，修葺不废。父亲晚年喜欢研读徐光启的《农政全书》，并与张謇的三叔交流。他针对三叔不从实际出发，硬搬书上原理种植而导致失败，教育张謇要会读书，善于理论结合实际。喜爱读书，珍爱书籍，善于读书和运用，也是张謇一生的良好习性。

15. 父亲刚到海门时，有田地二十多亩，收成不多，却很辛劳。张謇兄弟建议租给别人耕种,父亲坚决不同意。他认为,农家子弟不亲自在田间耕耘,不知农业劳动之艰辛。而且,田地是财富之根本来源"田为富之终而累之始"。因而他严正告诫张謇兄弟:"日后无论穷通,必须有自治之田。"后来,张謇的事业有成,还是保留了家中的田地,并且热衷于"大农"产业,大搞拓荒垦殖。他还延伸了"自治之田"的含义,把整个南通都作为他事业的"自治之田"。他立足南通,积极参与全国性的政治社会活动,一旦不能如愿,便回到南通推行地方自治,全力打造"中国近代第一城",使南通成为中国早期现代化的"样板田"。

16. 父亲六十岁以后,将家事交付于张詧,自己则整天为乡邻调解纠纷。他常常让被调解的双方在家中吃饭,有时还会出资赠予,以化解矛盾。家人抱怨时,他则说:穷人有冤屈不能申诉、不得调解,回到家后"妻子亦丧气",你们的祖父一生就处于这种境地。现在趁我体力尚好,"以口舌保乡里和平",是一件心安理得的好事。你们千万不要学不懂事的子孙。推己及人,居仁由义,由祖上困难境地想到要为乡邻排难解忧,造福乡里,父亲的仁慈情怀和共情同理心,确实超越了一般人。这也是张謇一直在弘扬和践行的优良品质。

"述训"一词的本来含义,就是陈述事迹和训导。通观《述训》全文,张謇没有以溢美之词褒扬父亲,也没有以空洞的说教谈家风家教,而是从多个生动而丰富的生活侧面,记述了父亲平凡中的不凡;从不经意而又画龙点睛般的评语中,道出了家庭教育的深奥哲理。这既还原了一个真实可感的父亲形象,又道出了父亲对自己一生所产生的重要影响。实际上,这也反映了张謇对父亲为人处事的价值认同,以及后来自己所作所为的思想来源和榜样力量。有其父,必有其子。从某种意义上说,张謇在这里既是写父亲,也是写自己。父亲的一生经历和事迹很多,张謇只是选取了他最为认同、受益最多的来写,实际上是写出了自己的价值追求和理念奉行。张謇一生的创业和治家,也充分说明了这一点。由此,我们也不难理解,张謇为何最终成为一个品德高尚、理想远大、意志坚定、才华出众、功业卓著的一代人杰。

第十九讲：
张謇导淮的开创性贡献

（2023 年 7 月 8 日，由江苏省发展和改革委员会作为指导单位的淮河流域企业家高峰论坛暨淮商企业家联谊集会在南京举办，笔者应邀作《张謇导淮的开创性贡献》主旨报告。此文亦发表在《江苏土地》2023 年第 6 期）

张謇一生与水及水利有着深深的不解之缘。他于 1853 年出生于江海交汇处的南通海门；1874 年去长江下游重镇南京求学、就职，并以江宁发审局书记身份去淮安淮河边处理渔滨河积讼案；1887 年随开封知府孙云锦去郑州处置黄河决口，并应河南巡抚嘱托主持河工计划；1894 年考状元时的殿试策论水利篇中，就是论述如何治理海河；1901 年创办通州垦牧公司，一面大力围海垦地，一面大兴水利；1912 年任导淮局督办；1913 年任全国水利局总裁；1919 年任运河督办，同时着力于长江保护和治理；1926 年 8 月去世前，他还在巡查长江维护工程。在所有的治水事业中，张謇对导淮最为用心、用力，最具历史的开创性和影响力。据统计，《张謇全集》中，论及淮河的文章有 63 篇，论及长江的有 26 篇，论及运河的有 17 篇。

自 1194 年，黄河夺淮七百多年，黄淮合流入海，造成了淮河下游河湖堵塞，洪涝连年。1851 年黄河改道由长江入海后，使"导淮"减灾有了可能。但改道后的数十年间，黄淮河势并不稳定，黄河经常决口并泛道南侵淮河，使黄淮平原频频受灾。于是，导淮（疏导淮河）设想和计划便应运而生，导淮的工程和各种举措也不断推出。

张謇于 1913 年初出任民国政府导淮局督办。上任伊始，他怀抱一以贯之的报国济民崇高理想，凭借他一生与水结缘、关注水利的经历和多年

张謇三十讲

积累的治水学识,在深入调研后,提出了系统的导淮设想,制定了《治淮规划之概要》《导淮计画宣告书》等纲领性文件。他倡导的导淮理念和新型治淮手段,已大大突破了前人的眼界和主张,形成了历史性的创新和变革。张謇的治水思想融会中西、跨越古今,影响深远,他是当之无愧的中国现代化治水先驱。

一、导淮理念的开创性突破

在导淮(治淮)理念方面,张謇首先突破了以往就事论事的态度,站在国计民生大局的高度,乃至以"世界眼光"看待导淮。他认为:"灾本不除,民无宁岁。""淮之必当导治,微特国内之公言,且入世界之注线矣。""抑虑外人之言渐播,而影响于国际者,无穷也。"①因此,他在年轻时,就"薄游淮上,略研地理,习闻昔日淮、黄合流之祸,深咎黄徙而不即治淮之失,逆计不治淮则淮必有病民之日,考前哲治河之书,访每岁淮流之状"②。他甚至本着强烈的爱国情怀和强国理想,以对待导淮事业的态度来评判人的品行。1911 年 5 月,当他与绝交了二十八年的袁世凯重逢时,感到袁"其意度视二十八年前大进,远在碌碌诸公之上",主要原因就在于"其论淮水事,谓不自治则人将以是为问罪词。又云此等事乃国家应做之事,不当论有利无利,人民能安业,即国家之利,尤令人心目一开"③。自此,张对袁越发有好感,并结为政治盟友。

其次,张謇突破以往轻根治、重灾后赈灾的传统做法,主张防灾、治灾重于救灾、赈灾,以标本兼治之策,根治水患。他认为,每次水灾后要花费大量的官赈和华洋义赈费用,"而灾犹未已,而振且立穷",这究竟不是一个法子。他说:"治淮须谋适当之去路,近于创始性质。"这即是就导淮的具体路径而言,也是指治淮原理和方法要变革。因此,他强调要"合全局而通筹,以片言为扼要,则又宜权衡事势之缓急,分标本之后先"。"所谓

① 张謇:《请速治淮疏》,《张謇全集》第 1 卷,第 73—74 页,上海辞书出版社,2012 年。
② 张謇:《导淮计划宣告书》,《张謇全集》第 4 卷,第 245—248 页,上海辞书出版社,2012 年。
③ 张謇:《柳西草堂笔记》,《张謇全集》第 8 卷,第 720 页,上海辞书出版社,2012 年。

本者,则如详加勘估,确定入海及分流入江之路线","所谓标者,先浚淮沂近海入运之路,以杀其势"①。实际上,这种治淮思路,后来的几代人都在借鉴。

另外,张謇力主改变"官僚治水"状况,倡导"专家治水"。他认为:"文明各国,治河之役,皆其国之名大匠,学术堪深,经验宏富者主之,夫然后可以胜任而愉快。我国乃举以委之不学无术之圬者,而以素不习工事之文士督率之。末流积弊,滑吏作奸,甚至瘝其工程,希冀再决,以为牟利得官之余地。"②他认为这种荒唐的状况一定要改变,一定要跟上时代潮流,学习先进文明,主要依靠专家治水。"专家治水"是现代水利的重要标志。张謇关于"专家治水"的理念和主张,虽然未能在他任上完全实现,却产生了巨大的影响力和推动力。自张謇任导淮局督办和全国水利局总裁的民国初年开始,从海外学成归来和国家自身培养的水利专家人才越来越多,至1931年中国水利工程学会成立时,中国已拥有了众多的水利工程专业人才,不仅能够直接设计、建设、管理各类水利工程,而且能够进行高端学术研究,出版有质量的学术刊物,设置水利工程标准,编订水工各词典等。南京国民政府时期设立的各种国家水利机构的主体,主要由受过现代水利正规教育的专门人才构成,主持治水的主体基本上从官僚变为了专家。

二、导淮工程设计的开创性革新

疏导治理淮河,需要科学的工程设计。张謇所处的"西学东渐"的时代背景,使他有可能运用近代先进的水文、测量等水利科技知识,在水利工程设计方面超越前人,实现卓越的变革和创新。仅就张謇所作的《江淮水利施工计划书》,就可以充分看到这一点。

一是运用比以往更为科学精确的现代实测和计算等技术手段,进行

---

① 张謇:《导淮计划宣告书》,《张謇全集》第4卷,第245—248页,上海辞书出版社,2012年。
② 张謇:《复淮浚河标本兼治议》,《张謇全集》第4卷,第105—111页,上海辞书出版社,2012年。

工程概念设计。现代水利理论认为,实测和计算得出的流量数值,是工程设计的最重要依据。设计的已知条件主要是实测得出的流量数值,具体的解决方案是根据计算得出的流量设计结果,而设计的过程主要是计算的过程。有专家指出:张謇的"计划书",以实测流量为依据,做出概念设计,同时合理分配淮水入江、入海的总水量,并根据水位高度和施工段水利坡度,计算出能承载最大流量的水断面积,并转为图示。这就为下一步的施工计划和实施,提供了扎实有效的数据基础和土力学、水力学运用依据。同时,这也将"三分入海、七分入江"的总体概念具体化。张謇对淮、运、沂、沭、泗等河道的流向、流量、水位、含沙量以及降雨量等,进行全流域的科学测量,在中国尚属首次,实开我国科学治水之先河。

二是前瞻性地提出"三分入海、七分入江"策略。以往导淮大多主张让淮水全量入海,包括淮安著名治水绅士丁显也强调要"复神禹之故道",引全部淮水入海,以去"积世之害"①。这种依据传统经验提出的思路,也不能说完全没有道理,因为在黄河夺淮之前,淮河泛滥并不多,只要恢复"故道",使淮水全部入海,就有可能减灾防灾。但几十年的情况变化,已不可能完全"复淮"。张謇早在 1907 年就指出:光绪六年(1880),淮安绅士联名吁恳前督臣国藩,复淮故道,国藩奏奉谕旨,筹办。当时,黄河故道浅,洪泽湖底高,复淮确有可能。但是,现在河道变深,湖底变低,已难以复淮。"然时阅四十年,安知不复有导?"后来,张謇提出的"拟分淮水十之七入江,其三全由旧黄河入海"思路,则是依靠现代流量测算技术提供的科学依据。此时,由于西学的传入和运用,流量既能反映某一个断面,又能汇总整体河流的水流情况。另外,先进技术的使用,即可实测出流量数值,又可通过计算而反推出水断面积。"计划书"根据实测所得流量,分析全流域的水量分配状况,便可进行全新的工程设计,以实施全新的导淮策略。张謇深有所感地说道:"今欲治淮,其非抄袭陈言凭虚臆测所能了事

---

① 卢勇.明清时期淮河水患与生态、社会关系研究[D].南京农业大学,2008.

可以断言。"①显然他认为完全"复淮"和"全量入海"已过时了。

三是注重工具理性。中国传统水利工程导淮的一个重要特点，就是较为注重价值理性。以往的河流治理的策论和规划建议中，往往大量论述水利工程的价值正当性和宏观必要性，以及用许多论据来说明对某一个现实问题的求解之道，却不能完整进行工程可行性论证。张謇作为一个传统的读书人，这种价值理性的烙印在他身上也很明显。但是作为与时俱进、善于吸纳世界先进文明的近代实业家和治水专家，他在工程治理方面将工具理性开创性地提高到历史的新高度。他在"计划书"中，开篇便以实证测量数据叙述了"实测山之高""河之长"。他说自己"于辛亥二月，创设水利测量局于清江浦，从测量淮、沂、沭、泗各干河现有之宽、窄、高、下，为入手之初步。其次及于湖荡，又其次及于民地，求得全部地面之真形。庶河川之经行，沟洫之分配，在有合宜之位置，顾地面真形，既知之矣。"②他注重运用现代的测量计算手段，以及科学提出"三分入海、七分入江"概念，均说明他特别注重工具理性。

三、现代水利高等教育和职业教育的开创性兴办

张謇在治水和导淮的实践中，深感培养现代化水利人才的极端重要性。他深知，要推行落实导淮的新理念、新技术，必须有新型人才，而要有新型人才，必须兴办新型教育。因此，他在中国历史上第一个创办了水利高等学校和职业教育学校，成为现代水利教育的创始人。

1914 年 7 月，张謇撰写《请设高等土木工科学校先开河海工科专班拟具办法呈》，提出"即以设立高等土木工科学校，先开河海工科专班为请，诚以规画进行，储才为急"③，并就校址、经费、管理等一系列问题，提出切实可行的建议方案。早在此之前，张謇就在通州师范设土木测绘班，积累

① 张謇：《议办导淮公司纲要》，《张謇全集》第 4 卷，第 140—144 页，上海辞书出版社，2012 年。
② 张謇：《导淮计画宣告书》，《张謇全集》第 4 卷，第 245—248 页，上海辞书出版社，2012 年。
③ 张謇：《请设高等土木工科学校先开河海工科专班拟具办法呈》，《张謇全集》第 1 卷，第 353—354 页，上海辞书出版社，2012 年。

了一定的水利工程人才教育培养经验。在张謇的反复呼吁和积极推动下，1915年3月，我国第一所高等水利工程学校——河海工程专门学校，终于在南京开学。这是中国水利史和教育史上，一件破天荒的大事，也是划时代的创举。张謇要求学校"广储仪器、活用学理、参观工程、派遣实习"，把学生培养成"足胜从事河海工程事业之苦"的专业人才，避免重蹈"实学而不求实施"的覆辙。后来，正如张謇所愿，这所学校为中国的水利事业培养了一批又一批的优秀水利实用人才和领军人物。由此，中国进入了专业人才成为治水主体的时代。

与此同时，张謇还针对治水和导淮多方面、多层次人才培养需要，倡导和创办了中国第一个水利职业教育机构。他认为："河海工程非先测量，则规画估计无从措手。故目前第一救急办法，唯有仰乞申令各省急设河海工程测绘养成所，以储治水第一步之人材。"[1]他在1915年8月亲拟《河海工程测绘养成所章程》，明确"本校以养成河海工程之测绘人才为宗旨"。同时，他还在《拟请申令各省速设河海工程测绘养成所呈》中建议："为巨灾叠见，储材宜亟，拟陈各省，亟宜筹设河海工程测绘养成所办法。"随后，江苏、浙江、山东、湖北、新疆、黑龙江等省纷纷响应，成立河海工程测绘养成所。张謇后来还建议各省所设的河海工程测绘养成所，要正规化、规范化办学，要仿照河海工程专门学校的二年制特科来设置课目，"各省或原有测绘传习所，其性质与工程测绘相合者拟请更定名称，更正学科，以期划一"[2]。于是，张謇这项开中国水利职业教育先河之举，形成了欣欣向荣之势。

四、导淮管理机构和模式的开创性变革

设立相应的权威机构，对全流域进行整体式的有效管理，是水利管理

---

① 张謇：《河海工程测绘养成所章程》，《张謇全集》第5卷，第152—153页，上海辞书出版社，2012年。

② 张謇：《拟请申令各省速设河海工程测绘养成所呈》，《张謇全集》第1卷，第462—463页，上海辞书出版社，2012年。

现代化的重要标志。当年的张謇超前性认识到，整个大流域管理可以促使各方利益共同体来共同进行淮河治理："淮不治之害，皖与苏共之；治则利亦相共。沂、泗发源居徐、海上游，害独中于江苏，而山东不与；而微山湖淤滩之利则共之。"他从治淮的全面观出发，提出："今江淮水利所相关之地，何止数十百万方里？若不得其高下相距之度，容泻方面之数，而贸然从事，是治乙而不求甲、丙也。为一方计则可，为全体计则不可；一时计则可，久远计则不可。"

张謇认为"行政有省可分，治水无省可分"。为了从全局、整体上对淮河进行覆盖全流域的整治，必须建立超越行政界限的国家管理体系架构，设立全流域乃至全国性的管理协调机构。早在1903年，张謇就推动建立了导淮测量局和江淮水利测量局，"以导淮事宜属之"。在张謇的积极倡导和推动下，早期民国政府在1912年、1913年先后成立了导淮局和全国水利局，并均由张謇为"一把手"。这一举措标志着国家层面的水行政管理体制的建立以及现代流域管理机构的创建。后来，南京政府在此基础上，建立了由蒋介石亲任委员长的导淮委员会。1950年后建立的淮河水利工程总局、治淮委员会、淮河水利委员会，其机构设置和管理模式，均有着张謇时代的诸多传承借鉴因素。张謇是名副其实的中国现代水利管理机构和管理模式的开创者。

第二十讲：
张謇兴办慈善的五大动因

（2023年9月1日，由中华慈善总会、江苏省慈善总会、南通市人民政府共同主办的2023中华慈善论坛在南通新区会议中心开幕。数百名专家学者、企业家代表等齐聚一堂，聚焦"中国式现代化与中国特色慈善事业高质量发展"。笔者作题为《张謇兴办慈善的五大动因》的主旨演讲。此文亦发表在《江苏民政》2024年第4期）

张謇一生热衷慈善，倾心致力于慈善，开创了中国慈善的不朽功业，被称为"中国近代慈善第一人"。目前，介绍和论述张謇慈善所作所为的文章十分丰富，但其内容大多偏重于张謇兴办慈善的经历和业绩，对于张謇兴办慈善的基本动因，却缺少较为系统而集中的探讨。本文试图对此做些尝试，以便深层次理解张謇兴办慈善的思想和动力，以及进一步明确如何在新的时代条件下借鉴和发扬这些宝贵遗产。概括起来说，张謇兴办慈善的基本动因，主要表现在以下五个方面：

一、家风和传统文化的传承

张謇出生于深受中国传统文化熏陶的农耕世家，张家几代人都讲仁义、做善事。张謇的祖父张朝彦，年少时走过一段弯路，被不良亲友诱赌，输光了家产。后来浪子回头，重振家业，并乐善好施，被乡邻称为"真好人"。他对曾接济过张家一斗米的李老太始终感恩，李老太的儿子离世后，他担负起了赡养的义务，"饷斗米终其身"[1]。

---

[1] 张謇：《述训》，《张謇全集》第6卷，第284—288页，上海辞书出版社，2012年。

张謇的父亲张彭年，继承了祖父的秉性，作为张家第一个能读书识字的人，对儒家"仁爱济人"的理念认知更为自觉。有一年，家乡海门大旱且有蝗灾，稻米奇缺、奇贵，家人"剥蚕豆和麦屑而食"。家门面临大路，常有人来讨饭。张彭年和妻子只吃半饱，以省下食物救济他人，并表示"救一人是一人，救一刻是一刻"。他还训导张謇兄弟：你们知道挨饿的滋味吗？我半饱时还要把饭给别人吃，子孙但有饭吃，不可吝啬。当江南各州县被太平军攻陷，来海门避难的人很多，张彭年对有求者"必周恤之"。这些都给童年的张謇留下了不可磨灭的印象。张謇的母亲临终前的遗言便是"有钱，以偿夙负，振贫乏"①。

可以说，家风熏陶和家长的言传身教，洗涤了张謇幼小的心灵，养成了他慈悲为怀的品性，奠定了他兴办慈善的初心宏愿。

张謇自幼便开始熟读"四书""五经"等儒家经典，除了家风家教外，中国的传统文化（也是家风家教的灵魂），是促使张謇终生奔波在慈善之路上的基本动因。

中国的传统文化以儒学为主轴，儒学思想以"仁"为核心，"仁者爱人"则是"仁"的精义所在。作为深谙儒学经典大义的一代大儒，张謇必然会对儒家以"仁爱"为根基的慈善思想心领神会，身体力行。张謇的慈善思想和作为，出自他的悲天悯人和宅心仁厚的高尚情怀，最终则来源于儒家的博大精深的仁爱思想。他非常信奉孟子所说的"恻隐之心，仁之端也"。在他看来，要体现"恻隐之心"的"仁"，就必须"己欲立而立人，己欲达而达人"，必须"爱人"，"视天下之饥犹己饥，视天下之溺犹己溺"。而要"爱人"，必须济人；要济人，则必须付诸慈善。因此，他搞慈善已不是为了一般的做好人、行善事，而是出于强烈的文化自觉和内在追求。做善事，不图名，不图利，不图回报，只图心安理得，"为生民立命""为万世开太平"。他坦言："慈善事业，迷信者谓其阴功，沽名者谓博虚誉。鄙人却无此意，不过自己安乐，便想人家困苦。虽个人力量有限，不能普济。然救得一

① 张謇：《金太夫人行述》，《张謇全集》第6卷，第29—30页，上海辞书出版社，2012年。

人，总觉心安一点。"①

中华文化博大深广，丰富多彩，除了儒家，佛教和道教也是传统文化的重要源流。张謇的慈善思想，也从佛教、道教中汲取了不少营养。他认为，佛教主张慈悲渡世，布施助人，道家讲究超然物外，修己利世，均可看作是中国慈善思想的源头活水。他明确指出："若因果报应，道家之求长生者，须积善之功，周人之急，济人之穷；释家云，布施为第一波罗蜜。"②

除了直接传承于传统文化，张謇的慈善动因，很大程度上，还来自受传统文化浸润的绅士和平民的慈行善举的激励。

绅士是中国传统社会中的一个特殊群体。他们在经济和文化均欠发达的小农村落中，依靠科举功名和知书识礼，获得身份认可和族群尊重，成为地方精英和民间领袖。他们对上可向官方转达民情民意，对下可向民众传达官方的意图和规训，并兴办最基层的治理和建设事宜。他们是在正式的封建行政机构仅设到县一级的情况下，官方非正式在乡村治理的代理人。有学者指出，乡村绅士的职责主要有八类：一为慈善组织和民间团体筹款；二调解纠纷；三组织和指挥地方团练；四为公共工程筹款并主持其事；五充当政府与民间的中介；六为官府筹款；七维护儒学道统；八济贫。实际上，这包含了狭义的和广义的各种慈善公益事项。正因如此，绅士成了中国传统社会慈善事业的带头人和主导力量。

为了践行儒学理念和赢得民众敬重，绅士们不遗余力地推行慈善事业。他们平时"经营乡里"，力促助益民生，灾荒年则开仓赈灾，恤贫济困。前不久，笔者走访了费孝通、陆定一等名人故里和无锡荡口古镇等，发现苏南的绅士家庭都具有建"义庄"、办学堂的传统，并在乡规民约和家谱家训中，着重强调仁爱慈善思想。张謇的家乡亦是如此。南通如皋的沙元炳，是张謇的同科进士和事业伙伴，沙家是如皋的首富，救灾歉，恤贫困，

① 张謇：《第三养老院开幕演说》，《张謇全集》第 4 卷，第 508 页。上海辞书出版社，2012 年。
②《张謇全集》第 4 卷，苏州古籍出版社，1994 年。

除强暴,扶孤幼,凡有益民生之事,无不力为倡导。

对绅士们造就的传统慈善之风的耳濡目染,以及对传承优秀传统文化的自觉担当,促使张謇坚定不移地跋涉在既艰辛又高尚的慈善道路上。正如他自己所说:"兹事具地方慈善事业性质,邦人君子当并不忍听其绝。"①

传统文化的感召力、渗透力特别强。不仅社会精英绅士阶层深受其影响并竭力予以传承,就连普通平民乃至贫贱之民,也会自觉不自觉的奉行传统文化中的慈善观念。在神州大地时时处处涌现出的"凡人善举",构成了中华慈善的又一绚丽景观。张謇最为推崇的平民慈善家,就是最终被清政府赐给黄马褂和"乐善好施"匾额的"千古奇丐"武训。

武训因自己不识字受财主的欺辱,发誓要让贫苦人家的孩子也能上学读书,便以乞讨为生,逐渐积累起钱财,办了多所私塾,使许多穷人家孩子读书识字。用张謇的话说,就是"幕天席地,四大皆空,是真丝毫无所凭借,然一意振兴教育,日积所乞之钱,竟能集成巨资,创立学塾数所"②。张謇最佩服武训的就是"以强毅之力行其志"和深广的慈善博爱之心。张謇从中获得了许多启发和激励。

二、西方慈善理念的吸纳

张謇虽是由传统文化哺育的一代儒生,但为了使国家尽早富强繁荣,他对西方文明的各种可取之处都努力学习借鉴。对于为何搞慈善,如何搞慈善,他在继承中国传统文化的同时,亦从西方慈善理念中汲取了不少有益的成分。

统观张謇兴办慈善的历程,可以看出,他在1884年结束幕僚生涯,回乡备考和"经营乡里"时,就做了一些收野尸、赈灾民的善事。后来,又在1904年后创办了南通育婴堂等慈善项目,但真正大规模兴办具有现代意

张
謇
三
十
讲

义的慈善机构，如养老院、栖流所、戒毒所、济良所、贫民工场、育哑学校等，却是在1912年以后。这是为什么呢？原来，这与一位西方人的劝导和刺激有关。

这位西方人就是英国传教士李提摩太（曾被清廷赐予头品顶戴）。他是一位在中国生活多年、在中外均有重要影响的"中国通"。他认为，中国文化未来的出路在于综合融会古今中外文化可取之处，建立一个兼容并包、广泛吸取和专精一学、触类旁通的新学。

1912年4月，李提摩太在与张謇攀谈时，提出了一个鲜明而尖锐的观点："中国非真能实行普及教育，公共卫生，大兴实业，推广慈善，必不能共和，必不能发达。行此四事，一二十年后，必跻一等国；能行二三事，亦不至落三等国。此比练海陆军为强。究意能有几省能行否？"[①]这番话使张謇既振聋发聩，又羞愧难当。他当即表示，目前在全国普及尚难，但个别地方可以作些尝试。于是，张謇暗下决心，要在地方自治（包括慈善事业）方面做"模范"，为中国人争口气。

张謇在与李提摩太攀谈后的第二天，便写下了《感言之设计》，在南通原有基础之上，全面规划设计实业、公共卫生、普及教育、慈善四件大事。关于慈善的设计是："推广慈善则育婴堂除幼稚园之增设自任外，须增建初等小学五所，平屋二十五间，连具须七千圆。小平工厂七间，连具需须三千圆。改建宿舍楼五十一幢，连具须二万圆。养老院连工厂器具须一万五千圆。残废院年工厂须一万五千圆。育哑学校须一万五千圆。贫民工厂须三万圆。妇女工厂须一万圆。合计十一万五千圆，核银七万七千七百两。"[②]另外，他对已办或将办的慈善机构，都仿效西方模式，改进管理制度和方法，促其转型升级。

西方慈善理念的影响，也促使张謇将中国古代传统认知与西方近代观念相融合，从而进一步认识慈善的重要意义，并增强自觉推进慈善事业

---

① 郭汉民：《李提摩太来华初期的社会改革思想》，第93—97页，《湖南师范大学社会科学学报》，1994年，第6期。
② 张謇：《感言之设计》，《张謇全集》第4卷，第236页，上海辞书出版社，2012年。

的动力。他认为，"老幼孤独不得所，大乱之道也。墨家者流以养三老五更为兼爱，孔子志安老，孟子申之"，"慈善与国家社会之说之通于政，近世欧美人之言也。比年耶教会设安老院于上海，安老云者，犹孔子意"。① 在这里，张謇将孔孟之道与西方近代理念相比照，说明两者都以国家治理和社会稳定的政治高度看待慈善，都应予以重视和践行。

其实，早在此之前，张謇就留意于西方的慈善作为。他在 1903 年出游日本时，便考察了若干具有西方色彩的慈善机构。看了盲哑学校后，感到"使人油然生恺恻慈祥之感"。回国后，便向地方政府建议兴办盲哑学堂。1904 年，他重建南通育婴堂时，也是受到上海徐家汇天主教会主办的汇育育婴堂的启发，并相应地移植了他们的一整套制度和方法。"复与同人力去普通婴堂腐败之陋习，参用徐家汇教会之良法，开办一载，活婴千余，成效昭然。"②当然，这只是初步的尝试。1912 年以后，南通才出现了全面兴办融中外文明为一炉的近代慈善事业的高潮。

1914 年 12 月，张謇为私立南通医学专门学校题写校训：祈通中西，以宏慈善。这既表达了他对中西医结合培育医学人才的殷切期望，又反映了他融合中西文化理念兴办慈善的基本思路。

三、构建"新新世界"的需求

张謇是中国早期现代化的探求者、开拓者、示范者，他所有的作为，他所有的事业追求，都是围绕构建"新新世界"的需要而展开。慈善事业亦是如此。

具有世界眼光和进步文明观的张謇，把世界上的先进国家看作是"文明村落"，他的"新新世界"的理想，就是也要把中国建成与先进国家比肩的"文明村落"。而慈善，在张謇看来，则是现代文明国家的重要标志，不行现代慈善，就无法迈进现代国家的门槛。因此，必须大兴文明之

① 张謇：《南通新育婴堂发起原案呈》，《张謇全集》第 4 卷，第 337 页，上海辞书出版社，2012 年。
② 张謇：《南通新育婴堂发起原案呈》，《张謇全集》第 4 卷，第 337 页，上海辞书出版社，2012 年。

风,大办慈善事业,大力促进全社会的文明转型。在这里,张謇已经把慈善的地位与作用,提升到促进文明,改良社会,乃至救亡强国的高度来认识。在这种认识的指导下,他才会对兴办慈善有无比的自觉和执着。

张謇关于构建"新新世界"的设想,首先付诸南通的地方自治。他认为实业、教育、慈善是地方自治的三根主要支柱,缺一不可。其中,实业是根本基础,教育是积极充实,慈善是必要补充。"窃謇以国家之强本于自治,自治之本在于实业教育,而弥缝其不及者唯赖慈善。"①在张謇看来,慈善虽然仅处于后列的辅助补充地位,但对于构建一个完整的文明社会,却是必不可少的。"王政不得行,于是慈善家言补之,于是国家社会之义补之。"②就社会结构和社会分配而言,如果老弱病残等社会弱势群体,不能以慈善的途径予以关照,社会成员就不能共享社会财富,社会就有很多缺憾,就无法构成真正的文明社会。同时,还会引起社会动乱,"老幼孤独不得所,大乱之道也。"③正因张謇把慈善看作是地方自治和构建"新新世界"之必需和必然,他才会用毕生的精力和财力兴办慈善事业。

在张謇的心目中,"新新世界"是一个社会和谐、人民安康的世界。但他所处的时代,恰恰贫富悬殊,矛盾尖锐,社会动荡。如何解决这些问题呢? 他认为,一个重要途径就是靠慈善。他为当时社会病症开出的药方是"安富""振穷""恤贫"。

所谓"安富",就是为实业和民营经济的发展创造良好环境,让企业家安心经营,让富人安心赚钱。所谓"振穷",就是依靠经济发展,振兴贫困人口和贫困地区。所谓"恤贫",就是利用民间慈善和国家抚恤,使没有能力工作挣钱的贫民,也可以过上正常的生活。张謇主张,在发展经济的基

---

① 张謇:《拟领荒荡地为自治基本请分期缴价呈》,《张謇全集》第 4 卷,第 406 页,上海辞书出版社,2012 年。

② 张謇:《南通养老院记》,《张謇全集》第 6 卷,第 373 页,上海辞书出版社,2012 年。

③ 张謇:《南通养老院记》,《张謇全集》第 6 卷,第 373 页,上海辞书出版社,2012 年。

础上,对正常人"广设生计","皆有所效以资其生";对残疾人"亦有所安以恤其苦。"这样就可以"调剂贫富","根除社会上之不平等"。他衷心希望并大声呼吁"将来国家若能明定法令,使富人帮助穷人,则尽善矣。"①

为了实现人人各尽所能、各有所安的和谐社会,从而建成现代化的"新新世界",张謇主张慈善也应由传统走向现代。他认为传统的慈善救助偏重物质上的帮济与扶助,突出以"养"为主,而从构建"新新世界"出发,传统慈善应顺应时代潮流,实现跨越式转型,实施物质和精神救济扶助并重,"养"与"教"相结合。因此,张謇后来在创办慈善项目时,竭力践行"教养并重"的理念。一方面对贫弱残缺人群提供基本的生活条件,一方面对其进行知识传授和技能培训,并着力培养他们成为心灵健康、人格健全的正常人。他特别强调"救济之行的目的,即在促其自新,扶其自立,俾由被救而达于自救,故礼义廉耻之诱导,职业技能之训练,较之衣食住所之供给,关系尤重"②。

张謇在重建和改造育婴堂时,设立了幼稚园,使"育婴"和"幼教"相结合,并为十岁以上的孩子办了初等小学和平工传习所,帮助他们成人后正常就业。他所开办的贫民工场,既提供劳动场所,又培训工艺技能,让收养留教的学徒工,毕业后就可谋生创业。他所创办的栖流所收养的流浪人员,也要"日作粗工",并"习有小艺",逐步养成独立走向社会的生存能力。他注重济良所对失足女子的文化学习和思想教育,开设了国文、算学、手工和伦理道德课程。他在中国首创的盲哑学校,除了针对盲哑人的特点进行特殊文化教育外,还扬长补短式地进行特定技能培训,学员毕业后,常被商务印书馆及一些图书印刷出版单位录用。

正因为有着"新新世界"理想的指引和激励,张謇才不遗余力地大办慈善事业,并依据建立"新新世界"的需要,以现代的方法创办现代的慈善项目。

---

① 张謇:《暑期讲习会第二次演说》,《张謇全集》第4卷,第626页,上海辞书出版社,2012年。
② 张謇:《暑期讲习会第二次演说》,《张謇全集》第4卷,第626页,上海辞书出版社,2012年。

张謇三十讲

四、卓越人生观的驱动

人生观是对人生的基本态度和价值取向，有什么样的人生观，就有什么样的人生作为。从根本上说，人生观是一个人干事创业的基本动力。张謇之所以能在多个领域（包括慈善领域）创造一般人难望其项背的不朽业绩，就是因为他有着不同于一般人的非凡人生观。梳理他与慈善有关的人生观内涵，至少可以看出以下几个特点。

一是脱俗。张謇晚年与曾任江苏巡抚的程德全谈论人生的经历和感悟。程德全感叹人忙了一辈子，最终都是空的。他问张謇，这个世界上什么东西是你的？张謇则反问了他一句，这个世界上什么东西不是我的？程是从普通人"生不带来，死不带走"的财富观念出发，发出人生意义的疑问。张謇则超越了一般人仅从物质层面看问题的高度，从人是不同于一般动物的"万物灵长"的角度，看到了人的心灵和精神的永恒价值。在他看来，只要人的心灵和精神与世界相契合，特别是心安理得地为世界做事，把自己融入世界之中，无论生老病死，世间万物都可以归属于你，因此，人应该"尽人事，以顺天命"，尽量为人类做好事，与主宰"天命"的宇宙相伴相生。这种以出世的精神，做入世的事情的豁达而笃实的人生态度，是张謇兴办慈善的不竭动力。

张謇有一段名言："天之生人也，与草木无异。若遗留一二有用事业，与草木同生，即不与草木同腐。故踊跃从公者，做一分便是一分，做一寸便是一寸。"[1]这段话，充分表达了张謇人生在世就要为社会建功立业的价值追求。他认为，若要锻造不朽的人生，必须创造不朽的功业。而这种功业要为公利他，对社会、对民众有利。由于张謇执着于为人世建功德，他才能心无旁骛、百折不挠地兴办慈善等利国利民的好事。他在晚年常感叹："年日以长，力日以薄，智能日以绌，未知观成之何日也？"[2]

---

① 张謇：《第三养老院开幕演说》，《张謇全集》第 4 卷，第 359—360 页，江苏古籍出版社，1994 年。
② 张謇：《南通中等以上学校联合运动会演说》，《张謇全集》第 4 卷，第 511—512 页，上海辞书出版社，2012 年。

二是悯人。张謇是一个悲天悯人的人道主义者。他认为人生而平等，"大德曰生"，上天赋予人以生命，人人都该获得基本的生存条件。因此，他对生活条件艰难、生存能力不足的贫弱人群，具有与生俱来的怜悯心和帮扶心。"良以恻隐之心，人皆有之，穷民无告，琐尾流离，或沦入饿乡，或罹蹈法网，匪特有妨社会之秩序，民族之健全，而要亦为人世之极堪怜悯者。"①从天良恻隐出发，就会对扶贫济困的慈善事业具有高度的使命感和自觉的责任担当。正因如此，张謇才由衷地说道："夫愚兄弟所经营者，天职耳。不求人知，亦不求人不知。知不知在人，非在我也。"②他认为，他与三兄张詧所经营的慈善事业，是应尽的天职，不管别人知不知道，都要自觉努力地去做。

三是救世。张謇就是一个以强盛祖国、改造社会为己任的爱国主义政治家、实业家，又是一个具有浓郁的救世为民、"普度众生"情怀的慈善家。为了"救世"，就必须"济世"，他着眼于"救世"，立足于"济世"，在人世间做了无数的好事、善事，被人称之为"活菩萨"和"人间基督"。他非常认同孔子在《易经》中所说的话："天地之大德曰生，生生之谓易。"他认为天地之最大恩德，是为宇宙和人类提供了生生不息的环境，让各类生命各得其所，繁衍生长。因此，我们要顺应和珍惜"天地之大德"，"要使得大多数老百姓，都能得到最低水平线以上的生活"。他认为，作为一名企业家和慈善家，必须"乐工兴事，厚其生谓生。"这种高尚的人生理念和救世情怀，正是张謇广济人世、乐善好施之动力所在。他尽其所能，耗尽财产，一心想让全体民众，特别是老弱病残者，过上好日子，说到底，还是为了践行他的"救世"和"济世"的抱负。

五、追求完美道德的激励

中国传统的读书人，都奉行读圣贤书、做圣贤事、向圣贤看齐。状元

---

① 叶沈良：《张謇——中国近代慈善第一人》，《公益时报》，2019 年 11 月 11 日。
② 张謇：《美人勃德编中国名传序》，《张謇全集》第 6 卷，第 567—568 页，上海辞书出版社，2012 年。

公张謇作为一代儒学最高精英，更是时时处处以孔孟等圣贤为榜样。他以践行"为天地立心，为生民立命，为往圣继绝学，为万世开太平"的儒家理想为己任，终生以圣贤为榜样立功、立德、立言。他在"立功"方面，"模范意识"特别强。在推进南通治理和建设的过程中，他总是想当全国的模范（《张謇全集》中关于"模范"的词语和论述特别多），并以此为动力和导向，全方位地推进南通的现代化建设。在他的努力下，南通后来果然成为响当当的"模范县"，示范引领了中国的早期现代化。他在"立德"方面，"楷模情结"特别重，总是想成为为人处事、修身养性的楷模。因此，他在道德伦理方面，总是追求完善，总是以圣贤自诩。通观张謇的一生，他有着浓厚的"道德完人"情结，对道德追求有着宗教般的自觉和执着。他要求"吾人之享用，不可较最普通之今人增一毫；吾人之志趋，不可较最高等之古人减一毫也。"①这里所说的"最高等古人"，显然就是指古代圣贤。始终以圣贤的标准要求自己，不可能不成为一代道德榜样。他至少在家乡南通成为一方楷模，并开创一代文明道德新风。

张謇是一个完美主义者，以道德楷模要求自己，必然会尽量促使自己十全十美。这不仅要求把事情做到极致，而且个人道德修养也须达到"化境"。张謇一生既能创造不朽的存世功业，又能树立高尚完美的人格形象，追求道德完美是一个基本动因。特别是在兴办慈善方面，更是如此。要想真正办好慈善事业，既需要强烈的事业心，也需要高尚的道德情怀。

首先，张謇认为，办慈善不是为了给别人看，而是自我修行、自我完善的需要，不过是各尽其力，以行其仁，以自完其为人而已。同时把慈善看作是人道和人格的根本所在，办慈善既可以兴"人道"，又可以修"人格"。有这样的认识高度和深度，他怎能不自觉自愿、任劳任怨地去兴办慈善？

其次，张謇认识到，用儒家道德伦理观衡量道德水准高低的标准，最关键就是看如何处理公与私、他人与自己的关系。为公和利他的人，就是品德高尚的人。而慈善最能体现为公和利他精神。因此，要实现道德的

---

① 张謇：《商业初等学校演说辞》，《张謇全集》第 4 卷，第 193—196 页，上海辞书出版社，2012 年。

自我完善，必须从慈善着手。他认为，道德完美的"天之人"，必然会因多多人之逸乐，奋多多人之劳苦，以成无量数人之逸乐，进小公而成大公。他一生，都在按这样的"天之人"标准行事，都在为成为这样的"天之人"而努力。实际上，他的慈善事业不断发展的过程，也就是他的道德修养不断修炼完善的过程。

最后，在张謇看来，一个人道德是否完善，既要看他选择什么事做（比如，是否选择利国利民的慈善）；又要看他在做事的过程中，是否具有远大的抱负、坚毅的品格、刻苦的精神、高效的作风。因为这些都是一个人道德品质的外在体现。所以，张謇在竭力倡导和推进慈善事业的同时，特别强调，"人患无志，患无强毅之力行其志"，"勤勉节俭、刻苦耐劳诸美德，为成功之不二法门"①。有了这样品行道德理念，张謇所创办的慈善事业，所付出的努力和所取得的成效，自然会超过同时代的一般人。

张謇志向不凡，他对标国际先进水平，高点定位中国的慈善事业，不仅完整构建了一套慈善救济体系，还推进慈善机构变革改良向现代化跨越转型。他做事极为认真细致，他对育婴堂、养老院等慈善机构的规划建设和运行管理，无不亲自操劳，并倾注了极大的耐心和细心。他遇到困难，毫不畏惧退缩，而是咬紧牙关攻坚克难，砥砺前行。正是凭着这种精神，这种品质，这种道德追求，张謇才创造了慈善事业的无比辉煌，当之无愧地成为"中国近代慈善第一人"。

---

① 张謇：《商业初等学校演说辞》，《张謇全集》第 4 卷，第 193—196 页，上海辞书出版社，2012 年。

第二十一讲：
张謇的同科进士和
事业伙伴沙元炳

(2023 年 9 月 11 日，电视纪录片《沙元炳》首映式及沙元炳企业家精神座谈会在如皋市举行。沙元炳企业家精神座谈会由江苏省张謇研究会、江苏国际文化交流中心主办，中共如皋市委、如皋市人民政府承办。笔者应邀作主旨演讲。此文亦发表在《董事会》2024 年第 3 期）

如皋的沙元炳是张謇的同科进士和事业伙伴，也是南通地区出类拔萃的先贤。但与张謇相比，似乎名气不大，即使在今日南通，熟知沙元炳的也不多。这是为什么呢？或许是因为他留存的史迹不多，或许是因为后人对他的史料关注不够，但最主要的，还是因为对他杰出的历史贡献认识不足。对于沙元炳这样的新旧时代转型期的代表性人物，只有把他放在中国近代社会转换变迁的大的历史背景下，考察他在中国早期现代化进程中的所作所为，才能充分认识他的人生价值和历史地位，也才能还他应有的面貌和声望。

一、才学过人，报国志坚

沙元炳（字健庵）出生于 1864 年的如皋城内沙家河塘祖宅。沙家为书香门第，也是如皋的名门望族。父亲沙宝臣是一个有学问、有声望的绅士。沙元炳在为父亲写的墓志铭《有清处士赠资政大夫沙府君墓志铭》中写道："我沙氏于如皋称巨家，县中士族，由明代下至今，一姓历三百余年，而田宅不更他氏者，独称我沙氏。"①而在文化影响方面，沙元炳认为沙氏

---

① 沙元炳：《志颐堂诗文集》，台湾如皋同乡会影印本，1973 年。

可与当地著名文士冒辟疆相提并论，"国初吾亦园林觞咏之盛，冒家水绘外，沙氏其亚也"。

沙元炳自幼浸润于良好的学风家教，刻苦读书，发奋有为。他在家塾读书时，母亲孙氏对他管教极严。"冬日自塾归，辄间夕课一艺。飧罢，伏几，然一灯，两妹持针黹旁列，夫人拥炉隐床侧，煨芋栗以俟，艺不毕不令饲。往往三漏三下始各就寝。"①《清资政大夫沙君夫人孙氏墓志铭》。

沙元炳十一岁学科举文，十七岁考上秀才，二十七岁中举人，三十岁进士及第。在传统科举道路上，万千人争挤独木桥，最终能考中进士的，实属凤毛麟角。其中既与先天禀赋和后天教育有关，更与当事人的志向有关。因为没有志向的人，即使主客观条件再好，也不会坚韧不拔地跑完科举"马拉松"全程。沙元炳在《说鹄》一文中，以赞扬鹄表明自己志向："千里之志，溯清风，凌颢气，翱翔自得于冥冥中。"②他就是这样一位志向不凡的有为举子。

在那个时代，作为沙家长房的独生子，沙元炳的志向，少不了光宗耀祖，承家兴业的因素，但更多的是怀抱家国情怀，济世报国。他考中进士的那一年，恰逢中日甲午战争开始，随后中方战败，割地赔款，中国面临着前所未有的亡国危机，与同科进士张謇一样，更加激发出救国强国的强烈志愿。他发誓要"启迪民智，御侮图强，洗雪国耻"。

沙元炳中进士后，深得自己的座师翁同龢赏识，由翁推荐，入庶馆深造，授翰林院编修。翁同龢是光绪的帝师，也是维新派的在朝首领。沙元炳赞同老师的维新主张。可是1898年的"戊戌变法"失败后，沙元炳对国事和官场均感失望，深知在京无法一展抱负，便寻故告假回乡，另谋他图。

据项本元（沙元炳的学生）所述："沙以二亲年高谒告归养。"所谓"谒告"，是指官员告假，期满后可以销假复职，有点像"停薪留职"。实际上，沙元炳告假的真正原因，是因为他对国事的失望和个人另有打算。他在

① 沙元炳《志颐堂诗文集》，台湾如皋同乡会影印本，1973年。
② 沙元炳《志颐堂诗文集》，台湾如皋同乡会影印本，1973年。

后来曾明确说道："天下之患,莫大于任事者仅居其名而无事事之实。吾见今日之膺显职者,其不慎审度,率然而就,稍有艰阻则谢病而去耳。号为维新者数年,曾无毫毛加于昔,此辈阶之厉也。"①所以,他再也没有回京销假复职,而是像同科乡贤张謇那样,怀抱救国之志,从推进家乡的现代化建设起步,为强国富民做出自己应有的贡献。

对于沙元炳为何要弃官回乡,大多认为他是因为厌恶官场的腐败而想归隐颐养。实际上,他内心的真实想法是全力建设家乡如皋,在造福桑梓的同时,为中国的早期现代化发挥示范引领作用,最终还是为了践行强国富民的理想(后来如皋在他的推动下,成为江苏"一等县""民国第一大县"绝非偶然)。

二、以如皋示范华夏

沙元炳认为,如皋处"长淮之委,南滨江,东北滨海,宛然交通之会","水土沃衍,半耕而倍获",且在当时是全国为数不多的人口过百万、土地过千平方公里(如东县尚未分设)的超级大县,"有天有人,安在百里之县不能起而争天下之先耶?"②本着"争天下之先"的志愿,他决心努力促使如皋"更始自新,强立不反,以善其群,以厚其力,以阜其财,充之以学。而纳诸法度"。③ 也就是说,要通过创新创业,全面推进经济、教育、治理各项事业,把如皋建设成早期现代化的典范,以引领全国。这里的"争天下之先",就是要走在前列,起带头作用,实际上也就是"领"天下之先。

沙元炳深知,搞现代化,"更始自新",必须以经济为基础,大办实业"以厚其力,以阜其财",然后在此基础上,再搞教育文化、社会治理等各项现代化事业。这与张謇的想法不谋而合,其成效也是异曲同工,十分难能可贵。沙元炳与张謇所创办的各项现代化事业,在中国早期现代进程中,都可列入最早、最好、最全行列,因而最具引领性、代表性、示范性。

---

① 沙元炳《志颐堂诗文集》,台湾如皋同乡会影印本,1973年。

② 沙元炳《志颐堂诗文集》,台湾如皋同乡会影印本,1973年。

③ 沙元炳《志颐堂诗文集》,台湾如皋同乡会影印本,1973年。

在经济方面，沙元炳除了对张謇的企业积极投资并参与谋划经营，支持张謇在南通创办大生纱厂、垦牧公司等现代实业以外，自己还独资或与人合资，举办了一批直接推动如皋经济发展的早期现代企业。

沙元炳于1895年（尚未辞官回乡）就在如皋集资创办广丰腌腊制腿公司，聘请知名技师，运用先进工艺和现代企业管理方法，打造了全国著名产品。由此，如皋火腿与金华火腿、宣威火腿齐名，并称中国"三大名腿"，荣获1915年首届巴拿马太平洋万国博览会金奖，远销欧美各国。在沙元炳带动引领下，如皋火腿及肉制品加工兴旺发达。1918年，如皋城和有关乡镇已有制腿企业20多家。1929年，"中国制腿公司"在如皋开办生产基地，占地十多亩，拥有厂房七座及配套的屠宰房、猪舍等，一时盛况空前。当时，如皋普通农户至少养猪3—4头，富裕农民能养30多头，全县每年新增生猪50万头，约有22万头用于火腿、咸肉的腌制。至今，如皋的肠衣、腌腊肉食制品等都是如皋的拳头产品，事业兴旺，百姓受惠，与沙翁当年创办火腿厂密不可分。

1918年，沙元炳牵头创办"皋明电灯公司"，诞生了如皋第一个火力发电和照明厂，使千年古城告别了蜡烛、油灯时代，跨进了现代电力电器门槛。这在当时的中小城市中十分罕见，就连外国人也相当惊叹。西方学者、历史学家谢克德在英文专著《归属新途径》中，就专门记述了如皋电气化时代的到来，并称如皋乡绅对南通乡绅现代化事业的仿效，还是一种追赶和竞争。当时沙元炳创办的经济实体还有鼎丰碾坊、裕如钱庄、广丰榨油公司、广生德中药铺等，都对如皋的经济社会发展起到了重要的推动作用。而且，在沙元炳的带动下，如皋本地不少富绅也纷纷投资办厂，有的还卖掉出租的田地来建厂。由此，如皋的工业经济兴盛一时，独领风骚。

值得一提的是，沙元炳与张謇联手合办的大达内河轮船公司，开通了如皋航线，使如皋本地的交通运输业呈现出崭新面貌，有力地推进了如皋各行各业的发展。当时，沙元炳是大达内河轮船公司实际上的首任经理，江石溪（江泽民祖父）是公司协理（沙的助手）。他们管理有方，经营得法，使公司成效斐然，既造福通州、如皋，又助推苏北航运和经济发展。

张謇三十讲

另外,沙元炳还与张謇等人合资集股上百万元,创办现代化的大型垦牧公司——大豫盐垦公司,在如皋东侧掘港场南滨海地区(现属如东县),将数十万亩荒废的盐场和滩涂用来经营食盐与垦牧,极大地改变了当地的生产、生活面貌。沙元炳时任董事会代表,实为董事长。

难能可贵的是,沙元炳在创办实业的过程中,紧跟时代潮流,开风气之先,推广股份制、经理制等现代企业制度,聘请专业的管理和技术人才,推动家族企业转型升级。同时,还引进国外先进科学技术和机器设备。

在教育方面,沙元炳历来秉持教育救国的理念,认为教育是"家国运命存亡之所系,不敢斯须去。"他对开创现代新式教育,尤为关注,尤为热心,尤有成效。特别是首创中国第一所地方公立示范学校——如皋公立简易师范学堂,意义重大,影响深远。

当时的学校分为官立、公立、私立三种。按照张謇的说法,"用国税者曰官立,用地方税立者曰公立,用民人私财者曰私立。"本着师范是教育之母的认知,1901年初,沙元炳与张謇等人谋划,欲在通州成立公立师范学校,并联名上书两江总督,但因种种原因而未果。于是,张謇筹办私立通州师范学校,并于1903年4月办成开学。沙元炳则利用自己在如皋的影响力,取得地方政府支持,居然在1902年9月办成了如皋公立师范学校,开全国公立师范学校之先河。显然,若论私立,通州师范最早,若论公立,如皋师范最早。若公立、私立一并比较,也是如皋师范最早。

当年的如皋师范学校借鉴日本等国经验,采用新式教学体制和方法,培养了一批又一批青年才俊,为当时地方上的文化教育事业逐步迈上现代化道路,作出了不可替代的贡献。办校一百多年以来,从五万多名毕业生中走出的全国杰出校友有:著名语言学家、《新华字典》主编魏建功,国民政府教育部常务次长、号称"中国杜威"的吴俊升,新中国教育部代部长刘季平,被称作是"中国国际法学一代宗师"的韩德培,美国国家卫生院顾问、著名药物学家葛克全,美国麻省理工学院著名教授刘冶谨,中国工程院院士韩德馨等。

1901年,在如师开办之前,沙元炳还创办了全国第一所公立小学——

如皋公立高等小学堂。该小学堂内设师范传习所，相当于分期培养师资的职业教育班，1905年扩充为如皋初级师范学堂，沙元炳任校长。1916年，如皋各地已办起了十几所以师范传习所为主体的各种职业补习班，其业绩由江苏省省长公布为全省"六十县以为楷模"。

沙元炳还在如皋师范学堂内附设了中学堂与测绘专修科，并创办了工业学堂和商业学堂。同时，在各乡镇兴学助教，从而使如皋的现代教育事业蓬勃发展。至辛亥革命前，全县已建有各类学校95所，入校学生3882人。这在全国各县中极为罕见。难怪兴实业、办教育卓有成效的状元公张謇，也由衷地赞道："江北学校，通、如最先而最多。如果设无健庵倡之，焉能如此？"

在文化方面，沙元炳在积极支持张謇创办南通图书馆并亲任馆长的同时，还积极推进其他各项文化事业。首先，他以广博深厚的文化底蕴和超前进步的思想理念，成为如皋地区现代化文化事业的领军人物，影响和引领了一代人的文化方向和思想认知，使传统保存的千年古邑焕发出新时代的文化气息。同时，他自身的文化学术成果也十分突出。曾任民国大总统的徐世昌所编选《晚清簃诗汇》，专门记述沙元炳"留意乡邦文献，尝搜集先哲遗书，多至百余"。

沙元炳特别重视方志"存史、教化、育人"的功能，认为方志不但可以教化百姓，导民向善，还可以凝聚人心，推进地方各项事业发展。"县之有志，上以备国史志之要删，下以击一邦之风教，而于国家变乱之后，政体改革之时，考献征文，关系尤亟。"①因而他几乎使用了后半生（十八年）的主要精力编写如皋县志。在编志过程中，他一方面继承中国方志实学学问传统，一方面注重运用近代测量图绘、数理计量等科学知识，使最终形成的二十卷民国如皋县志，成为享誉当时、影响后世的"名志"。

除了编修如皋县志外，沙元炳的一生还创作了大量的诗文。可惜因战乱等原因，他的文稿大多散失，目前能见到的，主要留存于由他门生编

① 沙元炳：《志颐堂诗文集》，台湾如皋同乡会影印本，1973年。

印的《志颐堂文集》。这部"中华书局聚珍仿宋版印线装"诗文集,共十八卷、六册,是沙元炳人文思想、家国情怀以及文学才华的真实写照,也是地方文献的难得珍品和文化瑰宝。

在慈善和公益方面,沙元炳深知,一个国泰民安的现代社会的构成,除了办实业,兴文教以外,还必须有一套完备的慈善和公益体系相匹配。因此,他在这方面也卓有建树。著名教育家吴俊升称赞沙元炳"救灾歉,恤贫困,除强暴,扶孤幼,凡有益民生之事,无不力为倡导"。

沙家是如皋巨族,祖上即有赈灾救贫的善举。沙元炳继承发扬了家庭传统,除了经常施粥舍金外,还利用自己的特殊专长造福桑梓。他精通医术,常为人义务诊脉,并创办广生德新记中药号,广济民生。1919年,他创立了县防疫所,当瘟疫流行时,他用自己配方煎汤药让灾民服用,并救济了数百名病人。1921年,他创建了如皋县公立医院,出任院长,为如皋的现代医疗事业发展作出了重要贡献。他在医疗卫生方面的创举,受到许多地方关注和借鉴。

从安邦利民的大局出发,沙元炳对防控疫情的公共卫生举措有着深刻的认识。他在《如皋防疫公所成绩书序》中指出:古代明君治国,十分看重大瘟疫、大饥荒的问题。大疫来临时,将民众迁徙隔离。疫情期间,人人无力,市场萧条,国家不征税,禁止高抬物价,酌情减轻刑法。而现在的人只知荒灾时要救济,而当疫情发生时,官员不能预测,大人小孩纷纷病死,只能祈祷上天,祭祀祖先。文人雅士们只会空发议论,讥笑他人的愚昧,别无他法。为了改变这种状况,他在1919年如皋疫情来临时,与如皋知事刘式譔商定了严格的防疫措施:对于道路、厕所、猪圈附近不干净的人,进行警戒;对于吃水产、水果引起身体不适的人,进行治疗;对于其他疫区来如皋的人禁止入城。三个月后,疫情结束。共计染病819人,其中616人就医,41人死亡。

1912年,为了解决境内河道淤塞、堤闸失修等水利问题,沙元炳发起成立如皋水利会,附设测绘局,他亲自任会长。水利会用水准仪和地形仪分组测量县境内各大河及支流,沿河设立"水准标",每年春节按"标"疏浚各河道。先后建造新陡港船闸一座，并重修李家桥利民坝和范公堤，以及与东台县合修黄沙洋三孔石涵。水利会所属测绘局（后改为清丈局），测量绘成十万分之一全县整幅地形图和五万分之一八幅合并全县地形图，并绘成县境内大、中型可通航的河道横断面图和纵断面图。

在政治方面，沙元炳虽然是生长于旧时代的传统儒生，但在西学东渐的背景下，他在探索救国强国道路的过程中，逐步接受现代政治文明理念，并付诸实际行动。他在考中进士后支持维新变革，而在戊戌变法失败后愤然辞官回乡，并在家乡如皋多方推进现代化事业，本身就反映了他鲜明的政治立场和价值取向。回乡后，他所表现出的进步的地方治理的理念和实践，尤为时人和后人称道。

回到如皋后，沙元炳一面办实业、兴文教、助民生，一面积极参与社会治理。在清末民初，地方官员对沙元炳相当尊重，"凡来主它县政者于先生无不敬仰，有大事均以咨先生。故邑人之福利赖以保全者尤不胜书。"除了以上所说的开展各种慈善公益活动，他还从现代社会治理结构需要出发，组建商会、医学会等社团组织，并积极参政助政，配合和促进地方政府实施有利于如皋经济社会发展的治理方针。特别是他在辛亥革命时担任了如皋民政长等官职后，更是有力地推进了地方治理现代化，使如皋成了令人瞩目的治理模范地区。

商会是工商业人士维护自身权益、促进工商业发展的民间社团，是伴随商品经济发展的产物，也是地方治理的一支重要力量。1903年，沙元炳与地方绅士及各工商行业首领筹建了如皋商会，这在全国几乎是最早的（1904年，清廷才颁发商会章程）。沙元炳亲任会长。商会会长任期一年，逾年改选。由于沙元炳德高望重，治会有方，每年都连选连任，一直干了20年（1923年卸任）。商会除了帮助会员排忧解难、维护权益外，还集资办实业和促进地方治理。1911年，商会为维持地方治安，筹建了地方协防团。为支持孙中山的临时政府遣送客军经费开支，如皋县商会与各有关县商会共筹集提供了20万元。1922年，苏北发生特大水灾，商会支持粮商赴上海采购大量仰光米，以充民食。1924年，苏浙军阀开战，为保境安

张謇三十讲

民,商会动员会员筹集巨资,以"犒军程仪"安抚军队,使如皋免遭战祸。

1911年武昌起义爆发后不久,沙元炳便出面筹款三万元,派如皋师范教员黄家瑞(同盟会员)赴上海购买枪支弹药,成立新军。11月23日,如皋宣布光复,推举沙元炳为民政长。由于他"不阿权贵,薄官不为。取功名而不恋权,董地方事而不聚敛"。因而不仅在如皋,而且在整个江苏都享有很高的声望。1913年,他被江苏省议会选举为议长。桑梓情深的沙元炳,时隔不久便坚辞议会议长职务,继续一心从事如皋的地方治理和建设。

总而言之,沙元炳竭尽全力全面推进如皋现代化,功在当代,利在千秋。正如如皋籍学者吴俊升所言:"先生之德泽被于吾邑者至厚且长也,凡邑中有井水饮处,无不知沙先生者。清末兴学,沙先生实为首倡,一身领导士林数十年,吾邑学风之淳朴,人才之辈出。先生实启之。"[①]而在造福桑梓的同时,沙元炳在如皋所开的现代化事业,也示范引领了其他地方。

三、与张謇携手共进

沙元炳与张謇是同时代人(张年长11岁),同是江苏南通江海平原的乡贤,同为1894年恩科进士,同在翰林院供职,同样因为戊戌变法失败而告假辞官"经营乡里"。他们俩有着太多的共同点,而最大的共同之处,就是怀抱着炽热的爱国情怀和宏大的强国志愿,全力推进地方的现代化事业,为中国的早期现代化发挥着引领示范作用。

沙元炳与张謇最早相识于1892年科举会试中,因赴考而"邂逅京师"。后于1894年"再就公车,遂同应试"。之后,两人意气相投,过从甚密,结为挚友。特别是在1898年同时回乡创业后,更是密切合作,相帮相助。

---

① 吴晓琳:《折中新旧:吴俊升的道德教育思想述评》,第171—180页,《教育史研究》2023年第5期。

张謇回乡不久，便从创办大生纱厂起步，开始了他雄心勃勃而又步履艰难的现代实业振兴之路。沙元炳认为，张謇的事业不仅会造福南通，也将带动如皋等地，便向大生纱厂、垦牧公司、新生面粉厂、资生铁厂、大达轮船公司相继投资。特别是在广生油厂的创办上，更是不遗余力。

考虑到棉籽制油，既可充分利用纺纱原料棉花的衍生作用，又可满足民生需求，经济效益又较为可观，1902年三月二十一日，沙元炳在大生纱厂与张謇商议创办广生油厂。他们初步测算，共需资本五万两，由双方各认五千两，其余另行招股集资。随后，由沙元炳"帮同招集料理"，并与张謇一道决定重要管理人员"商酌分派"。1903年，油厂建成开车后，由沙元炳任总理，张謇、张詧任协理。沙工作得力，经营有方，十年后，到1914年，油厂资本已达30万两以上。张謇曾称赞沙元炳，在办实业中"真正的务实者应推如皋健庵。"张謇在经营其他实业过程中也常与沙元炳一起商议。如在1916年5月，张謇致函沙元炳表示："欧战不停，正我国行兴染料之机。如邑靛业有名，前谈提倡振顿，不知今何似也。"[①]现在有人来函说能自制颜料，不知你意如何，可与来函者"通函一谈"。

张謇对沙元炳亦给予了许多帮助。1906年，在沙的事业遇到困难时，张謇致函勉励沙的合作伙伴许情荃："江北唯通如差有相依相助可说。健庵一人，实觉应付不了。全赖足下与二三同志协力维持，方克有济。若相率他去，健庵何以能支？"[②]1921年3月，张謇还专门致函江苏省省长王瑚，帮沙元炳催要如皋师范教育经费。

沙元炳还与张謇联手做了许多利国利民的事。例如，1904年，他们一起投入了收回与自办苏省铁路的运动。1918年8月，沙元炳与张謇、张詧联名致函江苏省省长齐耀林，要求省财政拨款南通救灾修堤。颇有意思的是，1920年2月，沙元炳还与张謇在雪后的南通中公园，共同审定《梅欧阁诗录》，张謇称赞沙是作诗"老手"，比自己强，"足以重弟也"。（见张謇

① 张謇：《致沙元炳函》，《张謇全集》第2卷，第588页，上海辞书出版社，2012年。
② 张謇：《致许情荃函》，《张謇全集》第2卷，第181—182页，上海辞书出版社，2012年。

张謇三十讲

1920 年 2 月 5 日致梅兰芳函）。

　　沙元炳与张謇的"父教育、母实业"的理念相同，都希望在创办现代实业的基础上兴办现代教育。而且，他们俩都认识到，要兴办教育，必须首先创办被看作是教育之母的师范学校。于是，他们在 1902 年初，开始酝酿筹划创办师范学校。在共同商定办校宗旨和具体方案后，一个在如皋、一个在南通筹建，而且在筹建过程中，相互参与对方办学的方案和选址等事项的谋划。结果，沙元炳在如皋创建了中国第一所公立师范学校，张謇在通州创建了中国第一所私立师范学校，两所学校相继在半年内相继开学。这是中国教育史上具有里程碑意义的创举。两所学校以及两位学校创办人，犹如闪烁在江海大地上空的"双子星"，光芒四射，令人景仰。

　　沙元炳还与张謇合作创办了当今全国名校南通中学的前身——通海五属中学。1905 年，为了统筹推广新式教育，沙元炳与张謇共同组织成立了地方教育自治组织"通海五属学务公所"，并共同出任议长。1906 年，沙元炳与张謇及地方绅士 40 人在学务公所共商创立南通地区的第一所中学。当年八月，通海五属中学校舍兴工，十二月竣工；1909 年二月正式开学。与此同时，他们还借学务工所之力，在通州和如皋等地兴办和扩建了一大批小学和中学。

　　除了实业、教育，在地方治理方面，沙元炳与张謇也相互借鉴支持。1902 年，张謇在南通创建了中国最早的商会——南通州商务总会。1903 年，沙元炳也在如皋创建了商会。1913 年，张謇与沙元炳等人共同筹建了南通、如皋、海门、崇明、泰县、东台、泰兴等七县总商会。如皋县商会还联合其他几个县商会出资 20 余万元，支持建造总商会办公大楼（该建筑后为南通市委办公楼、国家文物保护单位）。南通总商会及各县商会，对于促进企业发展和地方治理，发挥了较为重要的作用。

　　沙元炳与张謇在现代化事业的开拓中，相互支持配合，相互影响借鉴，共同谱写了江海大地创业奇迹和时代嬗变辉煌。他们所创造的不朽业绩，从横向看，在当时全国各市县独领风骚；从纵向看，在中国现代化历史进程中异峰突起。他们都是中国早期现代化的先行者和开拓者，是比肩而立的先贤和典范。

有学者指出：中国早期现代化具有三大基本特征。一是以自强、救国为主要动力；二是以官商共进为工业化的主要力量结构；三是以为民谋利为最高目标。这三大特征，在沙元炳与张謇所从事的早期现代化事业中都充分得以体现。相比于张謇，沙元炳的知名度较低。其主要原因在于他没有像张謇那样积极参与全国性的政治、经济、文化等各方面的活动，只是躬耕于如皋一地。但是，沙元炳在地方上开创现代化事业之早、之全、之深，以及示范引领性之强，丝毫不逊他人。我们相信，随着对中国早期现代化认识的深化，以及对沙元炳和如皋早期现代化研究的拓展，沙元炳的人生价值和历史地位，必将越来越真实地显现出来。

张謇三十讲

第二十二讲：
张謇与翁同龢情深义重

（2023 年 12 月 20 日，笔者受邀出席常熟政协讲堂，并作主旨演讲《张謇与翁同龢情深义重》。此文亦发表在《江苏文史研究》2024 年第 2 期）

谈起"晚清七十年"（第一次鸦片战争至辛亥革命）的历史，及其在这"三千年未有之大变局"中为救国、强国而奋斗的志士仁人，不能不说到当时的两个江苏籍状元翁同龢与张謇，以及他们之间亦师亦友的情谊。

一、翁同龢提挈张謇

翁同龢 1830 年出生于江苏常熟（今属苏州），在 1856 年（26 岁时）状元及第，后为同治和光绪的"两代帝师"及中枢大臣。张謇 1853 年出生于江苏海门（今属南通），在 1894 年（41 岁时）考中状元，后为著名的实业家、政治家及中国早期现代化的先驱者。翁同龢大张謇 23 岁，比张謇早中状元 38 年（他中状元时张謇仅 3 岁）。虽然如此，由于种种因缘际会，还是让他们结缘深交，并共同在晚清历史上谱写了士林佳话和政坛美谈。

翁同龢在光绪元年就受命为皇宫"授读"，并两度任军机大臣，是光绪"眷倚尤重"的帝师枢臣。同时，他还是一心革新内政、抵御外侮的"南派清流"首领。为了实现自己治国平天下的抱负，翁同龢一直关注并设法网罗天下（特别是江南）士子才俊。

早在 1879 年，翁同龢就开始垂青于祖籍常熟的张謇。当时张謇虽然连举人也不是，但由于在庆军当幕僚，帮吴长庆治军理事（特别是平叛朝鲜壬午内乱），显示了卓越的学识和突出的才干，颇有声望。他所撰写的《条陈朝鲜事宜疏》《壬午东征事略》《朝鲜善后六策》等，颇受朝野各方注目和称赞。特别是关于先下手"规复"朝鲜、流虬(即琉球)的策论,更是令人称道。当时桐城派大师吴汝纶赞其"执事声实久已倾动一时"①。正因如此,翁同龢在写给吴长庆的信函中,常不同寻常地附笔问候张謇。1879年夏,与翁同龢同为光绪帝师、南派清流首领吏部侍郎夏同善,作为官员考核的主考官,将张謇录取为吏部科试第一名。

1885年,张謇赴京参加顺天乡试,获南元(南方考生第一名、全体考生第二名),其主考考官就是翁同龢和潘祖荫。应试期间,翁曾专程去张謇住处看望(两人第一次会面),翁在当天的日记中说,"謇,南通人,名士也,年卅三"。试后,张謇"为常熟师作《乡试录后序》"②。从此,翁与张正式形成师生关系。

在往后的十年间,张謇一共参加了五次会试,翁同龢每一次都给予极大的关注与扶持,但前四次都阴差阳错,未能如愿(主要是因为将别人的卷子误认为是张謇所写)。若干年后,吴汝纶曾在写给张謇的信中,披露了翁同龢暗中帮张謇录取而不果的经过:"尚书(翁)于足下有国士之知,无锡孙君以误得售(被误认为是张謇而被录取),尚书深以为恨,拒而不见。"③

最有意思的是张謇在1886年的第四次会试中的种种故事。当时,张謇应试充分,信心满满,志在必得,翁同龢也吸取了前几次的经验教训,事先做好各种准备,要有关各方细心配合,一定将张謇的卷子看准并高分录取。谁知又是造化弄人,弄巧成拙,张謇再一次与"进士"擦肩而过。当时有一武进考生刘可毅故意在试卷中冒写"厉箕子之封"(商末箕子封地朝鲜),而使翁同龢及其他一众考官误认为该卷为张謇所作无疑,因为他们知道,只有张謇才有在朝鲜工作的经历。结果,常州刘某榜上有名,张謇

① 孙之梅、范丹凝:《吴汝纶的文道观念与桐城古文的现代转型》,《山东社会科学》,2020年第8期第97—103页。
② 张謇:《柳西草堂日记》,《张謇全集》第8卷,第232页,上海辞书出版社,2012年。
③ 周宁:《桐城巨擘与晚清状元——吴汝纶与张謇交往两三事》,第66页,《兰台世界》,2006年第2期。

却名落孙山。张謇在日记中愤愤然说道："己丑为无锡孙叔和所冒，今又为武进人冒顶，可谓与常州有缘"①（当时无锡、武进均为常州府所辖）。

1894 年的恩科会试，是张謇的第五次也是最后一次会试。这次会试中，主考官翁同龢使出浑身解数，竭力将张謇推上了"状元"宝座。除了事前的指导、点拨，在考评和录取过程中，翁同龢也是不遗余力。在翁的关照下，张謇先是被录取为第六十名贡士，张謇被礼部侍郎初定为第十一名，"常熟师改第十"。在随后的殿试中，翁同龢要收卷官坐等张謇交卷，直接将卷子交给自己，并对张謇的殿试卷评价极高："文气甚古，字亦雅，非常手也。"②同时，斡旋于八大考官之间，力荐张謇为殿试第一名，并在光绪面前称赞："张謇，江南名士，且孝子也。"③于是，张謇高中状元，实现了读书人的最高追求，翁同龢也为自己、为国家成就了最好的人才。中了状元的张謇，被授以翰林院修撰，成了贴近皇帝身边的正式文官，也成了翁同龢的政坛圈内人。

毫无疑问翁同龢是张謇一生中最关键的恩人、贵人。若没有翁尽心尽力的提携，张就不可能在年过不惑后科考折桂，也就不可能凭着"状元"桂冠指点江山，纵横政坛商海。作为一个毫无显赫社会背景的农家子弟，张謇能开创性地谱写丰功伟绩，起始条件就是翁的提携。

二、张謇辅佐翁同龢

中了状元的张謇，对翁同龢很感恩，并准备以实际行动报恩。他深知翁同龢奖掖提挈自己，主要是为了让自己在治国理政方面助老师一臂之力。更何况，他与老师本来就在救国、卫国、强国方面，具有较为一致的理念和思路。因此，张謇决心在政坛上全力辅佐翁同龢，为国家尽一份心，为老师尽一份情，为自己尽一份责。

一是在甲午风云中力挺翁同龢，为主战派摇旗呐喊，出谋划策。在中

---

① 张謇：《柳西草堂日记》，《张謇全集》第 8 卷，第 235—249 页，上海辞书出版社，2012 年。

② 张謇：《柳西草堂日记》，《张謇全集》第 8 卷，第 374—385 页，上海辞书出版社，2012 年。

③ 张謇：《柳西草堂日记》，《张謇全集》第 8 卷，第 374—385 页，上海辞书出版社，2012 年。

日甲午战争爆发前后，围绕是战是和这一关键问题，清王朝形成了以翁同龢为首的主战派和以李鸿章为首的主和派，两派争论和斗争得很厉害。张謇坚定地站在主战派一方，为老师翁同龢出谋划策乃至冲锋陷阵。

由于张謇有着在朝鲜从事军事、外交工作（包括与日本人打交道）的亲身经历，而且回国十多年一直以日本为敌手研究各种对策，因而主战派骨干十分看重他的意见，倚重他的才干。1894年的六月至十月，翁同龢连写9封信，向张謇咨询中日朝三国关系，以及讨论中国应采取的军事和外交策略。当年2月15日，朝鲜发生东学党起义，6月7日张就致函翁，提出出兵朝鲜、分兵扰日、终止中日贸易等建议。6月下旬，日军不宣而战后，张即提醒翁关注台湾防务，并派人送去两张珍藏的朝鲜地图。据《张謇全集》所载，仅在1894年七月至八月，张謇围绕中日问题，"上翁同龢书"就有20件。六月底之前，主要是建议启用爱国将领，加强战备，准备对日宣战。七月一日清政府对日宣战后，主要是建议拨款增购铁甲兵舰，派舰船进援驻朝陆军，加强渤海防务，防备日军偷袭。八月以后，随着战事失利和政争尖锐，张謇力主罢黜主和派首领李鸿章，起用已闲置十年的恭亲王奕䜣。

九月初，在奕䜣被起用后，张謇上奏折《推原祸防范未来请去北洋折》。他从"先事、临事、事外、事中"四个方面，抨击李鸿章不仅一贯主和误国，而且还一贯以昏聩败坏和局，并郑重提出了他与翁同龢一起商议的"另简重臣，以战求和"[1]八字方针。

九月十三日晚，预感败局已定，张謇连夜拜访翁同龢，"危言耸论，声泪交下"[2]。第二天，按照翁同龢的授意，张謇召集主战派骨干商议时局与对策，并于九月十六日上书翁同龢，报告集议结果。当天，张謇突然接到父亲病亡的消息，只得于十九日匆匆离京返乡。翁同龢在送别信中悲伤

---

① 张謇：《呈翰林院掌院代奏劾大学士李鸿章疏》，《张謇全集》第1卷，第12—14页，上海辞书出版社，2012年。

② 张謇：《柳西草堂日记》，《张謇全集》第8卷，第374—385页，上海辞书出版社，2012年。

地说道："此别未知何日相见……日来心思甚劣。"①

二是身在江湖,心忧天下,与翁同龢同频共振。甲午战败,割地赔款,国家几乎遭遇灭顶之灾,民众深感奇耻大辱。1895 年三月,丧权辱国的《马关条约》正式签订。得此消息,身在老家南通丁忧的张謇,愤然在日记中抄录"和约十款",悲痛欲绝地哀叹:"几罄中国之膏血,国体之得失无论矣。"②他甚至在祭奠亡父时还不忘责备自己无力挽回败局:"徒为口舌之争,不能死敌,不能锄奸,负父之命而窃君禄,罪尤无可逭也。"③

而此时的翁同龢虽然身在庙堂,但与身在江湖的张謇一样,对甲午惨败痛心疾首,无可奈何。他悔恨交加地说道:"上无以对天造之恩,下无以慰薄海之望""才略太短,无以仰赞""恨不能碎首以报"④。为此,他呈递了《自请为甲午战败罢职疏》。考虑到他的忠诚奉公,以及久任户部尚书的经历,为了理财和经济建设,朝廷不仅没有将他免职,反而任命他为总理衙门大臣。担此大任,他一方面应对筹措甲午赔款、德国强占胶州湾、俄国强占旅顺口等外交问题,一方面图谋重振国内经济建设及内政改良,"深以旧法实不足恃"⑤。

张謇虽远离京城,却时时关注国家时政方针,并及时呼应老师翁同龢的种种治国之策。在外交内政问题上,他除了发表与老师相一致的观点言论外,还按照曾是南派清流骨干的张之洞的意见,在家乡创办中国最早的现代纺织企业,走上了实业报国的道路。他还结合自己的从商实践和对经济问题的思考,向翁同龢提出若干政策建议。他在《农工商标本急策》中提议:商务亟宜实办,实办之计有三:一定法,二筹款,三定捐税;工务亟宜开导,开导计一为各省开劝工会提倡鼓励,二为派大员博采各省精巧之器,并选挈名商慧工参加巴黎博览会,察视各国好尚风俗,以便推广

---

① 翁同龢:《翁同龢日记》,中华书局,2006 年。

② 张謇:《柳西草堂日记》,《张謇全集》第 8 卷,第 374—385 页,上海辞书出版社,2012 年。

③ 张謇:《告奠文》,《张謇全集》第 6 卷,第 253 页,上海辞书出版社,2012 年。

④ 翁同龢:《翁同龢日记》,中华书局,2006 年。

⑤ 翁同龢:《翁同龢日记》,中华书局,2006 年。

制造;农务亟宜振兴,主要是鼓励开荒垦植。

三是积极支持翁同龢维新变法,成为翁同龢的重要谋士和得力助手。甲午战争后,除了日本多方侵略中国,西方列强亦趁机强行划分在华"势力范围",掀起了瓜分狂潮。在此生存危亡之际,光绪与翁同龢决定变法维新,以救亡图存。1898年的大年初三,翁同龢亲自听取维新派首领康有为关于变法的详细陈议。翁随即将康的意见转报光绪。光绪便命康有为条陈所见,并进呈所著《日本变政考》《俄大彼得变政考》。自此,戊戌变法序幕徐徐展开。

1898年闰三月,就在"百日维新"呼之欲出之际,张謇在去上海与维新派人士文廷式、郑孝胥、郑观应等会谈,对维新问题形成了基本看法,然后回京到翰林院销假复职。四月二十三日,光绪正式昭定国是,宣布变法。两天后,又亲自召见康有为,谕令康在总理衙门章京行走,参赞行政,专折奏事。

有备而来的张謇既满腔热忱,又老成持重,在"百日维新"前后,特别是在最关键、最紧张的日子里,常与翁同龢彻夜长谈,共商大计。按照翁的说法是:"盖无所不谈矣。"①按照张的说法是:"与虞山谈至苦。"②当时甚至有人认为,光绪搞变法维新主要是听翁同龢的,而翁同龢又主要是听张謇的。张和翁都认为非变法无以图强,但反对"激烈雷霆式"剧变,主张"平和、中正、渐变的改进"。

实际上,翁和张都是稳健持重的改良主义者,他们既支持康有为、梁启超等维新派关于力主光绪协掌全权,全力推进政治、经济、教育等各方面变革的基本主张,但又不赞成康、梁的急躁冒进的做法,用张謇的话说就是"与康梁是群而不党"③,并曾劝其"勿轻举"。在变法思路上,翁既不同于康梁,甚至于也不同于后来几乎全盘接受康梁意见的光绪。

在"百日维新"的第四天,被慈禧所忌恨,又为光绪所不满的翁同龢,

① 翁同龢:《翁同龢日记》,中华书局,2006年。
② 张謇:《柳西草堂日记》,《张謇全集》第8卷,第447页,上海辞书出版社,2012年。
③ 张謇:《柳西草堂日记》,《张謇全集》第8卷,第447页,上海辞书出版社,2012年。

张謇三十讲

突然被御令开缺回籍,这令张謇等帝党分子大为惊诧,忧心忡忡,惶惶不可终日。张謇在当天的日记中写道:"见虞山开缺回籍之旨……所系甚重,忧心忡忡,朝局自是将大变,外患亦将日亟矣。"①四月二十八日,就在翁同龢前往宫廷,向光绪叩头拜别的那天,北京城南士大夫人心惶惶。所谓"城南",历来是南方籍京官及清流文士宴饮雅集议论朝政之处,最能反映士大夫的心理情绪。第二天,张謇"恭诣乾清宫引见,瞻仰圣颜,神采凋索,退出宫门,潸焉欲泣"②。张謇既为皇帝和国家的命运担忧,也为翁同龢及自身的安危担心。见完皇帝的第二天,他便以《论语》中宁武子智愚得当、进退自如的故事,"劝公(翁同龢)速行"③,离京避祸。

宁武子是春秋时卫国的大夫,曾在卫文公、卫成公时期辅政十多年。在辅政前期,国家政通人和,他便竭尽所能,大有作为;辅政后期,君昏国衰,他便装傻守拙,但又坚守朝中,以待时机为国出力。孔子认为他那种聪明或许有人赶得上,但那种愚笨却无人能赶得上。因此,子曰:宁武子,邦有道,则智;邦无道,则愚。其智可及也,其愚不可及也。张謇在这里说宁武子的故事,显然是希望老师也能像宁武子一样,虽然心中的信念和理想要始终坚守,但行动上该进则进,该退则退,该聪明便聪明,该愚笨便愚笨。

为了与老师同进退,张謇在劝说翁同龢南归的同时,也为自己找到了一条"愚不可及"的既避祸又坚守其志的道路——回家乡大搞实业。就在他到翰林院和吏部听旨正式复职的第二天,他便以"通州纱厂系奏办,经手未完"为借口,再度向翰林院请假,并坚辞孙家鼐奏派他的京师大学堂教习职务,当天晚上便急忙离开北京,去塘沽乘船直奔故里。

当年八月初,慈禧发动政变,软禁光绪,罢黜帝党,捉拿康梁等维新派,斩首"六君子"。远在南通的张謇既为自己逃过一劫而庆幸,又深感惊恐

① 张謇:《柳西草堂日记》,《张謇全集》第 8 卷,第 447 页,上海辞书出版社,2012 年。
② 张謇:《柳西草堂日记》,《张謇全集》第 8 卷,第 447 页,上海辞书出版社,2012 年。
③ 张謇:《柳西草堂日记》,《张謇全集》第 8 卷,第 447 页,上海辞书出版社,2012 年。

和焦虑。如同翁同龢一样:"身在江湖,心悬魏阙,亦战栗罔知所措也。"①

三、张謇与翁同龢的不了情

　　戊戌变法失败后,翁同龢开缺回籍被"编管",张謇照样对老师一往情深,关照有加。翁回到常熟虞山后,张即奉诗一首:"兰陵旧望汉廷尊,保傅艰危海内论。潜绝孤怀成众谤,去将微罪报殊恩。青山居士初裁服,白发中书未有园。烟水江南好相见,七年前约故应温。"②此诗的前几句描绘了翁同龢在政坛上如履薄冰、腹背受敌的境况,劝慰老师安然返乡,享受天元风光;最后一句"七年前约故应温",回顾了自己七年前科考落第归乡的往事,一方面感念老师恩情,一方面表示要与老师甘苦共尝。

　　1898 年底,在张謇等人的资助下,翁同龢在常熟祖茔旁兴建新宅"瓶隐庐"。此宅原为翁氏族人祭祀祖先和看守祖墓所用,兴建后为翁同龢晚年所居。翁给新居取名"瓶庐",为寓守口如瓶之意。并在大门贴有自定的五规:不赴宴会、不管闲事、不应笔墨、不作荐书、不见生客僧道。自称"五不居士"。

　　自翁同龢 1898 年开缺回籍至 1904 年去世的七年中,张謇曾多次驾舟过江看望恩师,并供送银钱衣物等。1903 年八月,翁同龢连书两信给张謇表示谢忱,其中说道:"承惠银元二百,面见颜拜受。悠悠四海,唯真相知者知我空贫耳! 新稻及粟、鱼干、百合,一一奉领。""百岁酒正思配制,承惠适如所欲,椒鸡异味,平生未尝,山药、百合,此间所产迥不如江北,得之可以卒岁,珍感不尽。"③同时,翁还在《张季子荷锄图》上,为张謇写了一首诗《简张季直》:"平生张季直,忠孝本诗书。每饭常忧国,无言亦起予。雄才能敛抑,至计岂迂疏。一水分南北,怜君独荷锄。"④从这里既可以看出张对翁的情谊,又可看出翁对张的赞赏,特别是"怜君独荷锄"一句,充

---

① 张謇:《柳西草堂日记》,《张謇全集》第 8 卷,第 447 页,上海辞书出版社,2012 年。
② 张謇:《柳西草堂日记》,《张謇全集》第 8 卷,第 447 页,上海辞书出版社,2012 年。
③ 翁同龢:《翁同龢日记》,中华书局,2006 年。
④ 翁同龢:《翁同龢日记》,中华书局,2006 年。

张謇三十讲

分表达了翁对张特立独行开辟新事业的爱怜之情。

翁同龢与张謇既是科场师生,又是政坛盟友。他们既情投意合,又志同道合。即使在翁开缺回乡后,他们还共同关心国家前途命运,经常商议时事政治。1899年底,翁同龢得知张謇创办的大生纱厂开机出纱,欣然为之题联:枢机之发动乎天地,衣被所及遍我东南。

1901年四月,在庚子之乱发生、八国联军进京、慈禧光绪西奔后,翁同龢与前来常熟探访的张謇"深谈时局",忧心不已。五月三十日,《东南互保约款》签订后,积极促成这一约款的张謇,专门向翁同龢通报了"东南互保"情况,两人在伤时感事的同时,均对东南一带免遭战乱侵袭甚感欣慰。

1904年五月十八日,积极主张"君主立宪"的张謇前往常熟翁宅探望病情时,还与翁同龢深谈立宪问题。张謇在当天的日记中写道:"与松禅老人谈两次,颇及宪法,老人极赞成。"[1]三天后(二十一日),翁同龢临终前口述自题挽联:"朝闻道夕死可矣,今而后吾知免夫。"[2]上联说明自己一生都在追求正道,无怨无悔;下联通过曾子临终前交代弟子的故事,要后生们传承衣钵,有所作为。翁指名要张代书此联,说明他把张看作是最器重的弟子和事业传承人。据说,1904年四月,74岁的翁老在归道山前,向身边的亲属口占一绝:六十年中事,伤心到盖棺。不将两行泪,轻与尔曹弹。并口授遗疏:深望光绪帝励精图治,振兴中国,并委托张謇代书陈奏。不久,翁同龢病故,张謇为其送行,极尽弟子之礼。

翁同龢去世后,张謇深情作一挽联:"公其如命何,可以为朱大兴,并弗能比李文正;世不足论矣,岂真有党锢传,或者期之野获篇。"[3]上联将翁同龢与嘉庆朝帝师朱珪和光绪朝帝师李鸿藻对比,为翁死后连谥号也没有,深表遗憾;下联借《后汉书·党锢列传》和《万历野获编》说事,为翁同龢晚年被禁出仕且生平事迹官史不彰、只能见诸民间野史,深表不平。

翁同龢去世后,张謇与翁家后人仍多有往来,并一起努力,推动为翁

---

① 张謇:《柳西草堂日记》,《张謇全集》第8卷,第585页,上海辞书出版社,2012年。
② 张謇:《柳西草堂日记》,《张謇全集》第8卷,第585页,上海辞书出版社,2012年。
③ 张謇:《柳西草堂日记》,《张謇全集》第8卷,第585页,上海辞书出版社,2012年。

同龢平反昭雪。最终，经张之洞、端方等提议，1909年（宣统元年），翁同龢被诏复原官，追谥"文恭"。

翁同龢在日记中有五十多次提到张謇，翁去世后，张看了日记，将其中提及自己的内容都认真抄录下来。1921年，年近古稀的张謇专程跨江去常熟，拜谒翁同龢墓地，并出资重新修建墓庐。之后，他还抱病写下了长诗《虞山谒松神师墓》：

> 淹回积岁心，一决向虞麓。
>
> 晨曒彻郭西，寒翠散岩壑。
>
> 夹道坟几何，鸽峰注吾瞩。
>
> 停舆入墓庐，空庭冷花竹。
>
> 亟趋墓前拜，眦楚泪频蓄。
>
> 凄惶病榻语，万古重丘岳。
>
> 抵死保傅衷，都忘编管辱。
>
> 尊驺贡大义，凝欸手牢握。
>
> 宁知三日别，侍坐更不续。
>
> 期许敢或忘，文字尚负托。
>
> 平生感遇处，一一缭心曲。
>
> 缅想立朝姿，松风凛犹谡。
>
> 九原石台前，随武不可作。①

这首诗满怀深情地表达了对老师的感恩、敬佩、同情、缅怀。

也就是在那一年，张謇在南通长江边的马鞍山修建望虞楼，以便随时登楼眺望长江南岸的虞山，抒发对翁同龢的不尽情思。

---

① 张謇：《虞山谒松神师墓》，《张謇全集》第7卷，第254页，上海辞书出版社，2012年。

张謇三十讲

第二十三讲：
江海大地两先贤：张謇与韩国钧

（2023 年 11 月 11 日，第十四期"海陵大学堂"在海安市委党校举办，笔者做《一代明贤韩国钧》主旨报告。此文亦发表在《世纪风采》2024 年第 1 期）

韩国钧 1857 年生于海安镇，字紫石、止石，晚号止叟。23 岁时中举，24 岁开始在如皋等地做幕僚、教读，33 岁时应大挑步入仕途，任多地县知事。辛亥革命后，历任北洋政府江苏省民政长、安徽省巡按使、江苏省省长并一度兼督军。"五卅运动"前夕，辞官归隐故里，读书编纂，兴办教育，创办实业，治理水患。"卢沟桥事变"后，他积极拥护共产党一致抗日政治主张，呼吁国共合作，支持新四军东进抗日，拒任伪职。1942 年 1 月 23 日，在忧愤中溘然辞世。陈毅曾高度赞扬韩国钧的爱国精神和民族气节，誉之为"民族抗战之楷模"。韩国钧逝世一周年之际，以今日海安市大致区域成立了"紫石县"，于 1948 年易名海安县。1948 年修建韩国钧陵墓，墓门镌刻"江淮柱石"。2013 年，韩国钧故居被国务院列入全国第七批重点保护文物名单。2015 年抗战胜利 70 周年之际，韩国钧被国家命名列入第二批抗日英雄和英雄群体名录。

一、德才兼备，功业卓著

韩国钧作为一个旧世文人，他洁身自好，品德高尚；作为一个封建官僚，他勤勉尽责，政绩显著；作为一个开明绅士，他积德从善，奉献社会；作为一个民族英雄，他威武不屈，坚守晚节。韩国钧是品德高尚、才华出众的一代明贤。

韩国钧优秀品德主要表现为：

一是修身励志。韩国钧9岁丧父，12岁亡母，后由二姑母抚养。十三岁起，在古庙西寺寄读五年，孤苦伶仃，备尝艰辛。他自幼刻苦勤奋，多思善悟。坎坷的人生，中落的家道，多舛的国运，儒学的浸润，使他从小就树立了不凡志向。他牢记母亲在世时的教诲："男儿志四方，当致青云之上"①，发奋学习知识，刻苦砥砺品行。三十一岁时，"卒成名孝廉，为贤邑宰。"②

韩国钧晚年号止叟，著名文史专家熊月之说："'止'意来源，为《大学》止于至善，知止而后有定，老子《道德经》'知止可以不殆'。知止，为中国传统修身特有的圣贤境，其意象为方向有定、进合有度、收放得体、体用兼赅。紫石先生以此自期，一生如临如履，惕厉自儆，实已臻于此境。"③实际上，一个"止"字，反映了韩国钧欲当至善至美之人的价值追求。韩国钧早年在私塾中接受正统的科举教育，且转益多师。他十分勤奋，尤其在经历家道中落后，"除夕、元旦亦日试一艺不辍"④。深厚的国学基础，既养成了奋发向上的人生态度，同时也为日后施展政治抱负确立了良好的品德素养。"扬历仕宦四十余年，既与尸位颟顸之官僚异趣，亦与乘时幸进之政客殊其趋。且持躬俭约，好学不倦，后庭无声乐之娱，侧室无妾媵之奉，自一时之仪表也。"⑤

二是爱国济民。韩国钧是位深受儒学文化熏陶的爱国主义和民本主义者。经世救国和济民扶困是他一生矢志不渝的理想追求和奋斗方向。他在自传《永忆录》序言中明确说道："在如皋、甘泉、六合县幕中，习见词讼诸案，知民生疾苦至剧，慨然以救民为己任。历任豫南北各县，稍慰民望。更知五洲中国外，若英、美、德、法诸邦，无一不争先恐后，苟不自强则

① 韩国钧：《永忆录·止叟年谱》，文海出版社，1966年。
② 韩国钧：《永忆录·止叟年谱》，文海出版社，1966年。
③ 中共海安市委史志工作委员会、海安市韩国钧研究会编：《韩国钧研讨文集》，中国文史出版社，2023年。
④ 韩国钧：《永忆录·止叟年谱》，文海出版社，1966年。
⑤ 韩国钧：《永忆录·止叟年谱》，文海出版社，1966年。

必为所吞噬。聆瓜分之说，益愤然无以自容，徒愤无益，则必以富强为法。"①

经世救国，民利至上。韩国钧生活的年代，是中国积贫积弱的至暗时刻。中举后十年颠沛流离的生活，为官后八方游历，让他体会到底层百姓的苦难，让他对民众疾苦非常同情，萌发了他扶危济困、拯民水火的担当抱负。他为官从政的准则是："官能尽一份心，则民少受一分屈，亦即地方少生一份事也。""余五任知县，民情不以为忤者，以习知民间疾苦，凡力所能及，必唯民之好恶是从。"②在河南知县任上，他慎重审理民案，公平判决，维护社会安定，注重兴修水利，促进农业生产。在任江苏民政长时，设立江南水利局、江北运河工程局，开浚秦淮河，新修白茆河。任安徽巡按使时，制定改造皖北碱地、皖南茶园计划。在吉林、江苏任职期间，多次申请政府拨款减赋。两掌江苏时，一心为家乡父老谋福祉，在军阀专权、社会混乱的年代，尽可能护卫苍生，保境安民，减少震荡。

他对经世之学的理解与当时"寻求富强"的时代话语相呼应。正如他自己所说："余周历南北各省，又曾任矿政调整局，自知旧思想不适用于新时代。"③1905年，河南巡抚陈夔龙奏派韩国钧东渡日本考察农、工、商、矿等"实业中事"三个月。韩国钧去日本比张謇晚了2年，也得到了类似的启发和收获。在日本的见闻令韩国钧十分感慨："所谓兴盛者，在民不在国，在实不在虚。"④归国后，他著成《实业界之九十日》作为考察报告，予以公开出版。书中不仅逐日详细记录见闻、感慨，还附有大量照片及自绘图表。

坚定不移维护国家主权。1902年至1905年，韩国钧被任命为河北矿务局总办兼交涉局会办，与英商福公司办理交涉。"其中经历可惊可骇之

---

① 韩国钧：《永忆录·止叟年谱》，文海出版社，1966。
② 韩国钧：《永忆录·止叟年谱》，文海出版社，1966。
③ 韩国钧：《永忆录·止叟年谱》，文海出版社，1966。
④ 韩国钧：《永忆录·止叟年谱》，文海出版社，1966。

波澜,不可计数"①。尤其是修筑道清铁路和划定矿界,他尽最大努力维护了国家主权,被后人称为"在中福历史上最能保持令名"②之人。道津铁路是河北彰德到天津的铁路,韩国钧既支持修筑铁路以推动地方经济,又与英商的侵权行为采取有礼有节的斗争。对当地百姓的强烈抵制征地,韩国钧一方面亲临现场,解民之担忧;另一方面与英商签订《章程》,与英商划定矿界,大大缩小英商矿区范围,维护国家利益。

从1937年"卢沟桥事变"到1942年韩国钧辞世,短短五年,韩国钧爱国主义精神和民族气节表现出最高度,他终于从一个封建官僚发展成为人们敬仰的爱国士绅。黄桥决战后,新四军东进,韩国钧积极参与国共调停。1940年10月31日,韩国钧在曲塘主持召开苏北抗敌和平会议,开创了苏北团结抗战的新局面。11月15日,苏北临时参政会召开,韩国钧积极参与筹划并到会讲话,被公推为名誉议长。1941年2月15日,日军第二次侵占海安前,韩国钧带着家人到海安镇北十余里的徐家庄避难。9月13日,日伪军警重重包围徐家庄,日酋与汪伪汉奸威逼韩国钧出任伪职(江苏省省长、维持会会长),遭到韩国钧严词拒绝。日伪无奈,以武力威胁,韩国钧大义凛然,绝不就范。后来,韩国钧忧念成疾,日益加重。1942年1月23日,韩国钧勉力握笔,分别致函陈毅等人,并电重庆"誓死殉国"。当晚嘱咐家人,抗战胜利,移家海安始为开吊。旋即逝世,享年85岁。

三是廉洁奉公。韩国钧于1889年32岁时以举人身份参加大挑,凭借一等得候补知县,官场游历四十年,出淤泥而不染,尤其以廉洁著称。韩国钧的廉洁出自内在的自觉,与爱国济民情怀相一致。在他看来,只有廉洁奉公才能利国利民,若营私贪腐,既与爱国济民初衷相悖,又有碍以圣贤为榜样的"清官"操守。他明确说道:"余自州县起家,自视无一长,但事事求尽良心上之责任。"③他深知公生明廉生威的道理,公道和廉洁是民

① 韩国钧:《永忆录·止叟年谱》,文海出版社,1966。
② 赵宝珠:《英国福公司与焦作近代化探微》,《山西青年》,2020年,第8期第101—102页。
③ 韩国钧:《永忆录·止叟年谱》,文海出版社,1966。

众服从治理的首要条件，"亲民之官必与民亲，方可得民人之信仰"①。1890年，韩国钧任镇平县官卸任时，民间老幼相送者不绝于道。他登车后，"父老挥手言曰：韩青天今日此去，无以为报，尔辈可舁舆（抬轿）送之一程。遂有年壮子弟十数辈，蜂拥至前。"②一直走了好几里路，"始弃舆叩首而去"。

1902年，福公司负责修筑铁路的工程师柯瑞为了达到低价购买土地的目的，企图贿赂韩国钧，许愿购买一亩地给他五角钱小费，总数可达四万余元。但韩国钧丝毫不为所动，予以严词痛斥："韩某非图贿者，汝以贿行，浅之乎视余矣！"③太小看我韩国钧了！1910年10月至1911年4月，东北流行鼠疫，韩国钧作为奉天交涉司使，舍生忘死组织防疫，为最终消除疫情作出了巨大贡献。事后，东三省总督锡良欲奏保擢升和重奖韩国钧。韩国钧婉言谢绝，"以耗国家之金钱，损人民之生命，若为个人升官第，自问疚心"④。锡良坚持奏请嘉奖，韩国钧只奉旨接受了精神奖励。1938年，江苏省政府考虑到韩国钧在运工防汛委员会工作，命县长致送川资并薪三千元，但韩国钧以抗战需用款为名，再三辞退。最终，"乃受一千元，捐助海安赈款"⑤。

纵观韩国钧一生为官所为，有学者由衷感叹道："他身历三朝，迭经变乱，踪迹遍及大半个中国，频遭灾荒、疫病、战乱，独能屡肩重任，卓然挺立，世道弥浊，其志弥贞，且宦迹所至，颂声必如影随形。这实在是近代官宦史上的一大奇迹。"⑥

四是勤勉敬业。勤勤恳恳，兢兢业业，是韩国钧又一优良品质。这又与爱国济民的崇高追求分不开。只有勤勉敬业，才能更好地报国报民。

① 韩国钧：《永忆录·止叟年谱》，文海出版社，1966年。
② 韩国钧：《永忆录·止叟年谱》，文海出版社，1966年。
③ 韩国钧：《永忆录·止叟年谱》，文海出版社，1966年。
④ 韩国钧：《永忆录·止叟年谱》，文海出版社，1966年。
⑤ 韩国钧：《永忆录·止叟年谱》，文海出版社，1966年。
⑥ 中共海安市委史志工作委员会、海安市韩国钧研究会编《韩国钧研讨文集》，中国文史出版社，2023年。

何况天道酬勤，只有勤奋努力，才能事业有成。贯穿一生的勤勉，是韩国钧有多方面成就的基础。青少年时期的韩国钧，寄馆西寺，每日青灯黄卷，刻苦攻读。初入仕途的韩国钧，审积案，察民情，夙兴夜寐；改良田，设义塾，组团练，剿匪患，殚精竭虑。他在任镇平县官时，"讯断之案极多。一日判决二十六案，仍于夜午乘马周巡三四十里，返署，翌日视事如故。"①

1910年冬天，东北发生严重鼠疫，韩国钧时任奉天交涉司史，肩负重大责任。当时道殣相望，尸骸枕藉，风声鹤唳，人人自危。而韩国钧不仅日夜操劳，还积极深入重灾区，组织救死扶伤。同僚相劝，为防染疫，可坐镇指挥，不要亲临一线。韩国钧以"吾有御疫之血"，不顾生死，泰然往来疫区，苦苦支撑两月有余，终于控制了疫情。正如他自己所言："在奉天办防疫，几不保其生命，然余任此事时，固亦置生命于度外。英医嘉克森既以染疫死，其他员司因为防疫而牺牲者亦不少。同官力劝慎重，余之不顾，卒亦无他。"②

1931年夏，江淮发大水，江苏里下河大堤决口26处，十余县成了水乡泽国，7万余百姓丧生。当时韩国钧在北平小住，接到水患电报，立即返回江苏协助抗灾。在扬州召开的江苏省水利协商会议上，韩国钧被推举为主席。他不仅多次赴灾区视察，迅速制定工程方案，还努力解决经费问题。由扬州赴泰州筹款，在泰县县政府，韩国钧不慎跌倒，几乎不救。"余至泰，拟商同里士绅，劝捐为助，是晚在县署廊下倾跌，唇破齿落，目肿如桃，血流满面，致伤甚重。……未旬日愈仍赴扬堪工。"③

韩国钧在才能和业绩方面的主要表现为：

一是以德养才。韩国钧除了品德优良外，被公认为才华出众，能力卓越。1908年，奉清廷之命，专门考查韩国钧的钦派大臣复奏时称他："博通经史，深谙时务，根底之学，迥非流俗，历办外交能持正论，才长心细，体用

---

① 韩国钧：《永忆录·止叟年谱》，文海出版社，1966年。
② 韩国钧：《永忆录·止叟年谱》，文海出版社，1966年。
③ 韩国钧：《永忆录·止叟年谱》，文海出版社，1966年。

张謇三十讲

兼备,堪备远大之任。""非学无以广才。"①韩国钧具有多方面的卓越才干,显然与他刻苦学习分不开。但为何能刻苦学习,却与他一心报国济民的崇高追求分不开。这就是所谓的"非志无以成学"。只有胸怀天下苍生,立志促进强国富民,才会孜孜以求地竭力学习各种有利国计民生的知识技能。

韩国钧早在年少时就打下了深厚的国学根底,同时涉猎西学,自学了世界地理、西方政治等知识。成年入仕后,他更是根据时代的变迁和工作的需要,广泛学习钻研各种有用的东西。在充当幕客时,他就从主政者和书本上学到了不少"刑名""钱谷"等为政知识。后来独当一面理政时,为与外国交涉而学英语,为在广东做官而学粤语,为提升治理成效而研究"西泰政治"。为了兴办水利,他研究黄河变迁之迹,自绘沿革图,并著有《江北运河善后施工图》。他总办河南铸钱局时,刻苦钻研专业知识,发表《铸钱述略》,系统阐述铸钱知识和经验,俨然一专家学者。

作为一介文人,韩国钧曾涉猎军事,于1907年奉命去广东担任督练所参议兼兵备处总办。他边学边干,开展新式军事教育,亲自训练组建一个混成派,受到了两广总督的表扬奏报,经过钦差大臣考验复奏后,得以入京觐见慈禧和光绪。更为难能可贵的是,韩国钧深知"世事洞察皆学问,人情练达即文章",抓紧一切机会在现实生活中观察研究,并"与四方贤士游",不断学习新知识,总结新经验,增进谋国济世的各种本领。

二是多才兴业。本着为国为民的宗旨,韩国钧"以德养才",积累了多方面的学识和才干,最终,他把这多方面的学识和才干运用到利国利民的多项事业上去,形成了不朽功勋业绩。

韩国钧突出才干和业绩主要表现在为治事理政方面。他在当了十年县幕后,先后任河南镇平、祥符、武陟、永城、浚县知事,表现出杰出的治理能力,德、能、勤、绩俱佳,被誉为"韩青天"。后来,他任事教育、民政、矿

---

① 中共海安市委史志工作委员会、海安市韩国钧研究会编:《韩国钧研讨文集》,中国文史出版社,2023年。

务、军事、外交、水利、卫生等多领域,均表现出多方面的才干,创造出了多方面的功绩。

在镇平县,韩国钧发现全县并无地舆之图,田赋与丁银全由地保一张嘴,弊端很多,韩国钧想到了一个办法,以一华里开方,责成地保按方绘其所管村庄、田地、路桥,并注明里程等。待各地保上交图卷,发现一落魄秀才绘图准确,便请来绘制全县地图,经反复考证,使地图精准,开征有了依据。绘制县域图为社会治安管理、地丁征收带来极大方便,韩国钧因此名声大噪。

武陵县内有个叫木栾店的回民区,民性刚烈,骠勇好斗,乡民滋事、治安糟糕。韩国钧便设义塾,以诗书化其不驯,且强令入学。韩国钧亲自操办塾馆、塾师、经费,义塾开办后效果很好。除了精神教育外,韩国钧还促进开了沁河之禁,沁河两岸商品交流日盛,百工之匠,贩夫走卒,兴一时繁华。乡民奔忙生计,滋事纷扰日渐减少。韩国钧"两手抓"治理武陵,留下佳话。

韩国钧生活在新旧时代转换和西风东渐时期,他任县官时,已开始关注借鉴西方的治理经验。比如查破盗匪案,他虽是这方面的能手,但由于基层治理基础薄弱,往往事倍功半。因此,他认为:"若文明之国民有身份簿,有财产登记,组织严密,奸盗难逃法网,则无庸余之殚心竭虑,以求获弋矣。"[1]

县域是中国最基层、最完整的政权治理单位,从某种程度上说,像是一个相对独立的"小国",因而自古就有"能治一县,便能治天下"之说。县任是韩国钧仕途的起始,他的勤廉和才干使他游刃有余,政声鹊起,同时也使他经受种种官场砥砺,从方刚有余到圆润藏锋,为政更加成熟老练。"朝廷赞其为能臣,同僚称其才识深稳,练达勤明。"[2]

1910 年初,韩国钧任奉天交涉司交涉使,参与主持了奉天 1911 年初

张謇三十讲

---

① 韩国钧:《永忆录·止叟年谱》,文海出版社,1966 年。
② 中共海安市委史志工作委员会、海安市韩国钧研究会编:《韩国钧研讨文集》,中国文史出版社,2023 年。

发生的严重鼠疫防治事务。他一方面及时有效防控疫情，一方面周旋于各国驻奉外交机构之间，积极对外交涉，既促使中外有关各方共同抗疫，又捍卫了国家主权和尊严。被官方任命为医事顾问的英国人司督阁称赞韩国钧："组织能力极强，雷厉风行，乐于接受新观点。……奉天的响应速度比中国其他地区要快得多。"①

1911年以后，韩国钧先后任吉林民政司使、江苏民政长、安徽巡安使、江苏省省长，先后与五名督军共事。他与个性品行各不相同的五位督军，求同存异，或和而不同，或巧于周旋，或绵里藏针，既不伤情面，又恪尽职守，维护地方权益，展现了极高的政治才能。他圆润练达的处事方式和权衡利弊的目标达成，在"秀才遇到兵"时，表现出高超的政治智慧。

韩国钧曾两次执掌江苏，他是江苏人，"在苏言苏"，治理好江苏是他不了的政治情节。只可惜，他生不逢时，北洋政府与民国混乱不堪及军阀当道的时局，让他难有大的作为。但韩国钧毕竟以他的政治理想和治理手腕，对江苏社会经济发展作出了贡献，并且其影响力波及全国，延至今日。韩国钧门生庞树森（曾任江苏省政府政务厅厅长、常熟县县长）深为感叹："以公之道德政治学问，使得尽展其抱负，而无军阀梗阻于其间，其所造福于吾苏者又胡可量！而惜乎公之未尽其志也。"②

1913年9月10日，韩国钧被任命为江苏省民政长，即省长。当时江苏督军为蛮横颠顸的辫帅张勋。韩国钧只能是巧于应对，以柔克刚，最终在张謇、袁世凯等人的支持下将其"礼送出境"。韩国钧第一次掌苏不到一年时间，能够平定兵乱，抚平战乱，保民安土，还能重视教育，兴修水利，促进当地经济发展，实属不易。

韩国钧在赋闲和归隐之后，完成了《海陵丛刻》《吴王张士诚载记》《续泰州志》等著作的编纂。《海陵丛刻》集地方文史大全，汇16家著述，凡23

---

① 中共海安市委史志工作委员会、海安市韩国钧研究会编：《韩国钧研讨文集》，中国文史出版社，2023年。

② 中共海安市委史志工作委员会、海安市韩国钧研究会编：《韩国钧研讨文集》，中国文史出版社，2023年。

种，67 册，为后人研究苏北海陵地方历史文化提供了大量珍贵文献资料。《吴王张士诚载记》是难得一见的研究张士诚专著。《续泰州志》是一部内容丰富翔实的地方断代史。韩国钧自著《永忆录》《止叟年谱》《实业界之九十日》及一些诗文，有着很高的历史文化价值。他还亲自整理了与康有为、张謇、冯国璋、叶楚伧、黄炎培、史量才、梁启超等名流书信，编为《同僚函札》，是十分珍贵的文化史料。韩国钧一生勤奋写作，"每司一职，均有著述"，而且内容涉猎很广，视野开阔，论述精到，并且与经世救国紧密相连。

韩国钧不但学习和倡导实业，而且亲自兴办实业。早年他在广东和奉天创办了多家工厂和农场。晚年在家乡支持海安士绅倡办平民工厂，并将自己七十寿辰时所获寿仪及卖字收入，全部捐给了平民工厂。1919年，韩国钧集资在东台安丰场创办泰源盐垦公司，亲任董事长。泰源公司盐垦兼顾，开垦棉田，年产棉花 6000 担、食盐 10 万担，还建有两所小学、小型气象站、20 里电话线、小型加工厂等。泰源公司对当地经济社会展起到了积极作用，1938 年，由东台弥港渔会知名人士发起建造韩公长生祠，"歌功颂德，不足以报，于是建长生祠以寿公。"①

上海原是江苏省治下的一个县，近代的发展，使之成为我国第一大商埠，人口密集，工商业发达，财税收入可观。辛亥光复后，成立了沪军都督府，直属中央，而行政管理又属江苏，这就为后来军阀争夺埋下了祸根。1922 年 6 月，韩国钧被黎元洪任命为江苏省省长。这期间，韩国钧为江浙战争中护卫上海而艰苦努力，是推动上海独立的第一人。江浙战争，又称齐卢战争，本质上是派系军阀为争夺上海的控制权而发动的战争。韩国钧深知兵祸对社会民众的危害，与主张消弭兵变的张謇等呼应，最终由江浙军政长官齐燮元、韩国钧、卢永祥、张载阳、何中林共同签字达成和平公约。1925 年 1 月 31 日，奉军南下上海，韩国钧以江苏省省长之身致电上

---

① 中共海安市委史志工作委员会、海安市韩国钧研究会编：《韩国钧研讨文集》，中国文史出版社，2023 年。

海市公所总董李平书等十一人为上海特别市筹备委员,宣布上海为"特别市",希望以此能使上海规避战乱,正常发展。1927 年 7 月 7 日,国民政府宣布上海特别市政府成立,直属中央,标志着上海华界原先各自为政、互不同属的分隔局面宣告结束,现代之市、区两级行政体制就此在上海确立。面对如今迅猛发展的国际大都市上海,人们分外赞叹韩国钧先生的先见之明。

韩国钧十分重视教育事业。早在游幕期间,他就多次任书院掌教。1905 年,韩国钧赴日考察工矿,也特别关注教育,并且认识到教育与国家兴盛的关系,而教育普及需靠实业支撑的依存关系。这些想法与张謇"父教育、母实业"理念不谋而合。1914 年,韩国钧以江苏民政长的身份委任张謇的学生江谦在两江师范学堂基础上筹办南京高等师范学校,并力留黄炎培担任江苏教育司长。

值得称道的是,韩国钧尤其重视实业教育和平民教育。1903 年,韩国钧呈请河南巡抚在清化镇设立农务学堂,次年设蚕桑实业中学堂,学生由豫省各县选派,这是中国职业教育开先河之作。他创办的"志学会","课志以新学":国文、数学、格致(物理)、化学,推崇新式教育。1915 年,在安徽巡安使任上,他于安庆府署旧址设立"省立第一甲种工业学校"。1924 年,他在家乡创办"泰县端本女子小学校"。1936 年,有感于"海安无中学,求学者高小毕业后非赴扬即通"①,支持儿子宝琨与海安士绅创立中学,后命名为紫石中学,即今江苏省海安高级中学之前身。

二、韩国钧与张謇的公谊私交

韩国钧与同样生长于南通的明贤张謇是同时代人,被称为"韩三""张四",同是高悬江海平原上空的耀眼明星。他们青少年时期,同样拼搏于科场学海,中晚年报国报乡,功业卓然。所不同的是,韩国钧偏重于仕途,兼顾教育、实业等;张謇偏重于实业和教育等,兼顾政治。作为经世济民

---

① 韩国钧:《永忆录·止叟年谱》,文海出版社,1966 年。

的爱国主义者，他们异曲同工，殊途同归，同样谱写了报效祖国、造福桑梓的华丽篇章。而且，在共同的理想追求中，韩与张结下了深厚的情谊。

（一）因缘际会成挚友

韩国钧与张謇第一次会面，是在 1908 年。那一年，张謇的实业、教育等事业蒸蒸日上。大生纱厂获利甚丰，垦牧公司已见成效，中国最早的师范学校、博物苑等教育文化机构蓬勃发展。这时的韩国钧也步入了仕途的黄金时期，他刚刚因在广东练兵和治事成效显著，经两广总督和钦派大臣奏报，受到了慈禧皇太后与光绪皇帝的召见。慈禧对他说："汝办事甚好！有许多人保奏你，你回去办事仍应勤奋。"[1]不久便署广东劝业道，任吉林民政司长。

1908 年秋，慈禧与光绪几乎同时去世，国家政局不稳，前途迷茫。韩国钧与张謇虽然个人的事业都很成功，但面对中国的前途命运，他们都十分忧国忧民。在家乡南通参加完两宫去世哭临礼后，韩、张二人会面，并围绕强国富民具体商谈了如何办面粉厂等实业事宜。

韩国钧与张謇第二次会面，是在 1911 年夏。当时张謇去东北考察，谋划兴办农垦、振兴东北之举。路过奉天时，专门听取韩国钧的情况介绍和对策建议。两人还着重商谈了国内财政问题。后来，韩张二人接触越来越多，交往越来越投机，政见越来越趋同，情谊越来越深厚。张謇在日记中有十多处提及与韩国钧的交往，两人存世的往来信札有二十多封。

韩国钧在五万余字的《永忆录》中，至少有十四处记述了他与张謇的往来情况及对张謇的崇高评价。1926 年张謇去世后，韩国钧亲往吊唁，并题写挽联。1937 年，韩国钧在张謇故里新祠落成礼上发表演说，并实地参观了张謇当年创办的大生三厂。他动情怀念张謇，"述啬公种种建设，今日虽死犹生。"[2]号召大家继承张謇遗志，发展家乡事业。

---

① 中共海安市委史志工作委员会、海安市韩国钧研究会编：《韩国钧研讨文集》，中国文史出版社，2023 年。
② 韩国钧：《永忆录·止叟年谱》，文海出版社，1966 年。

（二）志同道合为强国

韩国钧与张謇，尽管人生经历不尽相同，所从事的事业及功效各有侧重，但都有着共同的理想追求。他们是人生奋斗过程中的志同道合者。他们在许多方面共同合作报国为民。

一是助推政治改良。张謇素有当一个"实业政治家"的夙愿。1905年清廷推行"新政"后，他倡改革、促立宪、办议会、搞自治，以在野的士绅名流身份，积极参与政治活动，活跃于令人瞩目的政治舞台上。韩国钧则以地方能臣的身份，一方面在自己的官任上更新政事、完善治理，一方面紧跟形势，顺应潮流，由忠君爱国积极转向民主共和。如同张謇1903年考察日本一样，1905年韩国钧对日本的政治、经济、教育等进行了全面考察。他们都发誓要借鉴日本快速崛起的经验，全力推进中国的革新和振兴。

1911年，辛亥革命爆发后，江苏巡抚程德全随即宣告江苏独立，韩国钧即以苏人名义发电给程德全，谓"独创一格，以保全地方，苦心可仰，恐土匪趁机窃发，仍望力为镇压"①。后来，新建的民国政府看中了韩国钧，希望他出任江苏民政长，主政在全国极具分量的经济大省。韩国钧开始有些犹豫，后经张謇真诚劝说，终于接受任命，为战乱后的江苏和初生的民国，作出了可贵贡献。

二是共谋江苏治理。出于共同的爱国爱乡情怀，在韩国钧两掌江苏期间及前前后后，张謇与韩国钧相互配合，同心协力，为江苏的治理和建设发挥了积极作用。

1913年9月7日，中央政府任命韩国钧为江苏民政长，张謇即邀至南通力劝他不要拒绝，并共同商议了应对蛮横督军张勋的策略。随后，韩国钧致电中央政府，要求先确定军民权限和财政职责，等到中央政府复电称已让张勋遵照办理，且张勋再次来电催促后，于当月21日去苏州接任。江苏由此迎来了战乱后的和平发展时期。

韩国钧在掌苏任上，力请中央拨款180万元供江苏赈灾使用，还提议

---

① 韩国钧：《永忆录·止叟年谱》，文海出版社，1966年。

重新审定赋税方法,照顾赋税大省江苏,并建议将征收赋税给长官的奖金充作地方公用经费,官员的考察则又与地方政绩相挂钩,压制搜刮民脂民膏之风。其中许多意见和举措,都与张謇的建言献策有关。1914年,时任工商实业总长的张謇,与韩国钧共同谋划将两江师范学堂升格为南京高等师范学校(南京大学、东南大学前身),并让张謇的学生江谦当校长。

值得一提的是,韩国钧与张謇在治国理政的思路上颇为一致,他们都主张实行地方自治。韩国钧于1921年7月就任江苏省省长时,就郑重宣誓:"江苏者,江苏人之江苏;非余一人之江苏,必苏人同心协力,苏始可以言治。"①张謇一直是地方自治的积极倡导者和有效践行者。他的基本理念是:"今人民痛苦极矣!求援于政府,政府顽固如此;求援于社会,社会腐败如彼。然则直接解救人民之痛苦,舍自治,岂有他哉。"②1920年,他在南通地方自治已大有成效的基础上,竭力想在江苏全境推行地方自治,联合江苏名流创立全省自治的"联合策进之机关"——苏社。苏社成立前后,韩国钧积极参与谋划。1920年5月8日,他亲赴南通参加苏社成立大会。1921年3月8日,他又赴无锡参加苏社常会。

1922年6月,中央政府任命韩国钧为江苏省省长,他再三辞拒,又是在张謇等人的力劝下,才于7月15日到南京就任。1923年,当江苏省部分议员在督军暗中支持下,因"议员加薪"案而弹劾韩国钧时,张謇联合一批社会名流登报或致电督军和北洋政府,盛赞韩国钧"政绩卓著""有口皆碑",力留韩掌苏。省议会不得不宣布不再提弹劾省长之事。

1923年,被挤压的黎元洪总统,被迫去天津,后又突然到上海,想去南通会韩国钧,韩很为难,专门发电报给张謇商讨应对办法。韩、张二人在政治上遇到难事、大事,总是相互商议、相互帮助。

三是合力抗灾治水。同样操心国计民生的韩国钧与张謇有着共同的志趣和专长——治水。早在六合县当幕僚时,韩国钧就开始学测绘,"究

---

① 韩国钧:《永忆录·止叟年谱》,文海出版社,1966年。
② 张謇:《苏社开幕宣言》,《张謇全集》第4卷,第461页,上海辞书出版社,2012年。

心舆图"。光绪十三年,黄河郑州段决口时,他编绘《黄河历代变迁图》为治黄服务。后来,他在有关职责岗位上,治水患、防水灾、兴水利,边实践、边钻研,对水利专业日益精通,俨然成为一个专家。而张謇也在青少年时,就对江河湖海水系感兴趣,后来对治淮尤为专注。在识水治水方面,可以说,韩国钧与张謇都术有专攻、难分伯仲。

1920 年,江苏成立运河工程局,徐世昌总统要张謇当督办,张謇提出只有韩国钧当会办,他才愿意赴任。后来,果然如他所愿,韩国钧当了会办。从此,他们在同一治水机构中,并肩战斗了五年。据不完全统计,江苏运河工程局以督办张謇和会办韩国钧名义联署的上呈下达的公文竟达 200 多件!

据《永忆录》记载,1921 年淮运盛涨,韩国钧与张謇"冒暑巡视,赖工员抢险得力,未至泛滥"[1]。当年,高邮等地发大水,灾情严重,"上游人民力请开昭关坝,而不知坝身多裂,引河全失,一经开放,必致溃决"[2]。韩国钧与张謇在扬州开会,力排众议,应对诘难,坚持不开坝,避免了更大损失。水灾善后治理河道,经费不足,张謇通过韩国钧居中运作,由苏北地方士绅和农会、水利会等团体出面函请,动员盐商、运商、华洋义赈会等商人群体和慈善机构倾力捐助。

张謇为了水利人才培养,创立了中国第一所河海工程专门学校。1924 年,时任江苏省省长的韩国钧专门出席河海工程专门学校毕业典礼,并发表演讲,高度肯定学校业绩和重要地位。同时,韩国钧与张謇一道筹划,将河海工程学校与东南大学合并,更名为"河海工科大学",聘知名专家茅以升为校长。

(三)心心相印报桑梓

士负国家之责,必自其乡里始。韩国钧和张謇都认为,爱国必爱乡,回报家乡,造福桑梓,是成功的士大夫的天职。他们不约而同地在家乡办实业、兴教育、助治理,并相互支持配合,共同切磋谋划。

---

① 韩国钧:《永忆录·止叟年谱》,文海出版社,1966 年。
② 韩国钧:《永忆录·止叟年谱》,文海出版社,1966 年。

他们在 1908 年初次见面时,就商谈了如何在家乡创办面粉厂的事。1911 年,辛亥革命爆发前夕,袁世凯电谕韩国钧去京任事,他未应,而是回到家乡谋地方之治安。过南通时,他与张謇商讨应对动荡形势,张謇建议:"县警备队之不可少,通、如、泰、东、兴,不可不互相联络。"①于是,韩国钧整捐充饷,办起了警卫队。

韩国钧早年在外为官从政,张謇则在家乡兴办实业,且成就斐然,这对韩国钧有着很大的启发和鼓舞。他由衷称赞:"张君季直提倡实业,南通赖之以兴,余所素佩。历商地方事无不浃洽……"他对张謇在"渔业未发达,国家大利所在,中央亦未及等"的情况下,购买先进渔轮,发展近代渔业,也颇为赞赏。

1919 年 3 月,韩国钧赴南通参观张謇创办的中国第一所盲哑学校,并考察大豫垦牧公司。同年 10 月,他成立泰源盐垦公司,从滩涂开发方式、经营模式,到公司组织架构和经营管理,都借鉴模仿张謇所作所为。他自己也说:"自张君季直兴垦之议行,辟海滨南北八百里不毛之地,使之产棉,其利莫大。南通老垦牧既有成效,于是有大晋、大豫、大赉、大丰、大佑、华成,各公司风起云涌。先后二十余处,莫不争先恐后。而余所发起泰源公司为之殿。"②后来,张謇又建议在垦区开通新运河,"于里运河及串场南北两河外,东海滨再开一南北河。既利垦务之交通,又可排泄西水"③。当时韩国钧二次主政江苏,积极采纳了张謇的建议,并着手具体的测绘、筹款事宜。

为了拓展海安的实业,韩国钧还与张謇的三兄张詧及好友沙元炳商量,将泰来面粉厂迁至海安,并"嘱门弟子刘翰香随同会商,一再集议,已将厂地指定,将决定约。因余亟于反豫销假,中辍此议。若成,海安商业应可发展"④。

① 张謇:《柳西草堂日记》,《张謇全集》第 8 卷,第 713—734 页,上海辞书出版社,2012 年。
② 韩国钧:《永忆录·止叟年谱》,文海出版社,1966 年。
③ 张謇:《复韩国钧函》,《张謇全集》第 3 卷,第 810 页,上海辞书出版社,2012 年。
④ 韩国钧:《永忆录·止叟年谱》,文海出版社,1966 年。

韩国钧对张謇的实业亦多有帮助。1922年，大生集团面临危机，深陷困境，张謇不得不向时任江苏省省长的韩国钧求助，韩即拨款20万元相助。张謇感动地说："自非挚爱国家也，不能为此援助，不仅故交风义也。"

1913年，张謇的大达内河公司在开辟通扬航线时，在扬州遇到许多麻烦事，需有合适的人协调处理。时任江苏民政长的韩国钧向张謇引荐了江石溪（江泽民祖父），张謇将江石溪聘任为大达内河轮船公司协理，发挥了重要作用。

三、当下如何弘扬明贤精神

张謇和韩国钧是品德才华出类拔萃的同时代人。身处"三千年来未有之大变局"，他们都能以中华民族优秀文化传统知止修德，又以开阔的视野与时偕行，以卓越的才干开创了一系列经世大业，卓立全国，泽被后世，影响深远。虽然他们涉足的事业、经略的范围、影响的领域，乃至思想性格，都有较大的区别，但他们崇高的家国情怀、优良的道德品格、不凡的学识才干、深厚的学养修为、卓著的功勋业绩，却共同铸就了他们在历史高地上的奇特标识。毫无疑问，他们同是江海历史天空上耀眼明星。无论是韩国钧还是张謇，作为一百多年前的一代明贤，虽然从时间上来说，离我们越来越远，但从精神品质上来说，却越来越贴近我们所处的新时代。他们的思想和业绩在新世纪照样熠熠生辉，他们的崇高品行和不朽精神，照样值得今天的我们弘扬光大。

（一）大力倡导和养成爱国爱乡的崇高精神

爱国主义是国民对自己家园及民族和文化的归属感、认同感、尊严感与荣誉感的统一，集中表现为民族自尊心和民族自信心，为保卫祖国、繁荣祖国而奋勇献身的奋斗精神。中华民族历来就有爱国主义的光荣传统。在中华民族发展史上，无数志士仁人以爱国主义为宗旨，谱写了为国为民的辉煌篇章。在近代，同时生长在江海大地上的韩国钧、张謇就是这方面的杰出代表。

张謇和韩国钧生活的时代，是中国亘古未有的千年大变局，国家内忧外患，甚至有亡国之虞。他们都从爱国出发，探索救国、富国、强国、卫国的道路，都把对祖国的热爱变成救民济世的历史担当。张謇兴办实业、创办教育、建设城市、热心公益，致力以富强为法，振兴国家。韩国钧与张謇略有不同，主要足迹在于官场，且以官声显著和官场练达为长。他的爱国主义体现在早年以男儿之志施展抱负、为官时忠于国家和保境安民、退隐时关注民生为国解忧、面对外侮时以身殉国等等。韩国钧殉难后，陈毅元帅写下《闻韩紫翁陷敌不屈，宛诗以赞之》："赤县神州坐沉沦，几人沉醉几人醒。彪炳大义持晚节，浩然正气励后生。不问党籍攘外寇，相期国是息内争。海陵胜地多风物，文信南归又见君。"[1]陈毅在诗中把韩国钧比作文天祥（文天祥封信国公），对其道德风范至高推崇。我们要向家乡的先贤学习，努力做一个坚定的爱国主义者，让崇高的爱国主义成为不懈奋斗的力量源泉。

先贤们的模范爱国主义行为还昭示我们，爱国必爱乡。我们要善于把爱国与爱乡统一起来。家乡是祖国的一部分，而且人们对生育自己的故土和家乡的情感更直接、更真挚、更深厚、更亲切。爱国者首先是一个爱乡者，而对家乡的热爱，又会在一定程度上不断升华为对祖国的热爱。

走进新时代，奋进新征程。我们学习先贤，就是要学习他们爱国爱乡的情怀，要把先烈先辈先贤浴血奋战和创业奋斗的家乡，建设得更加美好。这是先贤的希望，是时代的召唤，是海安广大干部群众，以及海安籍在外游子义不容辞的责任和光荣的使命。

有道是"空谈误国，实干兴邦"。爱国爱乡，既不需要刻意低调，也不需要华丽表达，唯需实干与奋斗。我们每个人都要把自己的理想和奋斗与祖国及家乡前途紧密结合起来，把自己的人生同民族及乡亲的命运紧密结合起来。我们要善于把爱国爱乡落实在具体行动中，把对祖国和家乡的热爱体现在每一滴奋斗的汗水中、每一步前进的脚印里，在实干中爱

---

[1] 中共海安市委史志工作委员会、海安市韩国钧研究会编：《韩国钧研讨文集》，中国文史出版社，2023年。

张謇三十讲

国爱乡,在爱国爱乡中实干。

今天,我们学习先贤的爱国爱乡精神,就是动员大家干起来,特别是各级领导干部,更应见贤思齐,在德、能、勤、绩方面率先垂范,用实干托举梦想,奋斗成就报国报乡的追求。

(二)提升道德品质修养 增强干事创业能力

道德品质既是中华民族传统文化永恒的要求,又是对为官者考核的首要标准,也是当下党员干部的核心价值。张謇和韩国钧正是具有了高尚的道德品质,才会爱国爱乡、报国报乡,才会刻苦学习、艰苦奋斗,才会为人表率,获得众人的尊敬和拥戴,从而创造出不凡的功业。我们今天学习先贤,首先要切实提升道德品质修养,立党为公,一心为民,意志坚定,品格高尚。我们要特别注重提升政治道德修养、人格道德修养、职业道德修养,做人民满意的示范者、奉献者、奋斗者、创业者。

在高尚的理想追求和强烈的使命担当的驱动下,先贤们一生不断学习奋斗,积累了丰富的知识和经验,锤炼出过人的本领和能力。从以上对韩国钧德才的论述中,我们可以充分看到这一点。在提升道德品质修养的同时,增强干事创业的能力,是各行各业(特别是为官从政者)的必由之路。

当下,我们对党员干部的能力要求,一般归纳为政治站位的能力、战略思想的能力、创新发展的能力、率先垂范的能力。我认为可集中的通俗表述为"想干事""能干事""会共事""干成事""不出事"。"想干事",指的是有理想抱负,有情怀胸襟,有主观动力。"能干事",指的是有能力干事,善于把事干好。"会共事",是指善于团结合作,具有良好的相融性。"干成事",指的是结果和实绩明显,有本事把事干成。"不出事",指的是既不违纪违法,又不出工作责任事故。

(三)在推进中国式现代化中建功立业

张謇、韩国钧等先贤,是中国早期现代化的先行者,他们曾经对家乡和全国的现代化事业做出过重要贡献,也留下了宝贵的物质遗产和精神遗产。我们今天纪念他们、学习他们,就是为了继承先贤伟业,弘扬先贤精神,再创时代辉煌。我们要在全面推进中国式现代化新实践中,奋发有为,建功立业。

江苏在全国举足轻重,承载着习近平总书记和党中央的深切关怀。2023年7月,总书记亲临江苏考察,明确指出江苏有能力也有责任在推进中国式现代化中走在前,做示范,赋予江苏在科技创新上取得新突破、在强链补链延链上展现新作为、在建设中华民族现代文明上探索新经验、在推进社会治理现代化上实现新提升的"四个新"的重大任务,我们不能辜负总书记和党中央的期望。

作为一代明贤韩国钧家乡的干部群众,更应见贤思齐,奋发有为。过去的海安,偏于一隅,区域面积、人口、经济总量偏小,被称为南通的"小六子"。但海安人有股不服输的劲头,争先意识和拼搏奋斗精神比较强。海安经济"大块头"不算多,但"小巨人"如过江之鲫,且新兴产业不断涌现和成熟,产业体系比较齐全,发展比较平衡且质量较高,在强手如林的南通脱颖而出,也在全省、全国拥有了可喜的一席之地。

前些时候,我专程来海安,看了些地方,听了些介绍,深受鼓舞。据了解,海安2023年上半年完成地区生产总值728.7亿元,同比增长6.8%,完成一般公共预算收入37.9亿元,在全国百强县排行榜列第23位,前移了3位。工业经济稳中向好,现代农业加快发展,建筑业企稳回升,服务业、项目建设、园区建设都有长足进步,城乡建设面貌日新月异,社会事业加快进步,民生幸福不断提升。这是广大党员干部和人民群众勠力同心、团结奋斗的结果。作为曾经在南通工作多年、与海安人民共同奋斗的我,倍感欣慰。

回望历史,是为了更好地干好当下,走向未来。缅怀先贤,是为了以先贤为榜样,奋进拼搏,砥砺前行。我很赞成海安县委于立忠书记所说,我们要做到"青山青史不辜负,平生功业见春秋"①。当前特别要围绕"五个海安""五个强市"的总体目标,在中国式现代化海安新实践中谱写新华章,在新时代创造新业绩!

---

① 中共海安市委史志工作委员会、海安市韩国钧研究会编:《韩国钧研讨文集》,中国文史出版社,2023年。

张謇三十讲

第二十四讲：

同为江苏人的盛宣怀与张謇

（2024 年 4 月 13 日，由中共常州市委宣传部主办的"龙城讲坛"2024
年第三讲于常州市图书馆举行，笔者受邀作《同为江苏人的盛宣怀与张
謇》的主旨演讲。此文亦发表在《中国工商》2024 年第 5 期）

江苏历来被看作是人文荟萃之地、物丰民阜之地，进入近代社会以
后，更被看作是民族工业发祥之地、工商业兴旺发达之地。清末民初时，
该地又产生了两个几乎一前一后执中国工商界牛耳的工商巨子，一位是
江苏常州的盛宣怀，一位是江苏南通的张謇。盛宣怀（1844 年生）大张謇
（1853 年生）九岁，开始从事工商业是在 1872 年（创办轮船招商局），比张
謇从事工商业（创办大生纱厂）约早 23 年。尽管他们俩从事工商业早晚
不同，方法路径不同，作用影响不同，乃至历史评价亦有所不同，但平心而
论，他们都是江苏籍工商企业家的杰出代表，都是全国近代工业的卓越领
军人物。另外，尽管盛宣怀与张謇在为人处世、思想意识等方面，有着诸
多不同，乃至在两人的实际交往中有着若干矛盾和恩怨，但绝不能否认他
们都是新旧时代转换过程中的"新潮人物"，都是中国早期现代化的先行
者、开拓者。正因如此，将盛宣怀与张謇放在一起进行分析研究，对于深
入准确了解他们乃至于他们所处的时代，有着特定价值。

一、盛宣怀与张謇的交往及恩怨

盛宣怀 1866 年（22 岁）考中秀才后，连续三次乡试均不中，与"举人"
无缘，便与正规的科举仕途告别。他在 1870 年（26 岁）开始当李鸿章的幕
僚，之后不久，便积极建议李鸿章创办轮船招商局，并于 1872 年春受命拟

定第一个轮船招商章程。1875年,盛宣怀主持创办湖北煤铁开采总局,经办大冶、广济煤铁矿务,并直接买下大冶得道湾矿山。1880年,他创办天津电报总局,主持架设津沪等20多个省区的电线,经营电线电报业。1882年,他创办山东平度和辽宁金州等多地金矿。1886年,他任山东登莱青兵备道后,创办山东内河小火轮航运公司。1893年,他接办上海机器织布局,建立华盛纺织总厂。1896年,他接办汉阳铁厂并改官办为商办。同年,他督办全国铁路总公司,并主持修筑卢汉铁路干线。1897年,创办中国通商银行。1902年,他设立全国勘矿总公司。1908年,他将汉阳铁厂、大冶铁矿、萍乡煤矿合并,组成汉冶萍煤铁厂矿公司。盛宣怀在开创性地兴办了一大批中国最早的现代化工矿交通企业后,创办了北洋大学堂(天津大学前身)和南洋公学(上海交大前身)等中国最早、最正规的现代高等教育机构。

作为在多个领域颇有建树的中国近代第一代民族企业家,盛宣怀与后来成长起来的包括张謇在内的一批新一代民族企业家,形成了较为独特而又复杂的关系。他们之间有传承,有超越;有合作,有竞争;有趋同,有冲突;有友情,有恩怨。

张謇于1895年底开始谋划创办大生纱厂。纱厂初创时,张謇等创办者对现代工厂的营运管理知之甚少,想到上海外国人投资设立的外资企业学习取经,但没有一家外资企业允许他们进入。在这种情况下,张謇退而求其次,去盛宣怀依照现代工业模式创建的华盛纺织总厂参观学习。之后,张謇参照盛宣怀所制定的轮船招商局的股份制模式,确定了大生纱厂股份制架构,借鉴华盛纺织的办厂经验,谋划了大生纱厂的经营管理方式及相关规章制度。可以说,新一代的企业家张謇,从老一代的企业家盛宣怀那里汲取了不少有益养分,以滋养先天不足的孱弱新生企业婴儿。也正是在这个时候,张謇与盛宣怀这两个江苏人有了来往和交集。

张謇在日记中记载他与盛宣怀的最早交往,是在1897年的阴历二月。当月十八日,张謇与"内子同至上海"。二十二日"晤盛杏生(宣怀)"。两人晤谈后,张謇便在二十四日:"同书箴、敬夫、立卿、一山至潘、郭处会

张謇三十讲

议,定三月内集二十万造厂。"(最早的办厂合伙人"沪、通六董"会商办厂大计。)二十七日:"木斋、杏生、爱苍置酒,皆不赴。充刻附'江宽'船。"①(盛宣怀等人设宴,张謇急着乘船去南京了。)

张謇在上海盘桓了十天,经与盛宣怀及沪通合伙人商讨,对办厂思路更明晰,决心也更坚定。他在三月十日致好友子培(沈曾植,曾任安徽巡抚)信中,系统地表达了他最终人生道路选择的心迹。针对有人劝他回朝销假,重归仕途,他说:自己"天与野性,本无宦情"②。自甲午三年(1894)以来,丁忧返乡,举讳、治丧、营葬,并筹办团练和实业,及赞助"家庙、义庄"等慈善事业,"负累以逾万数"。目前,"与叔兄卖文鬻力,仅足以偿债息、资家计",照这样下去,"非兄弟忍苦作客十年,殆不能了"。现在又处于"抟合通州纱厂,屡蹶屡振之余,可成可败之际,益不可以舍之而去"。这就是说,为了家计营生和国计民生,他不能舍弃办厂而去京复职。张謇说他在之前就向上司表达过,"如其与例乖违,合有处分,如罚俸之类,心愿受之。"接着,他说明了原因和自己的志愿:"愿为小民尽稍有知见之心,不愿厕贵人受不值计较之气;愿成一分一毫有用之事,不愿居八命九命可耻之官:此謇之素志也。"随后,他进一步说道:"比常读《日知录》《明夷待访录》,矢愿益坚,植气弥峻,辄欲以区区之愿力,与二三同志播种九幽之下,策效百岁而遥。"③张謇在这里表达了他为了民众与国家的"百岁"功业,要尽力办厂,默默耕耘于穷乡僻壤的信念。信的最后,张謇还希望沈曾植若见到翁同龢等政坛前辈时,帮他转达和解释自己的心愿,并获得他们的理解与支持。"倘能见虞山简书、桂卿前辈致偻偻之意乎?"④

当然,当时张謇下决心弃官场下商海,还有一个不便明说的原因,那就是他已隐隐感到陷入政坛险情之中。由于他在甲午年竭力主战,并上书弹劾李鸿章,目前已被李鸿章列入意欲整肃的五十七人"黑名单"。"闻

---

① 张謇:《柳西草堂笔记》,《张謇全集》第8卷,第420页,上海辞书出版社,2012年。
② 张謇:《柳西草堂笔记》,《张謇全集》第8卷,第421—422页,上海辞书出版社,2012年。
③ 张謇:《柳西草堂笔记》,《张謇全集》第8卷,第421—422页,上海辞书出版社,2012年。
④ 张謇:《致沈曾植函》,《张謇全集》第2卷,第83—84页,上海辞书出版社,2012年。

李鸿章使俄时请见慈宁（慈禧），折列五十七人请禁勿用，第一即文道希（廷式），"①而他自己不仅赫然在列，而且排名靠前，"名殊不后"。

总之，种种原因促使张謇不顾仕途常规和众人的不解，死心塌地要迎难办厂。

对于张謇来说，在办厂的种种艰难困苦中，最难的是缺钱。俗话说，手中没有一把米唤鸡也不灵。张謇手中没钱，只得到处磕头作揖，恳求相助。当时，在商场和官场极具能量也颇有实力的盛宣怀，自然成了张謇求助的首选对象。由此，也引发了他们两人的诸多纠葛恩怨。

上海图书馆收藏的盛宣怀档案中，张謇与盛宣怀的来往函件共有108件。有关资料显示，1897至1898年间，在张謇创办大生纱厂处于困境时，盛宣怀与张謇多次会面，答应与张謇合领官机、集股办厂。"大生机器纺纱厂股票"发行时，主署为"经理通州纱厂张季直"，但同时印有盛宣怀的姓氏头衔。1897年9月22日，盛致函张，明确告之，他将遵照以前所约定的"官商约款"行事。但后来盛却一直没有具体行动，令张十分焦急和不满。1898年12月26日，张称："公（筹股）之言，恃无恐，不意皆如捕风"，"乞拨借十万，以一年为期，息认八厘，及期归还。"当天，张謇还致函张之洞："筹度再四，唯有仍祈我公为京卿（宣怀）函意，力为维持，暂资抱注。謇自谅人不遂争未寒之约，京卿健者，亦当念己出之言，骑虎势成，枯鱼望甚。幸分牙惠，以救燃眉。"②不久，张不见盛答复，又向盛致函求援，但仍不见任何回音。1899年1月10日，张怨愤不已地致函指责盛："公方以信义号召天下，岂可失言于匹夫？"③同时再以"五六万金"求助。然而，盛百方腾闪，迄不应。对此，张謇万般无奈，欲哭无泪，只得殚精竭虑地另想他法。在经过了千磨百折、千难万险后，大生纱厂总算在1899年底开工投产。此时，张謇对于办厂过程中为难他的人耿耿于怀，对于有关教训和感悟念念不忘，让江南画家单林画了四幅"厂儆图"悬于纱厂公事厅。其中，

① 张謇：《柳西草堂笔记》，《张謇全集》第8卷，第404页，上海辞书出版社，2012年。
② 张謇：《致盛宣怀函》，《张謇全集》第2卷，第92—93页，上海辞书出版社，2012年。
③ 张謇：《复盛宣怀函》，《张謇全集》第2卷，第94—95页，上海辞书出版社，2012年。

张謇三十讲

一副《桂杏空心图》，就是针对盛宣怀等。

张謇为《桂杏空心图》题记："遥曰本心空，花叶背。杏乎杏，桂乎桂，贻汝悔。"此处的"杏"，就是指盛宣怀（杏荪），"桂"指江宁布政使兼商务局总办桂嵩庆。他们两人都曾答应资助办厂，但均是"空头支票"，令张謇懊恼不已，被他看作是"贻汝悔"的言而无信"空心"之小人。

由此，盛宣怀不讲信用甚至颇为奸猾的形象，被张謇及其"謇粉们""锁定"。后人也大多以张謇之论看待盛宣怀。然而，近年来有人开始为盛宣怀"辩白"，认为盛在张早期办厂过程中未能以投资相助，有其具体情由，其所作所为并非如张謇及其一般人所认为的那样不堪。盛宣怀研究专家、华东师范大学历史学教授易惠莉的看法较有代表性。

易惠莉在《从张之洞所购"瑞记纱机"到张謇创办大生纱厂》一文中论述到：1893年，主政湖北的张之洞为了创办现代纺织厂，以洋行代垫借款方式向德商瑞记洋行订购纺纱机器设备，准备在武汉办南北两个纱厂。1895年夏，这批机器设备运抵武汉，但张之洞办厂计划遇困受阻，他便利用署理两江总督的机会，决定将南厂纱机设备转移于两江消化。他意欲从江苏"息借商款"126.25万两中，挪用50万两，用作沪上商务局"新设纱厂"之官本。但此举受到了商务局督办及一众上海实业家的"软抵抗"。无奈之下，张之洞提出变"息借商款"为贷款方自主办厂资本，但依然应者寥寥。1896年1月，张之洞回任鄂督，江督由刘坤一接任。临别前，张之洞致电黄祖终（上海道）、盛宣怀等人，希望继续推行沪上工商界以"息借商款"用作承领瑞记纱厂在沪建厂商本的主张。所谓"息借商款"，是指甲午战争时，朝廷向各省会城市和通商口岸民间工商机构筹借的备战款项，沪、宁等地募集的商款均未动用，一直存放于当地的招商局。这时，盛宣怀正在交涉接办湖北官办汉阳铁厂事宜，不得不表现出与张之洞在上海办纱厂配合的姿态。

1896年1月14日，盛宣怀出面召集轮船招商局、电报局及若干上海实业家开会，动员大家以"息借商款"认领办厂，但各方均不认可。于是，盛建议张之洞，将价值40万两的瑞记纱机合并苏州"息借商款"60万两，建官办纱厂,"适成一公厂"。此时的苏州状元陆润庠(苏州招商局总理)正在授命领衔筹办纱厂,张接盛电后,立即电邀陆润庠"请即速命驾来宁,面谈一切"。由于要在订购瑞记原价40万两的基础上,额外再增加22万两各种费用,苏州方面放弃了这一方案。

在此之前,张謇曾与张之洞多次商议办厂事宜,但由于南通不像苏州那样有"息借商款",且南通本地商人又不愿官方介入办厂,张之洞并不指望南通方面承领瑞记纱机。然而,在张謇的苦心运作下,沪商潘华茂表示愿意领衔在南通办厂,并在1896年1月25日出台了《潘华茂等尊办通海纱丝厂禀稿》。该文明确:"拟在通州城西唐家闸地方水口近便之处,建立机厂,拟名大生,先办纱机二万锭……周转营运需本六十万两,股票仿造洋厂,以一百两为一股,合计集股六千份。议由职等六人共同在上海召集四十万两,在通、海两境内召集二十万辆,通、海不足,仍有上海集补足数。"这时,张謇愿意承担瑞记纱机额外支出之款,只是希望瑞记纱机折价60万两为"官本",承领办厂的民间股东无须分担付款之责,而且官方不介入办厂事宜,"听商自便"。1896年2月,张之洞表示认可张謇承领瑞记纱机的意愿。当年4月,接任江督的刘坤一同意张謇关于通海办厂及瑞记纱机处置方案。但是,在9月召开的沪、通商董会议上,大多数人不赞成瑞记纱机处置方案,并萌生退意。沪董樊棻、通董陈维镛"请退",另两位沪董潘华茂、郭勋虽未退出,但十分消极,主张收缩承领瑞记纱机的规模。10月,张謇去南京与时任江宁总办桂嵩庆交涉瑞记重新核价,无果而返。后来,在张之洞派代表辉祖祁说合后,两江政府接受了张謇的诉求:大生纱厂"成本以一百万计",瑞记纱机"作价五十万两"为"官股"。随后,即"由謇添招蒋锡坤、商清二人,与沈燮均合为通股;潘认包刘,以刘桂馨与潘华茂、郭勋合为沪股,各认集二十五万,合五十万,与官机价称。"但事隔不久,代表官方的江宁布政使桂嵩庆与沪董潘、郭二氏,均对瑞记纱机处置方案持消极态度。此时,坚持迎难办厂的张謇,唯可依赖的只有实力远不如沪董的通董。同时,他又将求助的眼光投向了亦官亦商的盛宣怀。这才有了1897年3月张与盛第一次会晤,以及张召集沪、通两地商董议

张謇三十讲

决"三月内集二十万造厂"。盛宣怀碍于张之洞与刘坤一的情面,以及想在华盛租让案中得到刘坤一的支持,答应与张謇"合领官机分办"。之后,盛宣怀欲将华盛租让给外商的方案未能得到官方批准,同时,瑞记纱机费用成本又由62万升至84万,他便向政府表示要退出"合领官机分办"案。盛宣怀还致函张謇,告知自己无法"合领官机",也无法向张謇提供贷款。同时建议张謇将瑞记的四万纱锭分两期安装建厂。于是,归张謇名下的纱锭运往南通一期建厂,归盛宣怀名下的纱锭转移于"华盛浦东东栈"存放(以待二期建厂用)。此时的盛宣怀,几乎将所有的精力和财力投入耗费巨大而困难多多的汉冶萍公司建设中,根本无暇也无力他顾。自此,张謇准备独自承接全部瑞记纱机,并按盛的建议分两期承办,他与盛宣怀"合领分办"的纠葛也告一段落。①

由此可见,张謇对盛宣怀不能始终如一参与"合领分办",以及不能对身陷困境中的自己施以援手,颇多抱怨和指责,完全可以理解。但作为在商言商的精明商人盛宣怀,根据实际情况变化而调整自己的投资意向,且并无违法违规之处,也是情有可原。而且,这也并没有影响盛与张在后来的多方交往和合作。

1900年春,在大生纱厂开工投产不久,便发生了震惊中外的"庚子之乱"。打着"扶清灭洋"旗号的义和团由山东向京津蔓延,到处烧教堂、杀教民、袭洋人、拆铁路、毁电线。西方列强在对清政府照会、抗议无果后,组织联军攻占大沽炮台,向北京进发。清廷于当年五月二十五日发布诏书,对外宣战。此时,东南督抚和士绅精英开始考虑如何应对危局、保护东南。盛宣怀与张謇都主张东南督府与列强合议"保卫东南",使战乱不要殃及经济繁华的东南一带。在此过程中,他们同心协力,各自发挥了重要作用。

开始,张之洞、刘坤一等督抚只是想自任保护,不与外国冲突,并没有

---

① 易惠莉:《从张之洞所购"瑞记纱机"到张謇创办大生纱厂》,第143—183页,《近代中国》2018年第2期。

考虑与外国订约互保。后来，江苏籍社会名流何嗣焜、赵凤昌等人建议，由东南各省督抚补道员来沪，随上海道与各国驻沪领事订约签字。最后商定由盛宣怀出面致电东南各督抚，推动中外互保订约。五月二十八日，刘坤一电询张之洞："盛请会饬地方官沪道与各领事订约，上海租界准归各国保护，长江内地均归督抚保护，两不相扰，以保全商民人命产业为主等语。是否可行，祈速电示。"张之洞随即复电表示，此事可行，且刻不容缓，应立即付诸实施。但这时的刘坤一却犹豫起来，迟迟不回张电，因为其幕府内有了不同意见。于是，经盛宣怀、赵凤昌与汤寿潜、陈三立等人商量，决定由张謇游说刘坤一。

张謇果然不负众望。他在自定年谱中生动描述到："余诣刘陈说后，其幕客有沮者。刘犹豫，复引余问：'两宫将幸西北，西北与东南孰重？'余曰：'无西北不足以存东南，为其名不足以存也；无东南不足以存西北，为其实不足以存也。'刘蹶然曰：'吾决矣。'告某客曰：'头是姓刘物。'即定议电鄂约张，张应。"①张謇针对刘坤一怕担不守君臣名分、擅违谕旨罪名的心理，以既保东南、又护朝廷的伦理大义，打消了刘坤一的顾虑，促使刘第二天便赴沪签约。满腹经纶而又务实变通的张謇，确实很有能耐。张孝若在张謇传记中说道："在我父为刘公决东南互保的当口，真所谓千钧一发，稍纵即逝，长江一带没有牵入旋涡，我父定策保全之功，可不在小处了。"张孝若还说：针对义和团所表现出的"民气"，张謇"认为一国没有民情固然不好，而不上正路的叫嚣民气，也不是国家的幸福"②。

在随后的中外互保议约会上，精干老到的盛宣怀，同样有着精彩表现。除了事先精心起草修改和约文本，当中方主谈的上海道余联沅难以应对美国总领事古纳提出的刁钻问题时，正是盛宣怀帮助解了围。古纳问："今日各督抚派员与各国订互保之约，倘贵国大皇帝又有旨来杀洋人，遵办否？"如果答"遵办，则此约不须定"；若"不遵办，即系逆命，逆命既无

---

① 张謇：《啬翁自订年谱》，《张謇全集》第 8 卷 1015—1017 页，上海辞书出版社，2012 年。
② 张孝若：《南通张季直先生传记》，第 83—89 页，中华书局，1930 年。

张謇三十讲

外交;焉能订约"? 余联沅一时不知如何回答,就求教于身旁的盛宣怀,盛告他答"今日订约,系奏明办理"。好一个"奏明办理"! 这样既可以推进合谋签约,又规避了授权合法问题。盛宣怀的急智和圆妙,表现得淋漓尽致。后来,盛宣怀也自诩"保护东南,非我策画,难免生灵涂炭"①。

从"东南互保"活动中可以看出,盛宣怀与张謇认识一致,动作协同,关系也较为融合,似乎已看不出他们之间不久前还因办厂问题有过嫌隙。这似乎表明:要么他们之前的矛盾并非如外人认为的那样严重,要么他们都是具有家国情怀,把国家利益置于个人恩怨之上。

另外,在慈善事业方面,盛宣怀与张謇也多有共识和合作。

盛宣怀注重以"义赈"的形式开展赈灾救荒工作,就是以地方士绅为主,由民间人士主导赈灾募捐活动,以弥补"官赈"之不足。由于盛宣怀在商界、政界的地位突出,在他主持义赈和官赈的过程中,往往可以调动相关联的大企业资金,并且常常采用先垫款散赈再募捐归还的方法,比官府赈灾要更为及时高效。因此,他成了"义赈"界领袖人物及灾区首要的求助对象。

盛宣怀在《行述》称:"平生最致力者,唯赈灾一事。"他还说自己"于赈务数十年来无役不从,虽皆量力倡捐,全仗四方响应,远极欧美,细至妇孺,每一役也,或十余万,或数十百万,乐此不疲,亦并无求福之心。"②此番言论与张謇的慈善观不谋而合,异曲同工。张謇坦言:"慈善事业,迷信者谓其阴功,沽名者谓博虚誉。鄙人却无此意,不过自己安乐,便想人家困苦。虽个人力量有限,不能普济。然救得一人总觉心安一点。"③由于盛宣怀热衷慈善事业且卓有成效,他还被清廷任命为第一任中国红十字会会长。张謇因在家乡创办了一大批具有现代色彩的慈善机构,被誉为中国近代慈善第一人。可以说盛宣怀与张謇都是中国近代慈善事业的开创者和引领者。而且,他们在赈灾等方面还互相配合支持。

① 陈庆生:《"东南互保"中的盛宣怀》,浙江大学博士论文,2008年。
② 朱浒:《洋务与赈务:盛宣怀的晚清四十年》,第150页,《近代史研究》,2021年第6期。
③ 张孝若:《南通张季直先生传记》,第381页,中华书局,1930年。

1909 年海州发生大水灾,张謇和许鼎霖等组织赈济。盛宣怀和吕海寰联名去函表示:"既经阁下及季直殿撰、少卿观察相为提倡,弟等谨遵尊示,即在海州平粜项拨助规银三千五百两。"①另外,岑春煊捐助赈款五千元,也是请盛宣怀转致张謇归入工赈。后来,张謇在家乡通州主持潮灾救济时,也曾致函盛宣怀吁请"定例设法,迅赐拨给赈款若干,俾速集事"。这时,盛已因辛亥风波避祸日本,收到张函后,他即以汉冶萍存款归银十八万两支票交公司经理由神户带回上海用于救灾。他说:"众擎易举,张季老领袖具间,必能念及灾黎,得此不无小补。"②

张謇除了对赈灾义无反顾,对能够防灾减灾的导淮事宜极为热衷。在这方面,他也得到了盛宣怀的支持。张謇曾将导淮函件、章程、图说等寄给盛宣怀,便于盛对治淮情况加深了解,并予以支持。1911 年美国红十字会派工程师詹美生勘淮,时任中国红十字会会长的盛宣怀负责安排。张謇对盛宣怀提出了许多建议。盛向新任两江总督张人骏报告:"业经商请张季直殿撰酌派熟悉河道情形人员照料,会同前往,详慎测勘,并于江皖新捐款内提拨规银一万两,解交张殿撰查收,先备支用,除另文咨请尊处查照,并分咨江苏、安徽、河南三省抚院暨查振大臣外,该工程师到宁,趋谒馆辕,尚祈即赐延见,并谕照料员绅及沿途地方官一体妥为接待,以昭妥慎。"盛宣怀如此细致周到的安排筹划,完全是为了争取美国人对治淮的支持,实际上也是在听取张謇意见的基础上,对张謇治淮事业的支持。

然而,好景不长。盛宣怀在"东南互保"、赈灾与导淮等问题上,与张謇友好相处、密切配合不久,两人又为铁路国有,汉冶萍公司处置等问题,产生了矛盾。

1897 年中国铁路总公司成立,盛宣怀就任督办,主导铁路建设事宜。针对当时政府资金匮乏,外国又欲以入股方式控制路权,盛宣怀主张铁路

① 张謇:《与王清穆等致盛宣怀函》,《张謇全集》第 2 卷,第 247 页,上海辞书出版社,2012 年。
② 李栋:《盛宣怀慈善事业研究》,扬州大学硕士论文,2010 年。

干线由国家控股,但需向外国借款,支线以民间集资为主。1898 年他代表清政府与英商怡和洋行订立《沪宁铁路草合同》,初定向英商借款修路。但在 1905、1906 年,浙江和江苏两省绅商又经奏准,先后成立商办浙路、苏路铁路公司,欲自行筹款修筑沪杭甬路。张謇任苏路公司总理、协理,满腔热情地投入自办铁路事业中。然而,在英方的勒逼之下,清廷下令重申向英商中英银公司借款筑路,绅商只能搭股。于是,汤寿潜、张謇等人掀起了浙、江两省绅民拒款保路斗争。张謇在 1907 年的日记中记载道:"八月二十五日,外部允英人强借江浙铁路资本事发见,蛰先先争,苏人继之。"①

从张謇日记可以看出,对于利国利乡、利绅利民的铁路自建,他是尽其所能、全力操办的。同时,他也寄希望于和求助于老乡盛宣怀。他在 1906 年 8 月 9 日致赵凤昌的信中,为盛宣怀将汉冶萍公司的款项贷给江苏铁路公司设计了具体办法,包括贷多少,如何贷,以及本息如何逐年偿还等。他还一厢情愿地说道:"杏翁(宣怀)打一头阵,到末数,便可接应,亦稍可周转,在杏翁可为桑榆之收,亦尽梓桑之谊,苏省借此可合大群,而外界之激刺,亦从此可减,想杏翁必以为然。"②接着,张謇又在同年 9 月 3 日致函盛宣怀,提出对铁路公司订购汉阳铁厂钢轨的有利方案,并恭维盛:"揆公关怀桑梓之心,当亦无所计较也。"③如此动之以家国之情,晓之以利害之理,真可谓是煞费苦心!

然而,盛宣怀作为清政府主管铁路建设的负责人,迫于内政外交的种种考虑,尽管对张謇等人的诉求多有应答,但还是与之有着不同的立场和识见。他还是主张依约向英方借款筑路。由此,张謇与盛宣怀顿生龃龉。1906 年 7 月 16 日沪宁铁路沪锡段举行通车典礼,张謇在当天的日记中愤愤然说道:"入坐之客多不成礼,盛杏翁犹腼颜宣颂词也。全球路价之贵无逾江苏者,即江苏人之受累逾于全球,然则是日之举独银公司受贺耳,

---

① 张謇:《柳西草堂笔记》,《张謇全集》第 8 卷,第 649 页,上海辞书出版社,2012 年。
② 张謇:《致赵凤昌函》,《张謇全集》第 2 卷,第 174 页,上海辞书出版社,2012 年。
③ 张謇:《致盛宣怀函》,《张謇全集》第 2 卷,第 175 页,上海辞书出版社,2012 年。

江苏人应受吊。"①

1908年3月,中英双方在原来的《沪宁铁路草合同》基础上,正式订立《沪杭甬铁路借款合同》,由盛宣怀所负责的邮传部出面借英款、聘英人为总工师。此举更激起了江浙两省绅民的强烈反对,掀起了蔚为壮观的保路风潮,矛头直指盛宣怀。但此时张和盛的私交似乎还不错。1908年4月,张謇夫人徐氏病逝,盛宣怀专门发函吊唁,张謇则复函称谢。1910年,当张謇在回顾总结自己创办大生纱厂经历时,还动情地说道:"属高立卿辈考求纺工利病于上海各厂,外人之厂秘密尤甚,中人之厂即不尽秘密,而亦不能逐事物而陈得失,独常州盛君杏孙遇有咨访,必具首尾见告。"他还说,盛宣怀自己也对别人说,"余于其问,不吝罄所知以答,度其将来必大有得,无为徒谩此人也"。这使张謇"固感之"。

1910年,汤寿潜电劾盛宣怀"损中益外,假公济私",致盛被革去铁路公司总理职。不久,四川等地掀起了声势更大的"保路运动"。竭力主张变铁路商办为国有的邮传部大臣盛宣怀首当其冲。此运动直接引发了改朝换代的辛亥革命,盛宣怀成了清廷替罪羊被罢处,若丧家之犬亡命日本。

此时,张謇顺应当时的普遍舆情,对盛宣怀大加鞭伐。他在1912年2月7日为反对汉冶萍与日本合办,致函孙中山、黄兴,还不忘抨击盛宣怀在铁路问题上所为:"盛宣怀为人,小有才能,不顾大局,无丝毫国家观念,即如铁路国有政策,本不为非,而彼乃以卑劣市侩之手段行之,致激起全国反对,满清由此覆亡,吾侪正宜奉为殷鉴。"②呜呼哀哉! 与张謇同为苏籍政商名流且公谊私交尚可的盛宣怀,若闻此言,当如何是好!

在后来的汉冶萍处置的问题上,张謇与盛宣怀亦十分对立。盛宣怀自1896年从张之洞手中接办困难重重的汉阳铁厂后,励精图治、千方百计,总算使铁厂有了起色。1907年11月,花费巨资建造的铁厂新炉告成

① 张謇:《柳西草堂日记》,《张謇全集》第8卷,第631页,上海辞书出版社,2012年。
② 张謇:《致孙中山黄兴函》,《张謇全集》第2卷,第316—317页,上海辞书出版社,2012年。

张謇三十讲

出钢,效益大增。为了更大规模的减本增效,盛准备将煤矿与铁厂一体化。1908年春,他向清廷上奏《汉冶萍煤铁厂矿现筹合并扩充办法析》,表明"已函商前督臣张之洞,力筹保守之策,拟将汉冶萍煤铁合成一大公司。新旧股份招足银元二千万文,一面拨还华阳债款,一面扩充炼铁……以期保全中国厂矿挽回中国权利。"①经清廷批准后,盛宣怀全力实施推进,公司经营成效非常明显。特别是公司的主产品钢轨产销两旺,既顺应了各地(包括江浙)新建铁路的旺盛需求,又使国产替代出口,与洋人争夺权益。为了筹措汉冶萍公司资金,盛宣怀把自己在轮船局和电报局的巨额股票几乎全卖掉,然后大量投资汉冶萍公司。

1912年前后,针对动荡不宁的政局和黯淡不明的经济前景,为了保全自己一生创办的最后一个大企业的资产,盛宣怀希望以公司财产担保向日本借巨款,但日本不愿单纯借款,而是主张合办。这时,新成立的孙中山临时政府财政非常困难,便通过盛宣怀与日本三井洋行株式会社洽商合办。1912年1月26日,南京临时政府、汉冶萍公司和三井物产株式会社订立了汉冶萍中日合办草约十二款。

闻此消息,作为南京临时政府实业总长的张謇又急又气。他在2月7日给孙中山和黄兴的信中说道:"铁厂容或可与他国合资,惟日人则万不可。日人处心积虑以谋我,非一日矣,然断断不能得志。""今盛宣怀因内地产业为民军所占,又乘民国初立,军需孔亟,巧出其平日老猾手段以相尝试,吾政府不加深察,一受其饵,则于国防、于外,皆为大失败。"②接着,张謇以此为由、愤而请辞。他在2月12日致电孙中山:"汉冶萍事,曾一再渎陈,未蒙采纳,在大总统自有为难,惟謇身任实业部长,事前不能参预,事后不能补救,实属占位溺职、大负委任。民国成立,岂容有溺职之人,滥于国务?谨自劾辞职,本日即归乡里。"③

后来,因张謇等各方人士的强烈反对,以及参议院严加质询,临时政

① 王旭:《盛宣怀与汉冶萍公司》,中国社会科学院研究生院论文,,2010年。
② 张謇:《致孙中山黄兴函》,《张謇全集》第2卷,第316—317页,上海辞书出版社,2012年。
③ 张謇:《辞实业部长电》,《张謇全集》第2卷,第317页,上海辞书出版社,2012年。

府不得不取消合办草约。这使孙中山深感遗憾，也使盛宣怀耿耿于怀。然而，盛对张謇表面上并无任何不满的表示，甚至还出现了盛认同和挽留张謇任汉冶萍公司总经理的戏剧性一幕。

1912年4月，在滞留日本的盛宣怀认可之下，汉冶萍公司董事会再三敦请张謇出任公司总经理，张答应"暂任数月"。数月后，他果然要辞职。盛宣怀率公司经理致函挽留："先生关怀大局，断不以事属危难，走等庸懦无能，不恤教诲也。"1913年初，盛宣怀回国任公司总理，张謇终于辞职成功。他在给友人的信中说："盛君经营有年，此次复被股东大会之公推，为尊重公司公例计，犹当责之盛君，何况鄙人亦股东之一，尤应服人多数者乎？"[1]盛宣怀则写信给梁启超说："赵竹君已辞职，季直亦不过问，多数股东欲要求鄙人出面任之，老病岂堪任重，然关乎甚巨，进退极难。"[2]

之后，张謇虽然不再参与汉冶萍公司事宜，但与盛宣怀仍多有交往。1916年盛宣怀去世，张謇作挽联："乡间通吊今方始，封殖论才世亦稀。"由此可见，张謇还是很看重他与盛宣怀的乡谊，对盛的卓越经世才能也很感佩。尽管他们之间有着一些恩怨是非，但张对盛的"盖棺定论"还是比较公允的。

综上所述，盛宣怀在与张謇近三十年的交往中，虽然政见时有不同，商路手法各异，甚至常有龃龉，但乡谊私交一直保持终生。从两人的个人相处关系来看，张謇有求于盛宣怀较多，对其抱怨责怪也较多；而盛宣怀对张謇所求不多，似乎也没有什么不满和责怪。张对盛在自己早期创业时未能伸以援手，后来又在铁路兴建和汉冶萍处置问题上盛遭国人指责，故对其负面评论较多。而盛对张从无恶评，或许是因为张本身很少有受人指摘之处，或许是因为盛的精明处世之道。另外，张总以圣贤为师，一切以国家利害律己论人，而盛则在待人处事中，倾向于兼顾平衡个人、家庭、企业、国家多方利益。例如，张謇为了实业报国，可以不计个人利害得

① 张謇：《致李维格叶景葵函》，《张謇全集》第2卷，第368—369页，上海辞书出版社，2012年。
② 盛宣怀：《致梁启超函》，三月十七日，上海图书馆藏盛宣怀档案《盛档》912871。

失，"捐其所持，舍身喂虎"，盛宣怀则既要"干大事"，又要"当大官""发大财"。这也是造成张贬盛，而盛不能或不愿贬张的原因。

二、盛宣怀与张謇创业路径选择的差异

毫无疑问，盛宣怀与张謇都是中国早期现代化的开拓者、引领者，他们都在中国近代史上多领域、多方面留下了浓墨重彩的业绩。他们是同乡，也是同道。但是，由于兴办各项事业的具体年代背景和客观条件不同，以及个人禀赋和志趣等主观因素的区别，形成了他们在具体创业路径选择上的差异，以及由此带来的具体功效及历史评价的不同。研究分析这一点，对于进一步深入了解盛宣怀和张謇以及他们所处的时代，大有裨益。他们的创业路径选择的差异，主要表现在以下几个方面：

（一）在创办实业方面

由于盛宣怀比张謇早起步二十多年，且处于洋务运动的兴盛期，故他的实业方向主要是航运、矿山、铁路、电报等直接关系到国家经济命脉的重大产业，并且具有强大的官方背景和洋务领袖李鸿章的鼎力支持。他创办的实业，要么是官办，要么是官督商办，要么是商办官助，尽管他内心深处向往市场化的"商本商办"，但无时无刻不得益于同时也受制于无所不在的官方力量。在轮船招商局和电报局由官办改为商办后，政府仍然将粮食等大宗货物特交招商局专运，并用公款为电报局培养人才。这些都为改制后的商办企业增添了额外的利益。另外，他年轻时从事典当钱庄行业的经验，使他极善于运用金融手段筹募运作资金（无论是官方的还是民间的）。同时，盛宣怀秉持"在商言商"理念，在为国家和企业谋利时也合理合法为自己赚了不少钱。

而张謇创办实业时，官办式微，民办勃发。尽管他也不得不借助官方的力量，甚至大生纱厂中还有百分之五十的"官股"，但仍是以民间商办为主，官方仅按股分红，不过问企业任何经营管理，"听商自便"。张謇从直接关系民生且进入门槛较低而又竞争激烈的棉纺业起步，意向高远，但步履维艰，全凭一己之力运作民间和官方资金勉强成事。另外，他作为一介

书生下海经商,既无企业经营管理经验,又无金融运作技巧,早期创业的艰辛困苦远非一般人想象。同时,他在企业成功获利后,除了"厚待股东",便是无休止地将企业和自己的资金投入教育、城建等各项公益事业中去。这使得他身后留给子女的财产不多,所创办的企业也后继乏力。

(二)在兴办教育方面

盛宣怀由于有着雄厚的财力来源和强大的官方背景,加之长期生活在上海、天津等大都市,并多与外国人和西方文明接触,因此他办教育的起点比较高,手笔比较大,且筹划规范、运作顺利。他一出手,便瞄准中国从来没有过的正规大学,而且向国际一流水平的美国名校接轨看齐。他制定和践行了中国最早、最规范的大学章程和规制,并在最短的时间内解决了政府审批支持、巨额资金筹措、校园选址施工、师资学科建设等常人难以解决的问题。他于1895年、1896年相继创立了北洋学堂(今天的天津大学)和南洋公学(今天的上海交大),涵盖了文、理、工、法等各个学科,多年引领和支撑中国的大学建设,对中国的高等教育事业影响深远,贡献重大。

张謇1902年开始创办学校时,主要着眼于乡村小学及为小学培养师资的师范学校。由于经费不足,他分别逐个创建学校,时办时停,还往往贴上自己和亲友的"私房钱"。他在创办通州师范时,本想让江苏省政府出资办成公立学校,但没人搭理,便只得办成私立师范,靠私人和民间筹资。办学过程中遇到经费、买地、基建、师资等各方面的问题,十分艰难。1903年,通州师范勉强开学。他从日本考察回来,借鉴日本学校的办学经验,聘请了日本的教员,学校才逐步走上了正常轨道。张謇对中国教育事业的贡献,主要表现为在一个地区建起了从小学到大学、从普通教育到特种教育的现代教育体系,为中国教育早期现代化树立了地区性样板。而且,他创办的私立师范、盲哑人学校、戏曲学校、纺织刺绣职业学校,均具有开创性和引领性。

(三)在从事慈善事业方面

盛宣怀的主要特点是:1. 善于定规立制,规范运作。他年轻时就熟悉祖辈和家庭对义庄、慈善堂等慈善组织的管理运作规矩,自己也有一定的实践经验,后来在上海等大城市又了解到西方慈善组织的规章制度和运行方式,因而他注重对慈善运作进行"顶层设计",从募捐筹款到济困扶贫,均有详细而严谨的规定。2. 他动员募捐和动用官办企业资金的能力特别强,手中积累了较多的捐助款项,且主要针对灾害和战乱展开救助(较少办养老院、婴儿堂等慈善实体),在义赈应急方面所发挥的作用很大。3. 他的慈善行为遍及全国各地,并不偏重于一地(包括家乡常州),他所建立的慈善组织在多地分设机构开展活动,因而具有广泛的影响性。4. 他具有一定的世界眼光和国际声望,因而能够与外国人联手开展慈善活动,并一道创立上海万国红十字会。后来,他还担任了中国红十字会创会会长。

张謇所从事的慈善活动,则呈现出不同的特点:1. 偏重于南通一地,对全国的影响力主要靠南通的示范作用;2. 偏重于慈善实体设立,建立各种慈善机构;3. 偏重于慈善实体的广覆盖和全面性(从育婴堂到养老院,从栖流所到改良所,从贫民工厂到盲哑学校,几乎无所不包);4. 资金较缺乏,往往边筹划、边建设、边完善,有时要靠卖字和生日寿礼所得资助养老院等机构。

(四)在推动地方建设方面

盛宣怀 20 多岁便跟着李鸿章当幕僚,为官经商经历十分丰富,其足迹遍布大半个中国。但由于他没有当过地方官,又没有成为地方上的士绅领袖,因此他主要创办铁路、矿业等全国性的实业,而惠及相关联的地方,并没有深耕某一地方,全力推动某一地方(包括家乡常州)建设。对某一地方建设影响较大的个案,是他在主管招商局时被任命为山东登莱青兵备道兼烟台东海关监督时,为了发展山东内河小火轮航运,全力疏浚山东境内大干河——小清河,从而造福两岸民众,推动地方交通和经济发展。1893 年 12 月,山东巡抚上奏朝廷:"小清河全功告成,推盛首功,传旨嘉奖。是河工程阅时三载,用镪七十余万,皆盛筹集。"

张謇则有所不同,他虽然也因经济和政治活动常年在外奔波,甚至一度在南京和北京当官,但他始终立足南通、深耕南通,全面推动南通早期现代化建设,以至于当时就使南通被誉为全国的"模范县",后人则将之称为"中国近代第一城"。张謇怀抱建立"新新世界"的理想,推动南通地方建设是全方位的,包括政治、经济、文化、社会、生态等各个方面。他虽然不是地方官,却依靠自身独特的身份和影响力,打着地方自治的旗号,以治理现代化为先导,促使南通实现了跨时代发展,使之成为地方建设的楷模和中国早期现代化的样板。

(五)在为官从政方面

盛宣怀出生于官宦世家,年轻时就成为官场翘楚李鸿章的幕僚和亲信,对官场情形和能量十分熟悉,因而对当官很精通,也很感兴趣。他深知,在他那个时代,官场政坛主宰一切,即使经商办实业,也完全取决于官方的支持。因此,他在创办实业时,要么兼任官职,要么主持官办企业,要么当"官督商办"的"督办",要么以官方为后台"商办"。他的努力方向是"当大官""干大事"(可能也含有"发大财"的意思),亦官亦商,官商结合(这或许是他常被人称为是"官僚资本家"的原因)。在特定的历史条件下,这是一种不得已而又颇有成效的选择。当然,本着强国利民的理念,他在当官理政时,也颇有若干建树。他在当全国铁路总办和邮传部尚书及电报局、海关负责人时,采取了许多争国权、利民生、促发展的政策举措。特别是他本着"欲谋富强,莫先于铁路、电报两大端"[1]的认知,抓住交通和通信这两个工业现代化的核心命脉,奏请朝廷全力以赴。他在职权范围内,直接制定了铁路和电报领域许多具有开创性、奠基性的大政方略和运行规章,功在当代,泽被后世。

在特定的时代条件下,张謇也是一个亦政亦商、亦官亦绅的人物。但是,由于他是出身寒门的读书人(状元),他的为官从政具有独特的个人特点。一是对全国性的政治活动和政治改革充满热情。例如,在中日甲午战争时,就以新科状元和翰林院编撰的身份公开发表政见,抨击李鸿章;

---

[1] 王东:《盛宣怀与晚清中国的电报事业(1880—1902)》,华东师范大学论文,2012年。

在清末时以江苏谘议局负责人身份，组织发动全国性的早开国会请愿运动，成为"立宪运动"的重要领袖。二是当做官有利于企业和国家事业时，他就当官，当做官无助于企业和国家发展时，或与当权者政见不合时，他便毅然挂冠而去（包括辞去国家农工商总长）。三是不当官也照样做事，包括从事地方建设治理和全国性的社会政治活动。另外，即使不做官，也与官府、官员保持着千丝万缕的联系，并利用官方资源干事创业。四是在农商总长等高官任内上，基于"实业之命脉无不系于政治"①的认知，在经济立法、政策扶持、机构改革等方面，采取了许多开创性举措，促进了经济发展和政务改良。

三、盛宣怀与张謇的共同点及其时代意蕴

在以往的历史叙述中，盛宣怀与张謇有着太多的差异，甚至经常以两个对立的形象出现。盛宣怀往往被看作是买办官僚资本家，而且在个人品行和政治行为方面受到诟病，而张謇则是公认的爱国主义民营企业家，且品德高尚，在政治上与时俱进。显然，人们已习惯于褒张贬盛。然而，随着对盛宣怀研究的逐步深化，对其认识渐趋客观，人们会惊诧地发现，盛宣怀与张謇竟有着许多惊人的相似，甚至可以把他们看作是同类人、同路人。而且，通过探究他们两人相似之处及其所形成的社会动因，不仅可以更正确地认识他们，还可以看出他们所生活时代的内在特质和基本走向。盛宣怀与张謇的共同点主要表现为：

第一，他们都是为了救亡图存、强国富民而走上实业报国的道路。盛宣怀与张謇都生活在国家被不断侵蚀、瓜分、内忧外患深重、危机四伏的晚清，如何拯救国家、振兴民族，是当时所有爱国的志士仁人共同追求的使命担当。《马关条约》签订后，张謇痛心疾首，盛宣怀则"病榻抚膺长叹"。与此同时，他们几乎不约而同地意识到，要救国必须强国，要强国必须富国，要富国必须兴办实业。张謇的信念就是"国非富不强"，"富非实

---

① 张謇：《实业政见宣言书》，《张謇全集》第 4 卷，第 257—260 页，上海辞书出版社，2012 年。

业不张"①，"富国强民之本实在于工"②。盛宣怀则在1896年被光绪皇帝授予专折奏事特许权后，在所上的第一个奏折《条陈自强大计折》中，就明确提出："国非兵不强，必有精兵然后可以应征调，则宜练兵，兵非饷曷练，必兴商务然后可以扩利源，则宜理财；兵与财不得其人，虽日言练，日言理，而终无可用之兵、可恃之财，则宜育才。"他从甲午战败后，中国亟须强军富国出发，提出将练兵、理才、育才有机融合的治国要策，并主张像"泰西诸邦"那样，"用举国之才智，以兴农商工艺之利，即举国之商力，以养水陆之兵，保农工之业。"张謇说他办纱厂，就是为了与列强在纺织业上竞争，以"堵塞漏卮"，"为通州民生计，亦即为中国利源计"③。盛宣怀则说他热衷于矿业，就是因为"中国财产莫大于矿"，且列强多虎视眈眈于此，"故宜大力自办煤矿，用先进技术开采"④。由于思想理念趋同，盛宣怀与张謇先后走上了实业救国、兴国、强国的道路。

第二，他们都在创办实业中，经受了常人难以承受的委屈和磨难。由于他们都是中国现代实业的先行者，或者说都是中国早期现代化的先驱者和开拓者，难免不受制、受困于旧时代的思想观念和客观境遇的种种困阻。张謇在创办大生纱厂的过程中，经历种种屈辱、困顿、煎熬，几乎事败梦碎。当他四处为办厂在民间募集资金时，有人报以白眼和讥讽，有人奚落地问"工厂是何物"；当他向官府求助时，"心口相商，笔舌俱瘁"，"告急之书字字有泪"⑤。甚至当厂房初步建成后，还有人居然纠众要烧毁厂房。张謇形容当时就如"跻危涉险之人，攀虎豹而出居虬龙，稍一错止，瞬晴皆有齑粉之势。"他在功成名就多年后，仍感慨万千地说道："困苦情形，不但他人未曾尝试，及鄙人回溯生平，亦有数之厄运也。"当然，他也就因而能做到："不顾牺牲目前之快乐，力与患难为敌，久且相安。视烈风雷雨与景

① 张謇：《劝通州商业合营储蓄兼普通商业银行说帖》，《张謇全集》第4卷，第67页，上海辞书出版社，2012年。
② 张謇：《代鄂督条陈立国自强疏》，《张謇全集》第1卷，第15—25页，上海辞书出版社，2012年。
③ 张謇：《大生纱厂厂约》，《张謇全集》第4卷，第27页，上海辞书出版社，2012年。
④ 盛宣怀：《行述》，盛宣怀《愚斋存稿》，第25页。
⑤ 张謇：《承办通州纱厂节略》，《张謇全集》第4卷，第27页，上海辞书出版社，2012年。

星卿云等量齐观矣。"

无独有偶。盛宣怀在创办实业的过程中,也有着张謇那样忍辱负重、千磨百折的苦难经历。由于煤铁矿业关系国计民生和维护国家权益,1877年,盛宣怀在创办招商局有所成就后,便在李鸿章的支持和鼓励下去湖北想尽千方百计、吃尽千辛万苦找矿、办矿。他先在广济采煤,后在大冶炼铁,但由于所需资金巨大,科技水平和人才又跟不上,在大量投入后,宏伟的煤铁同时开采计划只得中途搁浅。此事引起了地方士绅的非议和官府的不满。湖北督办李瀚章在收到民间的告状后,致信李鸿章说:荆门矿务局"上损国税,下碍民生,而于洋煤无毫末之损,于公亏无涓滴之益"。李鸿章面对湖北矿业的困境,又无计可施,只得严厉训斥盛宣怀"实属办理荒谬",并下令撤销了荆门矿务局。盛只得抱憾而归,蒙羞而退。他在致友人的信中说:"五年艰苦,履濒于危,十万巨亏,专责莫诿。地利亿万年暂置之犹可望梅止渴,竟舍之则泼水难收。天理人心,昭昭如揭。原拟俟东海得手,分资派员,先办荆矿,俟煤可供用,而冶炉反掌可成矣。"

祸不单行。几乎与此同时,湖南著名学者王先谦带头弹劾盛宣怀在招商局购买美国旗昌轮船公司一案中"扣帑入己""侵渔中金"。后虽经招商局负责人唐廷枢为之辩白:"领款付款,盛道皆未经手,其因公而未因私,不言可知。"但是,盛宣怀还是因弹劾风,于1882年黯然离开招商局。更为可悲的是,清廷1884年责令盛宣怀全额赔偿湖北开矿亏损,几乎全部赔进了他和父亲在江苏开设典当钱庄的多年盈利。后来,盛宣怀通过创办电报业东山再起,大获成功,但又多次受到官场参劾。他深有感悟说道:"创行之始,人皆视为畏途,即身其事,成败利钝亦绝无把握,若非不辞劳怨,不避疑谤,惨淡经营,焉有今日!"这与张謇"舍身喂虎"办实业的经历和体验,何其相似!

第三,他们都是中国现代教育事业的首创者。盛宣怀和张謇在探索中国早期现代化道路过程中,都认识到,兴办教育、培养人才,对于国家的繁荣昌盛至关重要,因而都在创办实业稍有成就后,便不遗余力地兴办现代教育。

张謇秉持"父教育、母实业"的基本理念，主张以实业为支撑兴办教育，以教育反哺实业和各项现代化事业。他创办了中国第一所私立师范学校、第一所聋哑人学校，以及中国最早的戏剧学校、刺绣、纺织学校等。他参与创办了复旦大学、南京大学、东南大学、河海大学、海事大学等一批中国早期的大学。他在南通创办了从小学到大学各类学校共 370 多所，在一个地区率先形成了完整的现代教育体系。著名的美国教育家、哲学家杜威由衷赞叹道："南通者，教育之源泉，吾犹望其成为世界教育之中心也。"

盛宣怀与张謇一样，充分认识到"自强首在储才，储才必先兴学"。他早在 1895 年就通过直隶总督玟韶，向光绪皇帝奏请设立新式大学堂，并同时呈上《创建北洋大学堂章程》。随后，光绪御笔亲准成立天津北洋西学学堂(1896 年改称北洋大学堂)，盛宣怀任首任督办。这是清政府批准建立的第一所国立新式大学，也是中国第一所正规化的现代大学。盛宣怀所拟定的《拟设天津中西学堂章程禀》，是我国高等教育的第一个规范性章程和第一个规划性文件，是我国建立高等教育制度的第一个范本。北洋大学堂在课程设置、教学方法和用书等方面，均以美国著名大学为蓝本，其培养的学生也基本达到美国著名大学水准，毕业生进入美国大学研究院深造全部免试。

刚创办北洋大学堂不久，1896 年盛宣怀又在上海创办了南洋公学(上海交大前身)。北洋大学堂以培养工科、法科人才为主，南洋公学则以培养文、理科为主，兼及政法、财经，两校各有侧重，优势互补，基本奠定了中国高等教育学科基础。盛宣怀与张謇一样，特别重视师范和小学在教育体系中的基础性作用。他认为，"师范、小学，尤为学堂先务中之先务"，因而于 1897 年 3 月，在先期的南洋公学中，"考选成材之士四十名，先设师范学院"，并"复仿日本师范学校有附属小学之法。另选年十岁内外至十七八岁止聪颖幼童一百二十名，设一外院学堂"。作为中国近代第一所正规的国立师范学校办学模式，使张謇于 1903 年创办的中国第一所私立通州师范得以借鉴模仿。南洋公学是我国最早兼有师范、小学、中学、大学的较为完整教育体制的学校,它的首创性、奠基性的作用十分明显。中国早期现代化先驱人物郑观应赞誉道:"此乃东半球未有之事,其非常不朽之功业也。"

第四,他们都是中国传统慈善向现代转型的奠基人。盛宣怀和张謇不仅深受中国传统文化影响,乐善好施,热衷慈善,而且都是中国近代最早吸纳西方慈善理念和方式,促成中国现代慈善事业建立的先行者、成功者。

张謇为了推进现代化的"新新世界"建设,主张慈善也应由传统走向现代。张謇1903年出访日本时,认真考察了若干具有现代色彩的慈善机构,回国后便创办了中国第一所盲哑学校。接着,他以上海徐家汇天主教会主办的育婴堂为蓝本,移植其一整套制度和方法,重建和改造南通育婴堂。"力去普通育婴堂腐败之陋习,参用徐家汇教之良法,开办一载,活婴千余,成效昭然。"他早期所从事的慈善是传统型的,慈善救助偏重物质上的帮济与扶助,突出以"养"为主。晚期,他借鉴西方经验,顺应时代潮流,力推跨越转型,实施物质和精神、救济和扶助并重,践行"养"与"教"相结合,"教养并重"。例如,他办贫民工场和济良所,一面对贫弱残缺和误入歧途人群提供基本的生活条件,一面对其进行知识传授和技能培训,着力培养他们成为心灵健康、人格健全的正常人。他还在传统的育婴堂设立幼稚园,使"育婴"与"幼教"相结合。他所创办的栖流所收养的流浪人员,也要"日作粗工",并"习有小艺",养成独立走向社会的生存能力。

盛宣怀在1892年就创立了"龙溪盛氏义庄",着重对族人"赈贫""优老""恤茕""助婚""劝学"。后来,又创设"家善堂",对苏州普通苦难民众实行"拯难、救急、解衣、推食、恤嫠、悯孤、施医、送药、惜字、放生"。1897年盛将久已成立并在全国多地运行的广仁堂,主干迁往大上海,不仅收养孤寡幼童,还设立戒烟所,帮助吸食鸦片的烟民戒烟,办义诊所,为穷人免费治病。他在去世前,立下遗嘱,建立愚斋义庄慈善基金董事会,以家庭财产的十分之四用于赈灾济贫等慈善事业。这是中国近代最早模仿欧美创立的现代家庭慈善基金会。

1904年，中、英、法、德、美五国代表集会上海，发起成立上海万国红十字会。这是中国第一个完全与国际接轨的大型慈善组织。作为中方代表之一的盛宣怀，拟定了《上海万国红十字会暂行简明章程》八条，建立分会20多家，募集大量筹款。1907年，万国红十字会完成历史使命，中国会员开会决定成立独立的中国红十字会，公推盛宣怀为首任会长。在不太长的任期内，盛大力推进了中国红十字会总医院和中国红十字会医学堂的建设。辛亥革命被革职后，盛仍关心支持红十字会工作。1913年，盛个人出资租用外轮，解救南京难民3000余人。1914年，他再次向红十字会捐银一万两，用于安徽难民救助。1916年，盛去世，沈敦和副会长在追悼会上，称赞他是"大实业家而兼大慈善家"。

第五，他们都热衷于家乡的文化事业。盛宣怀与张謇都很热爱家乡，并都希望家乡的文化建设继往开来，独领风骚。张謇于1905年创建了中国第一个民办博物馆——南通博物苑；1912年开办了中国最早对市民开放的私人图书馆；1913年创办了《通海新报》等四种地方性报刊，并创建了翰墨林书局；1919年创办全国第一所具有现代色彩的戏曲学校——伶工学社，并建成现代化大剧院——更俗剧院；1922年还创办中国影戏制造有限公司，所拍摄的《四杰村》等影片，被送往美国纽约放映。

盛宣怀为了使家乡常州的文化薪火相传，"卒前辈之精神，为后人之模范"，于1895年就开始出巨资主编地方大型文献丛书《常州先哲遗书》，将历史上颇有建树的常州先哲大师们的著作汇编成集，以传承常州文脉，引领家乡后人。该书从选材到校勘，从抄校到刻字全由名家执掌，内容丰富，刊刻精雅，被看作是近代郡邑丛书之冠。该书的刊印，使常州诸多珍贵文献得以流传于世，使后人真切了解古人的思想、文学、艺术和科技成果。该书在清末面世后，引起学术界、出版界很大反响，被喻为中国出版界的"师资"和中国版本目录学"里程碑式的作品"。该书似乎也成了图书善本和精品的代名词。

除了出生地常州，盛宣怀对于长期生活的苏州的文化事业也十分热心。他对苏州众多的藏书家和藏书楼十分关注，自己也多方设法收购了大量藏书。1910年,盛宣怀将藏书集中起来,在上海创建了中国首家私人公共图书馆(后因种种原因,在他去世前未能向公众开放)。

综上所述,盛宣怀与张謇诸多共同点的本质在于:他们都具有炽热的爱国情怀和执着的强国梦想,这是他们百折不挠、负重前行的根本动因;他们都是从旧营垒中脱颖而出的时代引领者,这是他们超前性、领先性的基本条件;他们都是具有世界眼光和现代文明意识的先知先觉和先行先试者,他们主张全方位学习西方,但并不坚持"全盘西化",而是强调立足中国的国情和对外国取长补短,这是他们在早期现代化探索中得以成功的重要原因;他们在早期现代化的推进中,不仅坚持领先性,而且注重全面性,将自己的事业和视野不局限于某一个领域,而是注意到现代化各个方面的相互关联性和共促性,全面着手和推动各个领域的现代化建设。从中还可以看出一个共同之处:是时代需要他们,时代选择他们,从而使他们在一定程度上顺应了时代,引领了时代,推进了时代。

关于盛宣怀和张謇等时代先驱所从事的那个时代的现代化,有学者明确指出,以追求工业化、市场化、民主化和民族独立化为主轴的中国早期现代化,在徐徐展开过程中,呈现出三大基本特征:一是以自强救国为主要动力。奋力发展社会经济和科学技术,以抵抗西方列强的侵略和欺负,是志士仁人力推早期现代化的重要动因。自第一次鸦片战争后,中国就先后出现过"师夷长技以制夷""自强""求富""实业报国""收回利权""提倡国货"等一系列动作,有意无意构成了中国式早期现代化的民族特征。二是以官商共进为工业化的主要力量。作为现代化核心的工业化,在西方国家主要是自然演进的,而在中国近代,最早则主要靠官方启动和推进。早先的工业,特别是军工业及相关产业,主要是官办,后来在洋务运动中逐步演变为官商结合、官督商办,在这方面的代表性企业就是盛宣怀创办的轮船招商局。清末民初,则形成官商分途、以商为主、商依官助的局面,代表性企业就是张謇创办的大生集团。这也表现为原先的商为官用向着官为商用转变。这时出现了一批类似于汉冶萍公司、江南造船厂等由官商合办转制为完全商办的企业。三是以为民谋利为最高目标。

洋务运动的倡导者充分意识到富民生与固国本的关系,在推进工业化的过程中,既追求"强国",又追求"富民",力促改善民生。后来的张謇等民营企业家,更是本着"大德曰生"的理念,以为民谋利造福为兴办企业的主要追求。

以上所说的三个基本特征,涉及中国早期现代化的主要动力、主体力量、最高目标,具有较多的中国元素和时代特色。在动力系统方面,具有外来被动性刺激因素,更有内在主动性的自救、自强内生因素;在力量结构方面,并非表现为国家或民间的单一性,而是呈现出国家、地方、商人、民众等各方共同发力的多元性;在最高目标方面,不单单表现为以"利"为先的资本性,更有"义"在"利"前的社会性和人民性。种种积极因素,促使中国早期现代化在种种艰难困苦中,取得了不俗的成绩。但是,由于政府治国理政有误,社会力量发动不足,朝野内在积极性发挥不够,加之列强侵扰,具有中国特色的早期现代化并未能达到理想的彼岸。盛宣怀与张謇的创业经历,便是那个时代的缩影。他们的成功,是时代的成功,他们的失败,是时代的失败。

由此可见,盛宣怀与张謇的所作所为,深深打上了时代的烙印。时代为他们提供了奋发图强、砥砺前行的动因和条件,同时他们也囿于时代条件的制约而不能走得更远更好。他们的成败得失,很值得后人总结反思。当下,我们所全力推进的中国式现代化,面临着前所未有的良好条件:外无强敌入侵、内无动乱纷扰,近现代形成的物质基础较为厚实,国内外现代化的知识经验积累十分丰富。只要我们主观认知正确、主观能动性充分发挥,我们就能创造前无古人的现代化光辉业绩。江苏,作为盛宣怀、张謇等一大批有所作为的乡贤生于斯、长于斯的风水宝地,我们一定要秉承先贤精神,"做示范、走在前",再创时代伟业。

张謇三十讲

第二十五讲：
简论张謇的道德与法治思想

（2024 年 4 月 29 日下午，"张謇法律思想的时代意义与价值"学术研讨会在上海政法学院召开。笔者应邀在研讨会上作"张謇的道德与法治思想"主旨演讲，此文亦登载于《江苏法制报》2024 年 4 月 19 日刊）

德治与法治之间的关系，以及两者在国家治理中的作用，是古今中外所有的治国理政者都必须认真面对的关键问题。而且，对这个问题的认识程度，基本决定了一个政治人物的认知和从政水平。作为一位一心想把中国建设成为世界一流现代化强国的杰出爱国主义者，张謇关于德治与法治问题的思考和认识，独特而又深刻，显然要大大高于他同时代一般人的水平。即使在今天看来，张謇在这方面的思想论述依然有着极为珍贵的借鉴参考价值。

一、道德可立国

英国著名历史学家吉本认为，道德对一个国家的兴衰存亡至关重要，正是道德溃败才导致罗马帝国由盛转衰。古罗马早期得以兴盛，是因为"荣誉，还有美德，是共和国的宗旨"[1]，而晚期的衰败就是由于"堕落的继承人之间互相竞争的，是谁更沉溺于无聊的奢靡"[2]。

无独有偶，在以救国、强国为己任的爱国主义者张謇看来，一个国家能否站立起来、强盛起来，关键在于道德水平的高低。所以，他在追求中

---

① 胡建阳：《公民道德与罗马共和国的兴衰》，辽宁师范大学论文，2023 年。
② 杨俊明：《道德沦丧与罗马帝国的衰亡》，《史学理论研究》，2013 年第 4 期。

国强盛的道路上,特别注重和强调道德的作用。他在1916年为刚就任大总统的黎元洪谏言献策时,鲜明指出:"一国之立,必有其本。本何在?在道德"①。他认为,中国之所以贫穷落后,就是因为"道德之落,礼教之坏,甚矣"②!因此,振兴中国的根本之举在于完善道德。

同时,也是在1916年,张謇对时任国家总理的段祺瑞进言道:"人可以穷,可以死,不可无良;国可以弱,可以小,不可无信。无良,不人;无信,不国。"③在他看来,人没有良心,就不成为其人,国无信誉,就不成为其国。"无人伦道德之国,末有不覆者。"令他痛心疾首的是,"今国人道德之堕落破坏极矣。蔑礼教,弃信义,习为欺诈,变幻百出,宁有人理可说?"④面对"不人""不国"的状况,他深刻意识到,只有弃旧图新,幡然奋起,完善道德,使民"良"、国"信",最终才能使中国迈进世界文明国家之列。他深有感慨地说道:"往者已矣,作而新之,自今日始。"

既然道德是立国之本,那么,如何提升一个国家的道德水准呢?鉴于道德是人与人关系、人与社会关系的伦理准则,诚信则是这些关系和谐有序的基本点,衡量一个人、一个国家的道德水平的基本准则实际上就是诚信。因此,张謇认为诚信是道德的核心要求,有了诚信,为人就有了安身立命之本,经商就可以经久不衰,治国就可以卓有成效。张謇在《记论舜为实业政治家》中指出,舜是中国最早的实业家和政治家,他讲公德,重公道,倡诚信,才使民众归附拥戴。忠实的品格是舜的"发达之本"。正因如此,张謇始终把诚信看作是道德的第一要义,在经商办厂和干事创业中不遗余力予以倡导和推行。

美国诺贝尔经济学奖得主布坎南认为:"市场经济的道德基础是信用。"⑤信用的基础是诚实。比布坎南早几十年,张謇就有类似的认识。他

---

① 张謇:《致黎元洪函》,《张謇全集》第2卷,第594—595页,上海辞书出版社,2012年。
② 张謇:《致黎元洪函》,《张謇全集》第2卷,第594—595页,上海辞书出版社,2012年。
③ 张謇:《复段祺瑞函》,《张謇全集》第2卷,第596—597页,上海辞书出版社,2012年。
④ 张謇:《复段祺瑞函》,《张謇全集》第2卷,第596—597页,上海辞书出版社,2012年。
⑤ 闫焱,彭玫:《布坎南公共选择理论与我国政府决策行为》,第75—77页,《社会科学论坛(学术研究卷)》,2007年第2期。

在 1920 年为上海织布交易所题写一副对联："抱布贸丝，交易而退，各得其所；成贾征偿，将信为本，循之以行。"①就提倡在市场上以物易物，互通有无，互利共益，要以诚信为本，遵守市场规则和商业道德。

"将信为本"，是张謇做人和经商的根本遵循。因而，他在自己所创办的各类企业和学校中极力倡导诚信笃敬的文化。他为各个学校亲自拟定的校训，大多秉持诚信理念。例如，通州师范学校为"艰苦自立，忠实不欺"，第一实验小学为"忠信"，第二实验小学为"笃敬"，纺织专门学校为"忠实不欺，力求精进"，商业学校为"忠信持之以诚，勤俭行之以恕"。

1911 年 9 月 18 日，张謇作为一个成功的企业家和著名的教育家，在南通商业初等学校演讲。有意思的是，他在演讲中不谈如何经商，不谈如何办学，却大谈如何践行商业道德。他明确告诫商校学生，商业道德比商业技能更为重要。他诚恳地说道："商业无道德，则社会不能信用，虽有知识、技能，无所用之。故知识、技能与道德相辅，必技能、知识、道德三者全，而后商人之资格具。"②他认为，不管是经商还是从事其他职业，首先要做一个道德高尚的人，要"自审将来在世界上作一何等人物"？因此，"诸生在学校中须养成道德之习惯，毋谎言，毋占便宜，毋徒取虚名，著著从实上做起"③。

那么，如何才能使全体国民和整个国家都能讲诚信、重道德呢？张謇认为，政府应负起教育和引导的责任。早在 1914 年，他在致密友赵凤昌的信函中就尖锐指出："人莫哀于心死，国莫哀于民亡。今有亡理二：一道德堕落，一生计困穷。穷在无实业，堕落在无教育，其责在政府。"④也就是说，国家民族的衰败，一在于精神层面的道德堕落，二在于物质层面的贫困，因而要靠教育和实业来振兴国家和民族，而这一切都应由政府负起责任来。当然，张謇同时认为，完善道德是一个长期教化的过程，政府应因势利导，潜移默化，不可盲目急躁。"国有常性，民有常情，斟酌而导以渐

---

① 张謇：《题织布交易所新筑》，《张謇全集》第 7 卷，第 458 页，上海辞书出版社，2012 年。
② 张謇：《商业初等学校演说辞》，《张謇全集》第 4 卷，第 193—196 页，上海辞书出版社，2012 年。
③ 张謇：《商业初等学校演说辞》，《张謇全集》第 4 卷，第 193—196 页，上海辞书出版社，2012 年。
④ 张謇：《致赵凤昌函》，《张謇全集》第 2 卷，第 492 页，上海辞书出版社，2012 年。

可也,拂戾而�‐以骤不可也。"①

张謇不仅把诚信看作是道德的基本要求,而且主张国家要以信用制度和法律规范来保障诚信的落实。他认为,对于政府来说,关键是要通过立法、执法,保护守信者,惩戒失信者,推动全社会的信用制度建设。他在《致商会联合会函》中明确指出,政府对经济发展能有所作为的是,通过健全法制,树立公民道德,培养社会信用,"而后可与外人共同营业,而后可与世界之商立于同等之地位。"②否则,中国工商业的振兴和整个国家的繁荣富强则无从谈起。他特别强调,政府不讲信用,不但失信于人民,而且会让外人有朝令夕改的感觉。

张謇之所以认为道德建设的责任在政府,就是因为政府对道德教育的强化和社会风尚的引导,具有关键的主导作用以及政府官员在道德风范方面具有无可替代的示范作用。更为重要的是,政府可以通过法律和行政的手段,褒奖有道德者,惩处无道德者,从而使整个社会趋向于讲道德重文明。这里由道德引申到法治在推动完善道德和国家进步繁荣中所起到的重要作用。

二、法治可强国

一生苦苦追求现代化强国梦想的张謇,以政治家的独到眼光深刻认识到,健全法制、实行法治,是实现强国梦想的根本途径,也是现代文明国家的基本标志。因此,他希望通过变革政治,包括实行立宪,来实现法治。从本质上说,张謇的治国理想就是实行法治新政。他认为,将传统的"人治"变为现代的"法治",可以使原来的土地和人民(包括官员)发挥出无比的能量,从而使国家走向繁荣富强。用他的话说就是"以之治地,地必逞能;以之治人,人必就范;而治地治人之人亦常受治于法律。"③

① 张謇:《复段祺瑞函》,《张謇全集》第 2 卷,第 596—597 页,上海辞书出版社,2012 年。
② 张謇:《致商会联合会函》,《张謇全集》第 2 卷,第 437—439 页,上海辞书出版社,2012 年。
③ 张謇:《通海垦牧公司第七届说略》,《张謇全集》第 5 卷,第 484—497 页,上海辞书出版社,2012 年。

在张謇看来,用法治的理念和方法依法治理国家和地方,就可以使土地富庶、人民安康、官员清廉。也就是说,依照法律规范社会行为,调节社会关系,维护社会秩序,就可以使被治者和治人者都遵守法律,各尽其力,各得其所,从而通过以法治为核心的治理现代化,推进各个方面的现代化。实际上,这就意味着法治可以强国。

那么,如何才能实现法治呢? 通过分析比较国内外的实际情况,张謇认识到,实行法治的基本前提是构建以宪法为核心的宪政格局,因为这是从根本上规范统治者行使职权,也就是依法治国的制度保障。他觉察到晚清政府推行的所谓"新政",只是在政治和法律方面进行小修小补,并不能从根本上变革政治、形成法治,即"政体不变,则虽枝枝节节而为之,终属补苴之一端,无当安危之大计"。① 为此,张謇奋不顾身地投入到了力图从根本上建立法治社会的"立宪运动"中去。

立宪的实质是用宪法和法律限制政府专横的权力,保障公民的基本权益,是法治的基础和核心,既有利于国家治理,又符合包括张謇等人所代表的新兴资产阶级及相关阶层的基本利益。所以,张謇对于立宪运动几乎不遗余力,情有独钟。他在 1903 年考察日本后,便将日本的宪政资料呈报朝廷,并建议"仿照日本明治变法立誓,先行颁布天下,定为大清宪法帝国"。② 随后,他又组织领导了三次轰轰烈烈的全国性"早开国会"运动,迫使清王朝宣布将原定于 1916 年召开的国会提前到 1913 年召开,并提前组成责任内阁。后来,立宪运动虽然被剧烈的暴力革命所取代,张謇的立宪事业功败垂成,但他在深感遗憾的同时,依然颇为自豪。他在晚年为《自编年谱》作序时说:"一生之忧患、学问、出处,亦常记其大者,而莫大于立宪之成毁。"③

作为一心想使中国成为现代化经济强国的爱国实业家,张謇素来认

---

① 张謇:《与汤寿潜赵凤昌改定立宪奏稿》,《张謇全集》第 1 卷,第 118—120 页,上海辞书出版社,2012 年。
② 张謇:《柳西草堂日记》,《张謇全集》第 8 卷,第 536—567 页,上海辞书出版社,2012 年。
③ 张謇:《啬翁自订年谱》,《张謇全集》第 8 卷,第 987 页,上海辞书出版社,2012 年。

为"国非富不强"，"富非实业不张"，而"实业之命脉无不系于政治"①。政治对经济发展能否起促进作用，关键取决于能否形成良好的法治状态。对于从事经济活动的企业家而言，"法律者，轨道也。入轨道则平坦正直，毕生无倾跌之虞；不入轨道，随意奔逸，则倾跌立至"。因此，张謇特别强调，兴办实业、发展经济，首先应"乞灵于法律"。他在任农商总长主抓全国经济时，明确表示"农林工商部第一计划即在立法"。②

张謇认为，法律是经济安全稳定可持续发展的根本保障，是治国之本，兴国之要。中国之所以经济不发达，就是因为缺乏法治条件。比如，政府只顾征税，而"无护商之法"，"国家日日言保护工商，而商民终不肯信，一切营业不敢放手进行"。由于缺乏法律保障，企业不仅得不到合法保护，而且也缺乏规范和引导。企业在"将败之际，无法以纠正之；既败之后，又无以制裁之"。"无《公司法》，则无以集厚资，而巨业为之不举；无《破产法》，则无以维信用，而私权于以重危。"③为此，张謇在农商总长不到两年的任期内，一口气主持制定了30多部以商法为主的法律法规（占民国早期立法的百分之七十以上）。其中涉及工矿业、商业、银行金融、农林牧副渔等各个经济领域，关联到公司设立、商务运行、税收征管、国币规范、矿业开发、商会组织等各个方面。这既为促进民族经济顺利发展提供了法律保障，也为中国市场经济走向法治化打下了良好基础。

与此同时，张謇认为，推行地方自治，是使各个地方兴旺发达，从而使整个国家繁荣昌盛的重要途径。而地方自治也应遵循法治的原则，依法进行。他甚至认为，"地方自治为立宪之根本"。在他看来，只有依法推行地方自治，才能既体现立宪的精神，又为整个国家的立宪打下坚实的地方基础。因此，他首先依据政府授予地方自治的法律法规，包括清政府颁发的《城镇地方自治章程》等，全面推进南通的地方自治。

1912年初，按照新成立的民国政府的法律要求，南通正式成立了县议

① 张謇：《实业政见宣言书》，《张謇全集》第4卷，第257—260页，上海辞书出版社，2012年。
② 张謇：《实业政见宣言书》，《张謇全集》第4卷，第257—260页，上海辞书出版社，2012年。
③ 张謇：《实业政见宣言书》，《张謇全集》第4卷，第257—260页，上海辞书出版社，2012年。

张謇三十讲

会。在议会第一届常会上，由议员拟定了县议会议事规则及旁听规则，规定人民可以直接提出请愿案件，并可旁听议决过程；议会也可否决县知事的交议案。为了依法发挥社会组织在地方自治中的独特作用，张謇还建立了商会、农会、教育会、慈善会、南通保坍会等各种社会团体，调动民间各种积极性，发动社会各方共同参与地方治理和城市建设。

针对中国社会缺乏法治传统、民众法治观念薄弱的实际情况，为了构建和巩固法治社会，张謇还特别注重提升全民的法治文明素养。他致力于法治教育，积极开办法政学校，培养法律人才，传播法治思想。他明确指出：受过良好教育的学生可以有效地治理地方，地方发达了，自身才会一起发展。于是，地方的风俗也会越变越好，从愚昧向文明转变。

张謇以法治化的地方治理，促进了南通各个方面的现代化建设，使南通成了响当当的"模范县""中国近代第一城"。显而易见，如同法治可以强国，南通能够在中国早期现代化中走在前列，实现跨越式转型，关键在于以法治精神推进地方治理和建设。

三、道德与法治的关系

从以上张謇的观点和行为可以看出，道德与法治在国家及地方的发展强盛中，发挥着极为重要的作用。但细究起来，道德与法治对国家的功效既相辅相成，又各有不同。可以说，道德和法治是一个国家的两个基本支撑点，缺一不可。但对于治国理政来说，道德是从精神层面起作用，法治是从实际治理层面起作用。就如张謇所言："养成共和国民，惟以重公德、爱秩序的唯一之方法。若妨公德而害秩序，则谓之破坏共和。"所谓"重公德"，就是讲道德；所谓"爱秩序"，就是讲法治。只有两者都做到了，才能真正成为"共和国"及其国民。

道德从根本上决定民族精神面貌和国家文明程度，因此张謇将之称为"立国之本"。从这个本源出发，国家的政治、法律、经济、文化等，就有了立足的根基。道德水准高，国家就站得住，行得远。法治是用法律或法制来规范制约国家政治、经济等各种社会活动，以及人与人、人与组织、人与国家的各种社会关系,规范制约得好,人、财、物等资源就可以得到充分而合理的利用,国家就发达强盛。在张謇看来,这是强国、治国的必由之路。

张謇之所以将道德看作是立国之本,还因为他洞察到了政治与法律、法律与道德之间的辩证关系。他认为,"法治者,将以明是非也"。"于是非生好恶则公;以好恶生是非则私"①。也就是说,法治是衡量、规范"是非"的准绳,从正确的是非观中得出的善恶道德评价,就是公允的,也是符合法治精神的;反之,从个人的好恶论是非,就是从一己之私出发,既有碍于公德,也不符合法治。也就是说,将正确的道德观融入法律,法律才是合理管用的,才会实现真正的法治。张謇特别强调,对于从政者来说,"权术不可以为用,专欲必至于亡身"。在他看来,以不讲道德的心有杂念去从政,必然会政败人亡。中国若要强盛,必须政治清明;而政治能否清明,关键在于法律优良;而法律能否优良,根子则在于道德健康。因此,他鲜明地指出:"政治之良否,根于法律。法律之良否,则在道德。"②也正因如此,他才大声疾呼:"道德维持,吾党之责也。"因而他不遗余力地推进道德建设,并以身作则争做道德模范。

张謇高度肯定道德在国家治理中的作用,明确指出:"向治必先自重"。但同时他也认识到,道德尽管对国家治理起着更深邃、更本源的作用,从某种意义上说法治水平也是由它决定的,但道德并不能直接成为国家治理的手段。只有将道德转化为法律,才能形成对民众和政府的"硬约束"。因此,只有法治才是国家治理的直接手段。正如张謇所说:"沈沈长夜几二千年焉,宁无圣哲? 国体范之!"③也就是说,中国封建社会漫漫两千多年,一直没有突变,不是没有能行善政的圣贤,而是因为政治制度限制了它。说到底,是没有形成真正的法治国家。

当直接用于治理的法治或政治制度问题解决后,国家治理就会出现

---

① 张謇:《致黎元洪函》,《张謇全集》第 2 卷,第 594—595 页,上海辞书出版社,2012 年。
② 张謇:《致岑春煊函》,《张謇全集》第 4 卷,第 595—596 页,上海辞书出版社,2012 年。
③ 张謇:《致黎元洪函》,《张謇全集》第 2 卷,第 594—595 页,上海辞书出版社,2012 年。

迥然不同的情况。张謇在 1909 年 12 月召开的江苏谘议局首届议会闭幕式上,曾兴奋地说:"举数千年未有之创局,竟能和平、正大,卓然成一届议会。史官长与人民毫无龃龉痕迹,上下交尽,谁谓吾国之人程度不及?"①他的意思是说,政局能够改善,是因为政治制度有了变革,不能再说中国的民众道德或民主水平低了。他还进一步论述道,江苏各地历来风土人情和地方治理状况不同,但"大江南北絜长较短,利弊显然,进步自速","独能以情义相结合",就是因为"吾省有谘议局之特长"。谘议局所提议案"或为本省谋永远之利益,或为人民除非常之弊害,要皆不谬于应兴应革之旨"。也就是说,江苏各地情况迥异,但有了以议会政治为代表的法治环境,就可以政通人和,发展顺利。这虽然对当时的情况评价过于乐观,但毕竟说明了法治和政治变革的功效。

由是观之,以往曾出现过到底是以德治国还是以法治国的争论,实际上是没有弄明白道德与法治的各自功效。若从国家的整体建设发展来说,道德和法治都是必不可少的。但是,若从狭义的国家实际治理来说,道德尽管可以从根本上(精神文化上)立国,然而,是不能具体治国的。真正能治国、强国的,只能是法治。以道德立国,不等同于以道德治国。若全然以道德治国,或者以道德代替法治,就会出现历史学家黄仁宇在《万历十五年》中所描绘的大明王朝国将不国的状况,也就是张謇所感叹的中国始终不能进入"世界文明村落"的状况。道德可以"立国",但只有法治才可强国、治国,这就是张謇关于道德与法治思想,对后人最珍贵的启迪。

第二十五讲:简论张謇的道德与法治思想

---

① 张謇:《江苏谘议局首届议会闭会演说》,《张謇全集》第 4 卷,第 159—160 页,上海辞书出版社,2012 年。

第二十六讲：

生态文明与工业文明相辅相成

——张謇生态环境保护的思想和实践

（2024 年 9 月 15 日下午，江苏省张謇研究会年度学术沙龙在江苏今世缘酒业南京分公司会议室举办，笔者作题为《张謇生态环境保护的思想和实践》的主旨演讲，2024 年 5 月 27 日《中国环境报》刊发此文）

纵观人类社会历史，人类文明的演进历程大致可以划分为前工业文明、工业文明以及生态文明三个阶段。前工业文明阶段，又可称为农业文明，包括原始文明和农耕文明，这个时期人类生产活动对自然界的依赖较强，对自然界的损害较弱，人与自然关系处于低水平生产力上的和谐。十八世纪英国工业革命开启了人类社会新纪元，农业文明开始走向工业文明，迎来以化石能源驱动的机械化、自动化生产时代，摆脱了生物质能源为动力的低水平生产力循环，实现能级跃迁，彻底地改变了人类的生产、生活方式。与此同时，自然界正常有机循环受到干扰，生态平衡遭受剧烈冲击，甚至引致全球生态危机。于是，生态文明应运而生。生态文明要求人类生产生活方式发生全面绿色变革，生态劳动成为劳动的普遍形式，人类必须在尊重自然、顺应自然、保护自然基础上实现经济的可持续发展。如果说农业文明是"黄色文明"，工业文明是"黑色文明"，那生态文明就是"绿色文明"。2020 年 9 月 30 日，习近平主席在联合国生物多样性峰会上强调："我们要以自然之道，养万物之生，从保护自然中寻找发展机遇，实现生态环境保护和经济高质量发展双赢。"①这既指出了生态文明的发展

---

① 《习近平在联合国生物多样性峰会上的讲话》，新华社，2020 年 9 月 30 日。

方向，又彰显出"天人合一""人与自然和谐共生"的中华智慧与兼济天下的中国担当。

张謇生活的时代，是中国社会由传统的农业文明向现代的工业文明转型过渡的时代，同时也是工业文明与生态环境开始发生冲突的时代。作为中国早期工业现代化的开拓者，张謇必然要遭遇和应对工业发展与环境保护协调并进的问题，也就是工业文明与生态文明相关联的问题。难能可贵的是，一百多年前的先贤，无论是在思想上，还是在实践上，都始终坚持生态文明与工业文明并行不悖，相辅相成。百年前，没有"环境保护""生态文明""循环经济"这些如今耳熟能详的概念和词汇，但张謇追寻工业文明、救国图强的实践中，把"尊重自然、顺应自然、保护自然"置于重要地位，正确处理了生产发展和生态保护的关系，坚持有序建设、平衡发展，缔造了中国近代"和谐共生"生态城市雏形——南通，探索了一条"生态文明"特色凸显的发展道路。

一、一个出发点——为了人类更好的生存发展

张謇是一位具有博大胸怀和深邃思想的人本主义者。他从他高尚的人生观、世界观、价值观出发看待社会和世界，追求人生价值和功名业绩。在他看来，人与自然融为一体，是自然的独特存在，自然为人的存在创造必备条件。最终，人与自然和谐发展，共同进化。因此，人的生命价值，就在于能否为人类生存发展（也就是整个世界生存发展）做出应有贡献。对此，张謇有两段至理名言，值得我们认真汲取和细细体会。

一段是："我们儒家有一句扼要而不可动摇的名言：天地之大德曰生。这句话的解释就是一切政治和学问最低的期望，要使得大多数老百姓都能得到最低水平线以上的生活。"[1]这段话精辟而又通俗地阐释了孔子"天地之大德曰生，生生之谓易"的思想。张謇高度赞同孔子的思想，认为天地之最大恩德，是为宇宙和人类提供了生生不息的环境，从而使各类生命

---

① 刘厚生：《张謇传记》，第 251 页，上海书店，1985 年。

各得其所,繁衍生长。为了顺应和追求这种"大德",张謇要全力以赴创办纱厂和各项实业、事业,以便能让老百姓具有基本的生存条件和生活保障。他也因此而将自己创办的第一个现代纱厂命名为"大生"。他从人与自然和谐共生的大宇宙观出发,主张"今之国计民生,以人人能自谋其衣食为先务之急。衣食之谋,在于实业"①。

张謇另有两幅对大生纱厂的题联,也反映了"大德曰生"的理念。一幅是"通商惠工,江海之大;长财饬力,土地所生。"其基本含义是,要把关系国计民生的工商业发展起来,应有江海那样的大格局;要尽最大努力,创造土地上的各种财富,以造福人民。另一幅是"秋毫太山,因所大而大;乐工兴事,厚其生谓生。"②大意是说,巍巍太行之所以能以秋毫积其大,就是因为有大的气魄和胸襟;我们办工商、兴事业,也要从大处着眼,关爱民生,造福民生。张謇为纱厂取名"大生",并在两幅题联中,刻意将"大"和"生"两字嵌入,充分表达了他道法自然、以造福民生为最大德行、最高追求的思想理念。由此,我们就不难理解,张謇一生为何能始终如一地竭尽全力为民众开源生利,并将兴办实业与保护环境有机地统一起来。

张謇的另一段话是:"天之生人也,与草木无异。若遗留一二有用事业,与草木同生,即不与草木同腐。故踊跃从公者,做一分便是一分,做一寸便是一寸。"③这段话与上面关于"大德曰生"的话,相互印证,相得益彰。在张謇看来,人与草本同属自然,同样服从自然规律,同样会为生长死亡。但人是有灵魂、有精神的,因而人的精神可以不朽。而人的精神要想不朽,必须出于公心,追求"大德",为人类社会、最终为大千世界,做出应有贡献,即"遗留一二有用事业"。

总之,张謇的人生态度和世界观,决定了他做任何事都以人类的生存和发展为出发点,具体到一生建功立业,都以国家昌盛、人民幸福为出发点。正因如此,他才能殚精竭虑地兴事业、办教育、搞慈善,奋不顾身地奔

① 张謇《答顾昂千书》,《张謇全集》第 3 卷,第 845 页,上海辞书出版社,2012 年。
② 张謇:《大生纱厂厂联》,《张謇全集》第 5 卷,第 492—493 页,江苏古籍出版社,1994 年。
③ 张謇:《第三养老院开幕演说》,《张謇全集》第 4 卷,第 508 页,上海辞书出版社,2012 年。

张謇三十讲

赴在爱国、救国、强国的艰辛道路上。也正因如此,他才能尽最大努力平衡协调人与自然、工业与环境的关系,打造绿色发展、动态平衡、人与自然和谐共生的"新世界雏形",成就"中国近代第一城"的辉煌。

二、两个共生点——发展工业文明富民强国、建设生态文明惠民利国

张謇在推进早期现代化的进程中,由于指导思想很明确,一切从利国利民出发,最终从有利人类生存发展出发,因而努力构建工业文明与生态文明互进共生的良好格局。

(一)发展工业文明,富民强国

张謇是杰出的爱国主义者,时时把"国家兴亡、匹夫有责"铭记于心,他在晚年回顾自己一生创业经历时说道:自己三十多岁后,"即愤中国之不振"。[①] 四十岁后,恰逢甲午战败,"益愤而叹国人之无常识也"[②]。针对当时列强侵蚀、元气耗竭的国家状况,他认为"振兴实业,为救国急务"。他的爱国逻辑是:爱国必须救国,救国必须强国,强国必须富国,富国必须大办实业。

鸦片战争前后,第一次工业革命已经开始在英国初显成效,英国的纺织业已经进入由机器生产代替传统手工加工的时期,西方国家生产力得以快速提升。1840年,鸦片战争爆发,其后各种不平等条约签订,中国国门被迫打开,西方国家开始向中国倾销商品,大量机器制造的纺织品开始进入中国市场。此时的中国面对新世界的技术冲击,农耕文化无所适从,中国的棉纺织业遭受重创。当时的有识之士不得不认识到,工业发展才是这个时代的核心竞争力,实业落后是导致中国失去竞争力的重要原因。

张謇根据"外洋富民强国之本实在于工"[③]的经验,指出"中国人数之多,甲于亚洲,但能于工艺一端,蒸蒸日上,何至有忧贫之事哉!此则善民

① 张謇:《大生纱厂股东会宣言书》,《张謇全集》第4卷,第550页,上海辞书出版社,2012年。
② 张謇:《大生纱厂股东会宣言书》,《张謇全集》第4卷,第550页,上海辞书出版社,2012年。
③ 张謇:《代鄂督条陈立国自强书》,《张謇全集》第1卷,第15—25页,上海辞书出版社,2012年。

之大经,富国之妙术"①,"无论开矿也、兴垦也、机器制造业也,凡与商务为表里,无一而不兴也"②。他从强国、富国根本战略出发,着眼于国家经济发展全局和历史发展趋势,充分认识工业文明的极端重要性。那时,张謇及同时代的企业家们,都把工业作为整个实业的重中之重而全力以赴,体现了他们的先见之明和过人魄力。以工业为核心的各类实业的逐步兴起,确实在种种艰难曲折中,为贫弱不堪的晚清帝国和初生民国,带来了较为明显的"富国"效应。据《中国近代经济史》统计,这一时期,全国新增工厂605家,外贸出口增长了6倍,人均国民收入增长20%。③

发展工业,既可以强国,又可以富民。张謇早在1895年就提出"合众商之力以厚其本,合国与民之力以济其穷"④。他认为"策中国者,首曰救贫;救贫之方,首在塞漏"⑤,而当时的棉织品是中国最主要的日常消费品和进口商品,为了堵塞这一"至大之漏厄","当自兴实业始"⑥。于是,1895年,"丁忧回乡,在通守制"的张謇受命于张之洞,"捐弃所恃,舍身喂虎"⑦,开始着手在南通设立大生纱厂。他的初衷本愿就是为了使地方开源生利,以造福民生、惠及百姓。他明确指出,在"通州之设纱厂,为通州民生计,亦即为中国利源计"⑧。张謇创办通海垦牧公司的目的,除了为大生纱厂提供原棉外,主要是为了使处于社会最困难境地的海滩灶民和贫苦农民脱贫脱困,并建立一种具有现代生活水准的城乡一体的新社区。从20世纪初开始至20年代,张謇开办的49家盐垦公司开垦沿海土地四百多万亩,不仅使垦区民众收入成倍增加,而且建设了大量的学校、医院、商店等现代化公共服务设施,开辟了崭新的生活方式。可以说,新垦后民众的生活水平和社会地位整整跨越了一个时代。

① 张謇:《代鄂督条陈立国自强书》,《张謇全集》第1卷,第15—25页,上海辞书出版社,2012年。
② 张謇:《商会议》,《张謇全集》第4卷,第26—27页,上海辞书出版社,2012年。
③ 汪静虞:《中国近代经济史1895—1927》,人民出版社,2000年。
④ 张謇:《代鄂督条陈立国自强书》,《张謇全集》第1卷,第15—25页,上海辞书出版社,2012年。
⑤ 张謇:《大生纱厂章程书后》,《张謇全集》第6卷,第279页,上海辞书出版社,2012年。
⑥ 张謇:《承办通州纱厂节略》,《张謇全集》第4卷,第27页,上海辞书出版社,2012年。
⑦ 张謇:《大生纱厂股东会宣言书》,《张謇全集》第4卷,第550页,上海辞书出版社,2012年。
⑧ 张謇:《大生纱厂厂约》,《张謇全集》第4卷,第27页,上海辞书出版社,2012年。

张謇三十讲

（二）建设生态文明，惠民利国

在张謇看来，要强国富民必须发展工业文明，而在发展工业文明的过程中，只有注重生态文明，才能既惠民又利国。如果只顾一味地搞工业化，而忽视了生态环境保护，便会对国家和人民带来不利影响。张謇充分认识到，关爱生态、保护环境，就是遵循人类和自然发展规律，使人类在开发自然、利用自然为自身谋福利的同时，使自然处于健康、有序状态，从而使人类更多获得成果和红利。因此，只有使工业文明与生态文明共进互促，才能完全造福国家和人民，也才能使中国早日迈进现代化文明社会。

张謇的生态智慧中，"生"的核心概念很突出。"重生""敬生"与"爱生""大生"构成了张謇生态文明思想的深厚底色，也使得张謇的生态文明建设不仅持正归本，而且务实创新。所谓"大生"，就是为民众谋生，以改善其生命处境与生活待遇。张謇取其义，除了将自己创办的纱厂命名为"大生"以外，张謇创办的其他产业也多有以"生"字命名，例如广生油厂、颐生酒厂、阜生蚕桑公司、资生铁冶厂、泽生水利公司等，张謇反复以"大生"或"生"为企业命名，彰显着"在解决民生的同时与自然界和谐相处，共生共荣，生生不息"的理念，以及"惠民利国"的初心。

通海垦牧公司的创立和运作是张謇不忘"惠民利国"的初心，践行生态文明的集中体现，也是农业现代化（工业文明）与生态文明互动共进的生动展示。此外，大生纱厂选址、循环经济的探索、环保设施的投入、"一城三镇"的城市布局、开放公园的建设、五山保护等"开拓性"生态文明实践无不彰显张謇浓浓的"惠民利国"情怀。如，张謇建公园的初衷源于"实业、教育，劳苦事也，公园则逸而乐。偿劳以逸，偿苦以乐者，人之情；得逸以劳，得乐以苦者，人之理；以少少人之劳苦成多多人之逸乐，不私而公者，人之天；因多多人之逸乐奋多多人之劳苦，以成无量数人之逸且乐，进小公而大公者，天之人"。[①] 他不仅专门为工人建立唐闸公园，还在南通城沿濠河两岸建了"东、西、南、北、中"五座公园以及中国第一个馆园结合的

---

① 张謇：《南通公园记》，《张謇全集》第 6 卷，第 421—423 页，上海辞书出版社，2012 年。

博物馆"南通博物苑"，处处洋溢着"绿色人文关怀"。

三、三个着力点——养护、建设、共享

张謇生活的时代，是农业社会向工业社会转化的初始时代。张謇面对发展工业不可回避的严重的环境污染问题，选择了中华传统文化人与自然和谐相处的民族信念，即"追求人与自然的和谐，相信道法自然，遵循自然法则，寻求天人合一，信奉众生平等，关注生命安全和文明延续为基础"的基本精神。他对寻求污染最小化、废物资源化和无害化作了前瞻性探索和实践。张謇在他所处时代的主、客观条件下，作出了多方面尝试和努力，基本上达到了他那个时代的最高水平，且对我们今天所处时代亦有着借鉴意义。他在生态文明建设中，着重抓了三个方面：

（一）养护

所谓"养护"，主要指对大自然的养育、保护。天育物有时，地生财有限，道法自然，天人合一，这是古人朴素的生态道德观，是中华优秀传统文化的精髓。张謇是"天人合一"理念的践行者，他既主张发挥人的主观能动性，改造自然和利用自然，又希望顺应自然界的客观规律，注重对自然的养护，实现人与自然共存共荣、和谐发展。

1. 倡导植树造林，保护环境

保护和促进以森林为主的陆地生物正常生长，是平衡和修复遭到人类活动干预的自然生态系统的重要举措。事实表明，植树造林对生态环境保护好处众多，与人类生活息息相关。张謇充分认识到树木对美化环境、保持水土、改良气候的诸多益处，并极力倡导。

张謇对植树情有独钟，他说，他年轻时就养成了两大爱好：一是植树，二是建筑。五山保护是张謇"植树造林、保护生态环境"的成功之作。以狼山为主的五山地区，清末时，除了寺庙旁有些树木外，基本上是荒山秃岭。张謇决定首先从此处开始植树造林。他在《拟兴五山树艺扩充书院经费议》中提出，"今拟五山之上，凡石戴土处，责成狼山七房寺僧，遍植

张謇三十讲

竹、柏、松、杉、榆、槐、桐、柏。周山之麓,遍植湖桑,约分两层,可植五万株。"①他依照"花园私宅及风景区"的定位,以五山及周边区域为主、"东林"和"西林"为重点,开始了长达20多年的植树造林活动。据《柳西草堂日记》记载,张謇为倡导种树,亲自荷锄持铲率师范农校师生植树,南通师范学校和农校在五山建有"学校林"。1912年狼山建立了苗圃,供应树苗;1914年建立"五山森林事务所",开展林业研究工作。同时,为保护五山森林,1915年9月26日,张謇通过《通海新报》发出《禁止攀折林木启》,宣布将对破坏树木行为须进行惩罚,同时设立了"森林警区",加强对树木的管理。

除了五山地区以外,张謇对于城市植树也非常重视。张謇曾言:"謇之于通道必植树以表之,皆令人度以相等之丈尺,曰:吾欲使南通新草木咸有秩序耳"②。"新市场在城之西南,俱新式马路,宽三十余方里。马路长二十余里,宽二丈至五丈,两边为人行道,中行汽车、马车、人力车。人行路侧即两行杨柳,并杂植桃李之属。当春二、三月之间,开花发叶,红绿可爱。……且溪壕综错,俨有西湖之概。……(唐家闸)沿河风景俱有绿杨城郭之概。"③此外,各县之间也皆有马路相连,道路"两旁夹植杨柳,春夏之交,柳叶成荫,微风一起,飘飘动摇,殊觉添却许多风景也"④。如今看来,这些举措不仅绿化、美化了城市风貌,而且对有效阻隔工业烟尘污染、防尘、提高空气清新度、温度调节以及细菌消毒等方面发挥了潜在作用,增强了人民生活的舒适感。

2. 封山育林,涵养水源

为了养育自然、护卫环境,1915年,张謇在狼山改造水系,封山育林。

---

① 张謇:《拟兴五山树艺扩充书院经费议》,《张謇全集》第4卷,第20页,上海辞书出版社,2012年。

② 曹从坡、杨桐:《张謇全集》第5卷(上),江苏古籍出版社,1994年。

③ 南通日报馆编辑部:《二十年来之南通(下编)》,第86页,南通翰墨林铅印平装,南通县自治会印行,1930年。

④ 南通日报馆编辑部:《二十年来之南通(下编)》,第78页,南通翰墨林铅印平装,南通县自治会印行,1930年。

"山北购地,辟溪一百六十余丈,使与他港及山南之渠输泄相属,而划农田于溪外。昔之日樵牧旦旦践害之所到,有以限之矣……是溪之辟有利于林甚大,故名以林溪。"[1]在林溪精舍及周边开辟河道,将狼山的河和其他水系相通,不仅可以保护树林,也有利于树木长大。为保护师范学校树林,以便"于林之卫,于田之获,于人之休"[2],张謇购买土地、开挖河道,形成"环山为田,环田为溪为河,环河为堤,堤上为外路"[3]的生态格局。1917年张謇进一步采取开河封山措施,建成黄泥和马鞍两山环山河,有效发挥了保林、育林作用。

张謇在植树育林的同时,还特别注重保护山石。南通的民居建筑多采用石头做墙基,市政建设用石量也大,张謇于1919年在天生港创办"大山砂石公司",利用水路运输从外地采购石材,以应社会之需,并保护五山的山石。1926年5月12日,张謇在《通海新报》上发布《禁止地方采用五山石启事》:"军剑二山,民国初年,由师范备价向部领得。黄马二山,由农校备价向部领得,有案有照,与从前无主之山不同。""似所有权法律尚可保障。""此后如再有运出山石及剑山黄土之车船,立即拘究采匠,揭布用户姓名法办。"[4]从此,五山的山石、山土得以保护,山石上的历史文人石刻也得以保存。

3. 护岸治坍,治理水患

在生态养护中,河流水系的保护和治理十分重要。南通地处长江边,历史上江岸多次发生坍塌,严重影响当地的生产生活。1908年张謇出私资3000元聘请上海浚浦局派员来通勘察水势,并成立了"南通保坍会",多方筹集资金开展保坍工作。1914年6月张謇邀请中国海河总工程师贝龙猛以及美、英、荷兰等国水利专家共商南通沿江保坍方案。1916年张謇以"南通保坍会"的名义聘请荷兰水利工程师亨利克·特来克来南通指导

① 张謇:《新辟林溪记》,《张謇全集》第6卷,第416—417页,上海辞书出版社,2012年。
② 张謇:《东奥山庄记》,《张謇全集》第6卷,第448—449页,上海辞书出版社,2012年。
③ 张謇:《东奥山庄记》,《张謇全集》第6卷,第448—449页,上海辞书出版社,2012年。
④ 张謇:《禁止地方采用五山石启事》,《张謇全集》第5卷,第270页,上海辞书出版社,2012年。

水利设施建设。特来克规划设计了 12 条榤（即丁字坝），实际建成了 10 条。其间"南通保坍会"修筑江堤 9 公里，在险要地段抛石护滩、种植芦苇，减轻江潮对堤岸的冲刷。自保坍工程实施以后，南通沿江一带岸线逐渐趋于稳定。为保护江滩，张謇还在江岸倡导种植桃树桑树，建起了防护林。

（二）构建

基于利用、改造自然以利国利民的基本理念，张謇不是原封不动地"保护"自然，而是在动态中、建设中构建生态文明新形态。他在南通实行地方自治，发展工业经济，进行城市建设，进行了一系列生态文明建设，保持了生态环境的基本平衡，实现经济效益和生态效益双丰收。

1. 循环理念融入，构建生态化产业雏形

以"大生纱厂为核心"产业集团选址，饱含了张謇推进工业化的生态考虑。大生纱厂选择在远离通州城外唐家闸建厂，除了水陆交通运输比较方便外，也是出于环保的考虑。地处偏僻空旷、靠近长江的唐家闸，可最大限度减少工业气体对城市空气的污染。当时，以大生纱厂的发展为基础，带动了一批辅助及相关产业的兴起，陆续建立了十多个企业，形成了一片新兴工业区，成为近代民族工业的重要基地。这些工厂相继建立在唐家闸，就地生产和联通，可以，避免运输途中造成的其他污染问题。

同时，通过构建一条以大生纱厂为核心的工业产业链，可以形成生态化产业格局。纱厂用棉剩下的棉籽，是很好的榨油原料，张謇于是创办广生油厂，以期"利不外溢"。而油厂的废弃物则可用于制造肥皂与蜡烛，张謇又创办了大隆皂厂。大生纱厂生产过程中产生的"飞花"等废物，污染环境，却可用于造纸，张謇于是创办了大昌纸厂。有了纸厂，张謇又创办了翰墨印书局，以服务当地文教事业。此外，在面粉加工、蚕桑养殖等领域，张謇也都打造了相应的产业链。除了上下游产业纵向协同之外，张謇在产业横向协同方面也有自己的探索，例如制造业与交通运输业、工业与服务业、纺织工业与机械加工业的协同，就体现出比较明显的"关联型循环产业链"特色。

2. 综合开发利用，创建生态农业典范

张謇早在 1895 年就发现南通地区海边有大片荒滩，便主张"久荒之地，听绅民召佃开垦成集公司用机器垦种"①。1901 年，随着大生纱厂发展规模不断扩大，为了保障原料供给，张謇再次想到沿海荒滩，决定创建大型农垦公司。由于地处海边，土壤盐碱严重，但沿海荡草资源极为丰富，公司便因地制宜，铺生盖草，防盐保苗。铺生（或称挑生、挑沟）就是将挖出的沟泥，铺在田面，抬高地面，降低地下水位，加速土壤淋盐。盖草（或称益青、扣青）是在田面上铺一层干草或绿肥，使盐渍土表面增加一层疏松隔离层，减少地表蒸发，抑制土壤返盐，增加土壤有机质，发挥自然雨水淋盐作用。这在完全依赖自然条件改良土壤，变废为宝的同时，兼顾了环境保护，不失为一大创新之举。多年的苦心经营，使得沿海荒地逐渐变为良田，张謇开始着手垦区土地的综合开发利用。依据他的设想："自筑堤至能种棉豆粟麦之日，中隔批卖、召佃、辟渠、通沟、储淡、种青，寸寸而度，诚亦非一二十年不可。（有筑堤十余年，未辟沟渠，至今犹未开垦者。）今腾出年份，将畜牧列在种青之后，种棉豆粟麦之前，畜牧所遗之肥料，即可粪地，畜牧所卖之利息，又可浚渠。先择地千亩试办。第一堤成，种青一二年，即将牧场移入，又一二年后移入续成堤内，以次递移，五堤皆周，则散牧于堤渠之间，其堤脚渠唇，遍植桐柏（土性相宜），奇零之地，兼事林业，务使本利循环相生，故垦与牧兼办。"②张謇是想以种植业为主，兼顾牧业和林业共同发展，利用这些产业之间的内在关联，采取纯天然的生产方式，做到"本利相生"，试图依托发展生态农业实现工业文明时代的大农业生产。这种生产方式的安排无疑可以最大程度地减小对环境的破坏和污染，与当今提倡的"绿色农业"的核心理念可谓十分吻合。张謇对于垦区的规划和实践不仅为大生纱厂的发展提供了稳定可靠的原料供给，而且还创建了一个生态生产的典范。

---

① 《张謇全集》第 2 卷，第 212—213 页，江苏古籍出版社，1994 年。
② 《张謇全集》第 3 卷，第 214 页，江苏古籍出版社，1994 年。

3. 和谐协调发展，建设田园式城市

在创办实业取得一定成就后，张謇凭借他对城市建设和地区发展的独特思考，结合学习西方、考察日本所得，对"生产、生活、生态"的良性互动做了通盘筹划，前瞻性地为南通规划了"一城三镇"空间布局，谋求城市、乡镇、自然环境的整体协调发展。旧城所在地通州为商业、居住区，西北的唐家闸为工业区，唐家闸西南的天生港为港口区、城南的狼山为休闲旅游区。"一城三镇"以通州城为圆心，三镇位于六公里为半径的圆周上。三镇到中心城之间种植绿色植物带消化吸收工业对环境的影响，起到自我净化和保护生态环境的作用。三镇相对独立，分工明确，既避免工业污染影响居民生活，又给予了各自发展的合理空间。

在保护老城区，守护南通传统风貌的同时，张謇又在南通西门外濠河两岸建设新城区，筑路修渠、治河开港，兴办各类学校、开设商贸机构、增设公共设施，强化市政建设、提升城市公共服务功能。西人参观之后，感觉那里"一切都像上海的公共租界"。

当时南通地区的发展，还体现出多方面的协调和谐。在城乡发展方面，一面以中心城市现代化带动乡村（包括建立现代化的垦牧区），一面以发展起来的乡村，为城市发展提供优质原材料、劳动力及广阔的市场空间。在区域发展方面，一面突出唐家闸、天生港等工业、港口重镇的龙头地位，一面以沿海垦牧产业布局形成新的交通线和乡镇联接点，促进形成陆海统筹、南北共进的平衡发展态势。

1898 年，英国人霍华德提出"花园城市"的城市建设理论，其中心思想是，把"一切最生动活泼的城市生活的优点和美丽与愉快的乡村环境"和谐地组合在一起，建设具有生态理念的、城乡一体化的社会城市。而此时，张謇在南通城市建设实践中，已完成了"一城三镇、城乡相间"的组团式城市空间布局，他所开创的城市与乡村结合的生态模式已在中国南通成为现实。张謇在城市生态文明建设方面的超前性与成功性，实在令人惊叹。

（三）共享

在张謇看来，生态文明建设最终是为了人民的幸福安康。因此，一定

要让老百姓共享生态文明进步的成果。这既符合他的天人合一的生态观，也符合他的人本主义理念。现仅以张謇对南通山水园林的打造为例，来看看他是如何让全民共享生态文明成果。

南通尽管总体上是平原地区，但城区因有以狼山为首的五山、以濠河为主的多条水系，因而呈现出山立水绕、绿树碧水的山水城市风貌。张謇在打造南通时，做足了山水文章。他特别注重在维护山水自然美的同时，传承中国传统的山水文化，重新装点江山，构建特有的人文美。

古人云："智者乐水、仁者乐山。智者动，仁者静。智者乐，仁者寿。"饱读诗书的张謇深谙此道，他要使南通尽量显现山水交融、动静平衡、智仁兼具的文化特色。张謇首先在五山新增多处人文景点，使山由文著，文显山盛。他在狼山建"有有亭"，取"山不在高，有仙则名；水不在深，有龙则灵"之意。在狼山北麓，他重修观音禅院，建讲经堂，设石牌坊，题"灵山胜地"匾，并兴建"赵绘沈绣楼"，藏元代著名书画家赵孟頫父子书法绘画和近代著名刺绣艺术家沈寿姐妹绣观音像。在南麓，建金沧江墓，安葬在南通生活22年的韩国著名文史大家、爱国诗人金沧江。在西山（马鞍山、黄泥山合称）建"梅垞"，纪念京剧表演大师梅兰芳来通演出；建"虞楼"，纪念两代帝师、自己的恩师翁同龢；建沈寿墓园，纪念多年在南通传教授业的刺绣大师沈寿。在剑山修文殊院，主供文殊菩萨，其山南建特来克墓，纪念来通治水染病去世的年轻荷兰水利工程师。在军山于普陀别院旧址建气象台，观察星辰，预报气象。其山南建东奥山庄，新增一处休憩康养之所。

在"水"的装点美化上，张謇也用足了心思。濠河是南通的古护城河，一半天然，一半人工，宽处似湖，窄处像沟。张謇利用这一全国罕见的护城河形态，以及城环水、水抱城的特有地形，修桥建园、布景设点，既方便交通居住，又让居民尽情享受自然之美和人文之美。他在修造三元、宕秀、跃龙等雅致桥梁的同时，在濠河两岸或河中小岛，精心勾画兴建了有五堤四桥相联的五座城市公园（东、西、南、北、中）。东公园，主要为儿童游乐所建，门前有石雕仙女像两尊，内设滑梯、秋千、转车等。西公园，广植花木，饲养珍禽异兽，供游人观赏。南公园，建有古朴典雅的"千龄观"，

张謇三十讲

蕴含长寿文化,为老年人休憩怡情好去处。北公园,设在濠河最宽处,建有双层八角"苏来舫",舫中悬挂多幅古诗联。中公园,依河中小岛而建,内有两层仿古楼房,下层为"日戒堂",倡导扬善戒恶,上层为"魁星楼",激励学子向上。

依托濠河美丽的自然风光,张謇还沿濠河两岸兴建了许多中西合璧的现代文化商业实施,从而使生态美与人文美相结合的新型城市形态得以充分展示。在南濠河北岸,自东至西分别建有通盐垦总管理处、城南别业、南通教育局、参事会、崇海旅馆、翰墨林印书局、淮海实业银行、濠阳小筑、南通绣织局、女工传习所;在南岸由东向西则为通州师范、博物院、濠南别业、有斐旅馆、江苏银行、桃之华旅馆、通崇海泰总商会、更俗剧场、模范路商业街和桃坞路商业街。

张謇素来喜好、精通园艺。使自然风光与人工修造相结合,并使私家园林转向为大众开放的公园,则是他孜孜以求的努力方向。他认为:"公园者,人惰之囿,实业之华,而教育之圭表也。"[1]其中,"人情周不好逸,周不好花木水石台榭之娱,好必欲有之,而势不能尽人而有。公园则不舍有余人人,囿之谓也"[2]。在张謇看来,公园使居民与大自然亲密接触,又有助于提高民众的幸福感和自身修养,从而提高城市的文明(包括生态文明)。因此,他不遗余力在城市中心区修建了五座公园,在工业密集区修建唐闸公园,"举凡可以娱目畅怀,可以极视听之娱之资料,靡不应有尽有"[3]。

张謇在 1905 年创建了中国人自办的最早博物馆——南通博物苑,既鲜明表达了现代人文理念,又充分反映了张謇的园林审美和山水文化精神。本着"一邑之中一大苑,一一珍藏"的指导思想,博物苑内建有中馆、南馆、北馆三座主建筑,还附有花竹平安馆、藤东水榭、味香斋、相禽阁、国秀亭及假山、水池等园林建筑设施。张謇将之命名为"苑",就是为了说明

① 张謇:《南通公园记》,《张謇全集》第 6 卷,第 421—423 页,上海辞书出版社,2012 年。
② 张謇:《南通公园记》,《张謇全集》第 6 卷,第 421—423 页,上海辞书出版社,2012 年。
③ 张謇:《南通公园记》,《张謇全集》第 6 卷,第 421—423 页,上海辞书出版社,2012 年。

内含苑圃、园林之意，并表示各种文化的荟萃共生。这实际上是中国古代苑圃文化与现代博物馆文化的高度融合。

南通博物苑水池旁立有一太湖"美人石"，其传奇故事颇能反映张謇的自然、人文观。据说，该石玲珑剔透，婀娜多姿，恰似一江南美少女，为皇家园林布景石材。最早，美人石摆放在通州顾家珠媚园里，后来被狼山总兵朱鸿章运往长江对岸的常熟，想送给翁同龢，但翁拒收，于是朱在归途中随意将之丢在长江边。有一年，张謇去常熟看望老师翁同龢，在江边发现了美人石。1908 年，他托人将此石运回南通，重新清理装点后置放于博物苑中心位置。同时，张謇写下了流传甚广的《美人石记》，记述了此石曲折离奇的遭遇，一方面含蓄表达了对翁同龢拒收财礼的肯定，及对朱鸿章巴结高官的嘲讽，一方面想说明私家珍宝难于世代相传的道理，希望唤起人们的公共意识。

张謇在《美人石记》中说道：这批丢在江边的石头，被尘沙、雾雨所沉沦淹没；被舟子、樵童所侵陵欺侮，污垢缺裂，十分可怜。当我"归舟见之，恻然若有无穷之感"[1]。现在幸存的石头被安置在苑内，再搭配上一些国产异卉珍花，与民众一起守望着。数百年后，也许会不同于私家之物遭受不测之变迁。从文中可以看出，张謇是多么珍惜爱怜自然美物，又是多么希望大自然馈赠于人世的珍宝能为众人所用，为众人所护！

四、几点启示

张謇关于生态文明的思想和实践，超前而又丰富，对我们今天在推进中国式现代化的进程中不断加强生态文明建设，依然有着多方面的启示。

（一）依据新的时代条件，将生态文明建设推进到新高度

张謇所处的时代，无论是工业文明还是生态文明，无论是物质文明还是精神文明，都无法与今天同日而语，但他却凭借着强烈的爱国爱民理想及卓越的世界观和人生观，砥砺奋发，开拓创新，谱写了他那个时代所能

---

[1] 张謇：《博物苑美人石记》，《张謇全集》第 6 卷，第 318—319 页，上海辞书出版社，2012 年。

张謇三十讲

成就的生态文明建设最佳成效。今天我们在全新的时代条件下,更应创造生态文明的新辉煌。

党的二十大描绘了以中国式现代化全面推进中华民族伟大复兴的宏伟蓝图,将"人与自然生命共同体"的理念融入中国式现代化建设全过程,擦亮了中国式现代化鲜明的"绿色"底色,指出要"坚定不移走生产发展、生活富裕、生态良好的文明发展道路,实现中华民族永续发展"。我们必须以更高站位、更宽视野、更大力度来谋划和推进新征程生态环境保护工作,谱写新时代生态文明建设新篇章。

(二)坚持和传承科学合理的生态智慧

张謇的生态智慧传承了我国古代传统文化的精华,来自"天人合一","万物一体","和谐用中","生生不息"的基本思想。张謇从"天人合一","万物一体"核心思想出发,认为应该尊重自然,善待自然,与自然平等相待,共生共荣。同时,他接受了西方文化的影响,树立了人定胜天的积极进取的精神,主张依靠科学技术的发展,推动人类文明的进步。一个世纪前的张謇具有的生态智慧,正是我们今天世界面临严重的生态挑战所要提倡和弘扬的,张謇生态智慧不仅有理论价值,更有深刻的现实意义。我们要借鉴张謇的生态智慧,妥善处理人与自然、工业化与环境保护、文明发展与成果共享等一系列问题,为全人类的生态文明建设作出我们的中国贡献。

(三)坚持发展经济与保护环境并行不悖

这是张謇在探索富国利民的早期现代化道路中,最为可贵、最富成效的精神遗产。我们今天所进行的生态文明建设,着重点也是促使经济发展与环境保护并行不悖。从这种意义上说,我们今天的所思所为,与张謇一脉相承。

习近平总书记在不同场合多次指出,"保护生态环境就是保护生产力,改善生态环境就是发展生产力"。这也内含着"绿水青山就是金山银山"理念。而且蕴含了"保护自然生产力就是保护社会生产力,改善自然生产力就是发展社会生产力"以及"保护自然生产力就是保护总体生产力,改善自然生产力就是发展总体生产力"等丰富内涵。这就不仅在理论上严肃而科学地把自然生产力纳入到了总体生产力范畴,而且郑重地告诫人们一定要在行动上高度重视自然生产力,只有自然生产力得到了很好的保护和发展,社会生产力继而总体生产力才能真正高度发展。

那么,如何做到保护和改善生态环境,最终促进总体生产力的发展,使绿水青山转化为金山银山呢?根本来讲,就是要从两方面同时发力。一方面是要加强生态保护和修复,这是保护和发展自然生产力最直接的方法和手段。另一方面,要加快科技创新以及产业生态化和生态产业化,这是促进包括自然生产力和社会生产力在内的总体生产力发展以及生态文明建设的根本途径。科技创新既可以提高资源利用率,开发利用清洁能源,减少要素投入成本,又可以通过环保科技创新和利用,增强环境修复和治理能力,提高生态环境容量和承载力,从而有效推动我国总体生产力的提升和高质量发展。

(四)建设"强富美高"新江苏,为全国经济社会发展和生态文明建设作贡献

当年的张謇,"模范意识"特别强,他要在政治、经济、文化、社会、生态等各个方面的建设上当先进模范,从而示范引领中国早日走向现代化。当年的南通,成为全国响当当的"模范县",创造了"中国现代第一城"的辉煌,不仅造福当地百姓,对全国的各种发展(包括生态文明)也作出了独特而宝贵的贡献。今天我们也应发扬这种精神,通过卓有成效地建设"强富美高"新江苏,为中国式现代化多做贡献。

2023年7月,习近平总书记在考察江苏时指出,江苏"有能力也有责任在推进中国式现代化中走在前、做示范",要求江苏"完整准确全面贯彻新发展理念,继续在改革创新、推动高质量发展上争当表率,在服务全国构建新发展格局上争做示范,在率先实现社会主义现代化上走在前列,奋力推进中国式现代化江苏新实践,谱写'强富美高'新江苏现代化建设新篇章。"

对于生态文明建设而言,也要"牢记嘱托走在前 勇担使命做示范",

张謇三十讲

坚决守牢生态环境质量"只能更好、不能变坏"的底线,以高品质生态环境支撑高质量发展,系统推进生态环境保护,深入打好打赢污染防治攻坚战,为全面推进中国式现代化新实践作出新贡献。

第二十七讲：
张謇现代金融实践与思想理念

（2024年6月24日，南通市银行行长精品培训班在张謇企业家学院举办，银行机构董事长、副董事长、行长、副行长等高管80余人参训。笔者受邀为学员讲授《张謇现代金融实践与思想理念》。此文亦发表在《中国银行业》2025年第2期）

作为中国早期现代化的先驱人物，张謇在全面推进政治、经济、文化、社会等各方面现代化的过程中，做出了突出贡献，留下了丰富遗产。张謇在金融业现代化的开拓探索中，同样留下了不可磨灭的业绩及超前的思想理念，做出了里程碑式的贡献。张謇在现代金融方面的思想与实践，非常值得总结研究、借鉴弘扬。

一、张謇兴办现代金融的实践活动

广义的金融，涉及筹钱、借钱、贷钱、用钱、增钱，与先投钱后挣钱的实业水乳交融，密不可分。张謇作为近代杰出的实业家，在整个创办实业的过程中，自始至终都充分运用金融支撑，并直接兴办金融业。

（一）早期创业中的金融手段运用

早在1895年底、1896年初，张謇在刚开始筹办大生纱厂时，就以民间集资、股份分担的方式筹集资本，并以大股东（沪、通六董）为主体，带动众多小股东，凑足了百分之五十的民间资本，与另外的百分之五十的官方资本合股，解决了办厂资金来源问题。1897年冬，建厂工作刚起步，张謇便在上海设立大生纱厂账房，料理资金往来和货物进出。后来，大生账房（大生上海事务所）发展为外汇调剂、融资与投资中心，办理产品的运销、报关、结汇及银根调度等各项事宜。大生纱厂建成后，在企业内部设立了"储蓄账房"，收受小额存款，并发行"钱票"和"支票"等金融票证，为企业及员工和当地居民提供了初步的金融服务。

（二）直接创办银行，促进银行发展

张謇的心中一直有着一个"银行梦"。早在 1902 年，当大生生纱厂初显兴旺景象，且资金需求量大增，张謇就向署理两江总督张之洞条陈建议开设银行，并试图自己开办劝业银行。后因各种原因而未能落实，他便于 1906 年在大生纱厂内设工资储蓄处，并同时筹办南通储蓄银行。1917 年，张謇与张詧创办了大同钱庄，初具现代银行功能。1920 年 1 月，张謇终于实现了自己的金融夙愿，成立了正规的股份制现代商业银行——"淮海实业银行南通总行"，并广设分行于上海、南京、苏州、扬州等地。"淮海实业银行"初创时，营业兴旺，年存、放款量为南通所有金融机构之首，1921 年纯利 16 万余元，1922 年 14 万元。后来，因大生集团全面亏损而走向衰落。

张謇不仅自主创办民营银行，而且对国有大型银行的改造和脱困，也出了大力，做出了可贵贡献。

1921 年，作为国营四大行之一的交通银行，在以往长期经营不善的情况下，再度停兑，陷入了前所未有的困境。在银行内外均一筹莫展之际，董事会决议聘请张謇任交通银行总理。1922 年 6 月，张謇在交通银行万般危难之中走马上任。当时之所以请张謇执掌该行，是因为张謇在实业界和金融界的资格与声望及经验能力十分突出（他还担任中国银行联合会会长），而且他自己也是交行商股股东，拥有五万股股份，符合任职条件。

张謇在执掌交行时，提出了"三主张"帮银行渡难关：一是培植元气、巩固基础；二是重新确定放款业务方针；三是明确业务公开，确立民主协商的公司治理制度。同时，他一面积极清理旧欠，一面改变银行过分依赖政府、听命于行政的状况。在张謇的精心努力下，交行终于化解了危机、走出了困境。张謇在交行任职三年，直到 1925 年 5 月在他去世前一年才辞职卸任。张謇的金融治理改革之道,不仅帮了交行大忙,也为中国近代金融业的现代化和规范化做出了开创性的贡献。

1916 年 5 月 5 日,中国银行股东联合会成立,张謇任会长。当年 5 月 12 日,北洋政府由于国库空虚、滥发钞票,从而导致民众争兑现洋,下令停兑中国银行和交通银行的钞票。于是,中交两行发行的京钞大跌,市面只收现洋,物价飞涨,一场金融危机呼啸而来。为了稳住上海等地的金融市场,保住中国的金融血脉及国家财政信用尊严,上海中行负责人决定不执行停兑政策,照常兑换。在此关键时刻,张謇给予了巨大支持。1916 年 5 月 15 日,张謇为会长的中国银行股东联合会致电北洋政府和中国银行总行,明确表示:"此次中央院令,停止中、交两行兑现付存,无异宣告政府破产,银行倒闭,直接间接宰割天下同胞,丧尽国家元气,自此之后,财政信用一劫不复。沪上中国银行由股东决议,通知经理照旧兑钞付存,不能遵照院令办理,千万合力主持,饬中行遵办,为国家维持一分元气,为人民留一线生机,幸甚。"①接着,全国各地中国银行纷纷效仿上海中行,拒行停兑令,化解了挤兑风潮,重塑了银行信用。事后,张謇等人还帮助中国银行进一步理顺了对政府的关系,规范了银行的经营管理。

张謇在推动商业银行(无论是民营还是国营)发展的同时,还努力促进政府设立扶持民营经济成长的国家政策性银行。1914 年,他在担当农商总长任上,积极筹划建立国家劝业银行,并制定了《劝业银行条例》。他将新成立的劝业银行设计为国家直属的以股份公司为经营形式、专门发放农工商贷款的专业银行,为使银行扶持企业发展的功能与国家调控宏观经济的金融手段相结合,开辟了新途径。与此同时,他还制定了《保息法》,由政府拨存公债等作为保息金,用其利息资助民营企业开办,在企业投产六年内无需付息,六年后按每年保息金的二十四分之一逐年偿还。

具有国际视野和开放精神的张謇,在创办银行时,还十分注重外资的作用。他主张以"合资""借款""代办"等形式利用外资,建立中外合资、合

①《文汇报》2012 年 1 月 8 日,陈韶旭。

作银行。1910年,张謇积极筹建中美联合银行,他作为中方股东发起人代表与美国巨商大赍签订草约,决定双方各占50％股份,美国出资一千万元,设立中美联合银行。1913年,作为工商实业总长的张謇,代表中方与法方达成合资经营银行的协议,并于次年成立了中法劝业地产银行。张謇在借外资办银行的过程中,所坚持的原则是:外资的利用必须对中国有利;应以尊重主权为前提,"不可丧主权,不可涉国际";必须考虑"还本付息",要办盈利事业;应条约正当、权限分明、手续完备;必须考虑偿还能力,并要有担保。

(三)积极发挥股票债券等金融工具作用

张謇在从事金融活动中,注重通过发行股票和债券的方式筹集资金,支持工农产业发展,为自己的实业和中国的经济及金融业的现代化探索了新路。

如前所述,早在1897年,张謇面对创建大生纱厂巨额资金无法落实,就设法发行了"大生机器纺纱厂股票"。有意思的是,为了提高这支股票的含金量,以及为了巩固与巨商盛宣怀的合作,股票主署为"经理通州纱厂张季直",同时印有盛宣怀的姓氏头衔。1899年,大生纺织公司发行了三连折股票股折。在办成大生一厂以后,张謇还通过发行股票的方式,先后建立了投资规模更大、设备更高级的大生二厂和大生三厂。1915年和1919年,大生公司采取类似今天的派送股和定向增资的方法,发行了"添字股票"和"增字股票",筹措了大量资金用于扩大生产。与大生集团从种棉、纺纱、织布、印染、运输、销售一条龙产业链相匹配,张謇还发行了盐垦股票、纱厂股票、资生铁冶厂股票、广生榨油厂股票、大达迶步公司股票等"一条龙"股票。本着"大工、大农、大商"的理念,张謇在发行工业股票的同时,还发行农业股票,包括盐垦股票、通海垦牧公司股票、同仁泰盐业公司股票等。

除了发行股票,张謇还以发行公司债的形式,向社会公众募集急需资金。1921年,当大有晋、大豫、大赍、大奉、华成五家公司遭遇经营和资金困难,张謇联合中国银行、交通银行、兴业银行、上海银行、盐业银行等上海华资银行,发行通泰盐垦五公司银团债票,极大地支持了盐垦公司的解困和后续发展。

最令人称奇的是,张謇还把债券手段运用到地方治理中。1920年11月26日《申报》报道:"张啬公提议募集县自治公债二百万元,俾购置公共汽车、创办玻璃厂、电厂等各项公用。"[①]张謇居然以南通地方自治会的名义,发行"政府"公债,用于地方的建设和治理,这在全国独此一例,可谓是空前绝后。

张謇意识到,发行股票和债券,一定要建设好证券交易所。他在北洋政府农商实业总长任上,制定了中国第一部关于证券交易法规《证券交易所法》,推动了我国第一个证券交易所——北京证券交易所的成立。后来,他自己在南通也发起成立了南通联合交易所,并强调:要遵守有关监管条例,对于违背法令、妨害公益、扰乱公安的,应依法予以惩处。

二、张謇现代金融的基本思想理念

人的实践活动受其思想理念支配引导,犹如张謇的整个现代化探索及其成效,由其先进的现代化思想理念决定,张謇卓越的现代金融实践活动及其成效,也是由其先进的现代金融思想理念决定的。概括起来说,张謇的现代金融基本思想理念主要有:

(一)发展现代经济必须"求助于金融"

张謇充分认识到,与传统农耕经济不同,以工业化和市场化为主要标志的现代经济,需要巨量资金集聚并高效运用,因而必须建立和发展现代金融业。张謇看到了金融在经济发展中的核心地位和关键作用,认为"银行人身之血脉也"。他深感,如果没有现代金融,"而欲求工商业之发展,虽有智者,无能为役"。因为"农工商业之能否发展,视乎资金之能否融通"[②]。

着眼于现代化强国富国道路,张謇将金融摆在了"农工商实业生计之

---

① 王维江:《"清流"与〈申报〉》,《近代史研究》,2007年第6期,第62—77、161页。
② 张謇:《实业政见宣言书》,《张謇全集》第2卷,第16页,江苏古籍出版社,1994年。

母"和"国民进化之阶梯"①的位置,他特别强调,"欲求实业之发达,民生之利赖,地方之进化,端自银行始"②。正因如此,张謇在1913年农商实业总长上任伊始,就将"求助于金融",作为发展经济、助推实业的四大"政纲"之一,并提出了若干振兴现代金融的意见方针。

今天,我们越来越清楚地认识到,金融是现代经济体系的核心,是推动社会经济发展的动力来源,是市场配置资源的主要渠道,是调控宏观经济的基本手段,现代经济社会的发展,越来越离不开现代金融的支撑和推动。在当今中国式现代化的推进过程中,我们依然必须"求助于金融"。

(二)发展现代金融必须重视制度建设

在张謇看来,制度是任何事业成功的根本保障,制度的良窳可以决定经济的盛衰。制度在国家层面则表现为法律,在企业层面则表现为具体的管理规定。由于金融是关系到整个国民经济运行的"国之大者",而且又十分复杂专业,因而必须以国家法律和企业规章保障其健康发展。张謇充分认识到了这一点,并付之于行动。

张謇认为"国必有法,有法则制"。他确信"法律犹如轨道,产业入轨道则平坦正直,毕生无倾跌之虞",否则,"随意奔逸,则倾跌立至"③。他特别强调,中国的银行业、保险业、堆栈业、运输业等,"非借法律不能发生,非有法律之保障,即发生亦不能巩固"④。法律对实业和金融发展的作用主要体现在引导、纠正、制裁三个方面,必须通过立法来规范金融市场运作,确保金融的稳定和健康发展。为了以立法明确银行的职责权限,规范其运作,保障正常运行,他在工商总长任上,推动了银行法的制定,主持拟定了《劝业银行条例》《公司保息条例》《典当条例》《证券交易所法》《国币条例》等一大批涉及金融的法律、法规。张謇通过"乞灵于法律"保障制度性、规范性地"求助于金融",从而使经济和金融都得到良性发展,这是其

---

① 张謇:《拟组织江苏银行说》,《张謇全集》第2卷,第53页,江苏古籍出版社,1994年。
② 张謇:《拟组织江苏银行说》,《张謇全集》第2卷,第53页,江苏古籍出版社,1994年。
③ 张謇:《致商会联合会函》,《张謇全集》第1卷,第293页,江苏古籍出版社,1994年。
④ 张謇:《致商会联合会函》,《张謇全集》第1卷,第293页,江苏古籍出版社,1994年。

现代金融思想观的精髓。

至于金融企业内部的制度建设,张謇亦有许多精辟论述。1906年,他在筹划建立江苏银行时,针对有人担心"公款入股,掌之者非尽本地人,耳目既远,恐不足恃",明确答复:"一公司成立,有董事,有查账人,皆代表股东以监察行政者。有董事会,有股东会,皆办事人以营业情形,筹商股东或代表者。此董事及查账人、代表人,即各州县及各绅商所公举者也。"①在这里,张謇以现代企业制度思想,构建银行的监督、营运、维权体系,既化解了一些人的担忧,又阐明了银行内部制度建设的方向。张謇对银行从业人员的基本要求,就是"守法宜坚,不可假借"。

1923年,担任交通银行总理不久的张謇,针对交行危困混乱的局面,明确提出,"振其情绪,明其端,纷可治已。交通银行待治者久,今日犹汲汲也。"而对其治理的根本之途,是"有可法,有可戒","法戒者,洞澈联贯之也"②。在这里,张謇主张对银行乱局的治理,要在弄清头绪和根源的基础上,制定制度,依法办事,严惩不法。最终,张謇以现代公司治理理念,重构经营管理体系,使交行走出困境,扭亏为盈。正如张謇所说,"所有前任亏耗,以盈剂虚,亦已过半。"③张謇通过正反两方面的经验教训,包括自办淮海实业银行,以及整顿交通银行等,深刻认识到,银行加强自身制度建设的极端重要性。

(三)必须建立完整的现代金融体系

张謇认为,现代金融涉及各种金融机构和金融方式,且相互依存、相互配套,因此必须从整体上考虑现代金融体系的构建。张謇感慨于"环顾国内,金融机关,良未徧设,农工贷借,尤苦无从,遂使地利未获尽辟,富源不克大兴,国计民生,胥受其困,亟宜特设银行,借以劝导实业"④。早在

---

① 张謇:《拟组织江苏银行说》,《张謇全集》第2卷,第53页,江苏古籍出版社,1994年。
② 张謇:《柳西草堂日记》,《张謇全集》第8卷,第931—948页,上海辞书出版社,2012年。
③ 张謇:《柳西草堂日记》,《张謇全集》第8卷,第931—948页,上海辞书出版社,2012年。
④《关于拟定劝业银行条例理由给大总统呈文》,沈家五编《张謇农商总长任期经济资料选编》第
　　283页。南京大学出版社,1987年。

1906 年,他就提出了建立现代金融体系的基本设想:"确定中央银行,以为金融基础;又立地方银行以为之辅,励行银行条例,保持民业银行、钱庄、票号之信用,改定币制,增加通货,庶几有实业之可言。"①

对于金融活动中心银行的体系建造,张謇主张:加强中国银行、交通银行等中央银行建设,以巩固国家金融基础;然后,积极发展地区金融中心的地方银行与之相配,"又立地方银行以为之辅"。② 同时,保留和改进各种民立银行和钱庄、票号等旧式金融机构,从而形成多层次、多功能、多形式的银行结构系统,构建完善的现代金融体系。另外,张謇还主张设立专门扶持农工商企业发展的劝业银行及各种专业银行。例如,他对盐业银行的定位是:"性质独立,不与中央银行相混,其营业范围以关于盐业上之设备改良、汇兑、抵押、存放、收付为限,不得营普通商业银行之事业,对于国家亦不担任盐业以外义务。"③

由此可见,张謇的银行体系设计构想,以中央银行为中心,地方银行和商业银行为主体,专业银行和各种非银行金融机构并存,并实行股份制和现代企业制度,符合现代经济发展需要,体现出鲜明的金融现代化特征。对于各类银行的资产性质,张謇认为,尽管国家从总体上掌控银行的治理权,但应实行股份制、民营化,资产所有权以私人为主。他建议政府将银行所有权和经营权分离,"治理权操于政府之手,而其所有权则属私人"。民间自主经营的银行,遵守国家法规政策,按现代企业制度运行。"民立银行,定政府入股之制,用人办事之权,由股东选举报部立案。"④

除银行以外,票证运行及管理亦是整个现代金融体系的重要一环,张謇对此亦有着独到的认识。他认为,"振兴实业之要件,必有种种辅助之

① 张謇:《实业政见宣言书》,《张謇全集》第 2 卷第 163 页。江苏古籍出版社,1994 年。
② 张謇:《实业政见宣言书》,《张謇全集》第 2 卷第 163 页。江苏古籍出版社,1994 年。
③ 张謇:《改革全国盐政计划书》,《张謇全集》第 2 卷第 126 页。江苏古籍出版社,1994 年。
④《关于拟定劝业银行条例理由给大总统呈文》,沈家五编:《张謇农商总长任期经济资料选编》第 283 页。南京大学出版社,1897 年。

机关。中央银行之外，必有赖于国民银行；银行之外，必有赖于股份懋迁公司"①。因此，在建立完善银行体制的同时，应健全股票交易所等现代金融组织。张謇宣称"交易所为世界新事业之一种"，并在推动中国第一部证券法订立、第一个证券交易所建立、第一个股票同业工会成立的同时，亲自创办了南通交易所。尽管南通交易所因种种原因，开办不久便关闭了，但其中的经验教训，给了张謇许多启示，使他对金融票证交易活动认识更为深刻。他在南通交易所开办时表示："棉纱、粮券同时骈举，属八方之耳目，而视听綦严，握各业之枢机，而运用维谨。此后南通之经济社会，须使应有交易所而感受调剂之福利，毋使因有交易所而感受破裂之危险。此则交易所唯一之目的，亦即经济人、职员诸君唯一之责任也。"②他对交易所的宗旨、功能、管理要求等，做出了精辟的论述。后来，则针对交易所运行失败的教训，在《为交易所停拍本所股票宣言》中作出了深刻的反省："政府贸然允许，所订法律尚未完备。沪上既从风而靡，潮流乃旋及南通。奸人驵侩，罔利而骰机，酸丁村竖，醉心而陷阱。"③今后"反躬可省，大觉非遥"。从南通交易所创办时的认知和要求到关闭时的检讨和反省，可以看出张謇对于现代票证交易管理的态度和理念。

　　货币是衡量商品和服务的价值工具，是金融交易的基础，也可以说是金融的载体和本源，因此，货币制度是整个现代金融体系的关键部分。由于张謇深刻认识到了这一点，因而强调"经济之厚莫先于货币"④，并在担任农商实业总长时，一边制定"求助于金融"的各种政策措施，一边及时理顺和革新货币制度。他在 1914 年 2 月主持确定了货币改革方案，出台了《国币条例》及其施行细则，主要内容有三：一是明确"国币铸发权专属于

---

① 《关于拟定劝业银行条例理由给大总统呈文》，沈家五编：《张謇农商总长任期经济资料选编》第283 页。南京大学出版社，1897 年。
② 张謇：《南通联合交易所开幕词》，《张謇全集》第 4 卷，第 486—487 页，上海辞书出版社，2012 年。
③ 张謇：《为交易所停拍本所股票宣言》，《张謇全集》第 4 卷，第 499—500 页，上海辞书出版社，2012 年。
④ 《关于拟定劝业银行条例理由给大总统呈文》，沈家五编：《张謇农商总长任期经济资料选编》第283 页，南京大学出版社，1987 年。

张謇三十讲

政府",矫正多头乱发货币的状况;二是确立国家实行以银圆为本位钱,逐步废除银两、银元、铜钱等平行混乱的币钱,并决定铸造信用度和流动性极强的通用新国币——"袁大头";三是规定"国币计算均以十进,每圆的十分之一称为角,百分之一称为分,千分之一称为厘。公私兑换,均照此律"[1]。张謇货币思想的核心,就是要统一和规范货币,以更好地为生产、流通服务,以货币制度现代化,推进中国的经济和金融的现代化。

(四) 将信为本、信用为王

作为既秉持中国传统道德伦理又吸纳西方契约精神的一代楷模,张謇始终把忠实和诚信看作是安身立命之本。他做人是如此,创业是如此,办金融更是如此。他在经商创业中,特别是在从事金融活动时,尤其注重遵守诚信准则、守约观点、法治意识等市场经济基本道德规范。

1921年,张謇为上海织布交易所题词:"抱布贸丝,交易而退,各得其所;成贾征偿,将信为本,循之以行。"[2]他在这里着重强调的是,商业贸易的本质在于互通有无,各得其利,因而一定要诚信为本,共守规则。张謇不仅把诚信看作道德要求,而且将其上升到信用制度及法律层面看待。他认为,对于企业来说,必须遵守政府制定的法律法规,依法经营,守法致富;对于政府来说,必须通过立法、执法,保护守信者,惩戒失信者,从而推动全社会的信用体系建设。

张謇对自己创办的各类学校所提校训中,也特别强调诚信问题。他对南通纺织专科学校的题词是:"忠实不欺,力求精进。"[3]他对银行专科学校的题词是:"忠信持之以诚,勤俭行之以恕。"[4]他告诫该校师生:"银行员日与金钱为缘,更非有优美之道德,不足以恢弘信用,扩张营业。"[5]

信用是金融的命脉和灵魂,金融之所以能存在和发展,完全依赖于信

---

① 《关于拟定劝业银行条例理由给大总统呈文》,沈家五编《张謇农商总长任期经济资料选编》第283页。南京大学出版社,1987年。

② 张謇:《题沪纱布交易所新筑》,《张謇全集》第7卷,第458页,上海辞书出版社,2012年。

③ 王飞:《"忠实不欺、力求精进"校训的当代启示》,《学习月刊》,2007年第22期,第143—144页。

④ 张謇:《通海甲种商业学校》,《张謇全集》第4卷,第360—361页,上海辞书出版社,2012年。

⑤ 张謇:《银行专修科演说》,《张謇全集》第4卷,第277—278页,上海辞书出版社,2012年。

用根基,张謇对此有着深刻的认识。他看到了现代信用制度和信用工具的巨大功效,"信用云者,不恃势利,其比例为同等享受。"①只要"示人以信用",尽管自己毫无资本,也可"吸取人之资本"②。他认为,"银行者,必为商民所信望,而后得商民之信用。"③他还提出要"确立信用的现实诉求。"张謇坚守将信为本、忠实不欺的理念,并在经营金融业务时,注重信用评估与风险管理,以维护金融信誉和健康发展。张謇关于金融信用的理念,至今仍需坚守和发扬。

(五)"祈通中西",吸纳发达国家金融观念和经验

作为中国早期现代化的探索者、引领者,张謇具有宽阔的世界眼光和浓烈的现代文明意识。他认为,"今日我国处列强竞争之时代,无论何种政策皆须有观察世界之眼光,旗鼓相当之手段,然后得于竞争之会。"④他在总结自己一生现代事业成败时,特别强调一点经验体会:"对于世界先进各国,或师其意,或撷其长,量力所能,审时所当,不自小而馁,不自大而夸。"⑤

张謇认为,对于推进现代化,作为后发追赶型国家,一定要学习借鉴先行发达型国家的经验和理念,包括经济、政治、文化等各个方面。对于尤为陌生、尤为欠缺的现代金融来说,更是如此。

张謇认为,要像发达国家那样,设立各类银行,发行统一纸币,以促进现代经济和金融业发展。"欧洲各国之用币,则有国立贸易、兑换、贮蓄、存金、农工、劝业各银行为之把注焉。富商巨室,其居者藏所有之金银于行,握其一纸而无复海盗之患;其行者可只身挟巨资,行数万里而遥。日本维新之初,尝行札币,以济金、银、铜货之穷。"⑥

① 张謇:《致铁良函》,《张謇全集》第2卷,第186—189页,上海辞书出版社,2012年。
② 张謇:《承办通州纱厂节略》,《张謇全集》第4卷,第27—29页,上海辞书出版社,2012年。
③ 张謇:《银行专修科演说》,《张謇全集》第4卷,第277—278页,上海辞书出版社,2012年。
④ 张謇:《中央教育会开会词》,《张謇全集》第4卷,第188—190页,上海辞书出版社,2012年。
⑤ 张謇:《为南通地方自治二十五年报告会呈政府文》,《张謇全集》第1卷,第524—525页,上海辞书出版社,2012年。
⑥ 张謇:《变法平议》,《张謇全集》第1卷,第34—62页,上海辞书出版社,2012年。

张謇考察比较了英、法、德、美四国银行制度，联系到中国急需银行在取得商民信任的基础上，促进商办实业发展的实际情况，主张以英、法、德为榜样，采取公私混合股份制，使政府处于股东地位，但银行的性质却"纯然一私家银行"，所有民立银行只要遵守政府和民间一律同时入股的新制度，就可以获得颁银钞、贮公款、有债限三项权利。张謇对欧洲银行情有独钟，主要是因为能确立银行的自主经营地位，抵制政府对银行的不当干预。

其实，就国家关系而言，张謇对美国更有好感。他认为中美"两国为共和兄弟，吾诚自恶。顾其为大陆性，同也；地广而多未辟，同也；自物美且韧，同也。"[1]他之所以不太赞成学习美国的金融体制，主要是因为美国政府对金融干涉太多。

1903 年，在 70 天的日本访问中，张謇考察了日本大阪株式会社三十四家银行和国家造币局，对比中国的情况，深感"华人苦货币之困久矣"[2]，愤然于中国黄金不断外流造成货币流通困难，影响实业发展。他担任农商总长后，便建议学习借鉴日本等国经验，实行金本位制及建设国家农业银行。

张謇关于从中国实际出发，学习借鉴国外先进金融经验的思想理念，影响和引领了当时中国现代金融的构建和发展，至今仍有深刻的启迪意义。

三、张謇金融思想与实践对后世的影响

张謇以现代理念和方法开拓新型金融业，以现代金融促进现代经济发展，以现代金融立法和改革保障现代金融业发芽生长，为中国现代金融业的发展打下了良好基础，同时也奠定了自己在中国金融发展史上的独特地位。张謇开创性的现代金融实践、超前性的金融思想理念，对于后世

---

① 黄波：《一个美国外交官眼中的张謇》，《张謇研究》2018 年第 3 期。
② 张謇：《柳西草堂日记》，《张謇全集》第 8 卷，第 531—577 页，上海辞书出版社，2012 年。

的影响和启发,无论是就全国而言,还是就南通而言,都十分丰富而重要。

就全国而言,张謇推进早期金融现代化的艰辛探索、宝贵经验和先进思想理念,一直有意无意、有形无形地影响到当代金融的发展。例如,宏观上如何确立金融在整个国民经济的重要地位,发挥其重要作用,如何健全现代金融体系、创立现代金融企业制度、制定正确的政策方针;微观上如何创立具体的金融机构及有效经营管理,以及如何使金融机构增盈减负、防范信用风险等等。显然,张謇当年的探索和思考,为我们今天留下了许多值得珍惜的遗产。

金融现代化建设有着普遍规律和客观的历史传承性。2023年10月,中央金融工作会议提出建设金融强国的目标,要求做到"八个坚持",包括坚持以人民为中心的价值取向,坚持把金融服务实体经济作为根本宗旨,坚持把防控风险作为金融工作的永恒主题,坚持在市场化法治化轨道上推进金融创新发展,坚持统筹金融开放和安全等。这些针对当下金融实际情况所提出的大致方针,出自当代中国式现代化的总体布局和指导思想,但不排除历史经验的总结和运用。其中,我们也可以联想到,张謇在早期金融现代化中的所思所虑和所作所为。

展望未来,我们坚信,有党中央、国务院的正确领导和英明决策,有一百多年来中国金融现代化的历史经验(包括张謇等人的贡献),有数百万专业敬业的金融人(特别是领导骨干)的勤奋努力、中国的金融业一定会迈进世界一流行列。

就南通金融业而言,先贤张謇所打下的现代金融基础和历史传承,使南通获益良多。这主要表现在两个方面:一是金融人才的成长;二是地方金融业的发展。

张謇1913年在通州创办甲种和乙种商业学校,设立银行专修科,学制为预科一年,本科三年,为南通培育了众多的金融专业人才。1914年1月和7月,银行专修科40人、乙种商业27人先后毕业,分别在上海、苏州、南通等沿江城市各银行及实业公司就职,为南通的金融业和工商业提供了急需人才。同时,他又在创办金融机构和组织时,锻炼培养了一大批实干人才。近代银行家(书画家)凌霄凤,由张謇资遗至日本长崎第八银行实习,回国后任南通银行专修学校主任教务,后在北京银行界工作十多年,还担任大陆银行上海分行和汉口分行行长。徐庚起是南通第一位留美学生,1919年获美国哥伦比亚大学经济学硕士学位,1920年任淮海实业银行协理,被称为张謇后期事业四位后起之秀之一。通州人朱理治是张謇创办的南通中学的高材生,曾任陕甘宁边区银行行长、东北银行总经理兼总会计局局长,被称为"红色金融家"。

由于张謇时代的基础和传承,南通如今被称为"金融家摇篮",形成了"银行行长兵团"现象。据不完全统计:从中国银行南通分行成长为各地行长的,有4位一级分行行长和20多位省行部门、附属公司正副总经理(总裁)及二级分行行长副行长。其中有安徽省分行行长、浙江省分行行长、山东省分行行长、大连市分行行长等。江苏银行领导班子中曾有三位南通人,13个设区市分行中,有6位行长从南通起步。

另外,南通籍的金融家还有:中国工商银行原董事长姜建清、原行长杨凯生,财政部原副部长张佑才,中银万国原董事长李创阁,蚂蚁金服集团副总裁徐浩,上海浦发银行董事长吉晓辉,招商局集团原董事长李建红(南通女婿,长期在南通工作)等。

近年来,南通市通过一系列人才政策、金融服务、投资与上市奖励等措施,积极吸引和培养金融人才,为南通金融行业的发展提供了有力的人才保障。南通设立了"江海英才贷"及风险补偿基金,鼓励商业银行、科技银行为高层次人才创业企业提供最高1500万元的贷款。同时,还对投资机构(天使投资基金)落户和协助企业上市,进行特殊奖励。有关数据表明,2024年南通金融招聘需求量较2003年同期增长305%,显示出南通金融市场的活跃度和对金融人才的需求增长。

目前,南通的金融业,在地级市中也独领风骚。随着南通市经济的强劲增长,金融业规模也不断扩大。2023年末,南通市金融业增加值达到886.68亿元,占GDP的比重为7.51%。各项存款余额为2.10万亿元,成为全国第六个存款超2万亿元的地级市。南通人均存款超16万元,位居江苏地级市第一。南通现有各类金融机构 300 余家,包括 43 家银行金融机构、86 家保险金融机构等,位居国内同类城市前列。在资本市场面,全市共有证券营业部 70 家,期货营业部 15 家,私募基金管理人 60 家,私募基金 362 支,全市拥有境内外上市公司 57 家。在优化金融生态环境方面,所辖县市生态环境建设综合排名连续多年全省领先,南通市地方金融监管局被省金融稳定工作领导小组授予"金融生态县创建工作先进单位"称号。

在今天南通金融业欣欣向荣的发展画面中,我们似乎还可以忽隐忽现地看到,百年前先贤张謇在金融界奋力开拓、精心耕耘的伟岸身影。

张謇三十讲

第二十八讲：
张謇与中国近代最早的师范学校

(2024 年 10 月 9 日，笔者应无锡高等师范专科学校邀请，围绕
"张謇和师范教育"作专题讲座。本文亦发表在"江苏省陶行知研究会《行
知研究》2004 年第 4 期)

作为杰出的教育家和企业家,张謇对师范教育特别重视,直接创办和
参与创办了中国近代最早的几所师范学校,被誉为中国近代师范的创始
人或第一人。今天,进一步考察和总结张謇创立师范和推动师范建设的
思想实践,对于办好师范学校,促进师范教育事业发展,有着重要意义。

一、创办中国近代第一所私立师范学校

在清朝末年,师范学校分为官立、公立、私立三种类型。按张謇的说
法,"用国税者曰官立,用地方税者曰公立,用民人私产者曰私立。"1901 年
初,张謇本想在家乡通州创建公立师范学校,并与沙元炳等人联名上书两
江总督刘坤一,但由于种种原因而未能如愿。于是,张謇便用自己和民间
的钱财创办私立的通州师范学校,这是中国近代第一所私立师范学校,也
是第一所独立设置的师范学校。

张謇在 1902 年阴历二月二十九日的日记中记载:他与对师范教育颇
有研究的罗振玉,去拜会两江总督刘坤一,商议办师范学校的事,但刘身
边的人和有关部门负责人均不赞成。刘"复语我此事难办,叹息不已。乃
谋自立师范学校,计所储任办沙厂以来不用之公费,五年本息环生可及二
万圆,加以劝集,或可成也。"

1902 年 10 月 15 日,张謇发表《通州师范学校议》,宣告通州师范学校

正式创立。1903年4月27日，通州师范学校正式开学。学校初创时，占地41亩，校舍500余间，设有师范四年制本科、两年制简易科和一年制讲习科，另外还分设了农科、蚕科、测绘科等实业性、专业性较强的科班。

由于张謇认为"师范为教育之母"，"兴学之本，惟有师范"，充分认识到师范在整个教育体系中的极端重要性，因而对创立通州师范学校，几乎倾注了他当时的所有物力和心力。他亲任学校"总理"，无论是筹款、征地、校园规划和设计施工，还是学科建设、课程设置、教师选聘、学校管理，乃至校舍如何编号及学生用多高的桌椅，他都事事操心，样样操劳。用他自己的话说就是"师范乃鄙人血汗经营之地"，"家可毁，不可败师范。"他在"通州开学致教习监辞"中说道："全赖诸先生俯鉴微忱，陶冶我州学子，能为他日普及教育之良师。鄙人虽为诸先生拥彗却扫不敢辞命。"学校曾聘请多名日籍教师和王国维、江谦、陈衡恪、杨廷栋、欧阳予倩、朱东润等学界名流任教。

张謇在通州师范学校的开学演讲中，郑重说道："愿诸君开拓胸襟，立定志愿，求人之长，成己之用，不妄自菲薄，自然不妄自尊大。忠实不欺，坚苦自立，成我通州之校风。"这既是对学生的勉励和期望，又是张謇自身品行的写照。他正是凭着博大的胸襟、过人的勤勉和"忠实不欺，坚苦自立"的精神，才创建了中国第一所私立师范学校，成就了包括教育事业在内的各项早期现代化事业。

张謇在通过师范学校正规培养师资的同时，还倡导以讲习所、培训班等多种形式快捷培训和输送出教师，以适应普及教育的需要。他主张乡村和垦牧区选派人员来通师短期学习后再回校任教。"南通师范附设特班，由各公司向所在县教商会，商择高等小学毕业生五六人送通肄习师范，间一年加一班，学费由各公司补助，毕业之后，即充各该公司国民小学教员，责尽义务四年，以后公司不续订者，各听自便。"

张謇认识到"学必有师"，因而对师范教育情有独钟，除了创办通州师范学校外，还创办了通州女子师范、盲哑师范、母里师范、两淮寻常师范、甲种师范讲习所、乙种小学教员讲习所等。这些师范学校的创办，为南通

张謇三十讲

的普通教育源源不断地输送了急需的教师人才，为南通当时构建的以三百七十多所新式学校为主体的现代教育体系，发挥了重要作用。当年的南通，被美国教育家杜威称之为"中国教育之源泉"，今天则被誉之为"教育之乡"，且普通教育在全省全国名列前茅，这与张謇当年创办通师等师范学校，密不可分。

二、支持创办中国近代最早的公立师范学校

中国近代最早的公立师范学校——如皋公立简易师范学堂，是沙元炳于 1902 年 9 月创建开学的。这学校创建过程中，张謇一起参与了谋划和建设。

沙元炳是如皋人，与张謇同为 1894 年恩科进士，同在翰林院供职，同样因为戊戌变法失败而告假辞官"经营乡里"。他们都是南通江海平原上走出来的中国早期现代化的先行者，而且两人在事业上相互帮助支持，友情深厚。

沙元炳认同张謇"父教育、母实业"的理念，与张謇一样，在家乡一手办教育，一手办实业，而且在办教育过程中也是把办师范放在优先位置。他先是在 1901 年与张謇联名上书两江总督，建议创办师范学校。后来，他利用曾任过如皋县官及与现任县官关系较好的条件，创办了中国第一个公立（县立）师范学校。

沙元炳在创办师范学校时，得到了张謇的大力支持和帮助。据《江苏省志》记载："光绪二十八年（1902 年）三月至五月间，翁同龢的学生、翰林院编修沙元炳两次赴南通与张謇、李磐硕等研究创办公立师范学堂的办法和章程。"如皋县知事拨出 6460 亩学田租金等款项作为办校经费。经张謇与沙元炳共同商议，学堂建筑参照日本弘文学校图样，融合中国明清书院风格。校舍分东、中、西三路，以中路为中轴线向两翼铺开，"青砖小瓦马头墙，廊檐穿堂格子窗"，拱式卷棚，回环曲廊，互相连通，阴晴无碍。校内核心建筑"贵全堂"匾额由张謇题写。玉兰苑影壁上嵌有汉白玉"如皋师范学堂"六个大字，其中"师范学堂"为郑孝胥来校时所题，"如皋"二

字为张謇后来补书。目前,该校的原址、原貌及办学风格,基本得以保留,被誉为"中国师范教育的活化石"。

张謇与沙元炳几乎同时在 1902 年初开始筹建各自的师范学校。在筹建过程中,两人共同商议办校宗旨和具体方案,而且相互参与对方办学方案和选址等方面的谋划,相互有很大帮助。两所号称中国第一个公立师范学校、第一个私立师范学校,前后在半年内相继开学,堪称中国师范教育开创性大事件,两位学校创始人,犹如闪烁在江海平原上空的"双子星",光芒四射,令人景仰。

三、参与中国近代第一所国立(官立)师范学校策划

创办于 1898 年 7 月的京师大学堂,是中国近代史上第一所"国批国办"的"国立"大学(按照张謇的分类法,也可称之"官立")。1902 年京师大学堂师范馆成立,标志着中国近代第一所非独立设置的国立师范学校的诞生。1908 年,师范馆独立设校,改称优级师范学堂,后为北京师范大学。张謇与京师大学堂及国立师范学校的筹划和创建,均有一定的关联。

1898 年 4 月,正当戊戌变法进入高潮,各种新政迭出,教育变革包括建立现代型的大学,也提上了紧迫的议事日程。这时,协助光绪皇帝搞变法的重臣翁同龢要自己的学生、翰林院修撰张謇草拟创建大学堂方案。当年的四月二十五日,张謇拿出了初稿并当面向翁回报。据张謇的当天日记记载:"拟大学堂办法,宜分内外院(内院已仕,外院未仕);宜分初、中、上三等;宜有植物、动物苑;宜有博物院;宜分类设堂;宜参延东洋教学;宜定学生膏火;宜于盛大理允筹十多万,酌量宽备;宜即用南苑工费;宜专派大臣;宜先画图。与仲波大致同。虞山谈至苦。"从这里可以看出,从院科设置、教学体制、学堂布局及配套、学生待遇、办校经费、政府管理、筹办步骤等,张謇均有周详考虑。事实上,后来京师大学堂的筹划和创设,有意无意地采纳了张謇的意见。

遗憾的是,未等张謇提出正式办校方案报批,第二天(四月二十七日),翁同龢便被开缺回籍。当天的张謇日记写道:"所系甚重,惊心京京,

朝局自是将大变,外患亦将日亟矣。"面对危难政局,张謇已无心亦无法进一步考虑创办大学堂的事。

所幸的是,"革命自有后来人",维新派领袖梁启超接续了大学堂的筹划工作,由他起草筹办大学堂折和《京师大学堂章程》,由张荫桓奏陈。梁在《戊戌政变记》中记述:"三令五申,诸大臣惶不知所出。盖支那向未有学校之举,无成案可稽也。当时军机大臣及总署大臣,咸商人来属启超代草,梁乃略取日本学规,参与本国情形,草定规则八十余条。至是上之,皇上俞允(五月十四日)。"从这里可以看出,梁启超与张謇的办校方案有许多共同之处,包括张说"宜参延东洋教学",梁说"略取日本学规"等。在张謇与梁启超等人的共同努力下,包括光绪皇帝的督促支持下,京师大学堂终于在 1898 年 7 月正式建立。

有意思的是,朝廷看中张謇的办学意见及他自身的学养声望,于京师大学堂刚建立的 7 月份,由总教习孙家鼐奏荐张謇为京师大学堂的教习(相当于副校长)。张謇由于已察觉到戊戌变法即将失败,京城不可久留,便以自己创办的"通州纱厂系奏办,经手未完"为由,辞大学堂教习职,并向翰林院请假,匆匆南归回乡。不久,戊戌变法和维新运动果然在血雨腥风中宣告终结。

1900 年底,因八国联军侵占北京而出逃西安近一年的慈禧太后,痛定思痛,"励精图治",宣布实行"新政",要从政治、经济、教育等各个方面进行变革。这时,张謇相机而动,于 1901 年 2 月精心撰写了阐述全面变革主张的《变法平议》。在这篇警世宏文中,张謇在教育变革篇章中特别谈到了师范学校的问题。"宜各府州县先立一小学堂于城。小学堂中先特立寻常师范一班。选各府州县学诸生,年二十至四十、束脩自爱、文理通畅者,四五十至七八十人,视学大小为人数多寡,延师范教之。三月后,试令分教小学堂学生。由地方视学官,每月会同师范师,试其学业教法之进退,而等具优绌……第三年即以先立之小学堂为中学堂,仍并寻常师范学堂于内,兼教西文。而别立高等师范学堂,凡学生皆纳善金,数各随地酌定。是为官学。若绅富私立或公立者听便。建议之始,报明视学官转报文部给予准据。学堂教育章程及课本书与官学同,考试给凭出身亦同。第四年,各省城立专门高等学堂。第五年,京师大学堂可立矣。"从此可以看出,张謇对发展师范教育特别看重,而且有一套系统周密的考虑,特别是对于京师大学堂可设立专门的师范学校,很有前瞻性。在张謇发表意见的第二年,京师大学堂果然在1902年设立京师堂师范馆,1908年改为京师优级师范学堂,独立设校。

另外,还有一件事值得一提:被称为中国师范三大源头之一的南洋公学师范院,为盛宣怀在1897年创办。盛宣怀在创办南洋公学(上海交通大学前身)时,把师范和小学设在学堂的优先地位,"师范、小学,尤为学堂先务中之先务"。他在1897年3月,"考选成材之士四十名,先设师范院"。这实际上是中国近代史上暂未独立设置的第一所师范学校。这所隶属于"官立"南洋学堂的师范学校,创立的时间明显早于京师大学堂师范馆及通州私立民办师范学校和如皋公立师范学校。

张謇与盛宣怀于1897年3月在上海第一次会面,后接触频繁。两人都热衷于搞实业、办教育,在思想上有很多共同点,在行动上亦有合作和呼应。当时盛宣怀正在创办南洋学堂师范学校,张和盛是否议论过此事,待考。后米,张謇曾资助过南洋公学,1921年交通大学设立董事会,张謇在第一届校董。

从以上张謇创办和助推中国近代最早的师范学校的事例中,可以看出,张謇关于发展师范教育的思想理念主要表现在以下几个方面:

一是教育强国,师范为先。张謇是一位杰出的爱国主义者,他所从事的一切事业包括教育,均从救国、报国、强国出发。他认为"图存救亡,舍教育无由","一国之强,基于教育","今求国之强,当先教育"。那么,如何办好作为强国之基的教育呢?他认为,要形成完整的现代教育体系,包括普通教育、师范教育、职业教育、特殊教育、女子教育、社会教育乃至慈善教育。而在这个教育体系中,师范教育占有至关重要的关键地位。他清晰认识到教育体系中各单元的相互关系,"师范启其塞,小学导其源,中学正其流,专门别其派,大学会其归"。因而强调,"师范为教育之母","兴学

张謇三十讲

之本,惟有师范",必须优先发展师范教育。他深刻意识到,师范是培养教育人的教育机构,是整个教育系统的工作母机,是"教育之母",其状况如何,从根本上决定了一个国家的学生和教育水平,乃至整个国民素养和国家"软实力"。他对比世界各国强盛之道,指出,中国:"欲雪其耻而不讲求学问则无资,欲求学问而不求普及国民教育更无与。"而"普及之本,本在师范"。正是有了如此宏阔的视野和超前的思想理念,张謇才会不遗余力地大办师范,乃至发誓"家可毁,不可败师范"。

二是开拓创新,敢为人先。敢于和善于开拓创新是干事创业者的基本禀赋,也是事业成功者的必备条件。张謇正是因为开拓性地干了别人不想干、不敢干的事情,创造性地干成了别人未干成的事,才全方位创造了中国近代诸多第一,成为中国早期现代化优秀的先驱者。他兴办教育特别是师范教育,同样如此。在清朝末年,当大多数人尚不知现代教育特别是现代师范教育为何物时,张謇就竭力予以倡导和创办,并历经艰辛,力克困难,创办了中国第一所民办师范、女子师范等师范学校。这本身就是一种开拓创新、敢为人先的壮举。在具体的办学过程中,他在学校建制、经费来源、教学管理、教师选聘等各个方面都采取了一系列开拓创新的举措。就拿课程设置来说,通师"讲求教授管理法、修身、历史、地理、算术、文法、理化、测绘、体操诸科学";学制则根据学生的不同情况和社会需求,分一年制的讲习所、两年制的简易科、四年制的本科。张謇还倡导"自得主义"教学方法,即对教师来说,应根据学生的个人禀赋、个性特点因材施教、顺势而为;对学生来说,则在老师的自然育导下,养成学习的自主性和自觉性,从而自得其乐,各得其所。另外,我国师范延续至今的教学实习制度,实属张謇首创。通师创立时就规定,即将毕业的师范生须到附属小学实习,试用授课并接受同门和教师点评,同时将实习纳入对师范生的整体考评。

张謇在办学过程中,还有许多创举。例如,他结合师范学校的教学需要,在1904年开设博物苑,"蒐集中外动植矿工之物,乡里金石,先辈文笔,资我学子察识物理"。之后,南通博物苑成为中国第一个对公众开放的民间博物院。他在 1906 年在师范学校附设农科,后发展为农业专门学校和私立南通农科大学(江苏农学院前身,扬州大学源头之一)。1912 年,通州师范学校因"规模宏大,成绩昭著",被省政府改为"江苏省代用师范学校",成为第一个由私立师范学校转为省管的公立师范学校。

三是"祈通中西",开放包容。作为一位具有世界眼光、紧随时代文明潮流奋勇前行的现代化先驱,张謇在兴办师范教育的过程中,特别注重吸纳世界各国先进的办学理念和经验,并与中国国情和传统文化相结合,形成中西合璧、融通古今的现代师范教育范式。张謇认为,师范的课程设置和教学安排等,"既须适应世界大势之潮流,必须顾及本国之情势,而复斟酌损益,乃不凿圆而纳方"。他还仿日本制度增加选修性质的随意科,让有所侧重的本科生选修,以此"多备进取之途"。通师的课程设置,既包括了中国传统的历史、修身、伦理等,也有英文、测绘、体操等西学科目,而且偏重于西学科目。在师资选用方面,张謇打破只能在省城公立学堂聘用外籍教员的规定,在民立的通州师范聘用了多名日籍教员,并充分发挥他们的骨干和引领作用,使通师真正成为一所具有现代色彩的师范学校。后来,学校逐步增加了自身培养的优秀师资,并通过深化改革教师聘任制,使中外双方的教师优选优用,各展其长,相得益彰。同时,通师还资助成绩优异的学生出国留学进修,使他们学成回国后,既在通师发挥教育骨干和"祈通中西"的纽带作用,又在当地学界和政界崭露头角,积极推动地方建设。张謇在兴办师范教育的过程中,不仅看重"西学",也重视"国学",尽量从中国传统文化中汲取精华,并使之与近代新式教育融为一体。他对儒家注重伦理的教育思想、讲究教育方法的教育思想、强调武备的教育思想,十分推崇,并努力在创办新式师范学校中予以践行。他甚至认为,《礼记》中关于诗书礼乐射御教授课程,"其理论合于师范养成教员之用"。张謇在通州师范礼堂的题词,最能反映他祈通中西、开放包容的办学思想:"极东西万国推崇教育大家,先贤亦云吾学不厌诲不倦;合周秦诸子受裁于狂狷一体,后生有志各尊所闻行所知。"

四是争当模范,严谨细致。通州师范学校在创立时,就注意教学体制

张謇三十讲

和教学管理的规范化和现代化,因而成为当时的中国民立师范的榜样。在教学方法上,张謇力推当时在国际上较为先进的单级教授法和赫尔巴特学派五段教授法。所谓单级教授法,就是由一位或两位教员在一个课堂内,同时教不同学科、不同年级的学生,以改进和完善当时单级小学的课堂教学方法,提高教学质量。所谓赫尔巴特五段教学法,是由德国教育学家赫尔巴特创立的一种教学理论和方法。该教学法有五个相互联结的教学过程构成:即一预备(提出问题、说明目的);二提出(提出新课程、讲解新教材);三联系(比较);四总结;五运用。这种适应新式学校的现代教学法,与传统教学方法相比,有着极大的先进性和优越性,使通州师范学校的教学水平一跃跨进全国先进行列。通师的示范和引领作用,不仅惠及南通和江苏,而且影响全国。

张謇一生模范意识很强,他处处以圣贤为榜样,除了自身在品行修养方面做模范外,在中国早期现代化的各项事业中,也努力发挥示范引领作用,他能把家乡南通打造成全国响当当的"模范县"和"中国近代第一城",均与他浓厚的"模范意识"有关。他在兴办师范教育时,这种"模范意识"更为突出,主要表现为:1. 要办最早最好的师范学校,以示范引领家乡和全国的师范教育;2. 要师范学校的老师为人师表"求于五洲,合智育体育;愿为诸子,得人师经师",既是教学问的"经师",又是品性榜样的"人师",在各类学校的教育中和自己的学生面前做模范;3. 要师范的毕业生注重"范"的涵意,严于律己,在整个教育系统做模范("范者,法也,模也,学为人师而不可不法不模")。

在这种模范意识的激励下,张謇办学特别注重严谨细致。"坚苦自立,忠实不欺",即是他对通州校风的核心要求,也是自身在兴办师范教育过程中的精神品质写照。张謇深知无规矩不成方圆,为了通师的创建和运行,他精心制定和汇编印发了整套《通州师范学校章程》,其中包括《通州师范学校管理章程》《通州师范学校职务章程》《通州师范学校学课章程》《通州师范学校教习考核章程》《通州师范学校招集生徒章程》等。这些规章制度的精细制作,极大地推进了学校的精细化管理及取得应有成效。张謇对学生的教育和管理亦很严格。他在 1904 年 1 月 3 日"师范学校年假演说"中教导学生说:"校章者,管理法也。监理能行,诸生能守,是为范之正轨;今日能守,异日能行,是为范之结果。"他还在 1904 年 3 月 7 日师范学校第二学年开学演说中指出:"尤有一说,为诸生进。赏罚者,整齐一校规则,锐厉一校精神之具也。去年何人以何事而赏,何人以何事而罚,诸生当共明之。"

在实际校务活动中,张謇也以身作则,对看似不太重要的"小事",亲力亲为,细致入微。例如,在通师创建开学的头一天晚上,他和庶务主任手持蜡烛仔细查看校园各处,发现未定牢的门牌,亲手重订,并细心检查和调整厨房与厕所的布置。还特别交代:"办学堂,要注意这两处的清洁。"在第二天的开学典礼上,张謇谆谆告诫新生,"肯理会,肯担任,自然不惮烦琐,不逞意气,成己成物,一以贯之"。这又何尝不是张謇自己优良品质和细致作风的充分表现!

总结张謇开创性的兴办中国早期师范教育事业,是为了弘扬先贤光辉业绩和宝贵经验,推动当代师范教育乃至整个教育事业的兴旺发达。百年大计,教育为本;教育大计,教师为本;教师大计,师范为本。让我们认真贯彻九月十号召开的全国教育大会精神,紧紧围绕立德树人根本任务,朝着建设教育强国的战略目标,繁荣师范教育事业,为实施教育家精神铸魂强师行动,培养造就新时代高水平教师队伍,从而为助推中国式现代化做出我们应有的贡献!

第二十九讲：
张謇与盛宣怀兴办教育之异同

（2024 年 11 月 2 日，盛宣怀诞辰 180 周年学术活动在江苏省常州市举行，笔者应邀在研讨会上作学术报告《盛宣怀与张謇兴办教育之异同》。本文亦发表在《龙城春秋》2024 年第 5 期、《江苏教育参考》2025 年第 2 期）

张謇与盛宣怀都是中国近代著名的实业家、教育家，都是中国早期现代化的先驱者。他们都是同时代人，在开创早期现代化的各项事业中，形成了许多共同之处，但由于个体的主客观条件不同，也具有一些差异。他们在兴办现代教育事业中，也呈现出同中有异的状况。对比研究他们在兴办现代教育事业中的同与不同，对于进一步了解他们各自的教育思想和实践，乃至中国早期教育现代化的特点及对今天的启发，大有裨益。

一、张謇与盛宣怀兴办教育的共同点

（一）以强国兴邦为根本目的

张謇与盛宣怀都具有十分浓烈的爱国情怀，甲午战败后，他们都痛心疾首，悲愤不已。面对"国破山河在"的悲惨局面，他们都不约而同的想到了爱国必须救国，救国必须强国，强国必须办实业、兴教育。他们在开创性的创办中国早期现代实业的同时，还不遗余力的兴办中国早期现代教育，就是为了救亡图存，振兴国家。

1895 年甲午战败、丧权辱国的《马关条约》刚签订不久，张謇就在他救国强国的纲领性文稿《条陈立国自强疏》中鲜明指出："非人民有知识，必不足以自强。知识之本,基于教育。"①后来他又进一步论述道:"窃维环球大通,皆以经营国民生计为强国之根本。而根本之根本在教育。"②张謇认为,"教育所以开民智。顾念今日,岂唯民智不开而已。"③在张謇看来,国家不强,在于民智不开;民智不开,在于教育不兴。因此,要使国家强盛,必须兴办教育。兴办教育的根本目的,就是强国兴邦。正如他所说,"图存救亡,舍教育无由。"

无独有偶,盛宣怀也在《马关条约》签订的 1895 年,明确提出了"兴学强国"的主张。他一面向李鸿章建议,"中国必须乘时变法,发愤图强"④,一面禀奏光绪皇帝,希望着眼于国家富强之根本大计,设立新式学堂,并呈报了《创建北洋大学堂章程》。他鲜明指出,"自强首先储才,储才必先兴学。""自强之道,以作育人才之本;求才之道,尤宜设立学堂为先。"⑤他在《请设学堂》奏折中建议:要像日本维新以来那样,仿照西法,广开学堂书院,"以学习先进的科学技术知识",与各国"絜长较矩"。正是从这一根本大计出发,盛学怀才以非常强烈的责任心和紧迫感,急急忙忙在 1895 年创办了北洋大学堂,1896 年创办了南洋公学。

(二)以现代实业为财力支撑

在张謇看来,强国必须办实业,办实业必须有人才,人才的培养,必须靠教育,而发展教育必须有巨大的经费投入,这又要靠实业来支撑。因而"父教育而母实业,以实业养教育,以教育促实业,实业与教育迭相为用。"正因如此,张謇将企业获利,除了"厚待股东"和扩大再生产外,连同自己的获利,大部分都用来办学校。靠着这些经费来源,他居然在南通创办了三百七十多所各类学校。

① 张謇:《垦牧公司第一次股东会演说公司成立之历史》,《张謇全集》第 4 卷,第 180~183 页,上海辞书出版社,2012 年。
② 张謇:《江苏教育总会咨呈江督、苏抚、宁苏提学司请开办实业教育讲习所文》,《张謇全集》第 1 卷,第 209~210 页,上海辞书出版社,2012 年。
③ 张謇:《致端方函》,《张謇全集》第 2 卷,第 138~140 页,上海辞书出版社,2012 年。
④ 盛宣怀《愚斋存稿》,上海人民出版社,2018 年。
⑤ 盛宣怀《愚斋存稿》,上海人民出版社,2018 年。

1902 年,张謇先是用自己在大生纱厂的六年俸禄 2 万多两银子,加上亲友的资助,创办中国第一个民办师范学校通州师范学校,随后便将大生纱厂全年红利中的十三分之一,用来支付通师的常年费用。张謇自称,自己二十多年来自费"用于教育、慈善及地方公益者,有二百五十七八万,仍负债六十万有余"①。他的三兄张詧也用了八九十万。他认为若没有实业做支撑,"则二三十年来无一事可成,安有地方教育、慈善可说?"②

　　在早期创办实业的过程中,盛宣怀依据自己的切身经历,充分认识到,"实业与人才相表里,非此不足以致富强"③。这与张謇关于实业与教育"迭相为用"的主张,如出一辙。正是有了这样的指导思想,盛宣怀也才能像张謇一样,将创办实业所得到的钱财大量用于兴教办学。

　　盛宣怀以实业所获为经费来源办教育,大致可分为两个阶段或两种形式。从时间上划分,可以从 1896 年划界。一是早期的某一个特定企业独立出资,为自己的企业培育急需实用人才,大多与短期学堂和训练班形式办学。例如,以电报局出资,举办天津电报学堂和上海电报学堂;以汉阳铁厂出资,举办铁厂钢铁冶炼学堂;以轮船招商局出资,举办轮船驾驶学堂;以铁路公司出资,举办卢汉铁路学堂等。二是后期打破企业和实业部门学校自办、资金自筹、人才自用界限,广泛筹募资金,捐设新式综合类学校,兴办正规普通(高等)教育,专业方向也从早期的技术培训向理工法政多元化专业方向发展,所培养人才也从特定企业和实业领域,转而面向整个国家和社会的需要。

　　现代正规教育所需耗资巨大,盛宣怀在后期举办正规教育的过程中,其经费主要来源为变相的国库收入和自己主办的大企业的捐助。所谓的变相国库收入,是指本该纳入国库收入但尚未明确规定的潜在国库收入。例如,似新增的开平煤税、已停收的天津至奉天借用官线的出洋电报收

---

① 张謇:《太虚以佛法批评社会主义录答问》,《张謇全集》第 4 卷,第 619～625 页,上海辞书出版社,2012 年。
② 张謇:《太虚以佛法批评社会主义录答问》,《张謇全集》第 4 卷,第 619～625 页,上海辞书出版社,2012 年。
③ 盛宣怀《愚斋存稿》,上海人民出版社,2018 年。

费、招商局运漕由沪至津轮船以往的免税部分，等等。经盛宣怀建议，这些本应上缴国库的款项，由光绪皇帝批准将其全数解交津海关道库储存，专备北洋大学堂经费。当然，这些款项主要来自盛宣怀掌管的电报局、轮船局等企业。除此以外，各类新式大小学堂经费，均来自轮船局、电报局、金矿局的额外捐助。就如盛自己所说，"因于北洋大学堂，商局已岁捐二万两。本年奏设南洋公学及达成馆，商局又岁捐六万两。每年以所得水脚二百二三十万计之抽绢，已属不赀，较之外洋进项捐以逾倍蓰。"[①]上海徐家汇南洋公学用地为盛宣怀捐购，学校常年经费由他们经营的轮船、电报二局岁捐十万两。其他关于学堂房舍、仪器图书等设施，以及师生出国留学经费等，也由盛个人和所办企业筹措。

（三）以培育实用人才为当务之急

张謇和盛宣怀都迫切希望中国早日实现现代化，但都感到推进现代化的合适人才十分匮乏。因此，他们都不约而同的把兴办教育目标锁定在为发展现代实业培养急需的实用人才，特别是在早期创办现代教育时，更是如此。

张謇办学的一个重要指导思想，就是"学必期于用、用必适于地"。他创办通州师范学校，一方面按普通师范设置系科，培养普及中小学教育急需的师范生；一方面另设土木、水利、测量、蚕农等科目，并创办商业学校和银行专科学校，培养南通当地实业和社会各方急需的专业人才。

为了直接为南通实业培养管用的工程技术人员，张謇重点创办了与自己两大实业主体（纺织与农垦）密切相关的纺织学校和农业学校。张謇亲任校长的南通纺织专门学校创立于1913年，在全国开创性的设立了纺织工程专业，后来又增设了丝织、电工、机械等科目，为大生集团及全国的纺织业培养了大量合格实用人才。该校被誉为我国纺织人才的摇篮。南通甲种农业专科学校，是张謇面向农垦事业发展需要创立的另一所培养实用人才的学校。该校在1920年升格为农科大学，设棉作、牧畜、农垦与

---

① 盛宣怀《愚斋存稿》，上海人民出版社，2018年。

农业经济四系,为中国早期的农业现代化,做出了重要贡献。

与此同时,张謇于1919年,已经创建的南通有关学校系科的基础上,在南京创立了河海工程专门学校,为张謇终身热衷的导淮事业及全国的现代水利建设,培养了大量优秀水利人才,开创性的为中国现代水利事业培养了本土高端专门人才。他还为适应经济社会发展多方面的实用人才需求,创办了商业学校、银行专修科、女工传习所等专门学校,乃至创办了南通医学专门学校。

一贯主张"经世致用"和"实事求是"的盛宣怀,在以教育培养实业急需的实用人才方面,比张謇有过之无不及。他往往在创办实业的过程中,创办附设于企业的学堂、训练班。为了培养新型实用人才,他早期所设立的教育机构,往往由企业附设,由企业提供办学经费,强调学以致用,直接为企业培植切近适用的专门人才。由于他创办实业的早期主要集中在电报、轮船、矿务等领域,他最早便在电报局下设电报学堂,在招商局下设驾驶学堂,在烟台等设矿务学堂。后来随着实业的多方扩展,又设汉阳铁厂学堂、卢汉铁路学堂等。这些学堂的设立和人才培养,极大地促进了盛宣怀所办实业乃至整个国家相关产业的发展。

值得一提的是,随着实业和教育事业的不断拓展,盛宣怀已不满足于学校仅仅为自己的企业和相关实业培养专门人才,而是着眼于整个国家和全社会对实用人才的需要。因而,他首先是在1895年创办了中国第一所正规的现代大学——北洋大学堂,偏重于国家急需的工科、法科人才的培养。紧接着,他又在1896年创办了更为完善的现代大学——南洋公学,以文、理科为主,兼及政法、理财、外交等学科。这两所中国最早的现代大学,为培养中国现代化所需要的现代高等专业实用人才,发挥了不可磨灭的历史贡献。

(四)以先进国家教育为办学参照

张謇与盛宣怀处于新旧时代转换的时代,传统社会仍占主导地位,现代社会已开始萌芽。这时,他们要搞前所未有的包括教育在内的各项现代化,除了参照借鉴世界上现代化的现行国家即先进国家,别无选择。因此，他们当时兴办教育的一个显著特点，就是眼睛向外，奉行"拿来主义"，除了保留一定的传统因素外，几乎全部借鉴模仿西方和日本的办学模式。

张謇主张"对于世界先进各国，或师其意，或撷其长"①。他借鉴英美等国纺织院校的教学内容，开设制图学、染色学、模仿学，以及应用力学、电气工学、建筑学等，分别对自己创办的纺织学校、农校、医校等提出了不同的课程设计。他在创办通州师范学校时，从课程设置到学校管理，乃至校园教室设计，都参照了日本的学校模式。特别是在 1903 年考察日本以后，他依照日本的办学经验，全面完善了通师的办学方式，还聘用了日本的教师和管理人员，使通师的办学水平大为提升。他在兴办普通中小学和盲哑学校等特殊教育和职业教育时，也借鉴和仿造了日本和西方的现行方式。甚至于，他早在 1897 年主掌南京文正书院时，就在书院新设西学堂，增设英文、翻译、算学等新式课程，后又拓宽"至每次课题，分时务、算学、兵、农、矿等各学。"最终，使这所中国传统书院于 1901 年转化为具有浓郁西方色彩的现代教育的学堂。

张謇在 1911 年担任中央教育会会长时，就在《中央教育会开会词》中明确论述："今日我国处列强竞争之时代，无论何种政策，皆须有观察世界之眼光，旗鼓相当之手段，然后得以竞争之会，而教育尤为各种政策之根本，故但有本国古代历史之观念者，不足以语今日之教育，以其不足与列强竞争之会，即不足救我国时局之危。今日最亟之教育，即救亡图强之教育也。然非有观察世界之眼光，则救亡图强之教育政策无自而出。"②由此可见，张謇从救亡图强、在国际竞争中胜出出发，认为教育是根本大计，而要办好教育，就必须有"世界之眼光，旗鼓相当之手段"，向先进国家学习，取长补短，最终与先进国家的教育并驾齐驱。张謇从这种宏大的视野和深邃的思想出发，兴办现代新型教育，必然会不由自主的向先进国家的教

---

① 张謇：《为南通地方自治二十五年报告会呈政府文》，《张謇全集》第 1 卷，第 523—524 页，上海辞书出版社 2012 年。

② 张謇：《为南通地方自治二十五年报告会呈政府文》，《张謇全集》第 1 卷，第 523—524 页，上海辞书出版社 2012 年。

育看齐。

作为主张"师夷之长技以制夷"的洋务派人物,且长期生活在对外开放最早的天津、上海等大城市的盛宣怀,对西方文明,包括其现代教育理念和经验,也极为欣赏,甚至可以说是情有独钟。特别是在创办中国最早的现代大学时,他对西方国家的办学模式几乎是照搬照抄。

盛宣怀创办的北洋大学堂,刚开始称为北洋西学学堂,突出"西学"二字,实际上表达了两层含义:一是教学内容主要是西学,二是用西学的方式办学。盛宣怀与美国驻津副理事丁家立共同商定的学堂章程,以美国哈佛大学为蓝本,并吸纳了英、法等欧洲国家的大学模式,拟将学堂办成一个完全西化的大学。课程设置按西式范式,"各学门的功课又分为主修功课、辅修功课和选修功课。主修与辅修为必修功课,选修功课为学生自由选学。毕业时,都要自著论文一篇和毕业设计。"各学科的教师,除律例学为华人,其余均由洋教习任教。教材为美国原版教科书,课堂授课和学生作业及考试均用英语。当时的学生说:"课本是原文的,教授用英文,答卷用英文,到处是英文。我们吃完晚饭在此运河畔散步,连枝头的小鸟也都讲英文。"正因为北洋大学堂在功课设置、教学内容、教学用书、教学方法等各个方面均引进西式教育,因而使该校毕业生达到了美国名校的同一水平。他们进入美国哈佛等名校研究院深造,全部免试。

1896 年,为了培养治国理政的政治人才,盛宣怀决定在上海创办类似于法国国政学院的南洋公学。他在给朝廷的奏折中说:"环球各国学校如林,大率形上形下道与艺兼。惟法兰西之国政学堂,专教出使、政治、理财、理藩四门。而四门之中皆可兼学商务。……臣今设立南洋公学,窃取国政之义,以行达成之实。于此次钦定专科,实居内政、外交、理财三事。"①

盛宣怀率先按照西方办学方式创建的中国近代新式大学,是中国高等教育根本性的创举,为中国教育走向世界、走向现代化,迈开了决定性

---

① 盛宣怀《愚斋存稿》,上海人民出版社,2018 年。

的一步。也为中国培养高级科技文化人才，及打通汲取西方教育文化养分的道路，乃至于吸收西方先进文明，从而推动中国社会转型跨越，产生了难以估量的影响。

（五）以师范教育为基础工程

由于张謇与盛宣怀都具有世界眼光，都对现代新型教育有较清晰的认识，因而他们对整个现代教育既能从整体上把握，又能突出重点。在他们看来，现代教育体系是完整的、全面的，包括从小学、中学到大学各个层级，以及普通教育、特殊教育和职业教育各类教育，是完整统一、相辅相成的，而师范教育在整个教育体系中起着基础性、先导性作用。优先发展师范教育，是中国早期现代教育发展的必由之路。

张謇认为，在整个教育体系中，"师范启其塞，小学导其源，中学正其流，专门别其派，大学会其归。"①师范是"普及之本""兴学之本""教育之母"。正因如此，张謇对兴办师范教育情有独钟，不遗余力。他于1903年就创办了中国最早的民立师范学校通州师范学校，紧接着又创办了通州女子师范、盲哑师范、甲种师范讲习所、乙种小学教员讲习所等一系列师范学校，为随后创建三百七十多所各类学校，提供了源源不断的师资力量。他还参与创办了中国最早的公立师范学校如皋公立简易师范学堂，参与筹划了最早的国立师范学校京师大学堂师范馆。

盛宣怀对于师范教育的认知，几乎与张謇完全一致。他认为，"师范、小学，尤为学堂先务中之先务"。因此，他在1897年创办南洋公学时，首先"考选成材之士四十名，先设师范院"②。这就是号称中国师范三大源头之一的师范学校，实际上也是中国真正最早的师范学校。他在创建师范学校的同时，"复仿日本师范学校有附属小学之法，另选年十岁内外至十七八岁止聪颖幼童一百二十名设一外院学堂"。所谓"外院学堂"就是小学堂。让师范生教小学生，既能以教学实践锻炼提高师范生，又可以让小

---

① 张謇：《正告南通自立非自立各学校学生及教职员》，《张謇全集》第4卷，第612—614页，上海辞书出版社2012年。
② 盛宣怀《愚斋存稿》，上海人民出版社，2018年。

张謇三十讲

学生在正规师范教师的培育下顺利成长。按照体系完整、循序渐进的教育设想，盛宣怀随即又创设了二等学堂即中院（中学）和头等学堂即上院（大学），他希望"上中两院之教习，皆出于师范"。这就形成了以师范为基础的各方相关联的教育结构。

二、张謇与盛宣怀兴办教育的不同点

在兴办现代教育的过程中，张謇与盛宣怀有许多共同之处，但由于两人的客观条件和主观意向有所不同，因而也形成了诸多不同之处。在此，仅略举以下几点：

（一）小而全与大而强

张謇的办学特点是"小而全"，即办学规模小，且偏重于小学，但门类齐全，几乎涵盖了基础教育、普通教育、师范教育、特殊教育、职业教育、女子教育、高等教育等各类教育。

盛宣怀的办学特点是"大而强"，即办学规模大，且偏重于大学，但办学水平高，实力和地位超强。他所创办的北洋大学堂和南洋公学是中国最早的规范性新型大学，也是最先进的"旗舰，"为继起者规式"。

（二）民间力量与官方资源

张謇兴办教育主要是依靠民间力量。他办学的经费来源，一是自办企业的公积金，二是个人的"私房钱"，三是地方士绅捐助。他在办学时很节俭，如建通师校舍时，选中了千年古刹千佛寺败落的院宅，"修茸造筑，需银逾万。较之买地特建，兹犹者啬"。

盛宣怀兴办教育主要是依靠官方资源。他办学的经费来源，一是靠政府财政投入和有关税费优惠，二是靠自己掌管的官办企业的集资和赞助。同样是建校舍，为了在极短时间内开办北洋西学堂，盛宣怀利用自身的官方背景，选中天津博文书院旧址，先是以新校舍为抵押从银行借贷占用，后以官企集资赎回产权。

（三）深耕家乡与引领全国

由于张謇一心要把家乡南通打造成"模范县"，以使示范全国各地，因而竭尽全力在家乡创办各种现代学校，使南通成了全国闻名的"教育之乡"。当年美国教育家杜威在考察了南通后，由衷的赞叹道：南通者，中国教育之源泉也，吾尤希望其为世界教育之中心也！

当然，张謇着力在家乡兴办基础教育的同时，也没有忘记面向全国助推高等教育的发展。因为他明确意识到，今后之时代，一大学教育发达之时代也。他直接创办和参与创办的大学（前身）有：南通大学、河海大学、上海海洋大学、东南大学、上海华东大学、扬州大学、景德镇陶瓷大学等。

盛宣怀虽然没有在家乡常州及江苏设立学校，却创办了中国近代最早的顶级新型学校，影响全国。他所创办的学校在全国具有开创性和引领性。他在创业早期兴办的电报、轮船、铁路、矿业等各类与自办实业密切相关的学堂，在全国，不是"唯一"，就是"第一"，示范引领了后来同行业、同类型学校的发展。他在后来创办的北洋大学和南洋公学，对中国的高等教育事业更具有难以估量的示范和引领意义。近代著名的思想家和实业家郑观应曾高度称赞，"此乃东半球未有之事，其非常不朽之功业也。"在其后的许多大学，都模仿借鉴了这两所大学的办学方法。

（四）逐步完善与先行规范

张謇教育事业起步于当时较为闭塞滞后的南通，受制于一定的财力、人力、物力及思想见识，他创办学校时起点较低、校舍简朴、人手不足、教学与管理不完备，往往边筹办、边招生、边建设、边规范。但由于他所举办的学校具有首创性、超前性，与后来的同类学校相比，发展潜力大，且可以较从容的积累更多更好的办学经验，因而成长性也较好。例如，他创办的通州师范学校最初为"私立"，官方和民间都不太看重，经过后来的提升完善，办学规模和质量不断提高，被江苏省政府定为"参公"的"代用师范"。

盛宣怀亦官亦商，财大气粗、见多识广，又常年经办"洋务"，因此他在办教育时，特别是创建北洋大学堂和南洋公学时，起点高、手笔大、筹划全。他与曾任过教习的美国驻津副领事丁家立精心制定的北洋大学堂章程，堪称中国大学制度规范性样本。学堂分别设立主管教学工作的"总教习"和主管行政管理工作的"总办"，开创了中国高等教育现代管理模式；

分别设置法律、工程、矿务、机器四个学门及相应课程,开创了中国高等教育的现代学科和课程体系;设立大学本科和预科,并确立大学四年制学制,开创了中国高等教育现代教育层次结构和学制体系。盛宣怀所订南洋公学章程"略仿法国国政学堂之意",对设学宗旨、学校结构、学规学课、考试试业绘据、藏书译书,以及出洋留学和教员人役管理等,均做了周全的规定。南洋公学,仿照西方的小学、中学、大学和师范学校形式,形成了较为完整的现代教育层次结构系统,连《清史稿》都称其是"中国教育有系统组织之弊端,已寓普通学校和预备教育的意旨于其中。"[1]

（五）借鉴日本与仿照欧美

同样是放眼世界,学习先进,在兴办现代教育的过程中,张謇偏重于借鉴日本,兼顾学习欧美。他认为日本与中国同文同种,并同样面临着东西方文化冲突及交融的问题,且日本自明治维新以后,对这些问题处理的较好,比中国的现代化先行一步。因此,中国在包括教育在内的各个方面的现代化过程中,应着重学习借鉴日本的经验。他在 1898 年起草的拟上奏朝廷的京师大学堂方案中,就特别指出,"宜参延东洋教学"。后来,他在南通创办多所小学和师范学校及盲哑学校时,也多方模仿日本。特别是他在 1903 年去日本考察后,更是引用甚至于"照搬"了日本的一些办学方式。通州师范就是在借鉴了日本的经验,聘用了日本的教职员后,办学的层次和质量才有了根本提升。

而盛宣怀则偏重于仿照欧美,兼顾借鉴日本。早在 1870 年他进入李鸿章幕府后,就上书建议:"日本维新以来,援照西方,广开学堂书院,不特陆军、海军将弁皆取材于学堂,即今外部出使诸员,每皆取材于律例科矣。制造枪炮开矿造路诸工,亦皆取材于机器工程科地学化学科矣。几十年,灿然大备。"[2]在他看来,日本既然能学西方办教育,致使人才辈出和国富邦强,中国也应向西方的先进教育看齐。如上所述,他创办北洋学堂,几

---

① 赵尔巽:《清史稿》,中华书局,1977 年。
② 盛宣怀《愚斋存稿》,上海人民出版社,2018 年。

乎完全仿照美国哈佛大学和耶鲁大学的管理形式和教学方式,乃至于所培养的毕业生可直接免试进入美国名校的研究生院深造。他所创办的南洋公学主要学习法国的行政大学,但也"复仿日本师范学校有附属小学之法",设立师范附小。为了缩短在人才培养方面与西方的差距,他还出重资派遣多批留学生赴欧美、日本进行深造。这样就可以"躬验自治,专门肄习,乃能窥西学之精,用其所长,补我之短。"①北洋大学是中国最早开展留学教育的大学。南洋公学也在创建后的七年内,派遣了七批四十七名留学生。其中,有北洋大学校长赵天麟、材料学先驱胡振渭、矿冶学家王宠佑、人口学家马寅初、外交家王正廷、法学家王宠惠等。他们学成归来后,进一步促进了中国向先进国家的教育、科学等方面的学习借鉴。

三、张謇与盛宣怀兴办教育的启示

张謇与盛宣怀都是中国早期现代化的先驱者,是中国早期现代教育的开创者。他们在中国早期各项现代化事业,包括教育现代化事业中,留下了宝贵的物质和精神遗产。他们在一百多年前兴办现代教育的实践和思想,对于我们今天发展现代化教育,从而推进中国式现代化早日实现,依然有着宝贵的启示。

启示之一:教育现代化是全面现代化的基础

中国式现代化是全面的现代化,包括经济、政治、文化、社会等各个方面,而教育既担负着为各方面现代化培养人才、增强科技动力的职能,又能促进整个国民的文化素质和文明程度的提升,因而教育现代化是重中之重,是各种现代化的基础和前提。张謇和盛宣怀当年不遗余力大办现代教育,就是为了使中国早日实现现代化。习近平总书记在 2024 年全国教育大会上指出,"建成教育强国是近代以来中华民族梦寐以求的美好愿望,是实现以中国式现代化全面推进强国建设、民族复兴伟业的先导任务、坚实基础、战略支撑,必须朝着既定目标扎实前进"。让我们充分发挥

① 盛宣怀《愚斋存稿》,上海人民出版社,2018 年。

教育现代化也就是教育强国建设所具有的强大思政引导力、人才竞争力、科技支撑力、民生保障力、社会协同力、国际影响力，为推进现代化强国建设和民族伟大复兴，提供最强动力和支撑。

启示之二：教育现代化必须与经济社会发展互动协同

一百多年前的张謇与盛宣怀，不约而同的提出教育与实业"迭相为用"与"互为表里"的观点，反映了他们对教育与经济社会发展关系的清醒认识。今天，我们必须注重教育与经济社会发展的互动协同。事实表明，只有教育现代化才能促进经济社会发展，也只有经济社会发展才能助推教育现代化。而且，只有教育与经济社会发展相互融合、相互依托、相互促进（"迭相为用""互为表里"），才能使教育现代化与经济社会全面现代化相辅相成、齐头并进。当下，我们一方面要通过经济社会发展加大对教育的投入和支持，一方面要提升教育对经济社会发展服务的能力和功效。我们要一体推进教育发展、科技创新、人才培养，深化教育综合改革，以科技进步、国家战略需求为牵引，加强基础学科、新兴学科、交叉学科建设和拔尖人才培养。同时，要加强校企科研合作，让更多的科研成果极早转化为现实生产力。我们还要构建职普融通、产教融合的职业教育体系，统筹职业教育、高等教育、继续教育协同创新，为中国式现代化源源不断提供各种各样的人才需求。

启示之三：教育现代化必须面向世界，争创一流

当我们梳理总结先贤们早年开创中国早期教育现代化的宏伟历程时，最为感佩的，就是他们超越同时代一般人的世界眼光和国际标准。他们不仅以广阔的国际视野，开放包容，兼收并蓄，而且始终瞄准世界一流的教育模式，积极学习借鉴，努力比照赶超。正因如此，他们才为中国的现代教育奠定了良好的基础。今天，我们已经成了世界上最大规模的教育体系，但与世界先进教育相比，在教育质量和水平上，还有许多差距。我们要清醒看到差距，努力缩小差距。世界一流的教育水准，始终是我们努力的方向和衡量教育现代化的标准。这是教育面向世界、面向未来、面向现代化的必然要求。我们必须深刻认识到，只有一流的教育和人才，才

能建成一流的世界强国,必须以一流的教育理念和办学方式,以及一流的师资队伍和科研水平,培养一流的强国人才。我们要在目前创建"双一流"高校等各项教育发展措施的基础上,进一步推动教育对外开放和合作,加大学习和赶超国际先进教育的力度,早日建成中国特色、世界一流教育强国。

张謇三十讲

第三十讲：
张謇强国梦统领下的人才观

（本文是笔者为南通市人才学会主编的《张謇与人才》所写序言，后应邀作专题报告）

我眼前的这一本新书样稿《张謇与人才》，由南通市人才学会策划、南通日报社编辑，是第一本关于张謇先生引才育才用才实践及人才观的专著。展卷品读，给人颇多思考和启迪。

书的开篇部分"謇言篇"，辑录了张謇先生关于人才的论述，是他实践的积累，也是他的内心写照。可谓字字珠玑，穿越百年依然掷地有声。要全面了解张謇的人才观，这些原汁原味的言语需读通悟透。

"引才篇"，向读者讲述了张謇引进国内外一流人才到南通的往事；"育才篇"则聚焦张謇在本地培育挖掘培养人才的范例。这两部分的文章，以讲故事的方式娓娓道来，将张謇与人才的渊源、交往、互动生动展示出来，以润物细无声的方式，让更多人了解到张謇与那些杰出人才的风云际会。

书的后半部分"用才篇""启示篇"则偏于理性思考，前者是对张謇用人实践及人才观的概括提炼，后者则着力阐释张謇人才观的当代意义。据介绍，南通市人才学会联合南通市张謇研究中心、南通大学张謇研究院等单位，开展了"张謇与人才"作品征集活动。从张謇有关爱才、惜才、育才、引才、用才等多角度，向全社会征集相关文稿、书稿，侧重张謇人才观对当下南通人才工作启示。此次征集活动收到各类体裁的稿件50多篇，编者从中选出20篇进行了精编，呈现在我们面前的稿件，既有学术论文的严谨，又不失可读性。

这些稿件的作者，有的是我在南通工作时就认识的老朋友，他们中不乏致力于张謇研究多年的专家，也有一些近年来涌现出的青年学者。他们共同为读者奉献出一本张謇题材的新著,填补了张謇研究的一项空白。在张謇人才观的研究与宣传方面,《张謇与人才》是一个崭新的起点,开始了对这一领域的挖掘和探索之路。

浏览全书,使我对张謇强国梦统领下的人才观,有了进一步的认识。

所谓"人才",就是有用之才,而且只有在使用中才能表现为有用之才。张謇的爱国主义精神,集中反映于一身孜孜以求的追求富国兴邦的伟大理想——强国梦。在恢弘强国梦的统领下,张謇形成了精深的人才观。在张謇看来,"无人才不可为国",实现强国梦,必须靠人才,也只有围绕实现强国梦的目标,才会正确的选才、用才、育才。只有服务于和服从于强国梦,才能唯才是举,任人唯贤,才能人才辈出,雄图大展。张謇的强国梦与英才梦是辩证统一的。强国呼唤英才,英才促进强国。张謇认为他的事业能得以成功,"贵赖于不绝贤人助阵"。我在2001年与有关方面筹划在新整修的濠河南岸,绘制一幅大型浮雕壁画,定名为《强国梦痕》。壁画既展现了与"中国近代第一城"密切相关的中外名人形象,又突出了"强国"主题和"英才"功绩。

一、干事创业重人才

功以才成,业由才广。张謇为了实现自己心目中的强国梦,穷其一生都在勤奋而又艰辛的干事创业。他认为,"经营事业,首在用人",因而在干事创业中,特别重视和依赖各种人才。在帮助他成就事业的人才群体中,他最看重的就是"一兄一友两弟子"。

一兄,是指他的三兄张詧。这位仁兄从小就精明强干,善于治事理财。1902年,当实业成效渐显,规模扩大,张謇自己又要在外奔波应付和参加各种社会活动,便想方设法让在江西做官的张詧,辞官回乡帮自己打理企业的经营管理。两兄弟,一主内,一主外,配合默契,相得益彰,把大生企业推向了鼎盛。张謇说,"謇无詧无以致其深,詧无謇无以致其大。"

一友,是指通州老乡沈敬夫。他是当地的花布商,家产颇丰,见多识广,在张謇筹办大生纱厂时,给予了大力支持,发挥了难以或缺的重要作用。在后来的企业成长发展过程中，显示了突出的经营管理才能，不断帮助张謇排难克险，稳步走向成功。

两弟子，是指江谦和江知源。他们都是张謇主掌瀛洲学院和文正学院时的学生。江谦侧重帮助张謇办教育，江知源侧重帮助张謇搞垦牧，成就了张謇"父教育母实业"思想的实现。

二、不拘一格用人才

张謇人才观的一个显著特点就是，不论资排辈，不重名求全，只要是有利于助推强国事业，什么人都可以量才录用。他认为，"用人之道，必审知其所有之能力与所居之地位，而任之以事，事乃有济。故今日用人，不患无用，而患无体。"

南通人孙支厦是全国闻名的建筑设计师，被两院院士吴良镛誉之为"南通的总建筑师"，"留下了不少中西融贯的建筑设计作品"。当初，年轻的孙支厦连通州师范的入学资格都没有，当学校的庶务助理。1903年，一日本人应聘为学校设计平面图，孙边当助手边见习。不久，日本设计师因故身亡，设计到一半的图纸中途而废，他果断接手，圆满完成了设计任务。张謇发现孙支厦是一个人才，破格录取他进通师深造，后以第一名成绩毕业，留公司重用。孙支厦配合张謇建设南通，留下了南通博物苑、濠南别业、十字街钟楼、更俗剧场、总商会大厦等一大批经典建筑。

无独有偶，近代中国著名水利专家宋希尚也有着与孙支厦类似的经历。他作为张謇创办的河海工程专门学校第一批学员，毕业后来到南通保坍会工作。当荷兰水利专家特莱克身染急症突然去世，张謇毅然重用年仅23岁的宋希尚继任主持遥望港九门大闸等重要项目，使宋既圆满完成了任务，又在实践中锻炼成才。后来张謇又出钱资助宋赴美国留学，学成回国后为中国的水利事业做出了卓越的贡献。

三、海纳百川揽人才

张謇的早期现代化建设是多方面的，他所需要的人才是多方面的，其吸纳人才的方向和途径也是多方面的。他开明包容、大气豁达，以大海般的胸襟延揽四方人才。众多人才的汇聚，成就了"中国近代第一城"的辉煌。

为了兴办教育，张謇延聘了王国维等一大批国内著名学者来南通任教。为了推进南通的文化事业，张謇聘请著名北京戏剧家欧阳予倩主持伶工学社，著名苏州刺绣大师沈寿主持女工传习所。为了开拓航运和水利事业，张謇聘请扬州名流江石溪（江泽民祖父）担任大达轮船公司襄理。为了创办慈善机构，张謇聘请浙江举人余觉（沈寿丈夫）担任贫民工场经理。

更为难能可贵的是，张謇秉持"开放主义"，以世界眼光和建设"文明村落"的志向，广招"异域之才"。他说"但于用人一端，无论教育、实业，不但打破地方观念，并且打破国家界限，人我之别，完全没有的。"为了早日实现现代化，他不分内外人我，兼收并蓄，广招天下贤才。特别是由于现代化先行国家的实力雄厚、经验丰富、人才充沛，在中国早期现代化的起步阶段，"为期先者，在借异域之才"。张謇先后聘用了七十多位外国人才来南通工作，包括荷兰水利专家、英国纺织工程师、德国医学博士、日本教师、朝鲜文化学者等。这些外国人才的作用发挥，极大地推动了南通各项现代化事业的发展。

四、不遗余力育人才

张謇认为，面向海内外延揽人才固然十分重要，但从根本上说，还应立足自身培育人才。因此，他一方面注重在干事创业的实践中培养人才，一方面兴办各类教育，通过学校直接培养所需人才。

张謇与三兄张詧议论企业管理和人才问题时，他很赞成张詧"容人易，调人难"这句话。他认为，容纳人相对容易，但调教培养人很难，某种意义上说也更为重要。因此，张謇总是在创业实践中刻意调教栽培人才。

大生集团高管郁芑生，原来只是上海国昌纱厂的一名普通工人，仅有小学文化程度。张謇发现他学习刻苦，勤于任事，廉洁奉公，便刻意栽培他,提拔他为大生纺织公司采购主任并主持大生沪事务所专营机器进口业务。张謇还让纺织学校的学生提前进入工作岗位实习,以资尽快成长。当看到自己精心培养的学生,替代了既拿高薪又非常高傲的英国工程师,使进口机器设备得以顺利安装使用,他高兴地说道:"纺织学生替我省了钱,又争了气,岂非天助。"

"废五百年之科举,而使天下人才,毕业于学堂一途。"张謇认为兴教办学是培养正规的专业人才的主要途径。而且,他特别注重兴办各类职业学校,以培养实业等方面急需的实用型人才。1912年,他在大生纱厂附设纺织染传习所,后改称为南通纺织学校,开中国以学校培养纺织人才之先河,学校被誉之为"纺织工程师的摇篮"。为了培养盐垦事业所需人才,张謇在1902年就筹办通海垦牧区农学堂,并在1906年于通州师范设农科,后改为初等农业学校及私立南通农科大学。张謇着眼于各种实用人才的培养,还创办了实业公立艺徒预教学校、南通商校、河海工程专门学校、女工传习所、镀铁镍传习所等职校。

总而言之,张謇从推进中国的早期现代化即实现强国梦出发,重才、用才、揽才、育才,在丰富的人才实践基础上形成了深邃的人才思想。他在强国梦引领下的人才观,对我们今天做好人才工作,深化人才理论研究,仍有着珍贵的启迪意义。在新时代人才工作的新征程上,总结运用历史前贤的经验,消化吸取传统文化的精华,也是创新人才工作的宝贵资源。中国式现代化与经济社会高质量发展,需要人才工作的高质量推动。培养造就大批德才兼备的高素质人才,是国家和民族的长远发展大计。让我们按照习近平总书记的要求,加快实施人才强国战略,牢固确立人才引领发展的战略地位,着力夯实创新发展人才基础,为早日实现中国式现代化而努力奋斗!